ちくま学芸文庫

中世の覚醒

アリストテレス再発見から知の革命へ

リチャード・E.ルーベンスタイン

小沢千重子 訳

筑摩書房

Richard E. Rubenstein

Aristotle's Children

How Christians, Muslims, and Jews
Rediscovered Ancient Wisdom and Illuminated the Middle Ages

Published by special arranged with
Houghton Mifflin Harcourt Publishing Company, Massachusetts
through Tuttle-Mori Agency Inc., Tokyo

スーザンへ　「愛が私たちをこの世の事物に連れ戻す」

目次

中世の覚醒　アリストテレス再発見から知の革命へ

はじめに

本書は冒頭から驚きの連続だった。もちろん、本を書くときには、ちょうど旅行のプランを立てるときのように、筆をとる以前に綿密な計画を立てて細部まで構想を練る。ところが、本の中には、著者を思いがけない方向に引っ張ってゆくものがある――行き着いた先に広がるのは、旅行案内書ではお目にかかれないような光景で、著者はただただ目を丸くして、呆然と見つめるばかりなのだ。

私がアリストテレス革命の物語に遭遇したのは、宗教間の衝突が生じる原因を研究していたときのことだった。そのときに私は初めて、十二世紀にキリスト教の聖職者たちがムスリムの支配を脱したばかりのスペインの都市で、過去一〇〇〇年近くも西ヨーロッパから姿を消していたアリストテレスの一連の著作を再発見したことを知ったのだ。新たに発見された古代の知識は、西ヨーロッパの知の歴史上、他に例を見ない衝撃を社会に与えた。これらの著作は、さまざまな文化を担う学者たちのチームによってラテン語に翻訳され、ヨーロッパ各地に続々と誕生していた大学に広まるや、一世紀におよぶ激しい論争の引き金を引いた。この論争によって、西ヨーロッパの人々が自然や、社会や、さらには神について考える思考の枠組みが、永久に変わってしまったのだ。

この物語そのものが、第一の驚きだった。だが、私が何より驚いたのは、この物語がきわめて興味深く、歴史的に重要な意味をもっているにもかかわらず、いかに世に知られていないかということだった。中世のアリストテレス革命は西ヨーロッパの思考様式を変容させ、その文化を科学的な探究への道に誘《いざな》った。西欧文化はそのとき以来、ひたすらこの道を歩んできた。中世の諸大学をイデオロギーの戦場に変えた信仰と理性の対立は、今日もなお、地球上のさまざまな社会で続いている。アリストテレス革命ほど今日的なテーマは想像もできないほどだが、学者の小さなサークルを除いては、この物語はほとんど知られていないのが実情のようだ。それはどうしてだろう？　本書をほぼ書き終える頃まで、私はその理由をつきとめることができなかった。

中世の大学の実態と、アリストテレス主義者の挑戦に教会がいかに対応したかを研究しているうちに、私はしだいに当惑の念を募らせるようになった。実はこうした当惑の念が、前述した謎を解く手がかりの一つを与えてくれたのだ。さまざまな史料を調べていると、私が教わってきたことと矛盾する——つまり、遅れた中世から近代世界が突如として出現したという筋書きと矛盾する——記述が次々と現れてきた。ヨーロッパの中世盛期は熱烈な信仰と、血なまぐさい十字軍と、異端審問の恐怖と、厳格な教条主義の時代であったことを、私は知っていた——あるいは、知っていると思っていた。アリストテレスは科学の父であり、人間は伝統や啓示や感情によってではなく、その理性の行使をつうじて宇宙についての客観的な真理を発見できると確信していたことを、私は知っていた——あるいは、知っていると思っていた。暗黒の中世と開明的なアリストテレス思想が遭遇したら、爆発が生じるのは避けられないだろう。アリストテレス革命とはさだめし、「ガリレイ対異端審問」あるいは「チャールズ・ダーウィン対特殊創造説〔聖書の創世記に見られるように、物質・生命・世界は神が無から創造したとする説〕」という類《たぐい》のドラマなのだろう。輝かしい科学の時代の夜明けを勝ちとる前に、勇敢な「理性」が悪辣な「迷信」のために苦闘するという近代の道徳寓意劇の中世版であるに違いない。

とんでもない間違いだった！　私がはからずも語ることになった物語は、こうしたありふれたシナリオよりはるかに複雑で、ずっと興味深いものだった。たしかに、西ヨーロッパにおける科学的な思考様式は、アリストテレスの著作の再発見に続く知的な爆発によって始まった。だが、当時のヨーロッパのキリスト教徒は、私がそれまで思いこんでいたように「合理主義者」と「原理主義者」の陣営に分裂してはいなかったのだ。私の近代主義者的な先入観をことごとく打ち破るかのように、西ヨーロッパの思考様式を根本から変える先導役を果たしたのは——ムスリムを征伐すべく十字軍を派遣し、異端のキリスト教徒を火あぶりにしていた——カトリック教会指導層であったことがわかってきたのだ。

中世盛期の歴代教皇や学者たちは、新しい知識と旧来の宗教のいずれかを採るというより、信仰と理性を調和させることによって教会を新しい潮流に適応させようとした。この非常に困難な仕事は、西洋史上最も稔り多い、最も徹底した論争の一つを引き起こした。論争に参加したのは革新的な思想家たちで、そのテーマは論理的な知識の本質や、精神と物質の基本的構造から、不死への希望、悪の問題、道徳的価値の源泉、善き生活を送るための規範に至るまで、きわめて広範にわたっていた。偉大な学者たちの足跡を訪ね、彼らの激しい論争を再現することは、思いもかけないほど感動的で、心を奪われる経験だった——あまりに夢中になったために、中世盛期に「消え去って」しまった、と友人や教え子たちからいわれることも度々だった。けれども、それはけっして、現実からの逃避などではなかった。というのは、これら中世の思想家たちの関心事は、私たち現代人のそれと非常に強く共鳴し合っているからだ。

アリストテレス革命が生じたのは、西ヨーロッパでかつてないほど経済が成長し、政治的な活動が発展し、文化的な覚醒が進んだ時代——「中世ルネサンス」とも称される、騒然として危険をはらんだ創造的な時代だった。当時の人々は——現代の私たちと同じように——急速に小さくなり、未知の領域が増える一方の世界にあって、完全であることと意味を熱烈に求めていた。彼らは理解したいという欲求と、地上の生をいささかなりとも価値あるものにしなければならないという思いに、身を焦がしていた。だからこそ、ピエール・アベラール、ロジャー・ベーコン、トマス・アクィナス、ウィリアム・オッカム、マイスター・エックハルトのような傑出した人々が、共通の関心事について私たちに直接語りかけているように思えるのだろう。現代の私たちと同様に、彼らもまた、社会を揺り動かす「グローバリゼーション」を経験していたのだ。彼らが情熱を捧げたのは、事物のある姿とあるべき姿についての知識を統合することだった。キリスト教徒にしてアリストテレス主義者としての彼らの使命は、変容する世界に知的秩序と道徳的秩序を導入することだった。

こうした努力にもかかわらず、十四世紀にはすでに、信仰と理性の分離が始まっていた。この時以来、対立をはらんだ分離ともいうべき状態が、信仰と理性の関係を特徴づけている。しかしながら、本書が明らかにしているのは、この状態が未来永劫に続くわけではない、ということだ。私たちが近代文明と称する文明は、頭の文化と心の文化の分離、力の神聖視、宗教の「私事化」、諸々の価値の商品化などを、その特徴としている。だが、かかる文明はまったく様相を異《こと》にする過去から出現し、まったく様相を異にする未来に向かっているのだ。本書の執筆がかなり進んだ時点で、私はふと思いついた。これこそ、アリストテレス革命を意図的に無視し、そうすることによって、アリストテレス革命を歴史からほぼ完全に消し去った理由ではないのか、と。この種の歴史の盲点は往々にして、自分たちは一つの共同体としていかなる存在であるか、どうやってそのような存在になったのかという問題に関して、広く受け入れられた通念に反する説を半ば無意識のうちに無視することによってもたらされる。こうした通念がはるかな過去の出来事とよく合致するとしても、それと相容《あいい》れないさまざまな物語も「船を揺らす」力をもっているのだ。

それは、本書の物語にも当てはまる。アリストテレス革命を再現することによって、私たちはおのれがコペルニクス、ガリレイ、アダム・スミス、トマス・ジェファーソンの子どもであるにとどまらず、アリストテレスの子どもでもあることを理解する。そう、私たちは、近代的なるものの欠陥が明らかになるにつれてより興味深く啓発的に思えてくる、中世の伝統の後継者なのだ。もちろん、私たちのほとんどは、もしそれが可能であるとしても、中世に戻ろうとは思わないだろう。現代人のほとんどは、中世のスコラ学者たちが奉じていた仮定や、彼らが下した結論を受け入れはしないだろう。それでも私たちは、真摯に意味を探究するアリストテレス主義者の姿勢を共有している。そして、道徳が染みついた彼らの科学観と、理性に対して動じない彼らの宗教観から、私たちは多くを学べるのだ。このあまり世に知られていないが、私たちの歴史の形成に与《あずか》った物語の中に、もっと人間的で統合されたグローバルな未来を築くヒントを見出せるかもしれないのだ。

序章　中世のスター・ゲート――西ヨーロッパの覚醒

比類なき発見譚

長いあいだ闇に埋もれていた古代の知恵が思いもよらず発見される――これほど好奇心をそそられる物語はめったにない。こうした発見譚《たん》の典型的な筋書きは、何かを発見しようなどとは夢にも思っていなかった人物が、畑を耕しているときに古代の書字板を偶然掘り当てたり、洞窟の中で粘土製の壺につまずいたり、屋根裏部屋で埃だらけのランプや収納箱《チエスト》を発見する、というものだ。なんだ、こんながらくた、と放り捨てようとしたときに、この人物はふと躊躇する。この奇妙なしるしや記号のようなものは――あるいは金属に刻まれ、あるいは石に彫られ、あるいは硬くなった羊皮紙に記されているものは――いったい何だろう、ひょっとすると、このかび臭い代物にはちょっとした価値があるのかもしれないぞ、と。もちろん、この無知な発見者は、これらの不可解なしるしが失われた世界の声を体現していることを知る由もない。だが、もっと知識のある者なら、この遺物の真価に気づかずにはいないだろう――黄金や宝石よりはるかに貴重な知的財宝、古代の知恵と力の源泉であることに。そう、これは過去を呼び出し、現在を変え、未来への道を指し示す魔力を秘めた護符なのだ。

　本書で述べる物語は、典型的な発見譚とは趣《おもむき》を異《こと》にしている。発見者は一人ではなく多数に及ぶし、発見されたものもかなりの数に及ぶからだ。だが、この物語はある意味で、アラジンの魔法のランプの話や、失われた「契約の箱《アーク》」〔モーセの十戒を刻んだ石板をおさめた櫃〕をめぐる冒険談より、ずっと驚異に満ちている。けれども、どうか誤解しないように。これは歴史であって、お伽噺ではない。もっとも、科学の時代に生きる私たちが慣れ親しんでいる類《たぐい》の歴史とはいえないが。

　その存在さえ忘れ去られていたどこかの物置や窖《あなぐら》に、古代の知的遺産がひっそりと隠されている。それはきわめて説得力のある進んだ知識の体系なので、ひとたび発見されるや、人々の思考様式を、ひいては生活そのものを、根底から変えずにはおかない——そんな古代の知識の体系が、はたして本当に存在しうるのだろうか？　現代科学の見地からすれば、こんな話はまったくの夢物語でしかない。科学的な知識は累積されるものであり、先行した世代の業績に次の世代が新たな知見を積み上げてゆくものであることは、現代人にとっては常識である。たとえば宇宙について、私たちは祖父母の世代よりはるかに多くを知っている。祖父母たちの知識とて、祖先のそれをはるかに凌駕していたのだ。時代をさかのぼればさかのぼるほど、知識の蓄積は遅々としたものだったろう。それゆえ、一〇〇〇年ないし二〇〇〇年前には知識の総量は微々たるもので、「古代の秘密」が存在する余地はほとんどなかっただろう。さらに、死海文書〔一九四七年以来あいついで死海北岸の洞窟などから発見された古写本の総称。紀元前三世紀から後一世紀頃の旧約聖書の断片などを含む〕や、グノーシス派の福音書〔一九四五年にエジプトのナグ・ハマディで発見された一三冊のコプト語の古写本に含まれる。二世紀の執筆と推定される『トマスによる福音書』など〕のように、現代においても古代の文書が発見されているが、これらは前述したような革新的な真理を内包しているとはいいがたい。たしかに、これらの文書は現代人の心を強く惹きつけるが、その世界観を放棄して現代科学を一変させるよう迫るものでも、社会や政治組織の新しいモデルを提示するものでもない。空想科学小説ならいざしらず、古代の書物にタイムトラベルの方法や、永遠の若さを保つ秘法や、風邪の治療法が書いてあるなどとは、誰も期待していないだろう。

いわゆる「ハード」な科学知識が累積的なものであることを考えれば、古代の科学知識の発見が世界を根底から変えるなどという事態は起こりえない。現代人が古代の文書に期待できるのは非累積的な知識、つまり信仰や、道徳や、処世訓や、哲学などの問題にかかわる「ソフト」な知恵である。いかに生き、いかに死すべきかを決する場面では、多くの人々は聖書や、バガヴァッド・ギーター〔古代インドの大叙事詩『マハーバーラタ』中の一詩篇で、ヒンドゥー教の最上の聖典〕や、クルアーン〔コーラン〕などの聖典をひもとき、そこに記された物語や格言から何がしかの霊感や妙想を得ている。たとえ、そこに記された真理をどうすれば証明できるのか（あるいは、真理であるか否かをどうすれば判定できるのか）、皆目見当がつかなくても。「空《くう》の空なるかな、すべて空なり」、「おのれを愛するごとく、汝の隣人を愛せよ」、「神は自ら助くる者を助く」などの章句が、その例である。今日ではこうした概念は「知恵」と称されているが、古代の人々はそもそも、道徳や宗教や哲学に関する知識と、宇宙全般に関する知識を識別しようなどとは思ってもいなかっただろう。[1] けれども、私たちはこれまでずっと、これらの知識を正確に識別するよう教育されてきた。知識と知恵を分別《ぶんべつ》し、一見客観的で検証可能な科学上の真理と、直観的で主観的な宗教や哲学上の真理とを峻別して初めて、いわゆる近代的なものの見方というお墨つきを与えられるのだ。あくまで近代主義を奉ずる人々は、こう主張する。古代の知恵はその時代の文脈ではたしかに素晴らしいものだとしても、ホモ・サピエンスも含めた宇宙の森羅万象がどのようにつくられ、どのように進化し、どのように機能しているのかを理解しようとすると、「理性の時代」〔とくにイギリスとフランスの十八世紀〕以前にはこの種の知識はほとんど見出せないだろう、と。

それにもかかわらず、失われた知識という観念は、科学の時代を標榜する人々の懐疑的な意識にさえもつきまとっている。この類の観念はまともに議論されることこそなくなったものの、ピラミッドの謎とか、神々が操る二輪戦車とか、不純な動機をもった調査員から財宝を守る古代の怪物像といった伝説や民話という形で、繰り返し現れてくる。SF作家のアーサー・C・クラーク〔一九一七〜二〇〇八〕は、この種の神話をきわめて鮮やかに描き出した。スタンレー・キューブリック〔一九二八〜九九〕はクラークと共同で脚本を執筆し、SF映画史上に残る傑作『二〇〇一年宇宙の旅』を生み出した。この映画では、二十世紀末に月世界で活動している科学者たちが、月面下に埋められていた黒い巨大な石柱《モノリス》を発見する。そして、彼らはついに、この謎の物体が異星人からの贈物であることを——地球人より進歩した知的生命体が四〇〇万年前に〔小説版では三〇〇万年前に〕月に埋めたものであることを——つきとめる。この物体の発見は偶然の出来事のように思えるが、そこには星からの訪問者たちの遠謀深慮がはたらいていた。すなわち彼らは、人類がこの物体を正しく理解し、利用する能力を身につけたときに——つまり、人類がその社会的進化における次の段階に進む準備が整ったときに——初めてこれを発見するよう、あえて月に埋めていたのだ。想像を絶するはるかな過去につくられたモノリスの正体は「スター・ゲート」、つまり惑星間宇宙に広がる未来への入り口だったのだ（クラークの小説では、同様のモノリスがヒトザルからヒトへの原初の進化を引き起こしている）。

アリストテレスの再発見

前にも述べたように、本書の物語はお伽噺でも空想科学小説でもない。けれども、この発見譚のテーマである古代の遺産は、死海文書よりもアーサー・C・クラークのモノリスの方にずっとよく似ている。かつて西ヨーロッパで——正確にいうならスペインで——一〇〇〇年以上も闇に埋もれていた一群の文書が日の目を見るや、文字どおり革命的な結果をもたらした。アリストテレス〔前三八四〜前三二二〕の諸々の著作は、中世のキリスト教徒のスター・ゲートだった。中世盛期の西ヨーロッパの人々にとって、このギリシアの哲人の失われた著作がふたたび舞台に登場したことは、前代未聞の衝撃的な出来事だった。その衝撃があまりに強烈だったので、この出来事は各人の見方によって、奇跡とも悪魔の所業とも思われた。そこに記された知識は「ハード」と「ソフト」の両面にわたり、驚くほど広い範囲に及んでいた。生物学や物理学から、論理学、心理学、倫理学、政治学まで網羅した三〇〇〇ページに及ぶ文書は、より優れた文明からの贈物のように思われた。

いや、正確には、より優れた二つの文明からの贈物、というべきだろう。なぜなら、アリストテレスの著作が発見されたとき、それらはギリシア語ではなく、アラビア語で書かれていたからだ。さらに、それらはギリシアの陶製の壺に納められていたのではなく、バグダード、カイロ、トレド、コルドバなどの大学の図書館に所蔵されていたからだ。ローマ帝国が崩壊し、ヨーロッパの秩序が破綻してからというもの、アリストテレスやギリシアの科学者たちの著作は、繁栄し啓発されたイスラーム文明の知的財産となっていた。イスラーム文明圏はペルシアから北アフリカを経てスペインに及ぶ、広大な地域に広がっていた。それゆえ、ムスリムやユダヤ教徒の学者に助けられながらこれらの著作をラテン語に翻訳した西ヨーロッパ人は、いわば当然のなりゆきとして、著名なムスリムやユダヤ教徒の手になる註解書や、アヴィセンナ〔イブン・スィーナー、九八〇〜一〇三七〕、アヴェロエス〔イブン・ルシュド、一一二六〜九八〕、モーセス・マイモニデス〔一一三五〜一二〇四〕など、世界的な哲学者の著作も翻訳することになった。その効果はめざましかった。それはちょうど、古ぼけた容器に納められた文書を発見したところ、古代のアインシュタイン〔一八七九〜一九五五〕と称すべき人物の著作ばかりか、アインシュタイン自身も含めた現代の物理学者たちによる註解書や応用例、改訂版まで揃っていた、というような具合だった。これらの註解書のおかげで、アリストテレスの著作はすぐに利用できる形で——そして、おおいに議論を招く形で——西ヨーロッパに再登場した。中世のキリスト教徒が初めてアリストテレスの著作を読んだときのことをたとえていうなら、現代人が古代のパピルス文書を読んで、恒星間空間の移動法やエイズの治療法が書いてあるのを発見するようなものだった。そこに記されていたのは、既存の世界観を覆し、学問を根底から変革し、読者に人間社会の新しいモデルを提示する可能性を秘めた知識の体系だったのだ。

このゆえに、ヨーロッパに再登場したアリストテレスの思想は後世のいかなる発見ともまったく異なる力を発揮して、社会に革命的な変化をもたらした。もちろん、食料生産と交易の増大、都市の興隆、学問の普及、大衆的な宗教運動の発展など、中世後期のヨーロッパ社会で生じた広範な変化は、アリストテレスの思想によって引き起こされたわけではない。むしろ、アリストテレスの方法と概念の有用性は〔クラークのスター・ゲートの有用性と同様に〕、それを受け入れる社会の技術的および経済的な進歩が一定のレベルに達しているか否か、ある種の文化的な勢《モーメンタム》いが発達しているか否か、にかかっていた。こうした勢いがあるところでは、再発見されたアリストテレスの思想は即効的な効果を発揮し、自然学と哲学の探究を加速させるとともに、探究の質を深めた。西方ラテン世界では、アリストテレスの諸々の著作がさらなる発展の鍵となった。やがて西ヨーロッパを周辺的な一地域からグローバルな文明の中核地域へと押し上げることになる、一連の発展の契機となったのだ。

なんと、フランシス・ベーコン〔一五六一～一六二六〕とルネ・デカルト〔一五九六～一六五〇〕が高らかに「科学革命」を宣言する四〇〇年以上も前に、近代的とみなしうる――合理主義的で、現世主義的で、人間中心主義的で、経験主義的な――ものの見方が、西ヨーロッパ全域で文化戦争に火をつけ、旧来の文化の中核にあった伝統的な宗教信条や社会通念に挑戦したのだ。信仰と理性の闘争は通説とは異なり、コペルニクス〔一四七三～一五四三〕の地球中心説への挑戦や、ガリレイ〔一五六四～一六四二〕の異端審問によって始まったのではない。それは、十二世紀から十三世紀にかけてアリストテレスの思想をめぐって交わされた論争に端を発していたのだ(2)。中世史の専門家たちはすでに数十年前から、西ヨーロッパの覚醒がこの「中世ルネサンス」の時期に始まったことを認識していた。アリストテレス自然学の受容と排斥をめぐるキリスト教徒のあいだの論争こそ、西ヨーロッパの知の歴史における――ことによると唯一の――転換点だった、と彼らの多くはみなしている。(3) けれども、こうした見解はいまだ、広く容認された文化の「物語」の一部になっていない。それどころか、私たちは依然として、西ヨーロッパの覚醒は十六世紀のルネサンスや、コペルニクス、ガリレイ、アイザック・ニュートン〔一六四二～一七二七〕らの科学者とともに始まったという、近代主義の物語を唱え続けているのだ。

それは、どうしてだろうか？　その理由の一つは、文化の由緒正しさという神話にかかわっている。この神話は多くの文化に共通するもので、ある特定の文明はほかの文明から何一つ借用したり押しつけられたりしてはおらず、独自の源泉から独自に発展したという観念である。「われわれの」文化は正真正銘自前のものだが、「彼らの」文化は派生ないし模倣したものに過ぎないと——その国籍にかかわらず——偏狭な愛国者は主張する。他のあらゆる伝統的文化に対する西欧文化の優越を確立したいと望む者たちにとって、ヨーロッパが初めて経験した知的革命の物語は、当惑を禁じえないものなのだ。なぜなら、進んだ思想の伝播に主たる貢献をしたのが非ヨーロッパ文明だったばかりか、よりによってキリスト教徒が古来敵視してきたムスリムの文明だったからだ。ムスリム帝国は聖地エルサレムを占領し、地中海の海上交通路《シーレーン》を支配し、ほぼ一〇〇〇年にわたってヨーロッパに武力で挑戦していた。さらに悪いことに、十字軍の兵士がじかに見聞して思い知ったように、この「異教徒」の文化は明らかに、重要な諸点において西方ラテン世界のそれより進んでいた。アラブ人とユダヤ教徒はアリストテレスの哲学と自然学を会得していたばかりか、エウクレイデス〔ユークリッド、前三〇〇頃〕の数学や、プトレマイオス〔二世紀に活躍〕の天文学と光学や、アルキメデス〔前二八七頃〜前二一二〕の機械工学の諸原理や、ヒッポクラテス〔前四六〇頃〜前三七五頃〕とガレノス〔一二九頃〜一九九頃〕の医学など、古典古代の知的成果を吸収していた。彼らはこれらの著作を翻訳したうえで、註解し、応用し、修正を加えていた。さらに、化学や代数や歴史など、独自の新しい学問体系も築いていた。(4)アラブ人が十字軍兵士を野蛮な侵略者とみなし、ヨーロッパ人が恐怖と崇拝、憎悪と羨望の入り混じった思いでイスラーム世界を仰ぎ見たことは、何ら驚くに当たらない。こうした一種独特の感情は、貧しく「文明化」の遅れた人間集団が、彼らより繁栄し洗練された人間集団に対してしばしば抱くものなのだ。

信仰と理性の「結婚」

ヨーロッパがおのれの古典世界の遺産を再発見したときにムスリムやユダヤ教徒の学者の力を借りたことを想起するのは、自文化中心主義者にとってはばつの悪いことなのだろう。しかし、近代主義者の多くにいっそう痛烈に当惑の念を抱かせるのは、この再発見のドラマでローマ・カトリック教会が主役を演じていた、という事実である。現代人はややもすると、科学と正統派宗教は不倶戴天の敵として絶えず衝突しあうもの、と思いがちだ。「ガリレイ対異端審問」という一種の道徳寓意劇《モラリティ・プレイ》〔中世演劇の一様式で、美徳と悪徳が擬人化されて登場する〕は私たちのお気に入りの物語の一つで、ここでは勇気と想像力に富んだ理性的な人物が、教義に凝り固まった黒衣の迫害者と対決する。ところが実際には、教会が運営していた中世の諸大学は、ガリレイを異端の徒と断罪するがごとき無知な蒙昧主義には猛烈に反対していたのだ。ガリレイ自身が認めていたように、活気に溢れた中世の大学の「アリストテレス化」された学芸学部と神学部は、合理的な思想の苗床だった。[5]（少なくとも、信仰の時代は暗黒の時代だったと教えこまれた人々にとっては）驚くことに、合理主義的な思考と伝統主義的な思考の雌雄を決する論争は、中世のキリスト教会とそれに敵対する者たちとのあいだではなく、教会の内部で繰り広げられていた。教会の枠組みの中で、新たに導入されたアリストテレスの学問を擁護する勢力と、それに反対する勢力とが闘っていたのだ。

この闘争が本書のテーマである。この闘争の結末がその後の西ヨーロッパの知的発展の道筋をほぼ決定したといっても、けっして過言ではない。いうまでもなく、中世においては主たる争点は「科学」対「宗教」ではなかった。そもそも中世の「科学」とは論理学、倫理学、形而上学、美学、さらには神学まで含む包括的な世界観の一部であり、一方、闘争の当事者は例外なく敬虔なキリスト教徒だった。真の争点は、西ヨーロッパの知識人はどの程度まで合理的な探究に身を挺すべきか、その際にどうすればおのれの宗教的・文化的アイデンティティを失わずにいられるか、ということだった。はたしてアリストテレスに触発されたキリスト教徒の思想家は、人間の動機や人間関係という領域も含めた自然の宇宙を、理性によって理解することができるのだろうか？　自然の宇宙を合理的に考察するのと同じ手法を用いて、神と神が創造した世界との関係を説明することができるのだろうか？　大方の伝統主義者には、こうした企てはあまりに大胆で危険を伴うように思われた。アリストテレスは異教徒であり、その思想には確立されたキリスト教の教義に抵触する部分がある。もっと問題なのは、アリストテレスのものの見方が――物質世界を臆面もなく賛美することといい、自然現象の神秘主義的な解釈を拒絶することといい、人間の本性を楽観的に見ることといい――長い歴史に培われた超俗的で禁欲的なキリスト教の価値観と実践に反することだった。

はたしてキリスト教徒の思想家は、「哲学者」と通称されるギリシアの賢人の学説と、イエス・キリストの教えにともに従うことができるのだろうか？　ほぼ一世紀のあいだ、この問いに明確な解答は与えられなかった。アリストテレスの「自然哲学」関連の著作は伝統的な思考様式に脅威を与えたために、西ヨーロッパでは当初、大学で教授するには危険すぎるとみなされた。十三世紀初期にこの類の著作を講じることは禁止され、その熱狂的な支持者の一部は異端の徒として火刑に処せられた。それから半世紀以上を経た一二七七年にも、教会は十三世紀最大の天才トマス・アクィナス〔一二二四／二五～七四〕が支持した命題も含めて、アリストテレス思想に基づく二一九箇条もの命題を大学で講じることを禁止した。けれども、キリスト教会上層部はやがて、新しい世界観によってキリスト教思想が変容することを容認せざるをえなくなった。社会の諸相の不可逆的な変化によって西欧社会の再構成が進む中で、知的分野と道徳的分野で指導的な地位を保持しようとするなら、新しい思潮にみずから適応せざるをえないことを、教会はようやく認識するに至ったのだ。それゆえ、先見の明のある教皇や司教たちは、イスラームの指導層が拒んでいた運命的な一歩を踏み出した。すなわち、彼らはキリスト教神学をアリストテレス自然学と結婚させることによって、西欧社会を合理的な探究という価値体系に委ねたのだ。合理的な探究は一連の「科学革命」を生起させるとともに、社会思想と宗教思想にも予期せぬ激変を引き起こした(6)。

その結果、スコラ学者が西ヨーロッパで最初の自然科学者となり、カトリック教会の管理のもとに誕生した諸大学の学芸学部教師が最も革新的な社会思想家となった。当時の学生はいずれ教会組織や、世俗統治機関や、医学界や、法曹界で、指導的な地位に就くことが約束されたエリートだった。西ヨーロッパに大学が誕生してから四世紀ものあいだ、学生たちはアリストテレスの論理学と自然哲学に、キリスト教独自の教科を混合したカリキュラムによって教育された。(倫理学と政治学の分析的な研究も含めた)科学的な活動は、宗教と関連づけることで正当化され、信仰の問題に理性を応用する神学は「諸学の女王」とみなされた。かくして、アリストテレスの研究に拍車がかかった……とはいえ、信仰と理性の結婚はけっして平穏無事ではなかった。トマス・アクィナスが信仰と理性の統合をめざした『神学大全』を執筆する以前でさえ〔一二六六年頃に着手し、一二七三年に未完のまま突然擱筆した〕、保守的な人々は信仰と理性の結婚という観念をあまりにギリシア的であると非難し、かたや急進的な人々はあまりにキリスト教的であると非難していた。十四世紀になると、フランシスコ会士で卓越したスコラ学者のウィリアム・オッカム〔一二八五頃〜一三四九頃〕が、トマス・アクィナスは「自然神学」〔啓示神学に対して、神の存在や属性を超自然的な啓示や奇跡によらず、人間理性によって考察・論証する学の体系〕を定式化しようとした点で過ちを犯したと批判し、科学と宗教は離婚した方が双方とも幸せになれると主張した。ガリレイの時代になって新たな科学革命がヨーロッパを震撼させる頃には、離婚の手続きはかなり進んでいた。十七世紀の「新人類」のほとんどは、アリストテレスをインスピレーションの源泉とはみなさず、敵の一人とみなすようになっていた。

果てしなき闘争

こうした事態をもたらした原因はいくつか考えられるが、その一つがスコラ学〔「学校における学問」が原義。カトリック教義を理性的に弁証することによって、学知と啓示の統合・調和をめざした〕の堕落であったことは疑問の余地がない。かつての大学は創造的な思弁をめぐらす場であり、活発な議論を徹底的に闘わす場だった。しかるに時の経過とともに、大学は教義の正統性をめぐる不毛な議論と、神学を装った愚にもつかない屁理屈を開陳する場に成りさがってしまった。カトリックの偉大な人文主義者エラスムス〔一四六五／六六〜一五三六〕が喝破したように、「理知的な」スコラ学者はいまや、

「人間は復活ののちにも食べたり飲んだりできるのだろうか?」という類の問題にひたすら取り組んでいたのだ(「ご覧のとおり、わが神学者諸氏は今のうちから、腹が減ることや喉が渇くことを心配しているのですよ」と、エラスムスは皮肉たっぷりに述べている)(7)。プロテスタントの反乱や世俗権力の強大化に対してカトリック教会が守勢にまわるにつれて、アリストテレスの信奉者たちは紋切り型の反応しかできない保守主義者と堕していった。たとえ、アリストテレスの学説を反証する証拠が新たに発見された場合でも、彼らは師の結論をことごとく盲目的に擁護するという体《てい》たらくだった。それゆえ、ガリレイの望遠鏡が月の表面があばた状であり、金星が月と同様に満ち欠けすることを明らかにしたときも、スコラ学者の多くは望遠鏡のレンズに欠陥があるに違いないと強弁した。なぜなら「哲学者」によれば、天体は完全で不変であり、宇宙の中心に存在するのは太陽ではなく地球だからだ、と。ガリレイが述懐していたように、実証することを何より尊んでいたアリストテレスなら、こんな結論はけっして下さなかったに違いない(8)。

中世以後のルネサンスの思想家たちは、彼らの偉大な知の先達に対して、ガリレイほど寛容ではなかった。コペルニクスとその後継者たちが地動説を確立し、さらに地球と天体の運動を支配する法則にほとんど違いがないことが明らかになってくると、アリストテレスの思想はしばしば度し難い迷信として——暗黒の中世の遺物として——言挙《ことあ》げされるようになった。けれども、こうした見方は的を射ていない。たしかにアリストテレスの宇宙論は間違っていたが、「非科学的」ではなかったのだ。アリストテレスの学問体系全般にいえることだが、彼の宇宙論も諸々の原理に基づいていた。それらの原理は当初はおおいに物議をかもしたが、やがて科学的な方法の柱石として受け入れられた。たとえば、人間が五感によって知覚・認識する世界は実在するものであって、〔プラトンが主張したような〕実在の影ではない、人間は理性を用いることによって世界に関する一般的な真理を発見できる、現象を理解するとは事物の因果関係を正しく認識することである、自然のプロセスは生成発展するものであり、巧妙に探究すればその成長と変化の秩序だったパターンがわかってくる、などの原理がよく知られている。もちろん、「哲学者」の科学は現代の科学と同じではない。彼の世界観は現代科学が否定する要素を数多《あまた》含んでいる一方で、今日の科学者がきわめて重視する一つの要素、すなわち数学を欠いている。けれども、後世のアリストテレス信奉者たちが陥った教条主義を、アリストテレス自身は明確に否定していた。かかる教条主義は、その最盛期にはヨーロッパの思考様式に根本的な変化を生じさせ、きわめて大胆かつダイナミックな性格を付与した学問体系が、年月を経て衰退したことを示すものでしかなかったのだ。

　科学がさらに進歩し、世俗権力がますます強大化し、教会の分裂が進むにつれて、アリストテレスの著作は普遍的な知識への鍵という地位を失った。それと同時に、西欧の知識人のあいだでは、信仰と理性の離婚が決定的になった。宗教の束縛からおのれの思想を解き放たねばならないという思いに衝《つ》き動かされて、啓蒙思想の伝道者たちは主観と客観、価値と事実、宗教的信条と学問的知識の分離を着々と進めた。こうした姿勢は、今日も広く受け入れられている。だが、はたして本当に受け入れられているのだろうか？　過去三〇年のあいだに、中世盛期に初めて西欧社会を揺るがした闘争が、全地球的な規模でふたたび出現した。このうえなく暴力的で激烈な闘争が、伝統的な宗教信条とものの見方を熱烈に擁護する人々と、近代主義や脱近代主義の立場からそれに反対する人々とを、鋭く対立させている。けれども、科学的な思考様式と宗教的な思考様式を分離することに不満を表明しているのは、ひとり「原理主義者」にとどまらない。多種多様な背景と見解を有する神学者や、科学者や、ヒューマニストたちが今日ふたたび、十二世紀から十三世紀にかけて西ヨーロッパの大学と教会が知的な（そして時には物理的な）戦場と化す原因となった、諸々の問題と格闘しているのだ。

はたして、思索する人々は宇宙のさまざまな謎を解明するとともに、手に負えないおのれの本性を御すことができるのだろうか？　科学的な活動は宗教的な信条と両立するのだろうか？　神は自然や人間の営みに介入するのだろうか？　人間は神なしでも道徳的な生活を送れるのだろうか？　アリストテレスの著作の再発見はこれら古代からの疑問を西ヨーロッパ人の意識の中心に呼び戻し、信仰と理性を調和させるための闘争を引き起こした。そして、この闘争はいまだに終わっていないのだ。

第1章　「知恵者たちの師」——アリストテレスの再発見

1　驚くべき事実——ムスリムの知的財宝

レコンキスタ——キリスト教徒が見たもの

十二世紀のスペインは、まさに学者の楽園《パラダイス》だった。頭に浮かぶのは、こんな情景だ。蠟燭で明々と照らされた大きなテーブルの上に、シリア語、アラム語、アラビア語、ヘブライ語、ギリシア語などで書かれた何十冊もの写本が広げられている。テーブルのまわりで写本に読みふけったり、メモをとったり、活発に論じ合っているのは、顎鬚を生やしたユダヤ教徒、剃髪《トンスラ》したキリスト教の修道士、ターバンを巻いたムスリム、黒い髪のギリシア人といった顔ぶれだ。ここはスペイン中央部のトレド。トレドは六世紀に西ゴート王国の首都とされたが、八世紀初頭にムスリム勢力に征服され、久しくその支配下にあった。だが、今では、十一世紀末に再征服を果たしたキリスト教徒〔カスティリャ王国〕によって統治されている。くだんのテーブルは大聖堂の広間の中央に置かれ、その傍らには大司教ライムンドゥス一世〔在位一一二五~五二〕が佇み、数カ国語を操る学者たちが仕事に励む姿を、慈愛に満ちた面持ちで見守っている。大司教自身もラテン語で書かれた一冊の書物を持っている――たぶん、ミサ典書か、聖アウグスティヌスの著作だろう。ところが、よく見ると、それはなんと異教徒の手になるものではないか。まるでふたたび消えてしまうのを恐れるかのように、トレド大司教が後生大事に持っているのは、翻訳されたばかりの『霊魂論《デ・アニマ》』――アリストテレスの失われた書物だったのだ〔『デ・アニマ』はラテン名。日本語では『霊魂について』、『心理学』、『心とは何か』などと訳されている〕。

さて、この名高い著作――と、いわゆる「アリストテレス全典」(Corpus Aristotelicum)のそのほかの著作――は、どのような経緯で再発見されたのだろうか？　この発見譚の始まりは、キリスト教徒の騎士たちが国土回復戦争《レコンキスタ》に本格的に乗り出した十世紀にさかのぼる。レコンキスタ〔スペイン語で再征服の意〕とは、八世紀初頭以来ムスリム勢力の支配下に置かれたイベリア半島の奪還をめざすキリスト教徒と、これに抵抗するムスリムとの戦いをいう。この戦いは時に中断しながら、約八〇〇年間にわたって延々と続いた〔通常は七二二~一四九二年とされる〕。ムスリム勢力をスペインから完全に駆逐するのは一四九二年のグラナダ陥落を待たなければならなかったが、トレドやリスボンなどかつてのイスラーム文化の中心地は、一一〇〇年にはすでにキリスト教徒の支配下にあった。レコンキスタがきわめて長期に及んだことが、征服された側の都市や住民の文明化が他に抜きん出て進んでいたこととあいまって、この戦いを単なる異文化に対する軍事行動というより、「相互浸透と統合の一大事業」に変貌させた。ある歴史家はいみじくも、「長い時間をかけて異なる信仰と人種を融合させたプロセスであり、思慮深く人道にかなったやり方、リベラルともいえるやり方で進められたことから、中世のスペインとポルトガルの人々におおいなる名誉を与える事業[1]」と評している。

ある意味で、レコンキスタは五世紀初頭の「蛮族」によるローマの奪取に似ていた。というのは、征服された側の社会が、征服した側のそれよりはるかに進んでいたからだ。ヨーロッパが数世紀に及んだ貧困と社会的混乱からようやく脱け出そうとしていたときに、アラブ人が「アル・アンダルス」と称していたムスリム支配下のスペインは、国際貿易や、優れた職人技に基づく製造業、高度に生産的な農業によって繁栄を誇って久しかった。ムスリム王国の支配者たちは学識豊かな教養人であるとともに、合理的で法律に則った官僚制度というローマ的伝統の継承者であり、学問と芸術に対しては気前のよいパトロンだった。この地から輩出した世界に名だたる詩人たちは、トルバドゥール〔十一世紀から十三世紀頃にフランス南部やイタリア北部などで活躍した抒情詩人で、おもに宮廷恋愛詩をつくった〕に先んじて恋愛詩をつくり、彼らに霊感を与えたとみなされている。この地の知識人たちは、化学や冶金学や実用的な諸技術だけでなく、法学や哲学、数学や天文学その他の自然科学の諸分野での業績によっても、高く評価されていた。ヨーロッパでは学問の場が数少ない修道院や教会の付属学校に限られていたときに、アル・アンダルスの学者たちは公的な支援を受けた大学で教鞭をとり、豊かな蔵書を誇る図書館で研究していた。キリスト教世界ではほとんどの医者がいまだに薬草を調合したり、呪文を唱えていた時代に、この地のムスリムとユダヤ教徒の医者たちは、より科学的な医療行為を実践していたのだ。(2)

ムスリム王国の通例として、アル・アンダルスの支配者もこうした世俗の営みを活発に行うことを、モスクから適当な距離を置くという条件のもとに容認していた。また、ユダヤ教徒を筆頭とする非ムスリムが王国の政治や、貿易や、知的活動分野で重要な役割を果たすことを――彼らが「人頭税《ジズヤ》」を納め、多数派のムスリムの絶対的優位を認めるという条件のもとに――奨励していた。その結果、スペインを征服したキリスト教徒はからずも、その地に根づいて高度の文化を築いたムスリムやユダヤ教徒の共同体と交流することになった。こうした状況は、ヨーロッパ思想のその後の展開に決定的な影響を及ぼした。というのは、キリスト教徒の騎士たちのあとから続々とスペインにやって来たのは、当時の西ヨーロッパで唯一の知識階級、つまりキリスト教の聖職者たちだったからだ。彼らはスペインで見出したものに驚嘆し、当惑した。トレドやコルドバなどの都市は清潔で、秩序が保たれていた。噴水や、花壇や、音楽や、趣に乏しいヨーロッパのそれとは対照的に想像力を刺激する建築物が、日々の暮らしに安らぎと美を添えていた。アラブ人は呆れるほど多種多様なマイノリティの共同体と、平和に共存していた。だが、キリスト教の聖職者たちが何にもまして強烈な感銘を受けたのは、あたかも古代のアテナイやアレクサンドリアが再現したかのように、学問が隆盛をきわめていることだった。彼らは、キリスト教思想家が過去三〇〇年にわたって傑出した洞察力と学識をもって探究してきた哲学や宗教上の問題を、ムスリムやユダヤ教徒の学者たちと論じ合うようになった。彼らにとって、これは目も眩《くら》むような経験であったに違いない。

いうまでもなく、キリスト教徒がムスリムの哲学や科学を研究することに関しては、宗教的な観点から理由づけがなされていた。すなわち、キリスト教の信仰を異教徒から守り、異教徒を改宗させるためには、彼らの言語と思想を知らねばならないのだ、と。とはいえ、こうした防衛戦略だけでは、キリスト教徒がムスリムの文化に心底魅せられた理由を説明することはできない。アラビア半島のかつての遊牧民はどうやって、科学と哲学分野の能力をこれほど目覚ましく発達させたのだろうか？　彼らの知恵の源泉はいったい何だったのだろうか？　アラブ人は西方ラテン世界から失われて久しい古代の文書を手中にしていた、それは深遠な知恵や忘れられた知識が記された貴重な知的遺産である、と昔から語りつがれてはいた。だが、現実は想像をはるかに超えていた。地元の学者たちと話し合うようになるとまもなく、好奇心の強いキリスト教徒は驚くべき事実を知った。なんと、ムスリムとユダヤ教徒はずっと昔に、ギリシアの重要な学術書を実質的に一つ残らず（古代ペルシアとインドの文化的記念碑ともいうべき書物とともに）、アラビア語に翻訳していたのだ。それればかりか、彼らはアリストテレスや、プラトン〔前四二七頃〜前三四七〕や、ギリシアの科学者たちの著作に徹底的に註解を施し、彼ら自身の唯一神崇拝に照らして古代の思想を再解釈していたのだ。

アリストテレス全典を蔵する図書館

ムスリムの思想家が独創的であったことは、疑問の余地がない。彼らの文化的業績は、ムーア人〔イベリア半島を征服したムスリムのベルベル人やアラブ人の総称〕のスペインの誇りだった。とはいえ、数世紀前に武人の王たちがシリア、エジプト、メソポタミアの古代の学問の中心地を征服し、被征服者の領土とともに文化的財産も獲得したことによって、ムスリムの思想家が幸先の良いスタートを切れたことも事実である。九世紀にイスラーム哲学を創始したアル＝キンディー〔八〇一頃〜八六六頃〕は、アラブ人がギリシア人の恩恵を受けていることを認識し、次のように書いていた。もしギリシア人がいなかったら、「われわれがいかに熱心に研究に取り組んでも、その最終的な結論を導いた真理の諸原理を統合することは、一生かかってもできなかっただろう」。彼はまた、アラブ人学者の哲学探究の具体的方法をこう述べている。「まず、あるテーマについて古代の人々〔ギリシアの哲学者たち〕が述べたことを詳細に調査する。ついで、彼らが充分に表現しなかったことを、われわれの時代の慣習やわれわれ自身の能力を斟酌《しんしゃく》しつつ、アラビア語に固有の思惟形態にしたがって補完する」。ギリシア人の著作を「補完する」という大胆な目的のために、アル＝キンディーとその後継者たちは、古典古代の思想を同時代のイスラーム文明のさまざまなニーズに適応させた。その後の三〇〇年間、ファルサファ（falsafah）と称されるアラブの哲学研究は、きわめて独創的な著作を次々と生み出した。その担い手には、ムスリム独自の新プラトン主義哲学を創始したアル＝ファラービー〔八七〇頃～九五〇〕、ユダヤ教徒の神秘思想家イブン・ガビロール（ラテン名アヴィケブロン）〔一〇二一／二二～五八頃〕、ペルシア人の卓越した哲学者で医学者のイブン・スィーナー（アヴィセンナ）、コルドバ出身のユダヤ教徒の哲学者モーセス・マイモニデス、そして、やはりコルドバ出身でアリストテレスを最も大胆に註解したイブン・ルシュド（アヴェロエス）などが含まれていた。

彼らの著作はすべて、トレド、リスボン、セゴビア、コルドバの図書館で閲覧することができた……写本だけでなく、オリジナルの手稿本も閲覧できたのだ。スペインの新しい支配者たちが驚いたことに、これらの図書館には、ヨーロッパ人が噂こそすれ読んだことのない、さまざまな書物のアラビア語版が所蔵されていた。その中には、天文学と占星術の知識を集大成したプトレマイオスの『アルマゲスト』のような伝説的な著作もあった。ある図書館では、ムスリムの医者たちが、史上最初の科学的な医学書であるガレノスの『治療術について』や『解剖の手順について』を調べていた。別の図書館では、数学者たちがエイクレイデスの『幾何学原論』や、数学を駆使したアルキメデスの工学論文に読みふけっていた。西ヨーロッパでは過去七〇〇年ものあいだ、これらの著作を目にした者は一人もいなかった。キリスト教の学僧たちがいっそう驚いたことに、彼らが征服した人々は、浩瀚《こうかん》なアリストテレス全典まで所有していた。それまで西ヨーロッパで知られていたアリストテレスの著作は、六世紀にボエティウス〔四八〇頃～五二四頃〕がラテン語訳した数点の論理学書だけだった。彼らは、それとは比較にならぬほど豊かな主脈を発見したのだ。スペインの図書館には、アラビア語に翻訳されたこのギリシアの哲人の著作が揃っていた。存在の根本原理を追究した『形而上学』も、論理的な推論の方法や知識の分類法を論じた諸々の論文も、『自然学』や『天体論』や『動物誌』や『生成消滅論』などの傑出した科学書も、さらにはその噂が世に広まっていた『霊魂論』(この写本を手にしたときに、大司教ライムンドゥスは驚嘆のあまり息を呑んだことだろう)も、『ニコマコス倫理学』も『政治学』もあったのだ。当時はアリストテレスの著作とみなされていた『アリストテレスの神学』や『原因の書』のような神秘主義的な著作もあったが、これらは後世の新プラトン主義者の手になるものであることが、やがて判明した。

これらの書物がそろって発見(ないし「再発見」)されたことは、西ヨーロッパの知の歴史における最も重要な出来事の一つだった。ある歴史家はアリストテレス全典の再発見を「西洋思想史の転換点」と位置づけ、「これに比肩する衝撃を与えたのは、ニュートンの科学とダーウィンの進化理論しかない」[4]と評している。もっとも、西ヨーロッパで探究精神がいまだ芽生えていなかったなら、この発見の真価は認識されなかったことだろう。しかし、十二世紀中葉には、キリスト教世界の思想家たちも、自然のプロセスや、人間の理性や、自然の世界と超自然的な存在である神――公正で全知全能の創造者――との関係について、かつてないほどの関心を示し始めていた。そう、彼らはこの時すでに、自然の宇宙はどのように機能しているのか、宇宙には時間における始まりがあったのか、それとも宇宙は時間を超越して神と共存するものなのか、自然は特定の法則に従っているのか、もしそうであるなら、人間はいかにして自由意志を行使できるのか、個々人の霊魂が不滅であるとは何を意味するのか、といった問題を探究し始めていたのだ。そして、なんとアリストテレスとイスラーム文明圏のアリストテレス註解者たちは、これらの問題に対する解答をすでに提示していたのだ……。これらの問題をくまなく考察した古代の書物と、より近い時代に著わされたそれらの註解書が思いがけなく、ほとんど奇跡のように出現したことは、たちまちセンセーションを巻き起こした。西ヨーロッパの人々がこの知識の宝庫を利用できるようにするためには、その内容をラテン語に翻訳することが至上の急務だった。

ラテン語への翻訳

新しい知識に対するカトリック教会の反応を考察する際に、私たちはややもすると、ローマ教会が自由な探究を敵視し、教会にとって都合の悪い真理を躍起になって否定したことを思い出してしまう。けれども、〔異端者として火刑に処された〕哲学者のジョルダーノ・ブルーノ〔一五四八～一六〇〇〕や、ガリレイのような先駆的科学者が被った苦難の数々が、彼ら以前の時代の教会の輝かしいイメージ、すなわちトレド大司教ライムンドゥスのイメージを覆い隠してきたのだ。ライムンドゥスは、その真価が正当に評価されていない西洋文化史上のヒーローの一人である。彼はほかの誰にもまして、ギリシアの哲学と科学という知的遺産のラテン世界への導入に貢献するとともに、西ヨーロッパ人がムスリムとユダヤ教徒の進んだ思想に接する道を開いた。ライムンドゥスの経歴や人となりについてはほとんど知られていないが、トレドに翻訳センターを創設し――キリスト教・ユダヤ教・イスラームの宗教を問わず、ラテン系・ギリシア人・スラヴ系の民族や人種を問わず――最良の人材を採用するというのが彼のアイディアであったことは、衆目の一致するところである。しかも、この翻訳事業は検閲なしに進められた。ライムンドゥスにも彼の同僚にも、危険な事態を招来しかねない書物と当たり障りのない書物とを区別しようとか、非キリスト教的な用語や言いまわしを正統派キリスト教の用語で置き換えようという意図は毛頭なかった。おそらく、この大司教は一点の曇りもない信仰をもっていたがゆえに、アリストテレスやエウクレイデスなど、異教徒の傑出した哲学者や科学者が筋道を立てて説いた真理が、キリストの使徒や教父たちが示した真理と矛盾するかもしれないなどとは思ってもいなかったのだろう。何といっても神は真理そのものであり……スペインの三つの宗教は、唯一の神を信仰する点で一致しているのだから。

実際にスペインの三つの宗教、すなわちキリスト教とイスラームとユダヤ教は、トレドに新設された翻訳センターに最初のスタッフを提供した。その中心人物の一人のドミンゴ・グンディサルヴォ〔ドミニクス・グンディサリヌス、一一一〇頃～八一／九〇〕はトレド大聖堂の助祭長〔一説にはセゴビアの助祭長〕で、語学に堪能なうえに哲学にも関心を抱いていた。彼はおそらく「モサラベ」〔「アラブ化した人々」を意味するアラビア語に由来する〕――先祖伝来のキリスト教徒で、ムスリムの統治時代にも〔ムスリムの王に服従することを条件に〕独自の宗教実践を許されていた者――だったと思われるが、キリスト教に改宗したユダヤ教徒だった可能性もある。[5] グンディサルヴォには、ユダヤ教徒の学者でアラビア語とアラビア文学の権威のファン・アヴェンデウト〔十二世紀〕という親友がいた〔一説によれば、アヴェンデウトは名高い『至高の信仰』を著したアブラハム・イブン・ダウド〔一一一〇頃～八〇頃〕と同一人物であるとされている〕。[6] アラビア語の写本をラテン語に翻訳する施設をトレドにつくろうと、ライムンドゥスがグンディサルヴォにもちかけると、この助祭長はくだんのユダヤ人をこのプロジェクトに誘い入れた。この翻訳センターで、グンディサルヴォとアヴェンデウトは独特の分業方式を確立した。まず、アヴェンデウトがアラビア語の原文をカスティリャ語〔スペイン標準語〕に逐語訳し、それをグンディサルヴォが学術的なラテン語に翻訳したのだ。[7] こうして協力し合いながら、二人はアリストテレスの『霊魂論』など、多数の貴重な文献のラテン語版を生み出した――彼らがとった方法を考えると、その訳業は驚くほど正確だった。[8]

いずれにしても、二人だけの共同作業は長くは続かなかった。発見の噂が広まると、あたかも北方の鳥がスペインの太陽に引きつけられるかのように、ヨーロッパ中の学者がトレドに引き寄せられてきたからだ。[9] イギリスからは、チェスターのロバート〔十二世紀前半に活動〕、（ヨーロッパにおける経験科学の創始者の一人である）バースのアデレード〔一〇八〇頃〜一一五二〕、キリスト教の神学者で当時は科学とみなされていた占星術に並々ならぬ関心を抱いていたモーリーのダニエルなど、多数の学者がやって来た。北イタリアからは、ブレシアのヨハネスや、ティヴォリのプラトー、そして比類ない貢献をしたクレモナのゲラルド〔ゲラルドゥス、一一一四頃〜八七〕がやって来た。ゲラルドは全部で七〇冊から八〇冊もの書物をラテン語に翻訳したが、その中でもアリストテレスの主要な自然学書、神秘主義的な『原因の書』、プトレマイオスの『アルマゲスト』、エウクレイデスの『幾何学原論』、アル＝フワーリズミー〔七八〇頃〜八五〇頃〕の『代数』、二四篇の医学文献の訳業は特筆に値する。フランドル、フランス、バルカン半島の国々、ドイツからも、かなりの数の学者がやって来た。また、モーセス・ベン・サムエル・イブン・ティッボン〔一二三二没〕やセビリャのファン〔ヨハネス、一一二〇／五三活動〕のような著名なユダヤ教徒の学者が近傍のプロヴァンス地方やスペイン国内から、ギリシア人の学者がはるばるビザンツ帝国からやって来た。そして、学識のあるアラブ人はおおいに歓迎された。ある歴史家はこう述べている。「トレドの経験から、知識には国境がないこと、知識は普遍的で全地球的《グローバル》で「人間的《ヒューマン》」なものであること、知識は人種や宗教に関係なく人類全体にかかわるものであることを、ヨーロッパ人は初めて理解するに至ったのだ[10]」。

　トレドの翻訳センターは十三世紀に入っても精力的に活動を続け、マイケル・スコット〔一一七五頃～一二三四頃〕やドイツのヘルマン（ヘルマヌス・アレマンヌス）〔十三世紀中葉に活動〕のような世界の一線級の学者を引きつけた。ヘルマンはアリストテレスの倫理学や政治学関連の著作のほかに、モーセス・マイモニデスの『迷える者の手引き』やアヴエロエスによるアリストテレス註解書などの十二世紀の傑作も、みごとなラテン語に翻訳した。ひとりトレドにとどまらず、西ヨーロッパのキリスト教徒がユダヤ教徒やムスリムやギリシア人と自由に交流できるところでは、新たな翻訳センターが次々と誕生した。ユダヤ教徒人口の多いプロヴァンスはそうした「開かれた」地域の一つで、もっぱらアラビア語の文献をヘブライ語に訳してからラテン語に訳すという方法がとられていた。（十字軍のおかげで）北アフリカやビザンツ帝国との貿易を華々しく発展させた北イタリアも、そうした地域の一つだった。アリストテレスの著作をギリシア語から直接ラテン語に訳すという試みの中で、最初の重要な訳業を成し遂げたのはヴェネツィアのジャコモ〔ヤコブス、一一二四頃から翻訳活動〕だった。彼がコンスタンチノープルに滞在して翻訳したアリストテレスの『分析論前書』、『分析論後書』などの論理学書は、ヨーロッパでは「新論理学」と総称されるようになった〔ボエティウスがラテン語訳した六冊のアリストテレスの論理学書のうち、十二世紀以前に西ヨーロッパに流布していたのは『命題論』と『範疇論』だけで、これらは「新論理学」に対して「旧論理学」と称されるようになった〕。

フリードリヒ二世とマイケル・スコット

けれども、こうした異文化交流が最もさかんだったのはシチリア王国だった。シチリアはかつてはビザンツ帝国の一部でギリシア語圏に属していたが、その後アラブ人に征服され、さらにラテン語を話すノルマン人に征服された。進取の気性に富むノルマン人は、すでにイギリスも支配下におさめていた。十二世紀にノルマン人のシチリア伯ルッジェーロ二世〔一〇九五～一一五四、シチリア王一一三〇～没年〕がイタリア南部の支配を固めてシチリア王国を建設し、パレルモを拠点に王国を統治した。さまざまな言語が入り乱れるパレルモの宮廷では、「黒い肌の召使いやサラセン人の護衛が仕え、そのハーレムと歓楽宮《プレジャードーム》はキリスト教世界ではスキャンダルと羨望の的となった」[11]。スキャンダルの的となったもう一つの理由は、シチリア王が〔東方教会に属する〕ビザンツ帝国出身のキリスト教徒、ムスリム、ユダヤ教徒の学者を、少なくともある分野ではローマ・カトリックの学者と同様に後援していたことだった――これは、「きらびやかな」宮廷に多種多様な文化や宗教を代表する学者を集めるという、アラブの伝統を模倣したものだった。こうした寛容な政策のおかげで、ギリシア語を話す学者たちはすすんでシチリア王国にとどまった。その結果、パレルモはまもなく、古代のギリシア語の写本をラテン語に翻訳する第一級のセンターとなった。(12) この地の学者たちは古代の科学書や医学書をラテン語訳することに熱心で、一方近傍のサレルノでは、さまざまな土地から来た(多数の女子学生も含む)学生や教師たちがヨーロッパで最初の医学校をつくりつつあった。(13) だが、パレルモでは、哲学書の翻訳も奔流のような勢いで進められていた。その翻訳者としては、プラトンの『メノン』と『パイドン』を最初に訳したヘンリクス・アリスティップス(一一六二没)、ムスリムの貴族で詩人のエミールのエウゲニウス、イギリスの卓越した学者で、アリストテレスと占星術の専門家のマイケル・スコットなどが知られている。

スコットの語学の才能は伝説の域に達していた。彼はかつてトレドに滞在していたときに、あるユダヤ教徒の学者の助力を得て、アリストテレスの『形而上学』など多数のアラビア語文献をラテン語に翻訳していた。(14) スコットはアラビア語のほかに、ギリシア語、ヘブライ語、シリア語、カルデア語その他の数カ国語にも堪能だった。一二二〇年代に彼は旅の途上で、シチリア王にして神聖ローマ帝国皇帝のフリードリヒ二世(一一九四～一二五〇、シチリア王一一九六/九七～没年、神聖ローマ皇帝一二二〇～没年)のもとに呼び出された。この若き皇帝はみずからを運命の男と自負しており、スコットの——当時は予知の「科学」とされていた——占星術の能力に強い関心を抱いていた[15]。スコットの才能に深い感銘を受けたフリードリヒは、亡き母〔ルッジェーロ二世の息女でシチリア女王〕から継承したシチリア王国で働くようにとスコットを誘った。こういうしだいで、スコットはその後の人生をシチリアで、写本を翻訳したり、占星術に関する論文を書いたり、ヨーロッパで最も精彩に富み何かと物議をかもす君主に助言を与えたりしながら暮らすことになった。フリードリヒの崇拝者たちは彼を「Stupor Mundus」、すなわち「世界の驚異」と呼んでいた。

フリードリヒ二世は非凡な人物だった。その個性があまりに強烈だったので、彼に望みをかけた臣民の中でも迷信深い人々は、彼を終末の時代の到来を告げる救世主的人物とみなしていた。一方、彼の敵の中でも感情に左右されがちな人々は、彼をキリストの主たる対立者である反《アンチ》キリスト〔キリストの再臨前に出現するとされている〕になぞらえていた。フリードリヒは（教皇領も含めた）イタリア全土とドイツを統一し、おのれの支配のもとにローマ帝国を再興することを夢見ていた。これは、教皇たちにとっては考えるだに恐ろしいことだった。フリードリヒは自由奔放な想像力と尽きることのないエネルギー、そして悪名高い粗暴さを発揮して、シチリアの宮廷から彼の帝国全域を支配した。あたかも一人でローマ皇帝とカリフの二役を演ずるがごとくに、フリードリヒは新しい法典を制定し、キリスト教の異端者を追い詰め、（噂によれば）数多《あまた》の「妻」を侍らせ、教皇権の失墜を画策した。彼はイスラーム文明に通暁しており、その真価を高く評価していた。それゆえ、十字軍を率いて聖地を奪還せよと教皇庁から命じられたときには、武力を用いず人脈と外交術を駆使した交渉によって、エルサレムの支配権を（一時的に）キリスト教側に取り戻したのだ〔第六回十字軍（一二二八〜一二二九）〕。

けれども、フリードリヒはついに、「神聖ローマ帝国」の旗印のもとにヨーロッパを統一するという夢を実現できなかった。それどころか、彼が没するやいなや、彼の相続人を根絶やしにすることが教皇庁の強迫観念となった。そして、教皇庁の悲願は早くも十三世紀末に達成されたのだ。だが、彼のもとで学者たちが生み出した翻訳書は、スペインやイタリア本土やプロヴァンス地方で生み出された翻訳書とともに、まもなくヨーロッパの思考様式に革命的な変化をもたらすことになる。フリードリヒの死後、アリストテレスの全著作をラテン語訳するという事業は、十三世紀最大の翻訳者ムールベケのギヨーム〔一二一五／三五頃〜八六頃〕によってついに完了した。ギヨームはフランドル出身の聖職者で、一二六〇年代はイタリアで働き、その後ギリシアのコリント大司教に任ぜられた。彼はギリシア語の原典を直接ラテン語に翻訳し、アリストテレスの多数の著作や、諸々の哲学者の手になるアリストテレスの註解書や、ギリシアとアラブの科学書の新訂ラテン語版を完成させた。だが、ヨーロッパに新たに台頭した知識階級を最も強く惹きつけたのは、アリストテレスの『霊魂論』と、それまでほとんど知られていなかった『政治学』と『詩学』

だった。イタリアでギヨームと知り合い、彼の訳業がことのほか有用であることを見出したのは、シチリア王国出身でナポリ大学で教育を受けた人物だった。この男は何かと議論を巻き起こす学者で、キリスト教の伝統主義者の多くは彼の思想を危険なまでに急進的であるとみなした。ラテン名をトマス・アクィナスというこの急進主義者は、「アリストテレス革命」の先鋒となるべく運命づけられていたのだ。

だが、私は話を先に――なんと一〇〇〇年以上も先に――進めすぎてしまった。実のところ、この物語は地方からアテナイにやって来た一人の無名の若者が、令名高いプラトンの学園アカデメイアに到着したところから始まるのだ。さて、スタゲイロスのアリストテレスとは、いかなる人物だったのだろうか？　いかにして、彼はプラトンの影から脱け出し、のちに詩人のダンテ〔一二六五～一三二一〕から「知恵者たちの師」と称されるほどの偉大な人物になったのだろうか？　彼の死後十数世紀の時を経てトレドでキリスト教徒の学者たちによって再発見され、西ヨーロッパの歴史の流れを変えた彼の思想とは、どのようなものだったのだろうか？　こうした数々の疑問は、「文明」という言葉が都市での生活を意味しており、とりわけ一つの都市が人々の精神生活を象徴していた時代に、私たちを呼び戻す。そう、アテナイで人々は史上初めて、彼らの外なる大きな宇宙と彼らの内なる小さな宇宙を理解したいという夢を抱いたのだ。アテナイはアリストテレスをいやおうなくその軌道に引きこんだ……そして今、私たちをも引きこむに違いない。

2　プラトンとアリストテレス

アカデメイアにて

アリストテレスが初めてアカデメイアにやって来たとき、プラトンはアテナイを離れていた。この学園の高名な創設者の代理として、クニドスのエウドクソス〔前四〇六頃～前三五五頃〕が学園を仕切っていることを知って、この十代の若者はさぞがっかりしたことだろう。もっとも、プラトンが緊急の政治的な用向きでシラクーザ〔シュラクサイ、シチリア島の港市〕に行っていると聞いても、アリストテレスは驚きはしなかっただろう。というのは、哲学者とは権力の中枢から遠く離れて、曖昧模糊とした概念の網を紡いでいる現実離れした人種であるとみなされるようになったのは、ごく最近のことだからだ。すでに数世紀前から、哲学者の職分には、支配者に賢明な統治の仕方を進言し、被支配者にはいかなるときに支配者に従うべきか（あるいは従わざるべきか）を助言することが含まれていた。哲学者というのは間違いなく、危険な職業だったのだ。プラトンの師のソクラテス〔前四七〇頃～前三九九〕は、伝統的な権威の源泉を問うようにと弟子たちに教えたために、不敬神の咎《とが》で死刑を宣告された。アリストテレスも晩年には、政治的な告発の標的となった。そして、当時プラトンがシラクーザで従事していた任務――この都市の若き「僭主」に統治術を教えること——も、危険な点では引けをとらなかった。この王と対立する貴族たちとの仲を回復させるため、プラトンは調停を試みるがみごとに失敗し、あやういところで命拾いをしたのだ。[16]

その間に、アリストテレスもアテナイで精神的な危機に瀕していた。夢と不安で胸をいっぱいにしながらアカデメイアに入門した地方出身の若者の心境は、誰でも容易に想像できるだろう。生まれ故郷のマケドニア辺境の都市スタゲイロスでは、彼は天才と目されていた。けれども、ここはアテナイであり、アカデメイアにはギリシア世界の選り抜きの思想家たちが集まっていた。既知の問題であれば、アカデメイアの門人たちの知的能力で対処できないものは一つもなかった。彼らが哲学と称するものには、形而上学や倫理学のみならず、天文学や数学も含まれていた。さらに、それぞれの学者にはとくに興味をもっている分野があったとはいえ、誰も学問を「専門化」することなど考えてもいなかった。プラトンの代理をつとめるエウドクソスは医学と政治学の学究だったが、天体の運動を数学的に説明する理論を編み出していた。その理論は、天体は入れ子状に重なった同心天球に付着しており、それぞれの天球は不動の地球のまわりを独自のスピードで回転している、という宇宙モデルに基づいていた。プラトンの甥のスペウシッポス〔前三九五頃～前三三八／三九〕は、比例に関する数学の理論書や、知識の本質を追究した論文を著していた。彼はおじの「イデア」論を公然と批判し、奇と偶、一と多、右と左など一〇対《つい》の存在原理を提示していた。カルケドンのクセノクラテス〔前三九六頃～前三一四頃〕はまだ二十代の若者だったが、プラトンのごく親密な研究仲間の一人だった（そして、じきにアリストテレスとも親友になった）。それにもかかわらず、クセノクラテスは師とは見解を異《こと》にして、物質の基本的な構成要素はそれ以上分割できない微小な粒子であると確信していた。プラトンがアカデメイアで最も有力な人物であることは明瞭だったが、アカデメイアには従わねばならない正統的権威というものは存在しなかった。アリストテレスはほどなく、こうした状況を理解するに至った。彼自身の興味の対象の一部は――たとえば生物学や心理学は――当時はまだ分析に適したテーマとはみなされていなかったが、彼がこれらのテーマを独自に研究し「理論化」することを妨げる要因はなかったのだ。

　おそらく、こうした雰囲気だったからこそ、アリストテレスはプラトンとの相違点が多々あったにもかかわらず、その創設者が紀元前三四七年に八〇歳で他界するまで、アカデメイアに二〇年間もとどまっていたのだろう。プラトンの学園は現代の大学とはまったく異なり、試験も成績もなく、学位も教授という地位もなかった。それはむしろクラブのようなもので、その目的は特権階級の子弟をギリシアで最良の部類の議論に参加させることをつうじて、彼らに論理的な思考方法（と、究極的には巧みな統治方法）を教育・訓練することだった。アカデメイアはその内部においては、一種の能力主義を採っていた。入門して一定の期間が過ぎると、アリストテレスほどの才能のある門下生は、ずっと年長の学者からも同輩として遇された。やがて、アリストテレスは討論を主宰したり、論文を執筆することを勧められるようになった。社会的な面から見ると、アカデメイアの全般的な性格および政治的な傾向は貴族主義的で、無学な貧民層に対する不信感と、教養のない富裕層に対する軽蔑の念を反映していた。アリストテレスの父親はマケドニア王の侍医をつとめたほどの医者だったが、しょせん医者の息子は高位の貴族ではなかった。患者を治療するという行為はつまるところ、一種の肉体労働だったのだ。とはいえ、アリストテレスはアカデメイアを包む精神《エートス》を共有し、その瞠目すべき才能によって頭角を現した。プラトンは彼を「読書家」とか、学園の「頭脳」と呼んでいた(17)。そして、その不敵とも思えるほどの聡明さについて、頭の回転の遅い学園生には鞭が必要だが、最も早熟な弟子には手綱が必要だと、一ひねりした表現で論評していた(18)。

少年アリストテレス

アリストテレスが医者の息子だったこと、しかも父親がありきたりの医者ではなく、病気の原因は自然に由来するがゆえに、自然に即した方法で病人を治療することが可能だと考える新しい流派に属していたことは、アリストテレスについて私たちに多くを教えてくれる。彼の父のニコマコス〔前三七四頃没〕は、アポロンと人間の女性とのあいだに生まれた伝説上の半神アスクレピオスをその名に戴く医師の結社のメンバーだった。従来、病気の原因は神々の怒りや無関心に帰せられており、医者はもっぱら、病人を癒やすために医術の神アスクレピオスの助力を引き出すという、聖職者や魔術師もどきの役割を演じていた。アスクレピオスの神域に建てられた数多の神殿には何千という病人が訪れ、この医術の神が夢の中で病を癒やしてくれることを願って、患者用の共同寝室で寝泊りしていた(19)。だが紀元前四〇〇年頃になると、医療行為の性質を変えるような事態が出来《しゅったい》した。ニコマコスの同時代人のヒッポクラテスが驚くべき大胆さで、魔術師もどきの医者たちをいかさま治療師と糾弾したのだ。彼は「神聖病」（癲癇）を論じた論文の中で、「おおいに神を畏《おそ》れるふりをしたり、人並み以上のことを何か知っているふりをしているに過ぎないと私には思われる」、「魔術師、潔め師、山師や、いかさま医師」を公然と非難した。神々はもちろん存在するが――彼は神が存在するか否かを問題にしているのではなかった――従来の医者たちは癲癇を説明するために神々を利用することで「適切な治療を行えないことを隠しおおし、この病気の本質を知らないことをごまかすために、「神聖な」病と称している(20)」と、ヒッポクラテスは糾弾した。この偉大な医師は〔血液・粘液・胆汁・黄胆汁などの働きを重視する〕「体液」説に基づいて病気発生のメカニズムを説明するとともに、この学説を実証するためにヤギを解剖することを提案した〔ヒッポクラテスは『神聖病について』と題する論文に、「山羊はごく頻繁にこの病気に襲われる」と記し、「もし、山羊の頭を切開してみるなら、脳が湿っぽく、水気に満ち悪臭を放っているのがわかるであろう」と推測している〕。

ヒッポクラテスとニコマコスとに親交があったという証拠は残されていないが、アリストテレスの父親は医学界における新しい勢力に属していたに違いない。もしそうでなかったら、高貴なマケドニア王がその宮廷で王族の侍医として仕えるよう、スタゲイロスから招き寄せたりはしなかっただろう。アミュンタス三世〔在位前三九三〜前三七〇〕の孫の〈のちに「大王」と称される〉アレクサンドロス〔三世、前三五六〜前三二三、在位前三三六〜没年〕がしばしば発作に襲われていたことは、よく知られている。もし、アミュンタス三世の存命中にも王族の誰かが同じ症状で苦しんでいたとしたら、王はさだめし、ヒッポクラテスに「山師やいかさま医師」と嘲笑された医者たちではなく、もっと見識のある医者に診《み》せようと考えたに違いない。ニコマコスには医学面でその資格があり、マケドニア王の要請に応じられる状況にあった。しかも、彼には社会的地位の面からも、宮廷に仕えるに足る資格があった。というのは、彼の妻のパイスティスは、ギリシアの有力な都市カルキスの裕福な貴族の出身だったからだ。スタゲイロスから宮廷のある〔ギリシア北部の〕ペラまで行くには、たいした日数を要さなかった。この医者と妻は幼い息子を連れて、数日でペラに到着した。(21)

アミュンタス三世にも、アリストテレスより一、二歳年長の息子がいた。長じてギリシアの都市国家の大半を征服し、その「保護者」をもって任じたフィリッポス〔二世、前三八二〜前三三六、在位前三五九〜没年〕である。アリストテレスとフィリッポスは子ども時代は仲のよい遊び友だちだったと言い伝えられているが、これはおそらく真実だろう。というのは、後年アリストテレスはフィリッポス二世の誘いを快諾してペラに戻り、マケドニア王の顧問役をつとめたり、一説によれば当時ティーンエイジャーだったアレクサンドロスの家庭教師をつとめているからだ。また、真偽は定かではないが、ニコマコスはアミュンタス三世に仕えているあいだに、アリストテレスに医学の基礎を教え、アスクレピオスの結社に入会させた、ともいわれている。医術は父から息子に伝授される慣習だったので、この話ももっともらしく思われる。少年時代に正式な医学教育を受けたか否かはさておき、成長したアリストテレスの生き方には、父親の職業を特徴づけるさまざまな傾向が認められる。すなわち、超自然的なものに依拠せずに事象を論理的に説明しようとする情熱、実践を尊び細部まで綿密に観察しようとする姿勢、みずから手を汚すことを厭《いと》わない一種の職人気質、といった傾向である。このように、アリストテレスは物質世界に対する強い関心を受け継ぐとともに、人体解剖や自然治癒や生命現象のプロセスに関する父親の知識も、いくらかは吸収していたようだ。プラトンをはじめとする「純粋な」哲学者たちの思想において、身体から精神を分離し、物質的領域から霊的領域を分離する傾向は、きわめて大きな役割を演じていた。だが、この医者の息子にとって、こうした傾向はほとんど意味をなさないものだったのだ。

アリストテレスは特権的な少年時代を送ったが、それは幸福な日々であったようだ——少なくとも、悲劇的な出来事によって、マケドニア王の宮廷での刺激的な生活が突然断ち切られるまでは。彼が一〇歳ないし一一歳のときに、ニコマコスが（いつかは明らかになっていないが）急死し、その若き妻もまもなく跡を追ってしまったのだ。彼らはたぶん、この地域を周期的に襲っていたさまざまな疫病のいずれか、あるいはニコマコスが患者を治療しているあいだに感染した病気の犠牲になったのだろう。だが、この不幸な出来事からほとんど時を置かずに、思いがけない幸運がアリストテレスに訪れた。もっとも、突然みなしごになった少年には、当時はとてもそのようには思えなかっただろうが。スタゲイロスから駆けつけたおじのプロクセノスがアリストテレスを故郷に連れ帰り、その後の七年間、妻とともに自分の子どもたちと分け隔てなく大切に育ててくれたのだ[22]。慈愛深い養父母がいなかったら、この早熟な少年の運命がどうなっていたのか、それは何ともいえない。けれども、もし彼らが愛情こめて育ててくれなかったなら、自然の世界は人間を歓迎しており、人間はこの世界を理解できるという意識を、アリストテレスが保ち続けることは困難だったろう。さらに、彼の人並みはずれた好奇心とものごとを論理的に考える能力も、これほどすみやかに認められ、大事に育まれはしなかっただろう。プロクセノスはアリストテレスが高等教育を受けられるように心を砕き、彼が一八歳になると、アカデメイアに入門させるべくアテナイに送り出した。アリストテレスは終生、養父母一家に感謝の念を抱き続けた。彼はのちにプロクセノスの息子を養子とし、自分の死後にプロクセノス夫妻の像を建立するよう遺言していた。

師弟の真実

もし、アリストテレスが現代の人だったら、彼はおそらく自伝を書いていただろうし、少なくとも誰かが信頼できる伝記を書いたことだろう。それによって私たちは、彼の思想がアカデメイアでどのように発展したのか、彼がどの時点で自分と偉大な師プラトンとを隔てる根本的な相違に気づいたのかを、知ることができたろう。(23) プラトンとアリストテレスが没してから長い年月が経つにつれて、二人の隔たりは裂け目となり、裂け目は深い割れ目となり、割れ目はついに地殻深くに達する海溝となってしまった。中世になると、プラトン的な「超俗性」とアリストテレス的な「物質主義」の衝突は、数多の学者から職を奪い、急進的な思想家《イデオローグ》の命を奪う誘因とさえなった。だが、プラトンとアリストテレスの時代に即していえば、この二人の相違点は彼らの信念が相容れなかったことに加えて、彼らの気質と関心のありようが正反対だったことに起因していたように思われる。アリストテレスは何よりも自然そのものと生命現象の探究から、インスピレーションと喜びを得ていた。彼は基本的にこの世界に満足しており、自分自身を宇宙の一部とみなしていた――宇宙は生きている、宇宙は完全で自律している、五感によって知覚されたデータに基づいて合理的に推論すれば、宇宙の根本をなす諸原理を理解できる、と彼は確信していたのだ。アリストテレスによれば、現実世界は個々の実体――たとえばプラトンという人間

――で構成されており、それぞれの実体は質料と形相が分かちがたく独特の形で結合したもので、おのずから備わった可能性を実現するプロセスの途上にある〔質料とは、形式を具備することによって初めて一定のものとなる材料的なもの。形相とは、質料をして一定の現実的形態を採らせる原理。たとえば、家の構造は形相で、材木は質料。アリストテレスは、質料を形相とともに存在の根本原理と考えた〕。アリストテレスの宇宙においては、人々が目にし、それについて理性を働かせる対象は、ほとんどすべてが理解可能なものである。もし、「哲学者」が今日生きていたら、彼はおそらく――作詞家のアイラ・ガーシュウィン〔一八九六～一九八三〕の言葉を借りて――こうつけ加えていただろう。「これ以上、求めるものは一つもない」[24]と。

他方、プラトンははるかに多くを求めていた。何にもまして彼にインスピレーションと喜びを与えた学問は、数学と芸術だった。これらは（プラトンの考えによれば）つかのまの感覚や生成消滅という気の滅入るプロセスではなく、たとえば直線や円や平方根というような、抽象的でありながら実在性をいささかも失わない不変の概念を重点的に考察する学問である。美や善や公正というような非数学的概念も、数学的概念と同種の実在性を共有している、とプラトンはみなしていた。これらを単なる抽象概念と称する者もあるだろうが、プラトンにとってはこれこそ「真実在」、時間を超越した実在にほかならなかった。真実在と感覚世界の事物との関係は、球のごとき完全な幾何学的形状と、オレンジのような不完全な近似形との関係になぞらえることができる。完全な球という概念をどこかで獲得したのでなければ、どうしてオレンジの形を球状と認識できようか、とプラトンは推論した。純然たる正義について何らかの概念を有していなければ、特定の政治組織が不正であると、どうして判定することができようか？　けれども、自然界には完全な球は存在せず、既知の世界には純粋に公正な国家は存在しないとすれば――そして、実際に存在しないのだが――これらの概念はいったいどこから来るのだろうか？　それは自然界や人間社会の外に存在する、永遠の形相もしくはイデアの領域にほかならない。そして、このようなイデアが私たちの精神に入って来るのは、人間の精神がその一部なりとも、かつてイデアの領域に宿っていたからだとしか考えられない〔プラトンによれば、精神がこの現象界に生まれる以前にイデアの世界で得ていた直観を想起することが、真の認識である〕。実際、諸々のイデアが有する穏やかな美や、精妙な正確さや、人々を啓蒙する力に比べたら、日常的な経験の世界は混乱《カオス》の極みであり、とうてい信頼には値しない。つまるところ現実世界は、模倣不能な傑作を不細工にコピーしたようなもので、実在してはいないのだ。

プラトンとて現実世界を嫌悪していたわけではないが、その諸相を見るにつけて、よりよい世界を想起せずにはいられなかった。この老いた哲学者の心に歓喜と驚嘆の念を引き起こすのは、人を惑わせる感覚的知覚とさまざまな感情が渦巻くうわべだけの世界の背後に、現世の経験に能《あた》うかぎりの理解可能性と価値を付与する純粋な思惟の領域がある、という確信だった。こうした確信に基づいて、プラトンは芸術を永遠を見る窓とみなし、「神」を芸術家として思い描いていた。他方、アリストテレスをことのほか喜ばせ刺激したのは、感覚によって知覚される「現実世界」は――人間がこれ以外の世界をいかに欲しようとも、人間の居場所はここしかないのだ――それ自身の内に理解可能性と価値の源泉を含んでいる、という確信だった。外面に現れているものは当てにならない、事物の本性や仕組みは隠されている、知恵とは事物の根底をなす諸々の実在を解明することである、という認識に関しては、アリストテレスはプラトンに同意していた。けれどもアリストテレスは、自然の世界とは別個に絶対的な理解可能性の世界が存在するという概念は否定した。彼の見解によれば、感覚のインプットなくしては、いかなる概念も存在しえなかった。また、この世界の事物は永遠なる概念の影や近似物に過ぎないどころか、諸々の概念を体現しているのだ。アリストテレスにとって、言葉を発しない「物質的な」実在が人間に語りかけてくるということ、人間が理性の行使をつうじて事物に内在する諸原理を理解できるということは、奇跡以外の何ものでもなかったのだ。

いうまでもないが、この師弟は非常に多くを共有していた。たとえば、プラトンもアリストテレスも、現実世界は粒子状物質の機械的な相互作用に還元できるとする原子論者に反対していた。また、いかなる種類の知識も確実ではないとする懐疑論者も、神聖な事柄を探究するのは不敬であるとする宗教的伝統主義者も、彼らは嫌悪していた。二人はともに骨の髄から合理主義者であり、経験を徹底的に分析すれば理性によって理解しうる秩序の根本原理が明らかになること、換言すれば、秩序を構成する諸々の原理が人間の精神の内にだけではなく「精神の外」にも実在することを、（彼らの継承者である現代の哲学者の一部とは異なり）いささかも疑っていなかった。それでも、二人の相違は否定しようがなかった。プラトンが不完全さと錯覚という雑音を貫いて流れる神々の不滅の音楽を聞いたのに対して、アリストテレスはこれら不協和音としか思えないものの中に秩序あるリズムとメロディーを聞き取っていた。現世よりも善で真なる世界に望みを託した後世の敬虔なキリスト教徒は、プラトンのものの見方に強く惹きつけられた。その理由は、読者にも容易に理解できるだろう。聖書にも、「私たちは、今は、鏡におぼろに映ったものを見ている。だが、そのときには、顔と顔とを合わせて見ることになる」[25]とあるではないか〔「私は、今は一部しか知らなくとも、そのときには、はっきり知られているようにはっきり知ることになる」と続く〕。一方、創造の妙に魅惑された人々がアリストテレスを好む傾向にあった理由も、容易に理解できるだろう。

その独創性と独立心のゆえに、アリストテレスはある時点で老師と袂を分かった、と想像する向きもあるだろう。しかし、そうした事態にはついに至らなかった。アリストテレスは講義や著述において、プラトンの概念の多くを批判していた。だが、のちに彼の敵たちが申し立てたごとくプラトンに不実であったということは、ついぞなかったのだ。プラトンの葬儀に際してアリストテレスが認《したた》めた熱烈な頌徳《しょうとく》の言葉が、彼が師の人格を心から尊敬していたことを如実に物語っている。それによれば、プラトンは「みずからの生き方と言葉の用い方をつうじて、幸福になる方法は善良であることに尽きる」と最初に示した人物だった[26]。アリストテレスは老師が生存しているときにも、自分は独自の思想をもった忠実なアカデメイアの門人であると――まことにもっともなことに――主張することができた。彼はいわば「左派のプラトン主義者」であり、師の思弁を現実に引き戻すことによって、師の思想の最も優れた要素に忠実たらんとしていたのだ[27]。ところが、アカデメイアの学者の中には、アリストテレスの見解に異を唱える者たちもいた。彼らはアリストテレスの思想の中に、あまりに世俗的な自然主義がプラトン主義を覆す危険性を認めていた。かくして、アカデメイアの創設者の死とともに、思想と思想の真剣な対決と、プラトンの知的遺産をめぐる闘争が始まったのである。

3　「哲学者」アリストテレス

プラトン没後

プラトンが八〇歳で没したときに、彼の一番弟子が師の跡を継ぐことも充分ありえただろう。アリストテレスは当時三七歳で、アカデメイアの学頭になるにはいくぶん若すぎたとはいえ、すでにギリシア有数の偉大な哲学者と目されていた。ところが、彼の実績は重視されず、アカデメイアの長老たちはスペウシッポスを学頭に選んだ。その後まもなく、アリストテレスはアテナイに別れを告げてエーゲ海に面するギリシアの小さな植民都市、小アジアのアタルネウスに新天地を求めた。

彼がこれほど急にアテナイを去った理由は、今もって明らかになっていない。スペウシッポスはアリストテレスより年長で、より安定した地位を築いていた。プラトンの甥という立場も、学頭に選出されるうえで有利に作用したことだろう。それでも、学頭に選ばれなかったことは、アリストテレスを苦しめたに違いない。だが、彼にとって、プライドを傷つけられたことに劣らず由々しき問題だったのは、新任の学頭のものの見方に不快感を禁じえないことだった。スペウシッポスは才能に恵まれた数学者で、とりわけ幾何学的な比例関係に関心を抱いていた。彼はプラトン以上に数学を重視し、宇宙は数によって支配されているとか、数学的な諸関係についての知識だけが確実な知識である、などと極端な見解を公言していた。他方アリストテレスは、数式を解くのは自然の世界を叙述する数多の方法の一つに過ぎず、哲学のあらゆる分野を数学に包含させるべきではないと主張していた。[28] いずれにせよ、アリストテレスはこの数学者が学頭に任命されたことを、独り立ちする好機と受けとめた。彼は親友のカルケドンのクセノクラテスとともに、エーゲ海の彼方の小アジアに旅立った。

「哲学者」がおのれを受け入れてくれた都市を去ろうと決意したのには、広い意味での政治情勢も影響していたものと思われる。プラトンが没した年に、マケドニア王のフィリッポス二世がギリシア北部の都市オリュントスを攻め落とし、短期間のうちに彼を全ギリシアの盟主に押し上げることになる一連の作戦行動を開始した。アテナイでは、この出来事の衝撃が市民に重くのしかかった。反マケドニア派の中心人物で雄弁家のデモステネス〔前三八四頃～前三二二〕はすぐさま浮き足立つ市民を糾合して、風前のともし火のアテナイの独立を守ろうと（少なくとも言葉のうえでは）激励した。現在わかっているかぎりでは、この雄弁家はアリストテレスを名指しで攻撃してはいなかったが、彼の立場が危ういことは疑いようがなかった。そもそも彼はアテナイ市民でないうえに、彼の家族とマケドニア王家との親密な関係は広く知れわたっていたからだ。その後、アレクサンドロス大王が台頭するにつれてアリストテレスの運勢は上昇するが、この時点では、マケドニア王家との関係は厄介の種だった。こうした事情もあって、アリストテレスは当分のあいだ、みずからアテナイを離れることを余儀なくされたのだ。アカデメイアを去ったとき、アリストテレスはすでに独自の思想をもった思想家として、世に知られていた。とはいえ、彼はいまだプラトンの巨大な影の中の存在であり、不利な政治的背景を負った独身者に過ぎなかった。のちに、彼は幸福な結婚をし、哲学者として独自の地歩を築き、政治的にも有力な人物となってアテナイに凱旋する——彼自身の「アカデメイア」であるリュケイオンを創立し、この学園を哲学と科学研究の最高峰に導く準備を終えた指導者として。

すべては一つの友情から始まった——この友情はずっとのちになって、アリストテレスとその家族にとって思いもよらぬほど危険なものであったことが判明する。アタルネウスの「僭主」ヘルメイアス〔ヘルミアス、前三四一／四五没〕は、アリストテレスとはアカデメイアでともに学んだ仲だった。同門の旧友がプラトンの跡を継ぐ学頭になれなかったことを知ると、ヘルメイアスはアリストテレスを自分の宮廷に招いた――アタルネウスにあるプラトン学派の小さなサークルを指導して、哲学の学園をつくってほしいのだ、と。アテナイを離れて新たなスタートを切れることは、「哲学者」にとって望外の喜びだった。アカデメイアの圧力から解放され、エーゲ海東部に生息する豊かな生物相を目の当たりにしたアリストテレスは、嬉々として生物学の研究に没頭した。そればかりか、彼はまもなく家庭生活の幸福も手に入れた。ヘルメイアスが姪のピュティアスを、アリストテレスに娶《めあわ》せたのだ。夫妻のあいだには娘が生まれ、母親と同じピュティアスと名づけられた。アリストテレスは新しい家族と親しい仲間たち、彼を敬愛する弟子たちに囲まれて、アタルネウスで満たされた生活を送った。休止期ともいうべきこの穏やかな時期が、やがて彼の人間中心主義的で現世志向的な倫理学と政治学を特徴づけることになる、価値観の多くを培ったように思われる。アリストテレスにとって、善い生活とは常に、永遠の至福のために現世の喜びを拒否することではなく、この世界で幸福に暮らすことを意味していた。禁欲主義や肉欲に耽るといった極端な生活態度とは対照的に、中庸こそが彼のスローガンだった。友情、家庭生活、政治への参与、そして思索（「観想」〔真理・実在を他の目的のためにではなく、それ自体のために知的に眺めること〕）が、純然たる幸福への鍵だった。こうした考え方は今日ではありきたりに思えるかもしれないが、十数世紀のちに彼の倫理学書が再発見されたときに、天国に望みを託したキリスト教徒たちを仰天させたのだ。

マケドニアへ

エーゲ海沿岸での牧歌的な生活は、紀元前三四四年に頂点に達した。この年、アリストテレスは近傍のレスボス島出身で一番弟子のテオフラストス〔前三七二頃〜前二八七頃〕から、彼の生まれ故郷で一年ほど研究しようと誘われた。レスボス島の中心都市ミュティレーネは伝説に語りつがれるほど美しいところで、アリストテレスはこの地で研究に勤《いそ》しんだ。だが、この穏やかな休止期は突然終わりを告げた。アリストテレスの友人のクセノクラテスは、かねてからアカデメイアの学頭を引退する意向を表明していたスペウシッポスに呼び出されて、アテナイに戻った。その一年後、クセノクラテスは僅差で選挙に勝利をおさめ、アカデメイアの三代目学頭に就任する。その間に、アリストテレスはフィリッポス二世の宮廷に仕えるために、マケドニアに向かっていた。実のところ、アリストテレスをエーゲ海東部地方から呼び戻すお膳立てをしたのは、フィリッポス自身だったらしい。それは、マケドニア王が当時一三歳の息子アレクサンドロスの教育をアリストテレスに委ねたがったからだと古来いい伝えられているが、フィリッポスには「哲学者」の休止期を終わらせなければならない、もっと切羽詰まった事情があったようだ。アリストテレスはすでにギリシア世界の都市国家の法典蒐集に着手しており、帝国の統治法などの政治的な事柄について執筆を始めていた。彼はギリシア人の精神のありようを熟知しているうえに、この三年間は小アジアで暮らして見聞を広めていた。しだいに攻撃的になるペルシア帝国に対処すべく征戦の想を練りながら、大規模な軍事作戦を開始するにあたって、フィリッポスが幼馴染みの助言を求めたことは想像に難くない。王が宮廷に哲学者を召し抱えるのは珍しいことではなかった。フィリッポスもその例に倣《なら》ったのだろう。さらに、王の遠征中は年若いアレクサンドロスが摂政をつとめるのだが、アリストテレスが宮廷にいてくれれば心強いと思ったのだろう。

マケドニアの勢力が強大になるにつれて、各人はどちらの陣営につくか、心を決めざるをえなくなった。アリストテレスは彼の父がそうであったように、フィリッポスとアレクサンドロス親子と運命をともにすることを躊躇しなかっただろう。家族どうしの結びつきは、その理由の一端でしかなかった。ギリシアを平定し、新しい世界秩序を構築しようというマケドニアの強い衝動の中には、哲学者たるアリストテレスの野心と共鳴する何かがあった。アリストテレスは第一に普遍主義者だった。彼は常に、人間を人間として、自然を自然として、存在を存在としてあらしめている諸々の原理を追究していた。実のところ、アリストテレスは哲学の世界のアレクサンドロス大王だったのではないだろうか？　彼はいまだ地図に記されていない広大な知識の領域を、普遍的な理性の支配下に置こうとしていたのだ。このように拡大主義的ですべてを秩序づけようとする世界観が、ギリシアの帝国主義の最盛期に生まれたこと、そして何世紀もの時を隔てて、版図を広げつつあったイスラーム帝国と中世後期のヨーロッパに最も大きな影響を与えたことは、単なる偶然の一致とは思えない。

アリストテレスはフィリッポス二世の宮廷で七年間を過ごした。その間にアレクサンドロスは成人し、フィリッポスは武力でギリシア世界の盟主となった。勢いを盛り返したギリシア勢と仇敵のペルシア勢との対立が激化して、ついに戦端が開かれた。紀元前三四一年、小アジアのアタルネウスは、ダレイオス大王〔一世、ダリウス、在位前五二二〜四八六〕の時代の再現をめざすペルシア王に征服された。アリストテレスの旧友でパトロンでもあったヘルメイアスは、征服者たちに拷問されて殺された〔ヘルメイアスの死に関しては、前三四四年に不慮の死をとげた、前三四五年にペルシア王アルタクセルクセス三世からの刺客によって暗殺された、など諸説がある〕。アリストテレスはその死を悼んで心のこもった挽歌を詠み、今は亡き旧友を神になぞらえた——この思慮の浅い一節が、将来に禍根を残すことになる。その五年後、フィリッポスがおそらくクーデターを目論む勢力によって暗殺され、アレクサンドロスが王位を継いだ。アリストテレスはみずからの学園を設立するためにアテナイに戻ったが、マケドニアとの関係はこれで終わったわけではなかった。若きマケドニア王はアジア征服に乗り出すに際して、アリストテレスの甥の歴史家カリステネス〔前三二七没〕を遠征の公式な記録係に採用した。そして、もし、言い伝えが真実であるなら、アレクサンドロスは配下の海陸の軍人に命じて、珍しい生物標本を採集してはリュケイオンの恩師のもとに送らせていた。リュケイオンとは、アリストテレスが（マケドニアの資金援助のもとに）アテナイ郊外に開設した学園の通称である。

リュケイオン創設

いまや、「哲学者」はその生涯で最も満ち足りた生産的な時代に入った。だが、アテナイ凱旋の喜びは、妻のピュティアスが病に倒れ、若くして世を去るという悲劇によって損なわれてしまった。その後、アリストテレスはスタゲイロスへの旅の途上で、終生のパートナーとなるヘルピュリスという女性と出会った。アリストテレスは彼女と結婚はしなかったようだが、この新しいパートナーを献身的に愛した。二人のあいだに生まれた息子はニコマコスと名づけられたが、この名はのちにこの少年に献呈された『ニコマコス倫理学』という書物によって不朽のものとなった。この間に、アリストテレスはリュケイオンの研究・教育計画の策定に着手するとともに、その最初の教育課程をスタートさせていた。リュケイオンのカリキュラムはアカデメイアのそれより多岐にわたり、自然哲学をより重視していた。アリストテレスは午前中は学園の屋根つきの散歩道《ペリパトス》を逍遥しながら、高弟たちと哲学上の難問について議論した。こうした習慣から、彼の学派は「逍遥《ペリパトス》学派」と称されるようになった。午後には、もっと取り組みやすいテーマや実際的な問題について、多数の聴衆に講義した。さらに、彼は著述を行った――おお、彼はなんと精力的に書いたことか！　今日「アリストテレス全典」と総称されている約五〇篇の論文は、彼の全著作の三分の一を占めるに過ぎない。驚くべきことに、これら現存する著作のどれ一つとして、今日伝わっているような形で公刊することを意図して書いたものではなかったのだ。そのほとんどは講義用の草稿だったと推測されており、これらはアリストテレスの書庫に保管され、それから個人的に書き写され、二世紀後にローマ在住のロードスのアンドロニコス〔前一世紀〕という学者によって、整理されるに至った。[29] こうした事情から、アリストテレスの著作は飾らない几帳面な筆致で書かれており、プラトン流の対話篇の形をとっていないのだろう。ローマの政治家で哲学者のキケロ〔前一〇六～前四三〕は、アリストテレスの対話篇を流麗にして雄弁と絶賛している。キケロが言及した対話篇は、彼の死後に――たぶん初期キリスト教時代に――散逸してしまったに違いない。

雄弁であろうとなかろうと、アリストテレスの著作のテーマは実に広範にわたっている。たしかに近代以前には、哲学という学問分野は哲学全般〔形而上学・認識論・論理学・倫理学など〕のみならず、今日のいわゆるハード・サイエンス〔物理学・数学・生物学・生理学・気象学・天文学〕、社会科学〔政治学・心理学〕、人文科学〔修辞学・文学・宗教〕も包含していたが、それにしてもアリストテレスの守備範囲の広さは驚異的である。彼はこれらの問題すべてについて論述しているのだ。[30] 実際、当時すでに認識されていたテーマで、彼が著述の対象としなかったものは思いつかないほどだ。しかも、彼は当時はまだ認識されていなかったり、あるいは体系化されていなかったテーマを——たとえば、演繹論理学などを——事実上発明していたのだ。こうした目も眩むような万能さゆえに、アリストテレスは一〇〇〇年以上ものちの大衆のあいだで「魔術師」とか、賢人とも魔術師ともつかない人物と噂されるようになった。中世のユダヤ教徒のあいだでは、アリストテレスは晩年にユダヤ教に改宗したと言い伝えられていたが、その根拠はこれほどの知者は最終的にイスラエルの真の信仰を受け入れたはずだというものだった。(31) そして、詩人のダンテは『神曲』の中で、当然のようにアリストテレスを「知恵者たちの師」と称している。(32)

一三年のあいだ、リュケイオンを拠点に講義と執筆に従事しながら、アリストテレスはギリシアの哲学界に君臨した。もちろん、彼には崇拝者だけでなく、敵もいた。ある学者は彼の風貌について、今日まで伝わる唯一の証言を残している。それによれば、「哲学者」は痩せこけて風采があがらず、両眼のあいだが狭く、禿頭で、(学識の深さを象徴するものとされていた)顎鬚を生やしておらず、言語障害があり、けばけばしい服装を好んだという。このいかにもアリストテレスを見下したような手厳しい描写は、由緒正しい貴族が成り上がり者に対して抱く嫌悪感や、プラトンのアカデメイアのような伝統のある学園を重んずる者たちがアリストテレスの学派に対して抱いた敵意を反映しているのだろう。だが、この言葉には、それ以上の感情がこめられていたようだ。アリストテレスが置かれていた政治的な立場が――それは彼の弱みでもあったのだが――学問に対する献身の度合いも業績もアリストテレスに及ばなかったこの学者に、警戒心を抱かせたのだろう。リュケイオンの主たる保護者は、マケドニアのアテナイ総督アンティパトロス将軍〔前三九八頃～前三一九〕だった。彼の任務は、アレクサンドロスが世界征服の途上にあるあいだ、その代理として信頼の置けないアテナイ人を服従させておくことだった。アリストテレスは公然とこの軍人行政官と親交を結んでいたので、ひとたびアレクサンドロスの軍事作戦が頓挫した場合には、この親交ゆえに危険な立場に追いこまれかねなかった。

その最期

紀元前三二六年、一連の不穏な報告の第一報がアテナイに届いた。ヒンドゥークシ山脈での苛酷な戦いを終えたアレクサンドロスは、疲弊した将兵たちの前進拒否にあって、東征の中止と反転を余儀なくされた。彼は軍を率いてインダス川経由でペルシアまで撤退し、軍勢の立て直しとペルシア支配の強化に取り組んだ。熟慮のうえでの行動なのか、誇大妄想によるものなのか、マケドニア王は奇矯な振る舞いをするようになっていた。たとえば、二つの文化を背景にもつ新しい人種をつくり出すのだといって、部下たちにペルシア女性と結婚するよう迫ったり、忠誠の証《あかし》として自分を神と認めるよう強要していたのだ。こうした報告は、アリストテレスをさぞ心配させたことだろう。中でも一つの報告は、彼を暗澹たる思いに沈ませたに違いない。甥のカリステネスら数人が大胆にも——そして無謀にも——彼らの総帥の神性を認めることを拒否したところ、激昂したアレクサンドロスが彼ら全員を反逆罪の容疑で審理にかけ、即座に処刑したというのだ。

その三年後には、「哲学者」自身も苦境に立たされた。これはアレクサンドロスの逆鱗に触れたからではなく、この神王〔神として崇敬され、神の力をもつとされる王〕が思いがけなく——おそらく腸チフスにかかって——ペルシアで急死したことが原因だった。この知らせを聞いて、マケドニアの「保護者たち」の統治を苦々しく思っていたアテナイ人の多くは狂喜した。アンティパトロスはとくに残酷ないし非道な統治者とみなされていたわけではなかったが、すぐさまアテナイ人の主たる攻撃目標となった。アリストテレスにとって、マケドニアの権力中枢との結びつきはまたしても諸刃の剣となった。その数年前、アリストテレスはアンティパトロスに対する影響力を行使して、アテナイ人のためにいくつかの重要な特権を獲得していた。その返礼として、アテナイ人は〔神託で有名なアポロンの神殿があった〕デルポイで、彼と甥のカリステネスを顕彰することを投票によって決議していた。しかし、アレクサンドロスの死を確認する知らせは、アテナイにおける大規模な反乱の引き金を引いた。反マケドニア派はアンティパトロスを打倒して追放し、新しい政権を樹立した。アリストテレスが驚いたことに、新政権は瀆神罪の容疑で彼を起訴する準備を進めていた。なんと、二〇年も前に殺された旧友のヘルメイアスに捧げた挽歌の中で、亡き僭主を「神になぞらえて」いたことが、偶像崇拝に当たるというのだ。アリストテレスはソクラテスの運命を想起して、アテナイ人に「ふたたび哲学を冒瀆する罪」を犯させはしないと心に誓った、と伝えられている。(33) 彼は身を退くことを決意し、母親が何がしかの財産を遺していたカルキスに命からがら逃げのびた。

　このエウボイア島西岸の古代都市が、アリストテレスの終《つい》の棲家となった。彼は一年後に、持病とおぼしき胃病が原因で亡くなった。享年六二だった。アンティパトロスに宛てた一通の手紙から、彼が追放の身の孤独をかこっていたことがうかがえるが、彼が自殺したという噂を裏づける証拠は見出されていない。アリストテレスがどんな思いでいたのかは、彼がこの手紙に認めた言葉が雄弁に物語っている。前述したように、アテナイの政治家たちは八年前に彼を顕彰していたが、彼らはこの度それを撤回したという知らせを受けて、アリストテレスはこう述べているのだ。「デルポイで私に贈ることが決議され、いまや剝奪された名誉に関しては、私はおおいに気にかけているわけでも、まったく気にかけていないというわけでもない(34)」。こうしたバランス感覚こそ、徳は黄金の中庸〔知恵と分別に基づく中庸の道〕にあり、現世のつかのまの喜びは——けっして罪深いものではないとはいえ——永続する学問の喜びに比べたらものの数ではない、と主張していた哲学者の真骨頂だろう。たとえそうであっても、彼の最期は、輝かしい経歴の終わりとしては淋しいものだった。もし、中庸の徳という概念や学問の喜びを無上のものとする価値観が、彼の名前と結びつけられた事実上すべての思想とともに、彼の死後二〇〇〇年以上にわたって繰り返し述べられ、練りあげられ、論議され、行動の規範となることを知っていたなら、晩年のアリストテレスはいささかなりとも心を慰められただろうか?

4　アリストテレス思想の核心

草稿の行方

ギリシアの歴史家で地理学者のストラボン〔前六四頃~後二一頃〕が、アリストテレスの手稿の運命について、もっともらしい説を述べている。それによれば、「哲学者」が没したときに、彼の論文の草稿や講義録の類《たぐい》はすべて、最良の友にして高弟でもあり、リュケイオンの学頭を継いだテオフラストスに委ねられた。(35) それから三五年後、テオフラストスは学園の管理者、教師、著述家としての輝かしい生涯を終えた。彼はアリストテレスの草稿や自身の草稿を含む蔵書のすべてを甥のネレウスに遺贈し、ネレウスは小アジアのギリシア植民都市スケプシスにそれらを持ち帰った。アレクサンドロス大王の死後、大王が築いた帝国を蚕食し、各地に割拠した軍人支配者たちは、書物であれ何であれ、価値のあるものは手当たりしだいに没収していた。スケプシスの支配者も血眼になって書物を求めていたので、ネレウスは家の床下に深い穴を掘り、そこにくだんの草稿類を隠した。そのまま二世紀以上の時が流れたが、その間にエーゲ海対岸ではアテナイがケルトの「蛮族」に襲われ、リュケイオンの名声は衰え、アリストテレスの星はしだいに輝きを失った。ところが、紀元前七〇年頃に、ネレウスの窖《あなぐら》に隠されていた大量の羊皮紙が偶然に発見された。これらはところどころ虫に食われ、多年の湿気で破れていたが、そっくりそのままアテナイに送られた。アテナイでは少数の逍遥学徒が細々と講義を続けていたが、聴講者は激減していた。彼らはくだんの草稿類を、同門の傑出した哲学者で、学問と権力の新たな中枢ローマを拠点に活動していたロードスのアンドロニコスのもとに送った。アンドロニコスは数年かけて破損した草稿を修復し、それらを分類し、整理した（そして、おそらく編集も行った）。多数の写本がつくられ、人々の手に渡った。こうしてふたたび、アリストテレスの声が地中海世界に鳴り響くようになった。その後の二世紀間、彼の哲学は最初の復活の時代を謳歌する。

ロードスのアンドロニコスは実在した人物であり、彼がアリストテレスの著作を公刊したことは事実である。だが、ストラボンの説のこのほかの部分は推測の域を出ていない。「哲学者」の死後もリュケイオンが紀元三世紀まで存続していたことを考えると、この説は明らかに、アリストテレスの著作が消失したのちに（奇跡的に）発見された、という筋書きを過度に強調している。とはいえ、この筋書きはいまだ充分に理解されていない一つの真理をついている。それは、アリストテレスの著作には——あるいは彼の著作と歴史上の特定の時期との結びつきには——それを不滅の存在と思わしめるような何かがある、ということだ。アリストテレスの著作は再三再四、一つの文明世界から姿を消し、何世紀かのちに別の文明世界に現れては、しばしば尋常ならざる影響を及ぼした。まずギリシアで「姿を消し」、その後ローマで「見出された」。ビザンツ世界のキリスト教徒からは無視されたが、イスラーム世界では創造的な哲学の華々しい開花を促した。西方ラテン世界では何世紀ものあいだ読まれることもなかったが、中世のスペインで発見されるや、ヨーロッパの知の革命の引き金を引いた。アリストテレスの主要な著作がいずれも難解で、ホメロスの作品や聖書のように物語の形をとっておらず、古典古代の詩歌やプラトンの対話篇のような文学的魅力とも無縁であることを考えると、彼の著作が衰えない力を有していることは、いっそう驚異的である。十八世紀のイギリスの詩人トマス・グレイ〔一七一六〜七一〕は、アリストテレスの著作を読むのは干草を食べるようなもの、と評したとされている[36]。しかしながら、教育を目的とした率直な文体こそ、彼の著作が長大な時間と多様な文化的背景によって隔てられた読者たちを刺激し、鼓舞する——そして往々にして反感を抱かせる——謎を解く鍵となっているのだ。

アリストテレスの筆致と論法

アリストテレスの著作のきわだった特徴は、理性に則って筆を進めていることである。

その主題が三段論法のように純粋に客観的なものであっても、政治学のように熱い議論を引き起こす類のものであっても、彼の筆致はあくまで冷静で、一貫して客観的である。著述家によっては、このように没個性的な書きぶりをした場合、ともすると傲岸ないし横柄な印象を与えかねない。ところがアリストテレスの著述は、著者の利己心や悪意や自己満足を免れているという点できわだっている。問題にいかに答えるべきか確信がもてず、それを率直に認めている箇所すら散見されるのだ！　アリストテレスは著述に際して通常は、まず論点を提示して基本的な用語を定義する、ついで他者のさまざまな見解を紹介して公正に論評する、しかるのちに自身の考え方を示して、それが論理的に首尾一貫していると ともに既知の証拠と矛盾しないことを証明する、という手法をとっている。かかる論証形式には、信じることを強要する要素が入りこむ余地はない。アリストテレスは、「神は私にこのように語った」という類のことをいっさい述べていない。プラトンはソクラテスをあらゆる知恵の源泉に祭りあげることによって、彼の言葉が真理であることを対話の相手に認めさせようとしていた。アリストテレスはプラトンとは異なり、弁舌巧みに自分の見解を読者に押しつけようとはしなかった。その著述の論調は、(ギリシアの用語では貴族と同義である)教養と分別を併せもった人物が、やはり教養と分別を併せもった人々に語りかけるときのそれである。

アリストテレスは教師で、読者は彼の弟子だった。それにもかかわらず、彼はけっして読者を見下したり、読者の感情や私利私欲に訴えたりしていない。彼には、そんなことをする必要がなかったのだ。学究的な問答形式をとった著述の根底には、のちにおおいに物議をかもすことになる、一つの基本的な前提があった。それはすなわち、人間は第一に思索する動物であり、合理的な存在である、人間は真理を発見したら、それを受け入れる、ひとたび真理を受け入れたら、それに基づいて行動する、という観念である。もちろんアリストテレスは、論理的な思考能力に個人差があることを認識していた。政治を論じた著作の中で、指示に従うことしかできない者は生来の奴隷であると暗に述べているほどだ[37]。彼はけっして民主主義者ではなかったが——それでも倫理学や心理学を論じた著作の中で、思考能力は種としての人類に生来備わっている、と述べている[38]。地上のどこであっても、人々が知性の火を照らすところでは、彼らは秩序ある変化の諸原理を発見する——どのようにして事物はつくられ、どのようにして機能するのか、どのようにして事物は生成し消滅するのか、どのようにして特定の原因が特定の結果を生じるのかを示すパターンを見出し、それらを知性によって理解するのだ。その能力にいかんともしがたい限界があるにもかかわらず、人間はみずからを道徳的に向上させることも、より安定した公正な共同体をつくることも、幸福で有益な生活を送ることもできる。すべての人間が高度な分析を行えるわけではないが、人間であるとは自己意識をもち、想像し、学ぶことと同義なのだ。

旧来の宗教のほとんどは人間がいかに無力であるかを繰り返し説き、一方、近代科学の多くもまた、人間の能力の限界を次々と明らかにしてきた。けれども、アリストテレスを読んでいると、「人間であるばかりに」劣っているという意識が薄れてくる。その理由の一つは、アリストテレスが五感による知覚を本質的に人を誤らせるものとみなしていないどころか、共通の経験に基づいて論理的に議論するための具体的な証拠を提供するもの、とみなしていることにある。その一例として、地球の形をめぐる論証を紹介しよう。古代の地理学者や船乗りにとっても、はるか後世のクリストファー・コロンブス〔一四五一～一五〇六〕のようなルネサンス期の探検家にとっても、地球がどのような形をしているのかはおおいなる関心の的だった。平原を見渡したり、水平線を眺めていると、私たちは地球は平らだと思ってしまう。けれども、こうした印象から、地球全体が平面状であると一般的な結論を導くのは不適切だろう。なぜなら、人間の視界は限られており、その視野ではとらえられない地球の彎曲が、地球の外からは見えるかもしれないからだ。そして、アリストテレスは、地球の外から見るように地球を「見る」方法があると指摘した。地球が太陽と月のあいだに入って一直線に並ぶと月食が生じるが、月に映る地球の影は常に曲線を描いている。この事実から、地球が球状であることがわかるのだ、と。アリストテレスはさらに、地球が恒星よりはるかに小さいことも論証した。地上を移動したときに恒星の位置がどれほど変化して見えるかを測定すると、地球の円周はわずか二万マイル〔約三・二万キロメートル〕ほどという計算結果が得られるからだ[39]。

アリストテレスの四原因説

感覚によって知覚される情報は人間が宇宙を理解することを妨げないばかりか、「万人に共通の」経験こそが万人に共通する理解を可能にする、とアリストテレスは主張する。人間は生来、極端に主観的で偏見にとらわれた結論を下さずにはいられないほど、感情的でも、自己中心的でも、堕落しているわけでもない。単なる意見は真か偽のいずれかでしかありえないが、アリストテレスが説くところによれば、真の知識は人間を、その精神の中にあるもののみならず、精神の外に客観的に存在するものとも結びつけるのだ[40]。なぜ、彼はこれほどまでに理性の力を信頼しえたのだろうか？　その答えは、彼が人間の精神を高く評価していたことよりも、宇宙それ自体が意味をもっている、と確信していたことの方に求められる。アリストテレスによれば、知るとは事物の原因や原理を理解することであるが[41]、この類の理解が得られるのは、人間が生来聡明であるからだけではなく、ある意味で宇宙も「聡明」であるからにほかならない。宇宙が機能する仕方と人間が機能する仕方は、根元的なところで一致している。人間は理性を有するがゆえに、論理的で、合目的的で、一定の規範に則った思考をすることができる。だが、宇宙そのものも、独自の論理と目的を有しているのだ。もし、そうでなかったら――人間の内なる世界と外なる世界が知性によって理解できるものでなかったら――人間の思考はあたかも漆黒の闇に呑みこまれる光のように、虚無の中に消え失せてしまうだろう。

　ユダヤ教徒やムスリムやキリスト教徒は、こうした知的能力を超自然的な創造者の存在を示す証とみなしている。アリストテレスは彼らとは異なり、自然の宇宙は意味を有する自律的な存在であると主張した。後世の世俗主義者たちは、宇宙は固有の意味を何ら有していないと考えた。アリストテレスは彼らとは異なり、宇宙は目的で満ちていると主張した。存在する万物はおのれの資質を充分に発揮することを、つまり、内に秘めた能力を実現する（あるいは、彼の言葉を借りるなら、「現実化」する）〔可能態を現実態に転化する〕ことをめざしている、とアリストテレスは説いたのだ。この偉大な法則によって自然は理解しうるものとなり、一方、人間はこの偉大な法則によって、自然を理解すべく学ぶことをつうじてみずからの運命をまっとうするよう促されるのだ。知恵とは諸々の原因についての知識であるとされているが、アリストテレスが生成変化する宇宙という概念を重視したことを反映して、彼の「原因」の定義は私たちのそれよりも幅が広い。アリストテレスの定義する自然の事物の原因には、「始動因」〔動力因、作用因などとも訳される〕――通常その事物を生起させる、あるいはその事物の運動がそこから始まる、それに先行する出来事ないし状態――だけでなく、「質料因」、「形相因」、「目的因」が含まれる。これら三つの原因は順に、その事物を構成する素材、質料の形を変えるパターン化された様式〔アリストテレスは、銅像においては青銅が質料で、彫刻家の頭の中にあるアイディアが形相である、という例を挙げている〕、質料の変化を導く目的、を意味している。[42] それゆえ、もしある人物を自然の生物として完全に理解しようと思うなら、その人物が両親の性的な結合によって生成したことを知るだけでなく、肉体を有するとともに、霊魂によって生命を吹きこまれた存在であること、そして、自己を保存し、その種を継続させ、自己意識をもった存在になることを本質的な目的とする独自の存在であることをも、知らなくてはならないのだ。

もちろんアリストテレスは、「目的」とか「めざす」という類の言葉が通常は人間の動機や行動について用いられることを認識しており、木や石が人間と同様に思考したり行動する、と考えるほど愚かではなかった。[43] だが、宇宙は人間とは似ても似つかぬ存在であるとか、宇宙は混沌とした物質的存在であり、人間が純粋に主観的な精神的秩序を宇宙に付与するのだというような、彼のそれとは対極をなす観念に対しては、アリストテレスは（あらゆる意味を人間の精神の内にのみ位置づけていることから）傲岸とみなすとともに、（人間以外の宇宙から意味を奪うことから）絶望的な見方とみなしたことだろう。人間の内なる意味を外なる意味と結びつける彼の思想の要《かなめ》は、自然には形相が存在するということだった。自然界に存在する実体はすべて、それが一本の木であれ、一個の星であれ、一人の人間であれ、質料と形相の結合体である、とアリストテレスは断言した。[44] 彼のいう「形相」とは形を意味しているだけでなく、ある実体をその本来の姿にするもの、すなわち、その内的構造を生成変化させる力、可能態から現実態に転化する潜在的な能力を実現（ないし現実化）するものをも、意味しているのだ。

この形相という概念は、それほど理解しがたいものではない。私たちがある家族のアルバムを繰りながら、母親のお腹のふくらみ、泣きわめいている赤ん坊、学校の制服を着た少年、結婚式の新郎、萎んだ膝に孫を抱いてあやしている老人が同一人物であるというとき、私たちはまさに、その形相を認識しているのだ。形相とは、一人の人間や、一本の木や、一個の星のような実体が自己同一性《アイデンティティ》を有しているという事実を説明する方法の一つである——つまり、私たちが知覚によって認識する対象が成人した男性ではなく胎児であっても、生きている木ではなく暖炉にくべる薪であっても、星そのものではなく瞬きながらゆっくり動く光であっても、私たちはそれらを人間や木や星と「考える」ことができる、という事実を説明するものなのだ。アリストテレスによれば、知覚によって得た印象をこうした仕方で理解する能力が理性であり、それは神的な何かである。理性は非常に強力であり、宇宙もきわめて道理に適った存在であるがゆえに、人間は存在する万物の形相を理解することができる——その形相が霊魂である人間も、質料をもたず形相と実体そのものである神をも、理解することができるのだ。

アリストテレスの「神」

まるで科学者のように、アリストテレスは理性という究極の権威に訴える。まるで神学者のように、彼は宇宙は目的を有していると主張する。それでは、彼は神が実在すると信じていたのだろうか？　その答えは……イエスでもあり、ノーでもある。アリストテレスは一方では、非物質的で不変で永遠で完全な唯一の至高者が存在する、と断言している。その一方で、この神のごとき存在は――アブラハムに由来する宗教が説く永遠なる一者に一見似ているにもかかわらず――創造者でも、贖い主でもない。また、宇宙の外に存在し、自然のメカニズムや歴史の流れに意のままに介入する超越的な存在でもない。断じて、そうではない。この神のごとき存在は宇宙の「内に存在する者《インサイダー》」であり、いかに比類ない存在であるとはいえ、宇宙を構成する要素の一つなのだ。たとえていうなら、人間における心臓や脳、あるいは（意識をもった非物質的なエンジンを想定できるなら）稼動している機械のエンジンのような存在なのだ。はかない人の世を永遠に支配する聖書やクルアーンの神は、あらかじめ定められた役割や人知の及ぶ役割というものをいっさいもたず、絶対君主として思いのままに行動する。アリストテレスの神はそれとは対照的に、永遠に存在する〔秩序と調和の現れとしての〕宇宙《コスモス》に永遠に住み続ける居住者であり、人知の及ぶ役割を担っている。それは、宇宙に存在する万物に、その本性が許すかぎり自己を実現するよう促すという役割である。アリストテレスの神は一種の誘引力として（あるいは、彼の言葉によれば、「欲望と思索の対象として」[45]）機能することによって、この仕事をあくまで受動的に遂行する。この神は、万物は自己を実現しようとするという法則の、偉大にして必然的な例外である。純然たる現実態として――いわば完成品として――アリストテレスの神はただ存在することによって、みずからの役割を果たしている。あらゆる運動と変化の源泉でありながら、みずからはまったく変化しない。意識を有していながら、完全に自己充足しており、考えるのはただ――みずからのことだけなのだ〔アリストテレスの言葉によれば、「神は自己を思惟する思惟である」〕。

このように超然とした非介入主義者で、本質的に他者に無関心な神という概念は、アブラハムに起源を有する宗教的伝統の中で育った人々には、奇異に感じられることだろう。けれども、かかる神の概念は、宇宙を理性によって理解しうる広大無辺の実在として、その実態に即して理解しようとしたアリストテレスの試みの、論理的な（あるいは少なくとも非論理的でない）帰結なのだ。彼の世界観には、超自然的な存在や複数の世界が実在する余地はない。あるいは、プラトンが主張したように、霊的領域と物質的領域が別個に存在する余地はまったくないのだ。アリストテレスが説明したかったのは、文字どおり一つの宇宙（uni-verse）〔ラテン語のuniversus（全体の、一つになった）＝uni-（一つに）＋-verse（まわる）〕、すなわち、人間を包含するとともに人間に語りかける、統合された実在としての宇宙であり、人間がシニシズムや現実逃避に陥らずに生きることを学べる場所としての宇宙だった。中世にアリストテレスの著作を発見ないし再発見したムスリムやユダヤ教徒やキリスト教徒は、さまざまな問題に直面した。その中でも難問中の難問の一つが、彼の「異教の」神学は受け入れずに、彼の理性に対する愛と世界認識を受け入れられるか否か、という問題だったのだ。

アリストテレスが教鞭をとっていたときにも、人間の合理性と宇宙の理解可能性という彼の基本的な学説に対して、異議が唱えられたり、制限が付されることがあったかもしれない。けれども、これらの学説が激しい議論の的になるとは考えられていなかっただろう。ところが後世になると、とりわけ人々が世界を理解し組織化するおのれの能力に目覚めつつあった時代には、こうした概念は強烈な――しばしば強烈すぎる――反応を引き起こした。アリストテレスの著作はおそらく、新たな自信が芽生えようとしていた時代に「再発見される」運命にあったのだろう。そう、それまで宇宙は不可解でおのれの本性は手に負えないと思いこんでいた人々や、生き延びるのに精一杯で自然や社会を支配することなど考えもしなかった人々が、みずからを合理的な存在と――そして、自然や社会を征服する能力を秘めた存在と――認識するに至ったときに、「再発見される」運命だったのだろう。前にも指摘したように、アリストテレスとギリシアの帝国主義との結びつきは、偶然の所産ではなかった。そして、アラブの哲学者たちがイスラーム世界に文明と秩序を導入しつつあったときに、彼らがアリストテレスの合理主義的で普遍主義的な諸原理を受け入れたことも、西ヨーロッパが空前の文化的発展と政治的拡大の時代に乗り出したまさにそのときに、ヨーロッパの知識人がアリストテレスを再発見したことも、驚くには当たらないことなのだ。

本書はほどなく、西ヨーロッパの思考様式を変容させ、近代社会の到来に一役買った再発見の物語に戻ってくる。だが、その前に、アリストテレスの星がキリスト教化したローマ帝国で没したのちに、数奇な運命を経て東方のイスラーム世界で上昇した軌跡をたどってみよう。ネレウスが窖《あなぐら》に隠した草稿類が数世紀後に発見されたというストーリーは、たぶんフィクションだろう。この物語は風変わりで面白いとはいえ、常識を揺るがすほどのものではない。だが、これらの草稿を編集した写本が、教会から追放されたキリスト教徒の手で東方に伝えられたというストーリーは、はるかに驚嘆に値する——しかも、これはフィクションではないのだ。

第2章　「レディ・フィロソフィー」の殺人

――古代の知恵はいかにして失われ、ふたたび見出されたか

1　アウグスティヌスとその時代

『神の国』とプラトン的世界観

司教公邸のアウグスティヌス〔三五四～四三〇〕の寝室は、カーテンが引かれて静まりかえっていた。ここまでは闘争の喧騒も届かない。大聖堂広場に集まった人々の耳にさえ、その物音はほとんど届いていなかった。なぜなら、かろうじて生き残ったヒッポ守備隊の兵士たちは、この要塞化した都市の城壁内にすでに撤退し、敵の猛攻を固唾を呑んで待ち受けていたからだ。時おり小規模な分遣隊が出撃しては、監視塔の目を逃れて野営している敵の部隊を襲撃したり、荒廃した田園地帯で食糧を徴発していた。だが、こうした無益な任務から帰還する者は稀《まれ》だった。城壁の外に広がる穀物畑や果樹園は、糧秣を求めるヴ

アンダル人〔五世紀前半にガリアやスペインを侵略し、北アフリカに王国を建設したゲルマン族の一部族〕部隊によって丸裸にされていた。ヒッポ・レギウスは天然の良港に恵まれ、北アフリカ有数の豊かな都市として栄えてきたが、その港もいまやヴァンダル人の艦隊が封鎖していた。ヒッポは死に瀕していた。天蓋で覆われた寝台の上で荒い息をついているヒッポの司教も、死に瀕していた。もう二カ月以上もこの都市を包囲している敵の部隊は、いずれ防御の薄い城門を打ち破って乱入してくるだろう、そのときまで自分は生きながらえていないだろう、とアウグスティヌスは感じていた。

　時は紀元四三〇年。この病に倒れた男は、三〇年以上も司教をつとめてきた都市の悲運を嘆いていた。ちょうど二〇年前、西ゴート族〔四世紀後半にローマ帝国に侵入したゴート族の一部族で、五世紀に南フランスからイベリア半島を含む王国を樹立した〕がローマを占領して略奪したときに、この永遠の都の悲運を嘆いたのと同じように。それでも、アウグスティヌスはおのれの仕事にいくばくかの慰めを見出していた。ヴァンダル族がスペインから北アフリカ一帯を席巻する数年前に、彼は『神の国』の最後の章を公刊していた。完成に一五年を要したこの大部の著作は、ローマ帝国の壊滅的な衰退が意味するものを解明しようという、壮大な意図のもとに執筆された。その中核をなすメッセージは、混乱と苦悩を免れない地上の生は、神が人間に啓示した真理という観点からのみ正しく理解できる、というものだった。異教徒の目には、ローマの権力の崩壊は「すべての物語を終わらせる物語」のように見えるかもしれない。だが、キリスト教徒から見れば、これは永遠の中のほんの一瞬の出来事に過ぎない――「創造」とともに始まり、裁き主および救世主としてのイエス・キリストの再臨で幕を閉じる、壮大なドラマのささやかな一幕に過ぎないのだ。

古代バビロニアが滅びたようにローマ帝国が崩壊したのは、その人民の罪のゆえである。しかしながら、罪と死の世界は――すなわち、私たちには実在しているとしか思えない自然の宇宙は――時間を超越し、罪や死という類《たぐい》の悪が追放された神の王国の影であるに過ぎない。アウグスティヌスによれば、信仰する者にとって重要な相違はローマ人と蛮族とのあいだにあるのではなく、あるいはキリスト教徒と異教徒とのあいだにあるのですらなく、「人間の二つの共同体」のあいだにあるのだ。「その一つは、神とともに永遠に栄えるべく運命づけられた共同体であり、もう一つは、悪魔とともに永遠の罰を受ける共同体である」(1)。キリストが栄光の内に統治するときに初めて、人々は安寧や、平和や、愛や、正義という理想を実現することができる。それまでは、現世と来世の絶対的な紐帯《ちゅうたい》としての教会に依存しながら、人々はいわば現世と来世の両方を生きなければならない。信仰心の篤《あつ》いキリスト教徒のつとめは、現世が堕落していることを認識しつつ現世に生き、悪魔の罠に陥らぬよう神の恩寵を祈り、母なる教会が与える規律と慰めを受け入れ、不滅の聖人たちの共同体に入れるようにと願うことである、とアウグスティヌスは結論づけていた。

その後の七〇〇年間というもの、聖書とアウグスティヌスの自伝的著作の『告白』を除いては、『神の国』ほど西ヨーロッパ人の思想に大きな影響を及ぼした著作は現れなかった。聖書と教会の伝統が浸透した『神の国』は、いうまでもなくキリスト教の著作である。だが、後世の読者のほとんどはそうと認識できなかったのだが、この著作はギリシア思想の影響をはなはだ強く受けており、ある特定の哲学的なものの見方を体現しているのだ。実のところ、『神の国』はアリストテレスの世界観を決定的に排斥し、プラトンおよび新プラトン主義者の世界観を受容する立場を表明している。このヒッポ司教の著述は情熱と洞察に富んでいるうえに、彼によっていわばプラトン化されたキリスト教は、ローマ帝国崩壊後の社会情勢によく適合した。こうしたことから、西ヨーロッパのキリスト教徒たちは、『神の国』こそ真の信仰の唯一可能なあり方を示すものと――つまり、アウグスティヌスの教説イ、コ、ー、ルキリスト教信仰であると――みなすようになった。たとえアウグスティヌスが断固として排斥したものであっても、信仰にはさまざまな形がありうることを、彼らは認識できなくなったのだ。

アウグスティヌスがプラトンの世界観を選択した理由を理解するためには、時代によって、プラトンとアリストテレスの受容度が異なっていたことを認識するのが有用である。すなわち、歴史上のある時期には、プラトンの思想やものの見方がきわめて納得のゆくものと受けとめられ、別の時期には、アリストテレスの世界観の方がはるかに現実的で、精神を鼓舞するものとみなされていたのだ。アリストテレスが重視される時代には、経済的な成長と、政治的な拡大主義と、文化的な楽観主義が知的な雰囲気を彩っている。この時代の人々は、人間どうしも、人間と自然の世界もたがいに結びついている、と感じている。人間は感情に支配されるのではなく、その反対に感情を制御できると確信し、総じておのれの人間性に満足している。事物が機能するメカニズムを理解できることを誇らしく思い、自然を利用することも、社会を改良することもできると確信している。彼らの目に映る自然の世界は広大で、しかも調和がとれている。そこに存在する人々や事物はそれぞれがおおいに個性を発揮しているが、世界は全体として統合され、目的をもち、そして美しい。アリストテレスに与《くみ》する思想家たちも、自然界のあらゆる生物と同様に、自分もいずれ死すべき運命であることをわきまえていた。それでも、生きとし生けるものを育む環境は永遠に不滅のように感じられ、そうした印象があらゆる生命に意味を与えていた。好奇心と社交性が彼らを特徴づける徳であり、彼らの多くは利己主義と自己満足を悪徳とみなしていた。

これとは対照的に、プラトンが重視される時代は不安と渇望が渦巻いている。不安を生じさせるのは、世界は対立と矛盾で満ちているという直感的な認識である。こうした認識は、解決不能としか思えない個人的な争いや社会的な対立という形で現出する。社会は分断され、健全な社会を実現する道は、暴力的な争いによって断たれている。そして、社会の破綻した状態は個々人の精神に反映される。人々はたがいに分断されていると感じ、自分を支配しているのは理性ではなく、制御不能の本能と欲望にほかならないと感じている。

宇宙は全体として悪ではないとしても、そのあるべき姿からかけ離れている——まるで、真の宇宙がどこか別の次元に存在するかのように。後世のプラトン主義者たちは、現実の世界と称されるものは——少なくともその一部は——幻想に過ぎないという直感的な認識につきまとわれていた……そして、こうした認識もまた、彼らが強い欲求を抱かずにはいられない原因となった。現世の彼方で、より善く、より真なる自己や社会や宇宙が、彼らを待っている。そこに到達するためには、ある種の変質を遂げなければならない。それゆえ、地上の生活は苦しい探究を続ける巡礼の旅であり、その旅を続けることによって献身や、忍耐や、知恵といった徳が生み出される、と彼らは信じていた。新プラトン主義者が典型的な悪徳（徳の影の部分《ダークサイド》）とみなしていたのは、自己嫌悪と不寛容、そして狂信的な姿勢だった。

ギリシア哲学とキリスト教

初期キリスト教の時代には、アリストテレス的な思考様式および感性と、プラトン的なそれのいずれがキリスト教の世界観により適合しているのか、教会の指導者たちの見解は定まっていなかった。紀元二〇〇年頃に名高いキリスト教護教家のテルトゥリアヌス〔一六〇以前～二二〇以降。ラテン語で著述を行った最初のラテン教父〕は、本質的に非キリスト教的であり異端の温床であるとして、古典古代の哲学すべてを排斥する立場を鮮明にした。「異端者と哲学者は同一の主題を扱っている——すなわち、悪はどこから来るのか、また、なぜ来るのか、人間はどこから来たのか、どのようにして来たのか、等々の題目を」と、彼は陰険な筆致で述べている。この激情的なラテン教父はとりわけ、「実に憐れむべきアリストテレス」に憤懣を覚えていた。いわく、「彼は［異教の］弁証法を教えたが、これは築きあげては破壊する技術ともいうべき代物で、その論述はまことにとりとめなく、憶測はこじつけで、論争に当たっては強弁に終始し、次々と口論を生み、常に疑問を取りあげながら何一つ解決しないのであるから、おのれの愚かさをさらすだけである」[2]と。テルトゥリアヌスが哲学的思弁を非難した有名な文章は、何世紀もの時を経て、いっそうどぎつい響きをもって繰り返されることになる。

> アテナイとエルサレムに何の共通点があろうか。アカデメイアと教会に、そして異教徒とキリスト教徒に、何のかかわりがあろうか。……「ストア哲学的」、「プラトン的」、あるいは「弁証法的」キリスト教を生み出そうとする目論見は、ことごとく追放せよ！イエス・キリストを獲得したのちには、奇を衒《てら》った議論は不要であり、福音を享受したうえには何の研究も必要ないのだ。[3]

けれども、このような見解は議論の一方の側を代表しているに過ぎない。ギリシア語を母国語とするギリシア教父のアレクサンドリアのクレメンス〔一五〇頃～二一五以前〕は、古典古代の哲学に対してもっと寛容な見解を示していた。クレメンスによれば、「主がギリシア人を召されるようになるまで、哲学はギリシア人に直接、根源的なものとして与えられていたに違いない。なぜなら、ちょうど律法がヘブライ人をキリストに導いたように、哲学はギリシア人をキリストに導く「養育係」であったからだ。つまり、哲学は、キリストにおける完成への道を整える手段だったのだ」[4]。アウグスティヌスはこの見解に同意し、クレメンスと同じ論法で次のように主張している。ユダヤ人がエジプトから脱出するときにエジプトの財宝を「略奪して」もち出すことを、神は許したもうた、これと同じように、教会はギリシア哲学という財宝を独自の用途に合わせて修正することを容認したのだ[5]、と。問題は、どの著作が純然たる財宝であり、どの著作が〔黄金と見誤られやすい〕黄銅鉱か、ということだった。

アウグスティヌスの時代には、大方のキリスト教思想家にとって、この問いの答えはしだいに明らかになろうとしていた。テルトゥリアヌスの「実に憐れむべきアリストテレス」に対する批判が的を射ていたか否かはともかく、アウグスティヌス自身の経歴が、プラトン主義的な思想が優勢であったことを如実に物語っている。みずから述べているところによれば、アウグスティヌスは二九歳のときに故郷の北アフリカを離れ、ローマで修辞学の教師として暮らすようになった[6]。彼はカルタゴで古典の教育を受けた若き日を回想して、教師たちの助けを借りずに独力でアリストテレスの『範疇論《カテゴリー》』を会得して得意になった、と述懐している[7]〔そのあとで、「そのことは何の役にも立たず、むしろ邪魔になった」と述べている〕。ローマに着いたとき、この未来の司教はキリスト教徒でも哲学者でもなく、深い苦悩にとらわれた一人の若者に過ぎなかった。当時の知識人の例に洩れず、彼もまた、自分は価値のない存在であるという意識につきまとわれていた。恥ずべき欲望に身を焼かれ、ローマ文明に対する愛憎相半ばする思いに心を引き裂かれながらも、この並はずれて頭脳明晰な若者は、世界を理解しようとしゃにむに苦闘した。彼の目に映る世界は、聖性と悪行、霊的規律と肉体的欲望、無私と飽くなき利己心という、正反対の領域に分裂していたのだ。

アウグスティヌスの母親のモニカ〔三八七没〕は改宗したキリスト教徒で、息子も入信することを望んでいた。けれども、アウグスティヌスは二十代のはじめからマニ教に傾倒していた。マニ教はペルシア〔のゾロアスター教〕を起源とする宗教で、善神と悪神によって象徴される善と悪の力が永遠に闘争するという二元論的教義を奉じていた[8]。ローマで一年を過ごすうちに——故郷を出たのは母親から逃れるためだったと自覚していたので、彼にとっては惨めな一年だった——マニ教の思想が生命を欠いた無意味で浅薄なものに思えてきた。けれども、アウグスティヌスは、おのれを苦しめる諸々の問題に対して満足のゆく解答を見出せずにいた。悪神を征服する力もない弱い存在であるのに、どうしてマニ教の神を崇拝できようか？　だが、キリスト教徒がいうように神が万能であるなら、なぜ神は、罪と死によって破滅させられるような宇宙を創造したのだろうか？　不安と欲求不満にさいなまれたアウグスティヌスは重篤な病に倒れたが、やがて回復した。彼は教職に就いていたものの、その仕事を嫌悪していた。ついに精神の危機に陥った時期には、何もかもが——献身的な愛人との長年の関係さえもが——疑わしく思われた。まさにこの不安と暗中模索の時期に、彼は当時の皇帝の居住地ミラノで修辞学教師として採用されたという通知を受け取ったのだ。これこそ、彼が無意識のうちに待ち望んでいた変化だった。

　ミラノはローマ軍の本拠地であると同時に、当時の西ヨーロッパで最も有力な聖職者アンブロシウス〔三四〇頃〜三九七〕の本拠地でもあった。アンブロシウスは意志が強く聡明だが、きわめて不寛容な人物だった。その源泉が不信心者、異端者、ローマ皇帝のいずれであろうと、彼は教会に対するあらゆる脅威に抗して、みずからが定めた教会の諸権利を擁護することをいささかも躊躇しなかった。哲学的な立場からいえば、アンブロシウスは新プラトン主義者だった。彼は二元論にはとくに異を唱えなかった——それが、全能で唯一の創造者にして贖《あがな》い主を信仰するカトリック教会の立場と矛盾しないかぎりは。アンブロシウスにとっても、アウグスティヌスをキリスト教の軌道に引きこんだそのほかの人々にとっても、「プラトン主義の歴史は、きわめて自然にキリスト教に一致するように思われた。どちらも同じ方向を指し示していた。どちらも根本的に脱世界的であった。キリストは「私の王国はこの世のものではない」といった。プラトンは同じことをイデア界について述べた。アンブロシウス一派にとって、プラトンに従う者たちは「思想の貴族たち」だったのだ」[9]。

新プラトン主義の流行

世界を自然の領域と超自然の領域とに分ける傾向は、ある程度聖書に基づいていたが、それはまた、ローマ世界に広まりつつあった脅威と無秩序に対する、当時の指導的な思想家たちの姿勢を反映していた[10]。新プラトン主義哲学の最初の爆発的流行は、紀元三世紀における軍事情勢の逆転および市民の道徳的堕落と軌を一にしていた。五世紀には、ローマ帝国はラテン世界に属する西ローマ帝国とギリシア世界に属する東ローマ帝国とに分裂し、帝国の復活は絶望的になった。とくに西ヨーロッパでは、ローマの権力は目に見えて衰退していた。統合されて調和した宇宙、合理的な探究者が居住する宇宙というアリストテレスの世界観は、混乱の度を増す時代の物質的危機と精神的欲求にはそぐわなかった。キリスト教思想家たちが暴力と官能で汚れた無秩序な現世と、神の永遠の王国とのあいだに従来より明確な境界線を引いたとき、プラトンの哲学はキリスト教の信仰を必然的に導くもののように思われた。この偉大なアテナイ人はさまざまな対話篇の中で――とくに『ティマイオス』において――まるでキリスト教徒のようなことを述べている。そのために、キリストが生まれる数世紀前に聖霊がプラトンを訪れていた、という伝説が生まれたほどだ[11]。

ミラノで暮らすようになってから、アウグスティヌスは以前は見逃していたギリシア思想とキリスト教思想との類似点を発見した。プラトンは、非物質的で、完全で、時間を超越した唯一の至高の善が存在すると断言していただけでなく、霊的価値を物質的価値より重視し、霊魂の不滅を主張するとともに、人間のあり方を純化し、かつ永遠との一致という経験を可能たらしめるような生き方を唱道していた。アウグスティヌスは新プラトン派のある書物に、「「はじめに言葉があった。言葉は神とともにあり、言葉は神であった」という章句そのものではもちろんないが、この章句の意味と非常によく似た事柄が、さまざまな論拠に基づいて説かれているのを見出した」[12]。プラトンは『ティマイオス』において、〔イデアを見て模倣しながら現実の物質世界をつくる〕神のような工匠デミウルゴス、イデア、宇宙の魂〔宇宙全体を動かしている、理性を宿した知的存在〕からなる一種の三位一体論まで示唆していた。しかし、アウグスティヌスにとって、プラトンのなした最も重要な貢献は、現象世界――すなわち、感覚によって知覚される「諸事実」の世界――は、いわば水増しされ歪められた世界であり、宇宙の原型というより、その不完全な模像に過ぎないと主張したことだった。その原型はいうまでもなく、プラトンの称するイデアの領域や、キリスト教徒のいう天の王国に永遠に存在しているのだ。

　このプラトンの学説に、三世紀の偉大な哲学者プロティノス〔二〇五頃～二七〇〕らの新プラトン主義者たちが、宇宙は神から流出したものであり、ふたたび神に帰還することを切望している、という概念をつけ加えた。それゆえ、人間はこの世界のさまざまな事物について熟考し、それらの唯一にして神的な起源を感じとることによって、「絶対者」と合一することができるのだ、と。[13] アウグスティヌスは、こうした概念の神秘的な含意に強く惹きつけられた。この神秘的な思想は、アウグスティヌスの死後まもなく東方キリスト教世界に現れた、シリア人の神秘思想家ディオニュシオス〔五〇〇頃〕が華麗な文章で表現するや、西ヨーロッパに絶大な影響を及ぼすようになる[14]〔いわゆる偽ディオニュシオス文書群は四八五～五三一年のあいだに成立した、というのが通説になっている〕。もっとも、アウグスティヌスは新プラトン派の学説に惹かれながらも、プラトンとキリスト教の世界観とには重大な相違が多々あることを認識していた。たとえば、プラトンのいうデミウルゴスは全宇宙を無から生み出したのではなく、往古の素材からつくり出していた。また、この工匠は、人類を救済するために積極的に歴史に介入することもない。何より、新プラトン主義者が「一者」とか「絶対者」と称するプラトンの「神」は、アリストテレスのいう「不動の動者」がそうでないのと同様に、キリスト教の神のような人格をもった神ではない。それゆえ、アウグスティヌスが最も関心を抱いていた人間固有の問題については、新プラトン主義はほとんど何も語ってくれなかった。それは、正しい行いをしたいと心底思っているときですら、それを妨げる魂の病ともいうべき人間の意志の弱さだった。彼がようやくキリスト教に入信したのは、ある強烈な宗教的経験によって彼の意志が固まったからであり、それは哲学的な理論とはほとんど無縁の経験だった。[15]

たとえそうであっても、新プラトン主義の諸々の思想は、アウグスティヌスが改宗する道を整えた。というのは、これらの思想に接したおかげで、アウグスティヌスは非物質的な事物が実在することを受け入れるとともに、若き日の彼をマニ教に駆り立てた哲学的な問題――なぜ善なる神が悪しき宇宙を創造しえたのか――を解決することができたからだ。一言でいえば、彼は創造された宇宙に汚名を着せることなく、天国と地上の世界を根本的に別個の存在とみなしうることを発見したのだ。アウグスティヌスは、悪は善の不在であるというプラトンの定義を採用した――つまり、悪は神によって創造された何かではなく、「存在の欠如」であり、人間の自由意志の誤用によって宇宙にもたらされる一種の道徳的なブラックホールなのだ(16)。かかる教義をふりかざせば、キリスト教徒はマニ教徒に対して、罪と死は一定の条件のもとでのみ実在するが、神の善は無条件かつ絶対的である、と主張することができた。実在にはさまざまな段階があるとするプラトンの思想が、悪の問題を解決する鍵だった。神が創造したものはことごとく善であるが、現世の観点からのみ存在する悪は、人間がみずからの意志で存在より非存在を選択した結果なのだ。

忘れられゆく「哲学者」

プラトン主義の思想はアウグスティヌスに、人間の堕落という観念と調和させることが可能な知識の理論も提供した。この司教とその後継者たちの見解によれば、人間の知識は神の「照明」によって与えられるものであり、人間が理性だけで獲得するものではない。それゆえ、合理的な思考のみによって宇宙の謎を解明できると主張した点で、アリストテレスは間違っている。神が私たちを直接照らせば真理は明らかになるが、そうでなければ、真理は永遠に隠されたままだろう。もっとも、アウグスティヌス自身は理性の働きについて、それほど単純な見方はしていなかった——なんといっても、彼は当代きっての思想家だったのだ。けれども、大多数の人々は彼の見解をごく単純に受けとめていた。たとえば、ある歴史家はアウグスティヌスの見解を次のように要約している。「物質世界に関する知識を人間に授けようと思うときには、神はそれを平易な言葉で書いている。それゆえ、人間がすぐに理解できないものは何であれ、神がその知識を人間に授けたくないと思っているものなのだ[17]」。

このような知識の理論は結果的に、アリストテレスがリュケイオンのカリキュラムをつくって以来、古典古代の世界観の一部となっていた科学的探究の伝統に終止符を打った。科学そのものが異端視されたわけではないが、救済を求める善男善女に科学は無用で、むしろ害になりかねないとみなされるようになったのだ。アウグスティヌスは『神の国』でこう述べている。すなわち、ギリシアの哲学者たちは「隠された自然の法則を究めようと苦心した……そして、彼らのうちのある者は、神の助けによって偉大な発見をした。しかし、神の助けを得られないときには、彼らは人間固有の弱点のゆえに過誤に陥った[18]」。アウグスティヌスを最も悩ませた人間の弱点は、その高慢さだった。人間は、幾何学の定理を公式化したり、日食や月食を予測できるおのれの能力を誇らしく思い、秩序の整った都市や、文明化された社会生活を自慢している。アリストテレスのような哲学者たちは、人間が生来堕落した存在であり、神の恩寵に絶対的に依存していることを無視してきた。もし、来世における永遠の破滅を防ぐことができないのであれば、この世の知識に何の価値があろうか、とアウグスティヌスは問うたのだ。

ヒッポのアウグスティヌスは四三〇年に世を去った。その後、彼が愛した都市はヴァンダル族の手に落ちたが、彼が終生追究したプラトン主義的キリスト教は、この侵略者よりはるかに長く生き延びた。その後の七〇〇年間、ギリシア哲学が人々の記憶から薄れる一方で、キリスト教世界の知識人たちはこの北アフリカ出身の聖人の著作を、福音書に次ぐものと位置づけていた。だが、彼らは、アウグスティヌスの著作が聖パウロに負うているのと同じくらい、プラトンとプロティノスにも負うていることにほとんど気づいていなかった。この間に、アリストテレスの著作は、西ヨーロッパ人の意識からほぼ完全に消え失せた。その理由の一端は、アリストテレスの学説に「洗礼」を施し、それをキリスト教の教義と融合させるアリストテレス主義者のアウグスティヌスが現れなかった、ということだ。けれども、もっと重要な理由は、人間の理性と現世の事物を重視するアリストテレスの楽観的な世界観が、ローマ帝国崩壊後のヨーロッパで人々が直面していた問題の解決に役立たないとみなされたことだった。ヨーロッパでは学問が修道院の中に引きこもるようになるにつれて、キリスト教徒の多くは上方、つまり天国を見あげるか、内方、つまりおのれの心を見つめるようになった。自然の驚異や「人間の国」をつくり直す可能性を探究することは、より幸運に恵まれた時代を待たなければならなかった。かくして、プラトンはアウグスティヌスをつうじて、長い苦難の時代を生き延びた。それに対して、アリストテレスは正体のはっきりしない伝説的人物と化してしまった――かつては威勢を誇っていたが、今ではその思想もほとんど忘れ去られた古代の魔術師になり果ててしまったのだ。

2　滅びゆく帝国

オドアケルからテオドリックへ

ローマ帝国の権威が崩壊したときに、西ヨーロッパにアリストテレスの著作の一部がかろうじて残っていたのは、主としてボエティウスの努力の賜物だった。アニキウス・マンリウス・セウェリヌス・ボエティウスというフルネームからわかるように、彼はローマ有数の名門アニキウス家に属する貴族で、その父親は、ローマ帝国の最高官職である執政官をつとめたほどの人物だった。もっと穏やかな世の中であったら、ボエティウスもローマの支配機構の中で父親と同じくらい出世していたことだろう。いや、彼の政治的手腕や知的能力を考えれば、おそらくは父を凌ぐ有力者になっていただろう。ところが実際には、ボエティウスはローマを去って蛮族の王に仕え、ついには宰相にまで出世した。宰相という職は、陰謀にも冒険にも腕を振るう機会にも事欠かなかったが、長寿をまっとうしたり、平和裡に引退することを保証してくれるものではなかった。

本節の物語は、ボエティウスが生まれる数年前の紀元四七六年に始まる。大多数の歴史家はこの年を、西ローマ帝国が崩壊した年とみなしている。この年に、戦《いくさ》上手で野心家のゲルマン人傭兵隊長オドアケル〔四三四頃~四九三〕が反乱を起こし、イタリア王の名乗りをあげた。当時、東ローマ帝国は、皇帝ゼノン〔在位四七四~四九一〕がコンスタンチノープルを拠点に統治していたが、西ローマ帝国は、名目上はロムルス・アウグストゥス〔在位四七五~四七六〕がイタリア北部のラヴェンナを帝都として統治していた。ここで「名目上」と述べたのは、ロムルスがまだ幼少であっただけでなく〔彼は「小アウグストゥス」、「アウグストゥスちゃん」を意味する「アウグストゥルス」と呼ばれていた〕、帝国の北部および東部国境を越えて破竹の勢いでイタリアに侵入しつつあったゲルマン族が、すでに西ローマ帝国領土の大半を彼らのあいだで分割していたからだ[19]。この頃には、ヴァンダル族が北アフリカを、西ゴート族がスペインを支配していた。フランスは、フランク族やブルグント族その他の部族によって分割されていた。そして、イタリアはいまや、ドナウ川流域地方から新たに進出してきた東ゴート族のなすがままになっていたのだ。

オドアケルの部隊は公式にはローマ帝国軍の体裁をとっていたが、実質的にはオドアケルと同郷の東ゴート族だけで構成されていた。五世紀には、ローマ軍の歩兵隊《レギオン》はほとんど外人部隊の様相を呈していた。その多くは同盟軍として認められ、帝国内の比較的人口の少ない土地を与えられていた。けれども、オドアケルの部隊はガリアやブリテンの未開地に定住することを望んではおらず、イタリア本土の土地を狙っていた。イタリアの一等地に対する要求が（たぶんオドアケルの思惑どおりに）拒否されると、この傭兵隊長は部隊を率いてラヴェンナを襲い、戦わずしてこの都市を占領した。彼は充分な額の年金を与えて「小アウグストゥス」を追放すると、きわめて重大な決断をした。異国の生まれゆえ、みずから西ローマ皇帝を名乗ることは望むべくもなかったが、もしそうしようと思えば、しかるべきローマの貴族を名目上の皇帝に即位させて、オドアケルが玉座のうしろから統治することもできただろう（こうした手口は、すでにほかのゴート族の指揮官たちが実行していた）。彼はそうする代わりに、ローマ元老院の代表団をコンスタンチノープルに派遣して、今後アウグストゥルスの後継者を立てるつもりがないことを、東ローマ皇帝に奏上させた。つまり、法律的にいうならゼノンはいまや、東西に分割されていないローマ帝国全体の支配者なのだ、と。その交換条件として、オドアケルはイタリア王として正式に承認されることを要求した。

ゼノンは全ローマ帝国の皇帝という地位は受け入れたが、オドアケルの要求は拒絶した。

オドアケルがイタリアを統治するのは妨げなかったが、この「蛮族」を公式に承認することは拒否したのだ。だが、このように尊大に無視を決めこんでも、結局は何の役にも立たなかった。ゼノンがオドアケル率いる東ゴート族に対して行動を起こす覚悟を決めないかぎり――彼の帝国がほかの諸部族に攻囲されていたことを考えると、これはとうてい実行不可能だった――オドアケルはいつまでも権力の座に座り続け、バルカン半島以西のローマ帝国は法律上の虚構と化すだろう。そして、事態はまさにそのように推移した。オドアケルのイタリア統治は、四九三年にテオドリック（四五四頃～五二六、東ゴート王在位四七一～没年）率いる東ゴート族部隊に倒されるまで続いたのだ。テオドリックはオドアケルよりはるかに狡猾で無慈悲な人物で、ローマ帝国の崩壊からシャルルマーニュ（カール大帝、七四二～八一四、フランク王在位七六八～没年、西ローマ皇帝在位八〇〇～没年）に至るまでの西ヨーロッパ史上、最も侮りがたい指導者だったと評する者がいるほどだ。[20] のちにコンスタンチノープルは、東ゴート王テオドリックがイタリアを統治することを正式に承認した。その理由は、テオドリックは西ヨーロッパの盟友として信頼に値するというものだった（周知のとおり、この判断は誤っていた）。けれども、正式にイタリアの統治者と認められる以前ですら、彼の宮廷は、新しいヨーロッパ文明の構築に重要な役割を担わんとするローマの若き貴族たちを引きつけていた。

テオドリックとボエティウス

もし、生まれついての行政官といえる者がいるとしたら、それはまさに若き日のボエティウスだった。彼は幼い日に両親を亡くして以来、シュンマクス〔五二五頃没〕に大切に養育された。シュンマクスは裕福なローマ政界の有力者であり、敬虔なキリスト教徒だった。彼はボエティウスが年少のあいだは手元で教育したが、この少年に学問の才能があることを見出すと、プラトンのアカデメイアで学問の仕上げをさせるべく、ボエティウスをアテナイに送り出した。ボエティウスの世代は、こうした特権を享受できた最後の世代だった。その数十年後〔五二九年〕には、この学園は東ローマ皇帝ユスティニアヌス一世〔四八八～五六五、在位五二七～没年〕の禁令によって、永久に閉鎖される。その理由は、この学園で教えられている異教の哲学は、キリスト教の信仰にとって本質的に有害である、というものだった。けれども、若きボエティウスの信仰は、アカデメイアの進んだ思想に触れても揺るがなかった。それどころか、彼はアカデメイア在籍中に、意味が曖昧で人々を困惑させていたキリスト教の教義を明確にするために、プラトンとアリストテレスの思想を用いる方法を学んでいたものと思われる。ボエティウスが学業を終えてローマに戻ると、シュンマクスは彼と娘のルスティキアナを結婚させた。その後まもなく、ボエティウスはキリスト教の信仰と、ギリシア哲学の知識と、新妻と、一族伝来の行政官としての才能を携えて、東ゴート王テオドリックに仕えるためにラヴェンナに赴いた。

大望を抱いた二十代の若者にとって、この任務がどれほど魅力あるものだったか、誰でも容易に理解できるだろう。テオドリックは有能な権力者というにとどまらなかった。彼はローマの貴族たちを高位の行政官にとりたてたが、彼自身もけっして「蛮族」などではなかったのだ。この東ゴート王は幼少時の一〇年間、東ローマ皇帝の人質として、コンスタンチノープルの宮廷で養育された(王族はしばしば、信頼できない同盟国の高貴な血筋の子どもたちを人質にとった。これは平和条約を遵守させるための一種の保証措置だったが、平和が続いているかぎり、人質には快適な生活が約束されていた)。テオドリックはローマの統治制度とギリシアの文化を心底崇拝していたので、東ゴート王国の最高位の官職を、ボエティウスのような有能なローマ人行政官のために確保していた。「有能なゴート人はローマ人になりたがり、無能なローマ人だけがゴート人になりたがる」(21)というのが、彼のお気に入りの文句だった。その一方で、テオドリックは軍の高官にはゴート人しか採用しなかった。こうした分業体制は、外交的には東ローマ皇帝の忠実な家臣としてふるまいつつ、西ヨーロッパにみずからの事実上の帝国を築くという長期政策に合致したものだった。

テオドリックはこの政策遂行の補佐役として、ボエティウスが打ってつけの人材であることを見出した。というのは、この若者の天分は仲介することに——つまり、ある文化を別の文化に通訳することに——あったからだ。ボエティウスに課せられた任務の一つは、東ゴート王国政府を「ローマ化」することだった。これは具体的には、外交と健全な行政をつうじてテオドリックの領土を平穏裡に拡げるために、もって生まれた好戦的で衝動的な性向を抑えるよう、東ゴートの指導者たちを訓練することだった。軍事行動によって領土の拡大を図れば、コンスタンチノープルを警戒させることは必定だった。もう一つの任務は東方対策とも称すべきもので、ゴート人の関心のありようとものの見方を、東ローマ帝国の行政官たちが理解できるような言葉に翻訳することだった。それと同時に、東ローマ皇帝の信頼を繋ぎとめるために東ゴート王がすべきこと（あるいは、すべきではないこと）を、テオドリックに教えなければならなかった。

これらは細心の注意を要する危険な任務だったが、ボエティウスほど有能な人物の手に余る仕事ではなかった。彼はさまざまな語学に堪能で、今日でいう民族誌にも通じており、ゴート人の言語や習慣にも、ビザンツ〔東ローマ〕帝国の宮廷独特の言葉遣いや儀式にも詳しかった。年を追うごとに、ボエティウスは行政官としても外交官としても、テオドリックの政府に不可欠な存在となった。彼は次々と昇進を重ね、三〇歳のときに執政官に任命された。そして、四十代前半で、東ゴート王国最高位の行政官である——現代の言葉でいえば首相に相当する——宰相に就任した。ボエティウスの采配のもとで、テオドリックの王国は東は旧ユーゴスラヴィアの大半を含むまで拡大し、西はフランス南部の大部分を併呑した。ボエティウスが宰相に就任した年に——彼とその家族にとってまことに名誉なことに——彼の二人の息子が同時に執政官に任命された。
ボエティウスにいささかなりと比肩しうる地位を占めていた行政官は、彼より年少で、代々ローマの高官をつとめていた家系出身のカッシオドルス（四八五頃～五八三頃）だけだった。彼はテオドリックの首席スピーチライターとスポークスマンをつとめ、ゴート人の文化的業績を称える『東ゴート王国史』を著した[22]。カッシオドルスは東ゴート王を理想的なローマ流の統治者として描いているが、かかるイメージこそ、テオドリックが寛大な統治とギリシア・ローマ風の文化事業の後援をつうじて、実現しようとしていたものだった（寛大な統治の例として、ヴァンダル族が北アフリカでカトリックを迫害したのに対して、テオドリックはカトリックを迫害しなかったことがあげられる）（ヴァンダル族も東ゴート族も、当初は後述するアリウス派のキリスト教徒だった）。学者としてはカッシオドルスより数段優れていたボエティウスは、王が哲学と文学の奨励に関心を示したことを最大限に活用した。行政官として東ゴート王国の権力の階梯を登りながらも、彼はその名声を末永く後世に伝える記念碑となった一連の著作を生み出したのだ。

「最後のローマの哲学者」

かつてローマ帝国の支配下にあった西ヨーロッパの諸地域では、古典の学問は衰退する一方だった。由緒と教養を誇る貴族階級が凋落《ちょうらく》し、東方ギリシア世界と西方ラテン世界の文化的断絶が広がるにつれて、ボエティウスやカッシオドルスが受けたような教育はほとんど行われなくなっていた。ゴート族は曲がりなりにもラテン語を学んでいたが、ラテン民族はギリシア語を忘れようとしていた。旧来の教育を受けたローマ人は例外なく、プラトンやアリストテレスその他のギリシアの思想家の著作をギリシア語で学んでいたので、従来はこれらの著作をラテン語に翻訳する必要がなかった。それゆえ、ひとたびギリシア語の読み書き能力が失われたら、哲学や数学や医学や工学や科学全般の知識も同時に失われ、西ヨーロッパ社会が壊滅的な打撃を受けることになりかねなかった。さらに、いやしくも教育を受けたエリート層がギリシア語を読めなくなり、ギリシアの古典について何も知らなくなったら、キリスト教思想もまた危うくなるだろう。なぜなら、ほとんどの教父はギリシア語で著述をしており、聖アウグスティヌスを筆頭とするラテン教父たちでさえ、新プラトン主義の思想に啓発されていたからだ。こうした状況に危機感を覚えて、ボエティウスはみずから難事業に取り組むことを決意した。「手に入るかぎりのアリストテレスの著作と、プラトンの対話篇すべてをラテン語に翻訳しよう[23]」と。このほかに新プラトン主義の主要な著作も翻訳して、ギリシアの二大哲学者が根本的な問題の多くについて見解を同じくしていることを示そうと、ボエティウスは心に誓ったのだ。

ビザンツ帝国と東ゴート王国の宮廷には、常に陰謀が渦巻いていた。その仲をとりもつ多忙な外交官兼行政官にとって、かかる難事業に力を注ぐのは、明らかにドン・キホーテめいた所業だった。それにもかかわらず、ボエティウスはわずか一〇年のあいだに、『オルガノン』と総称されるアリストテレスの六冊の論理学書〔『範疇論』、『命題論』、『分析論前書』『分析論後書』、『トピカ』、『詭弁論駁論』〕、論理学関連のキケロの論文数篇、それに有力な新プラトン主義哲学者のポルフュリオス〔二三三頃～三〇五頃〕の著作をラテン語に翻訳した。さらに翻訳だけにとどまらず、アリストテレスの註解書を五冊著すとともに、ギリシア哲学の手法を用いてキリスト教の教義を擁護した多数の論考をものし、古典教育のカリキュラムにおける基本科目――算術・音楽・天文学――の簡潔な教科書も書いたのだ。その後、きわめて異常な環境のもとで、彼は比類ない傑作『哲学の慰め』を執筆した(24)。これらの翻訳書や著書のすべてを合わせても、今日の公共図書館の書棚を一つ埋めることはできないだろう。けれども、国境を越えて侵入してくる諸部族の襲撃、飢饉や疫病、軍閥の台頭などによってヨーロッパ社会が混乱をきわめたその後の五〇〇年間にわたって、ボエティウスの翻訳書と著書は――ほかの著述家たちの手になる二、三の簡潔な要約と、カッシオドルスがキリスト教的な教育課程を提示するために著した『聖書ならびに世俗的諸学研究綱要』とともに――西ヨーロッパにおけるギリシア哲学の知識の唯一の源泉となった。その結果、五〇〇年後に西方ラテン世界で学問が復興したときに、事実上すべての学者の出発点は、ボエティウスによって翻訳され、解釈され、応用されたアリストテレスの論理学だったのだ。

「ボエティウスは最後のローマの哲学者にして、最初のスコラ学者だった(25)」といわれるが、彼に「スコラ」の名が冠されるのは、彼がアリストテレスに註解を施し、哲学的な概念と方法を神学上の問題の解決に応用しようとしたためばかりではなく、信仰と理性の問題に対する彼の姿勢が、その後の西ヨーロッパの知識人たちに一つのモデルを提供したためでもある。ボエティウスは敬虔なキリスト教徒として、信仰が指し示す真理が明白であることも、理性のみではあらゆる真理に到達できないことも、いささかも疑っていなかった。それは、彼が「父の実体から子が生まれることを、人間の理性は理解できない(26)」とか、「もちろん私たちの探究は、人間理性の洞察力が神性の高みに向かって上昇しうる限度以上に及ぶべきではない(27)」などと述べていることから、明らかである。しかしながら、三位一体や受肉〔キリストにおいて神性と人性が合体したこと〕のごとき難解な宗教的概念を明らかにするために理性（すなわち哲学）を応用できることも、彼にとっては自明の理だったのだ。友人のローマの助祭ヨハネス（のちの教皇ヨハネス一世〔在位五二三〜五二六〕）に献呈した三位一体についての短い論文は、次のように締めくくられている。「もし、私の意見が正しく、信仰と一致しているなら、どうぞ、そのように私におっしゃってください。けれども、もし、あなたが少しでも異なる意見をおもちでいるなら、私が述べたことを慎重に吟味して、できますなら、信仰と理性を調和させてください(28)」。

「信仰と理性を調和させる」というのは、見かけ以上に注意を要する文言《もんごん》である。なぜならこれは、神学以外の思想分野で用いる用語で、信仰の真理を可能なかぎり説明することを意味しているからだ。ボエティウスは、宗教の教義のほとんどは説明不能であるという観念を否定した（あるいは、マーク・トウェイン〔一八三五～一九一〇〕がのちに述べたような、「信仰とは、自分でも信じていないものを信じることだ[29]」という観念を拒絶した）。けれども彼は、超自然的な出来事や神の掟を自然主義的な観点から説明することには――たとえば、旧約聖書の『レビ記』に記された詳細な食物規定は食品衛生上の観点から定められた、と説明する類のことには――いささかの関心ももっていなかった。ボエティウスにとって理性を用いるというのは、信仰上の真理から神秘性を取り除くことではなく、世俗的な知の世界と宗教的な知の世界とのあいだに概念の橋を架けることを意味していた。宗教的真理は哲学や自然学の真理と同じではないが、これらを比較考量することはできる、と彼は主張した。であるからこそ、「聖書（ないし、そのほかの権威ある文書）にそう記されているから、そうなのだ」という姿勢に陥ることなく、大方の宗教的教義を理解しうるものにできるはずだ[30]。この目的を追求するために、彼は驚くほど大胆な一連の問いを投げかけた。たとえば、三位一体〔創造主としての父なる神と、贖罪者キリストとして世に現れた子なる神と、信仰経験に顕示された聖霊なる神とが、唯一なる神の三つの位格として現れるとする教義〕における三つの位格《ペルソナ》〔理性的本性をもつ個的実体〕は、アリストテレス的な意味で――すなわち、既知の宇宙に存在する個々の実体になぞらえられるものという意味で――どの程度まで「実体」であるのか[31]、というように。後世の思想家たちは、たとえボエティウスが示した答えに同意しない場合でも、これらの問いが暗に示した使命を――人間の理性によって神的な真理を可能なかぎり理解するという使命を――うやうやしく受け入れたのだ。

五二〇年代初期には、ボエティウスは思想家としても政治指導者としても、頂点をきわめていた。その後、一連の出来事が生じた。その詳細は今日に至るまで明らかになっていないが、その結末はきわめて明瞭だった。

ボエティウスの悲運

その数年前に、コンスタンチノープルでは権力の交代が生じていた。賢明で穏和なアナスタシウス一世〔四三〇頃～五一八、在位四九一～没年〕が没し、バルカン地方出身の無教養な軍人ユスティヌス〔一世、四五〇頃～五二七、在位五一八～没年〕が帝位に就いたのだ。彼の甥のユスティニアヌス〔のちの一世〕は猛烈な野心家で、ユーフラテス川から大西洋に至るローマ帝国の復興を夢見ていた。東ゴート王のテオドリックが西ヨーロッパで権力を強化することに、アナスタシウスは何ら反対する理由をもっていなかった。だが、ユスティヌスとユスティニアヌスにとっては、この東ゴート人は遅かれ早かれ排除しなくてはならない障害だった。登位したばかりのビザンツ皇帝が自分に敵意をもっているとの報に接して、テオドリックは警戒した。そこで、彼は教皇ヨハネス一世を特使としてコンスタンチノープルに派遣したのだが、ほどなく不穏な噂が届き始めた。なんと、教皇と皇帝が結託して陰謀を企んでいるというのだ。さらに悪いことに、ローマ元老院に属する貴族の一部がユスティヌスや教皇とともに、イタリアにおけるテオドリックの権力を奪うべく陰謀をめぐらせている、と王のスパイたちが通報してきた(32)。自分が信頼し、あれほど厚遇してきたローマ人たちが、ひそかに軽蔑している「蛮族」の支配を逃れるために策謀をめぐらせていたとは……。テオドリックはしだいに疑念を募らせた。彼をめぐって東と西の利害が一致することを恐れて、彼はみずから高位の行政官に任命したローマ人たちを厳重な監視下においた。

東ゴート王国の宮廷が置かれたラヴェンナでは、陰謀とそれに対抗する陰謀が張りめぐらされ、スパイと二重スパイが暗躍し、まっとうな情報と現金目的ないし遺恨を晴らすための虚偽の告発が飛び交っていた。かくして五二三年、テオドリックのスパイの一人が、敵に内通していることが明らかな書簡を入手した。これらの書簡は、ローマの有力貴族アルビヌスがコンスタンチノープルの高官たちに宛てたものとみなされた。テオドリックは何より恐れていたことが現実になったと思いこみ、アルビヌスに釈明の機会を与えずに、謀反のかどで逮捕・投獄した。ボエティウスはアルビヌスも書簡を入手したスパイもよく知っていたので、この一件にアルビヌスを陥れようとする陰謀の臭いを嗅ぎ取った。おそらく、長年忠実に仕えてきた自分の言葉を王は信じるに違いないと思ったのだろう、ボエティウスはアルビヌスの弁護に乗り出した。そして、くだんの書簡を調べたところ、明らかに偽造されたものだったと証言した。ところが、友人のローマ人を弁護したばかりに、彼はみずからをも疑惑の対象としてしまったのだ。

これ以外にも、ビザンツ帝国の高官とローマの元老院が陰謀を企てている証拠とされるものが、テオドリックの知るところとなった。それからまもなく、怒りに目が眩《くら》んだ王は滞在中のヴェローナで御前会議を開き、「アルビヌスに負わされた反逆罪を、元老院の全議員に及ぼそうとした。なぜなら、王は元老院そのものを抹殺したかったからだ[33]」。ボエティウスは勇敢にも元老院の潔白を主張した——だが、彼は長年仕えた主人の獰猛さを、あまりにも過小評価していた。ヴェローナでの対決の直後に、三人の上訴者（ボエティウスによれば名うての悪党）がテオドリックに、宰相はローマの元老院議員の一部と謀反を企んでいたと密告した。彼らはそのうえ、ボエティウスが「栄達の野心に駆られて神聖を冒瀆した」と告発した——つまり、出世するために占星術を用いた、と中傷したのだ。またしても書簡がもち出されたが、これは告発された当人によれば、まぎれもない偽造文書だった。けれども、アルビヌスと同様に、彼も釈明する機会を与えられなかった。五二四年、テオドリックはボエティウスをパヴィアの牢獄に収監せよと命じた。元老院は——間違いなく議員たちの生命を守るために——ボエティウスを逮捕・投獄する命令を発した。ボエティウスの同僚の行政官で学者仲間でもあったカッシオドルスは、粛清を免れたのみならず、ボエティウスの後任の宰相に任命された——このことから、カッシオドルスがボエティウスを裏切ったと（たいした証拠はないものの）推測する者たちもいた。だが、ボエティウスの長男はカッシオドルスほど機敏ではなかったために、数日後に逮捕されてしまった。

はたして、元老院の議員たちは、本当にテオドリックに対して謀反を企んでいたのだろうか？　ボエティウスもそれに加担していたのだろうか？　確実なことはわからない。というのは、ボエティウスに対する告発の内容も審理の詳細も、いっさい公《おおやけ》にされていないからだ。とはいえ、ビザンツ勢力が東ゴート王国の滅亡を画策しているとテオドリックが恐れたのは、けっして彼の被害妄想ではなかった。テオドリックが死ぬとまもなく、ユスティニアヌスの軍隊は容赦ない攻撃を開始した。この戦争はついに東ゴート王国が滅びるまで二〇年間続き、イタリアの経済を疲弊させた。だが、もしテオドリックの存命中に陰謀が企まれていたとしても、おそらくボエティウスはそのこと自体を知らなかったのだろう。彼が獄中で著した——歴史家のエドワード・ギボン〔一七三七〜九四〕が「黄金の書」と讃えた——書物は、とうてい罪人《つみびと》の書いたものとは思えない。『哲学の慰め』は、その著者を権力と名声と富の頂点から奈落の底に突き落とした運命の激変について、思いをめぐらせた書である。この書は散文と韻文を交互に綴りながら、囚人であるボエティウスと哲学の化身である貴婦人との対話の形式をとっている。この貴婦人は哲学を体現した美しい女神《ムーサ》で、大きな不幸に見舞われたボエティウスが心の平安を取り戻すのを助けるために、牢獄を訪れたのだ。人々が「運命」と称するものは、神の摂理がしからしむるものにほかならない、とこの女神は説く。新プラトン主義の思想をアリストテレスの思想と結びつけながら、彼女はこうした見解に基づいて、不幸や悪や不正などが遍在する現世への執着を断ち切らねばならないと諭し、すべてを予見する神の摂理と人間の自由意志との矛盾が〔認識が認識対象ではなく、むしろ認識主体の本性に即してなされるという観点から〕解決されることを示して、言葉を締めくくる。

一五〇〇年の時を経ても、この書物は驚くほどの迫力で読者に迫ってくる。勇敢で学識のあるキリスト教徒が古典古代の哲学をよすがに、深い絶望の淵から抜け出す道をついに見出したのだ。ボエティウスはこの書の完成をさぞ急いだことだろう。その正確な日付は記録されていないが、投獄されてから一年ないし二年経ったある日、テオドリック王が言葉か身振りでその意思を示すと、「最後のローマの哲学者」は囚われの貴族数人とともに処刑された。その後まもなく、ボエティウスの息子も父の跡を追って、忘却の淵に姿を消した――あるいは、彼らの信ずるところが正しかったのであれば、彼らは天国に身を隠したのだ。

新たに宰相になったカッシオドルスは、あたかもシェークスピア〔一五六四～一六一六〕の悲劇に最後に登場して台詞を述べる人物のように、この物語の最後に登場する。彼はボエティウスの翻訳書と著書を保管し、ギリシアとローマの著作を蒐集した。そして、アレクサンドリアの大学やペルシア領ニシビスの〔後述するネストリウス派の〕神学校という優れたモデルを参考にして、ローマに大学を創設するよう教皇に働きかけた。もし、この提案が通っていたら、それは西方ラテン世界で最初の大学となっただろう。だが、教皇はほかに懸案事項を抱えており、この提案は何ら実を結ばなかった（ある歴史家が述べているように、この企てが実現しなかったのは「偶然ではなかった。なぜなら、当時は政治的な安定という前提条件が満たされていなかったからだ」[34]。かくして、古典古代の哲学の遺産を守るために高等教育研究機関を創るという企ては挫折した。おそらく、このことが契機となって、カッシオドルスは五〇歳で職を辞し、南イタリアのスキュラケウム近郊に居を移して、ウィウァリウム〔養魚池の意〕と称される修道院を創設した。これは画期的な出来事だった。というのは、彼が蔵書を収蔵するために建てた修道院は、古代の文書を保管し筆写するという修道院の伝統の嚆矢《こうし》となったからだ。ボエティウスは墓標のない墓の下に眠っている。だが、彼の手になるアリストテレスの翻訳書と註解書、彼が著した教科書、そして獄中で認《したた》めた回顧録は、今日もなお生命を保っている。彼が処刑されてから五〇〇年ものあいだ、これらの書物は修道士たちによって繰り返し筆写された。彼らは自分たちが何を保存しようとしているのか、そしてなぜ保存するのか、ほとんど理解していなかった。けれども、休閑地に蒔かれた種子は、時期がくれば芽を出すだろう。

3　異端者たちの行方

アレクサンドリアの女性哲学者

その後のおよそ五〇〇年間、西ヨーロッパ世界が頻発する暴力沙汰や、貧困や、無秩序に苦しんでいるあいだは、アリストテレスの著作がかえりみられることもなかった。このいつ果てるとも知れない苦難の時代に、慰めと意味を求める人々が難解な哲学より信仰を心の拠りどころとしたことは、さして驚くに当たらない。驚嘆に値する出来事は東方で、つまり、ローマ帝国の経済と文化の中心地とみなされて久しいギリシア語圏の地域で生じたのだ。東方ギリシア世界では、ビザンツ帝国の専制支配のもとで蛮族は追い詰められ、パックス・ロマーナ〔ローマ帝国の支配による平和〕がもちこたえていた。さかんな交易がアレクサンドリア、コンスタンチノープル、アンティオキアなど、人口の稠密《ちゅうみつ》な大都市の繁栄を支えていた。これらの都市では、古典の教育を受けた学者たちが学芸の研究と教育に勤《いそ》しんでいた。こうした学問の中心地では哲学と科学がおおいに発展したに違いない、と思う向きもあるだろう。ところが、まさにこの地域で、知の歴史が史上稀に見る数奇な転回を遂げたのだ。この物語はさしずめ、「レディ・フィロソフィーの殺人」と呼べるだろう。

実際、この物語はヒュパティア〔三七〇頃〜四一五〕というアレクサンドリアの女性哲学者が殺されたことに端を発している。彼女の父親は著名な数学者だったが、娘が自分をはるかに凌ぐ才能に恵まれていることを見出すと、関心のおもむくままに数学・天文学・形而上学・倫理学などを学ぶよう娘を励ました。かくして四一五年には、ヒュパティアはすでに学者として確固たる地位を築いていた。その人徳と知恵によって人々から敬愛され、新プラトン派の思想家、当代きっての女性哲学者として、東方ギリシア世界中に名を知られていた。ヒュパティアはアレクサンドリアの自宅で小さな学園を営み、講義や弟子たちとの議論に明け暮れていた。その弟子たちは、論理的に思考する術《すべ》を学びたいと望む良家の子弟だった。彼女は伝統に従って哲学者のマントを身にまとい、近所の通りを散歩した。その途中、望まれれば誰とでも哲学の問題を論じ合った。彼女自身は異教徒だったが、アレクサンドリアというキリスト教が優勢な土地ゆえ、弟子と友人の多くはキリスト教徒だった。教え子の中には、のちに司教になった者が少なくとも二人含まれていた。教会の指導者たち（その多くはやはり新プラトン主義者だった）との関係は、きわめて友好的だった……つまり、キュリロス〔三七〇／八〇～四四四、在位四一二～没年〕がアレクサンドリア司教〔総主教〕の座に就くまでは。

コンスタンチノープル公会議とキリスト教支配の強化

キュリロスという人物と、ヒュパティアを襲った運命の意味を正しく理解するためには、この事件が生じる一世紀前に目を転じなければならない。当時のアレクサンドリアは神学論争の渦中にあった。この論争がついに終息したとき、ローマ帝国全域のキリスト教共同体は激しく敵対する二つの陣営に分裂していた。その争点は、イエス・キリストと父なる神との関係だった。驚くべきことに、イエスの死後三〇〇年経っても、三位一体の教義の根本にかかわる問題が落着していなかったのだ。[35] アレクサンドリアの一司祭で、シリアとパレスチナの司教や神学者の多くに支持されていたアリウス〔アレイオス、二五〇頃～三三六〕は、イエスは神の最高の被造物であり、父なる神と同一でも同質でもないと主張する一派の代表的存在だった。これに対して、アレクサンドリア司教のアタナシオス〔二九五頃～三七三、在位三二八～没年。在職中に五回、計一七年間は追放もしくは逃亡の生活を送った〕は、キリストは人間にして神であり、いかなる意味でも創造主にして父なる神に従属する存在ではないと主張した。この争点は一般のキリスト教徒にとっても非常に重要な問題であったうえに（彼らはキリストの神性を東方世界の伝統的な唯一神教と調和させようとしていた）、歴代のローマ皇帝がどちらかの陣営に与したことから、論争は延々と続き、きわめて暴力的な様相を呈するようになった。この論争には、地域間のライバル意識も一役買っていた。というのは、アリウス派神学の中心地だったアンティオキアは、アレクサンドリアと文化面での覇権を競っていたからだ〔三二五年にコンスタンティヌス帝が招集したニカイア公会議において、アリウスの教説が断罪され、キリストは「まことの神であり、父と同一本質である」とするニカイア信条が採択された。だが、ニカイア公会議ののちも論争は過熱する一方だった〕。ついに三八一年、ローマ皇帝テオドシウス一世〔三四六頃～三九五、在位三七九～没年〕が招集した第一回コンスタンチノープル公会議においてニカイア信条が追認され、アリウス主義はローマ帝国内では禁止されるに至った。[36] この公会議であらためて、「父なる神」と「子なる神」はたがいに区別されながらも同一の本質を有し、神と子のペルソナは「聖霊」と分かちがたく結びついて「一なる神」となる、と宣言されたのだ。

こうして決着がついたからには、東方世界における宗教的熱情もいくらか冷めたことだろう、と読者は思うかもしれない。ところが、公会議で判定が下されるとまもなく、キリスト教異端派や、ユダヤ教徒その他の異教徒に対する暴力的な攻撃が、この地域一帯に燎原の火のように広まったのだ。司教たちはこうした襲撃を陰に陽に煽動したり、あるいは見て見ぬふりをした。社会を「純化」しようと決意した熱狂的な修道士たちが、その実行部隊をつとめることも稀ではなかった。地中海世界は半ば無意識のうちに、「キリスト教が単に優勢な宗教である社会」から「キリスト教がすべてを支配する社会」に向かって、一歩を踏み出していた。[37] 三八八年にメソポタミアのある町で、修道士の一団がシナゴーグ〔ユダヤ教の礼拝堂〕を焼き払った。テオドシウス一世はその地の司教に対して、教会の予算から損害賠償金を支払うようにと命じた。ところが、皇帝はミラノ司教アンブロシウスのために、この命令の実行を思いとどまらざるをえなくなった。アンブロシウスは、「キリストの敵」を支援する者には誰であれ、聖体祭儀を行わないと脅迫したのだ。[38] テオドシウス一世とて異教徒を気づかっていたわけではなかったので、宗教儀礼の供犠を禁ずる命令や、異教の寺院を閉鎖する命令を矢継ぎ早に発した。ところが彼の意図に反して、好戦的な教会人に鼓舞された暴徒がまたしても勝手に事を運んだために、皇帝の権力をもってしても収拾がつかなくなった。アレクサンドリアでは――伝えられるところによれば、気の荒い司教テオフィロス〔三四五頃～四一二、在位三八五頃～没年〕に煽られて――熱狂した群衆が〔プトレマイオス王朝の国家神セラピスに捧げられた〕セラピス神殿を襲撃し、跡形もなく破壊した。このときに、クレオパトラ〔前六九～前三〇〕が寄贈した膨大な数の書籍もろとも、世界的に有名なアレクサンドリア図書館の分館も焼失した。

ビザンツ帝国にとどまった異教徒たちは、今日なら極端な「原理主義者」と呼ばれるであろう戦闘的な人々の攻撃から、身を守る術がなかった。東方ギリシア世界では、異教の寺院の焼き討ちが一種の大衆的な娯楽となり、宗教的熱狂が点火した炎の中に、貴重な文化財が次々と消えていった。五世紀はじめにアレクサンドリア司教がテオフィロスからその甥のキュリロスに代わった頃も、アレクサンドリアにはこうした状況が蔓延していた。キュリロスは聡明だが激しやすく不寛容な人物で、「喧嘩好きなこと、すぐに暴力に訴えること、気性が激しいことで悪名高かった」(39)。

おそらくはキュリロスの十字軍的な好戦性のゆえに、彼が司教に在任中は、アレクサンドリアのユダヤ教徒とキリスト教徒の共同体は互いに激しく敵意を燃やし続けた。当地のユダヤ共同体は規模が大きいだけでなく――全人口およそ一〇〇万人のうち、二〇万人を超えていたと推定されている——きわめて長い歴史をもっていた。ローマ軍がエルサレムの神殿を破壊する〔西暦七〇年〕ずっと以前から、ユダヤ人はアレクサンドリアに居住していたのだ。そして四一五年、キュリロスはいまだ明らかになっていない理由でおびただしい数のキリスト教徒を煽動し、ユダヤ教徒居住区を襲撃させた。[40] その結果は、アレクサンドリア始まって以来最悪の反ユダヤ暴動——ある歴史家によれば、「史上最初の大規模なユダヤ人虐殺《ポグロム》」——となった。[41] シナゴーグは打ち壊され、財産は略奪され、多くの住民が暴行され、虐殺された。この暴動の規模がどの程度だったのか、正確なところはわかっていないが、恐怖のあまり非常に多くのユダヤ人がアレクサンドリアから逃亡した。ことここに至って、ビザンツ帝国の官僚でアレクサンドリア長官のオレステスが、ユダヤ教徒のために介入せざるをえなくなった。だが、長官の介入は、さらなる暴力の引き金を引くことになった。かかる無秩序状態に皇帝が立腹していることを伝えるとともに、犠牲者の家屋と財産の復旧を要請するために、オレステスがキュリロスの大聖堂に赴くと、彼を迎えたのは修道士の大集団が投げる石礫《いしつぶて》だった。彼らは敬愛する司教を帝国の圧制から守るために、アレクサンドリア郊外の山間部から結集したのだ。そのうちの一人のアンモニオスという修道士が、大きな石を投げつけて長官に傷を負わせた。オレステスは彼を逮捕して即決裁判にかけ、拷問のあげくに死に至らしめた。キュリロスはアンモニオスの遺体を探し出し、その遺骸を殉教者の聖遺物として処遇した。

ここで、ふたたびヒュパティアが登場する。というのは、オレステスはヒュパティアの友人で、彼女の家を頻繁に訪れていることが知られていたからだ。キュリロスがそれを知って同意していたか否かはともかく、ヒュパティアをめぐる噂が修道士や地元の闘士のあいだに広まった。この女性哲学者はくだんの長官やユダヤ教徒たちと謀《はか》って、アレクサンドリア司教の権威を貶《おとし》め、キリスト教が優勢なアレクサンドリアを異教の思想で汚染しようと企んでいるのだ、と。その後の展開は、まさに予想されるシナリオどおりに進んだ。アンモニオスの死後ほどなく、ヒュパティアがいつもどおりに夕方の散歩をしていると、キリスト教徒の一団が彼女をとらえて近くの教会に拉致した。そこで、彼らは彼女の衣服を剝ぎ、責めさいなんで死に至らしめた。そして、彼女の遺体を寸断し、キナロンという地で遺体の断片を焼いた[42]。ヒュパティアに対する蛮行の噂は、ビザンツ帝国中に広まった。キュリロスは自分はこの犯罪にいっさい関与していないと言い張り、事件の関係者は誰一人として罰せられなかった。明らかにビザンツ世界は、非キリスト教徒や哲学者が生きるには危険な場所となりつつあったのだ。

キュリロス対ネストリウス

だが、キリスト教徒もやがて、激しい神学論争に巻きこまれることになる――そして、ここでも論争の中心人物はアレクサンドリアのキュリロスだった。今回の争点はキリストと神の本質の同一性ではなく——この問題はすでにコンスタンチノープル公会議で決着がついていた——キリストのペルソナにおける人性と神性の関係だった。信徒たちを困惑させ、彼らを分断していたのは、次のような問題だった。すなわち、神自身がマリアから産まれ、苦しみ、死に、復活したというのは正しいのだろうか？　あるいは、イエスが人間としての立場でこれらの出来事を経験する一方で、そのペルソナの神的側面はこれらの経験から何ら影響を受けなかったのだろうか？　アンティオキアの神学者たちは、神がこうした人間固有の経験をしたとみなすのは、神々が生まれたり死んだりする異教の神概念を髣髴とさせるばかりか、キリスト教徒に人間としてのイエスを崇拝させることになる、と確信していた。これに対してアレクサンドリアの神学者たちは、キリストの人性と神性を分離することは、キリストのペルソナを分裂させ、キリストを神に従属する存在とみなすアリウス派の異端を復活させることになる、と応酬した。アンティオキア学派には数人の指導者がいたが、この学派は一般的にコンスタンチノープル司教のネストリウス〔三八一頃〜四五一頃、在位四二八〜四三一〕と結びつけられるようになった。アレクサンドリア学派の総大将はキュリロスで、彼は嫌悪してやまないネストリウスを失脚させることに晩年を捧げた。

この論争は、アリウス派との論争以上に御しがたいものとなった。これは以前の論争の再現ではなかったものの、いくつかの類似点があった。今回もキリストの神性を強調したのは、熱情的で、神秘主義的で、厳格で、不寛容なアレクサンドリア学派だった。より合理主義的で、世俗的で、人間中心的なものの見方をするアンティオキア学派は、キリストの純然たる人性を強調した。いずれの陣営も自陣の見解を裏づけるために、福音書や教父の言葉から「証明本文《テクスト》」〔神学用語で、特定の教義を証明するためにもち出される聖書の一節〕を引用した。だが、どちらの陣営もそれにとどまらず、自陣の見解が理に適っているのに対して、敵方の見解は不合理ないし不条理であることを示すために、古典古代の哲学に由来する概念も援用した。とくにアンティオキア学派は、キリストの神性と人性を混同すべきでないという信念を正当化するために、アリストテレス的な概念を用いる傾向があった。アンティオキア学派を代表する人物には、小アジアのタルソス司教ディオドロス〔三九四以前没、在位三七八～没年〕、モプスエスティア司教テオドロス〔三五〇頃～四二八頃、在位三九二～没年〕、そしてコンスタンチノープル司教のネストリウスがいた。ディオドロスは純然たる宗教的な著作のほかに、「太陽はどのくらい熱いか」を考察した論文や、アリストテレスの宇宙論の註解書を書いている。テオドロスは大胆かつ革新的な思想家で、『雅歌』などの旧約聖書の物語はキリストの出現を寓意的に予言しているとする従来の解釈を否定して、伝統主義者たちに衝撃を与えていた。そして、ネストリウスは処女マリアを「テオトコス」すなわち「神の母」と称することを批判して、論争の引き金を引いたのだ。

「生後二、三カ月の幼子は神ではない」というネストリウスの言葉はあまりにも有名だが、これは幼子イエスを礼拝していた人々を恐慌に陥れた[43]。ネストリウス派はさらに、宇宙の創造者がマリアの子宮から生まれたとか、砂漠で誘惑されたとか、善行を積んだとか、十字架上で死んだなどというのは、馬鹿げているうえに冒瀆的であると主張した。神は変わることも傷つくこともなく、産み出されることも苦難を強いられることもなく、もちろん死ぬことなどありえない。こうした一連の経験は人間イエスに帰せられるものであり、神は人間を罪から解放し、永遠の生への望みを人間に授けるために、イエスをその「肩代わり」として生贄に供し、しかるのちに復活させたのだ。それゆえ、イエス・キリストは人性と神性という二つの本性を有する、とネストリウス派は結論づけた〔厳密には、ネストリウス派はネストリウスの教えをさらに発展させた教団であって、ネストリウス自身が興した分派ではない〕。理性も信仰も、これら二つの本性を独立した別個のものと認識するよう命じている。なぜなら、もし、イエスが独自の精神と肉体をもっていなかったのであれば、福音書に記されたイエスの思想や感情は、演技以外の何ものでもないということになるだろう。そして、もし、人類の罪を贖《あがな》うために生身の人間が死んだのでなければ、どうしてイエスの犠牲と復活が人類を救済することになりえようか？

　アンティオキア学派神学の人間中心主義的な傾向に脅威を感じたアレクサンドリアのキュリロスは、こう問い返した。いわく、「それならば、われわれは人間の中へと洗礼を受けたのであろうか？　また、それが真実であると認めねばならないのであろうか？[44]」と。アレクサンドリア司教はネストリウス派の教義に、二つの明白な弱点を見出していた。政治的文脈からいえば、キリスト教の平信徒の大多数は、おのれの信仰の異教的要素（が、たとえあるとしても）に思い悩むことなく、イエス・キリストを礼拝したいと望んでいた。彼らは神にして人間であるイエス・キリストを崇拝しているのであって、その誕生の経緯や、悪魔から誘惑された経験や、十字架上での苦悶を神に帰せられるか否かということには、まったく頓着していなかった。神学的文脈からいえば、キリストは一つのペルソナであるがゆえに、その神的側面と人的側面が合一して統一された全体を形成しているに違いないと主張することによって、前述したような平信徒の姿勢を支持することができた。統合されないままの二つの別個の本性を併せもつペルソナは、さだめし異教の怪物ケンタウロス〔上半身は人間で下半身は馬〕のごときものとなるだろう。だが、二つの本性が統合されているなら、キリストの内なる人間がこれを行い、内なる神があれを行ったなどと、どうして区別できようか？　さらに、キュリロスはこう断言した。もし、人間イエスが同時に永遠の神でないのであれば、聖体拝領――〔パンとぶどう酒の形をとった〕イエスの肉を食べ、イエスの血を飲む儀式――によって人間が救済される根拠がなくなってしまうではないか、と。

勝者なき論争

キリストの人性を強調するために、ネストリウス派はキリストのペルソナを二つの対照的な――矛盾する可能性すらある――本性に分割した。キリストのペルソナの単一性を強調するために、キュリロスはキリストの内なる人間を内なる神に従属させるという危険を冒した。もし、このアレクサンドリア司教がもっと外交術に長《た》けており、ネストリウスがもっと政治的駆け引きに長けていたら、あるいは、ビザンツ皇帝が彼らを仲裁することができたなら、二人の高位聖職者は何とか歩み寄って、教義上の妥協点を見出していたかもしれない。けれども、キュリロスはこと教義の問題に関してはいっさい妥協しないうえに、名うての政治家だった。一方ネストリウスは、たぶん知的な面ではキュリロスを凌いでいたのだろうが、宮廷を舞台に権謀術数をめぐらすことに関してはキュリロスの敵ではなかった。権謀術数こそ五世紀の政治を特徴づけるものであり、このことから、ビザンツ帝国を表す「Byzantine」という言葉が「権謀術数や陰謀をこととする」という意味をもつようになったのだ。キュリロスの策謀によって、皇帝テオドシウス二世〔四〇一～四五〇、在位四〇八～没年〕は、ネストリウスを嫌悪する有力者の姉プルケリア〔三九九～四五三〕と、この司教を熱烈に崇拝していた皇妃エウドキア〔四〇一頃～四六〇頃〕との板ばさみになった。その結果、皇帝は中立的な立場に立たざるをえなくなったので、交渉によって論争が決着する可能性はなくなった。

キュリロスは好機を見出した。四三一年に小アジアのエフェソスで開かれた公会議において、彼は出席者の大半をおのれの支持者で固めた。ネストリウスに好意的なシリアの司教たちは、エフェソスに着くのが数日遅れた。その間にキュリロスは策をめぐらせて、すでに出席していた代表者たちがネストリウスに不利な方向に審理を進めるよう、ことを運んだ。審理を終えると、彼らはただちにネストリウスを異端のかどで破門し、コンスタンチノープル司教の座から追放した。アンティオキア司教のヨアンネス〔在位四二八～四四一／四二〕を長とするシリアの代表団は、ついにエフェソスに到着すると独自に教会会議を開き、キュリロスに有罪判決を下してアレクサンドリア司教の座から追放した。二つの会議が果たし合いの様相を呈するという状況は、ビザンツ皇帝をほとほと困惑させた。皇帝は二つの会議を一つとみなし、非難決議をすべて裁可したうえで、関係者全員を軟禁した。その間に、キュリロスは莫大な資金を調達して、宮廷の有力者を買収した。かくして、ネストリウスの政治的基盤はその足元から崩れ去った[45]。その数カ月後、このまま論争を続けても欲求不満が募るばかりか、みずからを卑しめることになると悟ったネストリウスは、アンティオキアの修道院に戻るのに吝《やぶさ》かでないという意向を表明した。皇帝はネストリウスの要望を認めるとともに、宮廷のキュリロス派からの圧力を受けて、彼の後任のコンスタンチノープル司教にキュリロスの支持者を任命した。

ネストリウスのキャリアは実質的に終わりを告げた。その後、彼は異端の烙印を押され、アンティオキアからも追放され、エジプト奥地の砂漠の修道院で生涯を終えた。表面的にはキュリロスが勝利をおさめたように見受けられるが、この論争には真の勝者はいなかった。アレクサンドリア学派のリーダーが死去すると、彼が率いた運動は分裂した。その中から、彼以上に非妥協的な「キリスト単性論者」の一派が現れた。単性論は、キリストは人性をもたず、唯一の本性として神性のみをもつという立場をとる。多数の参加者を招集して四五一年に小アジアのカルケドンで開かれた公会議は、次のように宣言してこの問題に決着をつけようとした。すなわち、キリストは「混同なしに、変化なしに、分割なしに、分離なしに、二つの本性において認められる」、それぞれの本性の「独自な特質は保たれている」が、それらは「一つのペルソナの内に結びつき……二つのペルソナに分割されたり、分離されていない」(46)と規定したのだ。「一つのペルソナに二つの本性」を認めるカルケドン信条は、その後カトリック教会の正統教義となった。だが、単性論者はこれをキリストに対する侮辱とみなして、断固として拒絶した。皇帝によるたびたびの介入や、迫害の時代や、大衆暴動の勃発などによって中断されながらも、この論争はその後も延々と続いた（たとえば、五三二年にコンスタンチノープルで勃発した単性論派の暴動によって、歴史ある聖ソフィア〔アヤ・ソフィア〕大聖堂は破壊された〔この暴動は、重税に苦しむ市民が皇帝に対して起こした反乱（ニカの乱）でもあった〕）。七世紀にアラブ人がかつてのビザンツ帝国の領土をあらかた征服したのちでさえ、この地にとどまったキリスト教徒のあいだで、この論争は攻守ところを変えながら続けられた。少なくとも一つの意味で、この論争はついに決着しなかった。エジプトのコプト教会、シリアのヤコブ派、アルメニア教会、エチオピア教会は「二つの本性」という信条を受け入れることを拒否して、今日に至るまで単性論を奉じている。

避難所としての東方

この長期に及んだ論争がビザンツ帝国の文化に及ぼした主たる影響は、レディ・フィロソフィーの「殺人」を確かなものにしたことだった。コンスタンチノープルではローマ帝国の権威が命脈を保っていたにもかかわらず、ローマ以後の西方ラテン世界の思考様式を特徴づけていた、現世より来世を重視する傾向が東方ギリシア世界でも生じてきたのだ。もっとも、東方では西方に比べて、こうした傾向はゆっくりと、少しずつ浸透していった。アレクサンドリアやコンスタンチノープルの学者たちはプラトンとアリストテレスを読み継いでいたが、「過去から継承した知識に果てしなく註解を施すばかりで、こうした知識を疑ったり、その先に進もうとすることはめったになかった」[47]。このように哲学がいわば化石と化した原因はある程度、過度に中央集権化したビザンツ帝国の統治機構が自立した貴族階級を抹殺してしまったことに帰せられるだろう。[48]けれども、それはまた、人々が信仰をめぐる問題に熱烈な関心を抱くようになり、もっぱら神学上の意見を異《こと》にする者たちを打つ杖として、哲学を利用するようになったからでもあった。五二九年、ユスティニアヌス一世は三〇〇年前にテルトゥリアヌスが唱えたのと同じ理由で、アテナイのプラトンのアカデメイアを閉鎖した――すなわち、哲学的思弁は異端の温床となり、キリスト教徒のあいだの論争に火をつけてきたからだ、と。しかしながら、この頃にはすでに、ビザンツ帝国の独立心旺盛な思想家たちは、キリスト教徒であると異教徒であるとを問わず、メソポタミアやペルシアに逃れていた。そこでは、ヒュパティアやネストリウスと同じ運命に見舞われるという恐怖を感じることなく、学者たちはおのれの研究に邁進することができたのだ。

　手垢のついた書物や手稿を携えて抑圧的な体制を逃れた亡命者が文明の火花を伝えた例は、史上枚挙にいとまがない。キリスト教会から異端と宣告され、東方に避難所を求めた人々も、その例に洩れなかった。彼らはまず、著名な神学校や医学校を擁するメソポタミア北西部の帝国領エデッサに逃れ、ついで国境を越えてペルシアのニシビスに移住した。彼らがこの地に設けた神学校は、アジアで最良の学校とみなされるようになった〔この神学校は、ネストリウス派の学問の中心としてのみならず、イスラーム時代には古代ギリシアの学問をアラビア語に翻訳する拠点として栄えた〕。ある都市や地域で単性論者が権力を掌握すると、それに反対するネストリウス派は追放の身となった〔中国に伝わったネストリウス派キリスト教は景教と称された〕。ユスティニアヌス帝のような統治者が単性論者を迫害すると、その指導的な学者たちはさらに東方に逃れた。その結果生じた文化の移転はいくつかの点で、二〇世紀にナチや共産主義者の支配を逃れた亡命者の群れが引き起こした文化移転によく似ている。亡命した学者たちは異郷の地で、祖国では失われてしまった学問の自由を見出した。その結果、ビザンツ帝国では無視され、非難され、あるいは単に保存されていただけのギリシア哲学や科学や神学の著作が、ペルシアでは積極的に註解をほどこされ、当代の問題解決に応用されるようになったのだ[49]。

こうした経緯で、七世紀にペルシアに進出したアラブ人が、アリストテレスやギリシア科学の著作という知的財宝を相続するに至ったのだ。ネストリウス派の学者たちは、諸外国語に堪能なことで知られていた。彼らはすでに、自派の著作とギリシア哲学の多数の著作を、シリアとメソポタミアで話されていたリングアフランカ〔一般に異民族間の混成共通語ないし仲介語〕であるシリア語に翻訳していた。いまや、彼らは新しい主人たちが使えるように、これらの文献をペルシア語に翻訳し直していた。七世紀に肥沃な三日月地帯〔地中海南東岸のイスラエルから、ティグリス川、ユーフラテス川の流域を経てペルシア湾北岸に至る弧状の農耕地帯〕とペルシアを支配下に置いたムスリムの侵略者は、名高い知恵の書をアラビア語に翻訳する手助けをしてほしいと、ネストリウス派の学者たちに要請した……そして、学識ある「異端者たち」はこれを快諾した。ちょうどその頃、アンティオキア、ダマスカス、アレクサンドリアを征服した別のアラブ勢力は、ギリシアの哲学書をシリア語やコプト語〔古代エジプト語から派生した言語で、三世紀以後エジプトのキリスト教徒が用いた〕、あるいは直接ギリシア語からアラビア語に翻訳したものを手に入れていた――この翻訳事業には、単性論者たちも参加していた[50]。それから二世紀後、新しい知識をすっかり吸収したアラブ人とペルシア人には、彼ら独自の逍遥学派哲学を構築する準備が整っていた。こうして、プラトンとアリストテレスとイスラームの思想を混淆したファルサファと称される哲学が誕生した〔falsafah はアラビア語ではなくギリシア語に由来する語で、英語で哲学を意味する philosophy と同語源である〕。西方ラテン世界のキリスト教徒が祈禱に埋没し、東方ギリシア世界のキリスト教徒が形式化した論争に明け暮れているあいだに、ビザンツ帝国ではついに生じなかった文化の覚醒が、イスラームに栄光をもたらしていたのである。

4　唯一神教とアリストテレス

困惑と驚愕

さて、読者諸氏には、自分はキリスト教徒の学者で、トレド司教ライムンドゥスの翻訳チームの一員として働くためにトレドに来たばかりである、と想像していただきたい。あなたはもちろん、聖書やミサ典書、聖アウグスティヌスの著作は読了し、ボエティウス、カッシオドルス、聖ヒエロニムス〔三四七頃〜四二〇頃〕などの著作もかじっているだろう。これまでにあなたが出会ったアリストテレスの著作は、ボエティウスがラテン語訳した六冊の論理学書だけだろうし、プラトンの対話篇は『ティマイオス』しか目にしていないだろう。もし、あなたがかなりの読書家だったら、〔偽ディオニュシオス文書を翻訳した〕九世紀の神学者ヨハネス・スコトゥス・エリウゲナ〔八一〇頃〜八七七頃〕の著作や、もっと新しいところではカンタベリーの聖アンセルムス〔一〇三三〜一一〇九、カンタベリー大司教在位一〇九三〜没年〕の論文にも親しんでいるだろう。これらはたしかに興味深い著作であり、その一部は傑作の名に値する。けれども、これらの著作を読んでも、過去七〇〇年間にわたってあなたやあなたの祖先が受け入れてきた基本的な思考の枠組みは、いささかも揺るがなかっただろう。あなたはこれまでの読書経験から、物質的な世界は危険と誘惑に満ちた不安定な仮の世界に過ぎない、という確信を強めているだろう——物質世界はその働きも存在そのものも人知の及ばぬ神の意志に完全に依存しているがゆえに、何一つ予測できない世界なのだ、と。地上の短い生は死後の生の前奏曲に過ぎないこと、人間は生まれながらに罪人であり、もし救われるとしても、神の惜しみない恩寵によってのみ救われること、人間の理性の脆弱さと五感による知覚の不確かさゆえに、堕落した宇宙を理解する人間の能力には限りがあることを、あなたは——誰もが知っているように——知っている。どうして、人間がこの地上の世界で真に幸福になれようか？ ほんのつかのま喜びを感じることはあっても、私たちは真に幸福にはなりえない。なぜなら、現世という苦痛と幻想の領域は、人間の本来の住処《すみか》ではないからだ。

以上が、あなたが知っていることだ。さて、あなたはトレドで初めて、アリストテレスの『自然学』、『形而上学』、『霊魂論』、自然学関連の諸々の論文、それに倫理学や美学や政治学に関する著作を読んだと想像してみよう。あなたの困惑と驚愕はいかばかりだったろう。アリストテレスのものの見方と彼が前提としている諸々の仮定は、あなたにはまったく馴染みのないものだったに違いない。どうやらアリストテレスは、感覚世界が苦悩に満ちた非実在の世界であることも、その彼方により善で真なる世界が実在することも認識していないようだ。アリストテレスの宇宙はただ一つしか存在せず、彼はその宇宙にすっかり満足しているらしい。彼の著作は創造主たる神や贖い主たる神にいっさい言及しておらず、人間が生来罪を負っていることや、人間が死後の生で受ける報いに、ほとんど注意を払っていない。アリストテレスによれば（ここで、キリスト教徒は十字を切りたくなるだろう）、時間と空間は永遠に存在し、自然は神の介入を受けることなく自律している。そして、人間の理性は欠陥があるどころか、人間が知識を獲得し、義《ただ》しく行動し、幸福になるのを充分保証できるだけの力をもっている。だが、もし、アリストテレスのいうとおりであるなら――つまり、宇宙そのものの中に、人間が宇宙を理解し、その恩恵を享受するために必要なものすべてが内包されているのなら――聖なる書物も、教会も、啓示された真理を示すいかなるものも、ひいては神の導きさえも、不要になってしまうではないか。もちろん、アリストテレスは「不動の動者」と称する神のごとき存在について語っている。だが、このみずからは動かないという抽象的な存在は、アブラハムやイサクやヤコブが奉じた神とも、宇宙を創造し、人間のもとに救い主を遣わした神ともまったく無縁である。キリスト教徒の見るところでは、アリストテレスの世界観には神が存在しない――つまるところ、きわめて進んだ世界観であるとはいえ、やはり異教徒のそれでしかないのだ。

敬虔なキリスト教徒の学者はこれほど心をかき乱す書物を読んだあとで、それらを火に投じたいという思いに駆られたかもしれない（のちに、恐れをなした教会上層部はあまりに危険であるとして、アリストテレスの著作の一部を大学で講じることを禁止した）。だが、この学者は本当にそうしようとは思わなかった。なぜなら、いわゆるアリストテレス全典は——たとえ激しく心をかき乱すものであっても——中世の読者たちがそれまで読んだものに比べて、自然の世界をより包括的かつ正確に説明しており、その記述には矛盾がなく、得心がいくものだったからだ。読者はそこに、合理的な探究の方法——すなわち、観察された事実に論理的な推論を適用すること——と、非論理的な論述（「詭弁」）を識別する方法が記されているのを見出した。また、魚はどのようにして眠るのか、人が投げた物体がその手を離れたのちも飛び続けるのはなぜか、天の川はどのようにつくられているのかというような、自然の謎の数々が解明されていることも見出した。こうした個々の知識から、読者は「哲学者」とともに一歩ずつ進んで、知識の類型や諸学の分類、自然界における変化のダイナミクス、存在そのものの本質というような、驚嘆すべき普遍的な知識に到達することができるのだ。アリストテレス全典の魅力の一端は、さながら百科事典のような視野の広さにあった。ヨーロッパでは久しく形式論理学の大家として知られていたアリストテレスが、いまやあらゆる学問の大家として出現したのだ。このとき以来、自然現象や社会現象を考察する際に、この「魔術師」の思想がほぼ例外なく考察の出発点となった。視野の広さと同じくらい読者を刺激したのは、このギリシアの賢人が——その権威は疑いえないものであっても——無謬ではない、とみなされていることだった。アラブ圏の註解者たちは、特定の問題についてアリストテレスの見解に同意していないばかりか、大胆にも彼の思想を時代に合わせて改訂したり、「修正」までしていたのだ。キリスト教徒の学者が彼らより控えめにしなくてはならない理由など、ないではないか。

アリストテレスのものの見方が正統派キリスト教の信仰と矛盾することに最初に直面した西ヨーロッパ人は、トレドで翻訳に従事した学者たちだった。古代の哲学者が描いた世界像を異なる時代と文化に生きる人々にも理解できる言語に移し変えるという営みは、機械的な作業の領域をはるかに超えていた。これはまさに文化と文化を媒介する事業であることを、ドミンゴ・グンディサルヴォ、モーリーのダニエル、マイケル・スコットのような学者たちは思い知った(51)。それゆえ、翻訳という営みは必然的に、翻訳された文献に註解を施すという営みに発展した。翻訳者たちは、自分が今ラテン語に翻訳している概念は自身の信仰に即していえば何を意味するのか、これらの概念ははたして伝統的なキリスト教の教義と調和させることができるのか、もし、それらが矛盾する場合はどう対処したらよいのか、とみずからに問いかけた。たとえキリスト教の教義に反するように思えても、アリストテレスの世界像はあまりに活力と説得力に富んでいたので、異教徒の誤りと黙殺することはできなかった。となると、伝統的なキリスト教思想から明白に逸脱している点を、どのように説明したらよいのだろうか?

橋を架ける

翻訳者たちは、異なる文化を媒介するという役割を果たしていた。しかも彼らは、それまでいかなるヨーロッパ人も遭遇したことのない多彩で寛容で協調的な環境のもとで、ムスリムやユダヤ教徒たちと協力して働いていた。それゆえ、彼らはアリストテレスを註解するに当たって、たがいに矛盾する世界観を調和させようとする傾向があった。このときに、アラブ圏の哲学者たちの存在はきわめて貴重だった。トレド司教のライムンドゥスが翻訳センターを設立する何世紀も前に、ファルサファの大家たちはアリストテレスの思想を要約し、註解を施し、批判と修正を加え、それらを広範におよぶ神学上および哲学上の問題の解決に応用していた。彼らももちろん、キリスト教徒と同様に厳格な唯一神教を信仰していた。ということは、彼らはすでに、聖職者や修道士を当惑させずにはおかないアリストテレス思想の諸側面を認識し、それらに対処していたということだ。それゆえ、彼らの著作は、アリストテレスの人間中心主義的な世界観と、啓典の民が長らく奉じてきた神中心の宇宙観とのあいだに、堅牢な橋を架ける鍵を提供してくれるだろう。

橋を架ける方途として、十一世紀のペルシア生まれの思想家アヴィセンナ（イブン・スィーナー）は、みごとな手腕を発揮して一つの解決方法を編み出していた。アヴィセンナは多才な人物で、彼の著作はトレドのセンターで真っ先に翻訳されたものの一つだった。アヴィセンナの方法を一言でいうなら、プラトンの思想をアリストテレスの思想に読みこむことによって、いくつかの重要な点でアリストテレスを霊化する、というものだった。もし、物質宇宙は永遠の霊（Spirit）を映す像であるという概念を組みこむことによって、「哲学者」の世俗的な思想体系を「修正」できるのであれば、それは正統的な唯一神教信者にも受け入れられるものになるだろう。もっとも、この方法を用いるには細心の注意が必要だった。その理由は第一に、自然の世界の外に独立したイデアの領域が存在するという概念をアリストテレスが嫌悪していたからであり、第二に、プラトンに追随しすぎると、宇宙を過度に霊化して、神が歴史に創造的に介入することを否定してしまう危険性があったからだ。アヴィセンナはすでに、天地は神が意図的に創造したものというより、神から「流出」〔新プラトン主義の用語で、一者「神」から万物が流出するとみなす〕したものであると主張したために、正統派ムスリムの憤激を買っていた[52]。それにもかかわらず、グンディサルヴォと彼の仲間たちはこのペルシア人に倣って、アリストテレスの自然哲学に霊的要素をつけ加えたのだ。

その一例として、彼らがアリストテレスの「四原因」説を修正したことが挙げられる。「哲学者」によれば、自然に存在する実体はすべて、その始動因、質料因、形相因および目的因を特定することによって、完全に理解することができる。これらは順に、それを生じさせる状況〔運動変化を起こさせるもの〕、それを構成している素材〔何からできているか〕、それを構成する原理ないし生成変化させる原理〔何であるか・本質〕、自然の事物が存在する枠組みの中でそれが有する目的あるいはそれが占める場所〔何のためか〕、を意味している。事物を理解するためにこうしたアプローチを採ることは基本的に理に適っている、とグンディサルヴォは言明した……が、彼は一つの重要な留保をつけたのだ。なぜなら、アリストテレスはキリスト教以前の人物であるがゆえに、物理的ないし「物質的（corporeal）」な原因にのみ言及している。けれども、聖アウグスティヌス以降のキリスト教徒は、この堕落した世界の事物は何であれ、時間に制約された感覚の領域を超越した、永遠の世界のより真なる実在を反映していることを理解している。それゆえ、おのおのの物質的原因に対応する霊的原因が存在することを認識しさえすれば、キリスト教徒も四原因説を受け入れることができるだろう。たとえば、ある動物の物質的な「始動因」はその両親の生殖行為だが、その霊的始動因は神の創造力であり、これが両性に生殖能力を与えるのだ。この動物の物質的な「形相因」はその遺伝子の構造だが、霊的形相因は「生成と腐敗、成長と加齢を制御するために、神が天上界から授けた能力」[53]である。このほかの原因にも、同様のことがいえるのだ。

四原因説以外のアリストテレスの学説についても、同様の「修正」を加えることが可能だった。「哲学者」が主張する物質の永遠性に関しても、無から宇宙が創造されたとする聖書の記述と矛盾するにもかかわらず、正統的な教義と調和させることができた――もし、神は時間の前に（無形ないし「原始的な」）物質をいくつか創造し、時間とともにそれとは異質なもの（すなわち天体）を創造し、それ以外の万物を時間の内に創造した、と理解するならば[54]。こうしてさまざまな修正を施した結果、このギリシアの賢哲はいわば根無し草のキリスト教徒として思い描かれることになった。つまり、この並はずれて賢明な哲学者の世界観は、時代に合わせて更新し、しかるべき超自然的な文脈に置きさえすれば、敬虔なキリスト教徒も容認できる世界観に変容する、とみなされるに至ったのだ。このようにキリスト教徒にも親しみやすいアリストテレスの虚像がつくられたことは、きわめて重大な結果をもたらした。まず第一に、この虚像は新しい世界観が出現するまでの時間を稼いだ。つまり、アリストテレス哲学が内包する〔キリスト教の教義にとって〕破壊的な概念から人々の注意を逸らすことによって、不可避の反撃が開始されるのを遅らせただけでなく、教育のあるキリスト教徒がアリストテレス哲学の用語と根本概念を消化吸収する時間の余裕を与えたのだ。これと同じくらい重要だったのは、この虚像が、真理は一つであり、理性が導いた結論とキリスト教の信条とが根本的に矛盾することはありえない、というキリスト教思想家の一部のあいだに広まっていた見解を強めたことだった。つまるところ、自然は神が創造したものなのだ。もし、自然の宇宙に関する根本的な真理を誰かが発見したとすれば、それは神の御業《みわざ》をいっそう明らかにするものだろう。そして、それを発見した者がキリスト教徒であるか異教徒であるか、アウグスティヌスのような人物であるかアリストテレスに類する人物であるかは、たいした問題ではないだろう。

イスラーム世界における哲学の衰退

しかしながら、時間の経過とともに、理性と啓示の乖離《かいり》、アリストテレスの自然哲学とキリスト教の信条との相違を取り繕うことは不可能になった。しょせんアリストテレスは、プラトンでも聖パウロでもない。そもそも彼は、自然の宇宙とは別個にイデアの世界が存在するという概念を拒絶していた。そのうえ、彼の思想には、正統派キリスト教徒にとって有用な（あるいは、少なくとも無害な）形で「霊化」することが難しい――おそらくは不可能な――側面が少なからずあったのだ。そうした側面から、以下に示すような疑問が生じてきた。もし、自然における規則的な因果関係が不変の法則であるなら、神が意のままに奇跡を行う余地は残されているのだろうか？　もし、個人の霊魂が肉体と結びついているのであれば、どうして霊魂は肉体の死後も生き続けることができるのだろうか？　物質的存在である肉体から生命が失われたときに、肉体が腐敗するのが避けられないのであれば、どうしてその肉体を復活させることができるのだろうか？　アリストテレスはこの地上で善い生活――理性と道徳的な行動に基づく生活――を実現できるといっているが、もし、そうであるなら、天国を求める必要があるのだろうか？　これらの疑問の根底には、もっと大きな疑問が潜んでいた。翻訳者とアラブ圏の哲学者がもたらした短い蜜月が終わりに近づいた頃、この疑問はふたたび西ヨーロッパに姿を現した。はたしてキリスト教徒は、かつてアリストテレスが試みたように理性によって宇宙を理解しながら、それと同時に信仰を堅持することができるのだろうか？

実のところ、ムスリムとユダヤ教徒の哲学者はこの疑問に対して、彼らの宗教的権威が納得するような回答をいまだ示していなかった。それが原因で（ほかにもさまざまな要因があったものの）、ファルサファの運動はヨーロッパでまさに飛躍しようとしたときに、イスラーム世界では衰退に向かっていた。この運動は、コルドバ生まれの偉大な思想家アヴェロエス（イブン・ルシュド）の業績で頂点に達した。彼はアリストテレスの世界観と伝統的な宗教的世界観を隔てる重大な相違点を克服すべく、みずから著述を行うとともに、三八篇ものアリストテレスの註解書を著した。アヴェロエスは敬虔な唯一神教信者であったにもかかわらず、アリストテレスを「脱プラトン化」すべきだと主張した。すなわち、彼は時間を超越したイデアより個々の実体を重視するアリストテレスの立場を再確認し、自然の宇宙は奇跡を起こす神の気まぐれや不可思議な決断によってではなく、自然の法則によって支配されているとするアリストテレスの主張を擁護したのだ(55)。アヴェロエスはやはりコルドバ生まれのユダヤ教徒の哲学者マイモニデスと同様に、アリストテレスの「自己を思惟する思惟」という神の概念は、たとえ欠陥があろうとも、聖書やクルアーンの文字どおりの解釈に基づく神の概念より真理に近いと論証した。なぜなら、後者の神の概念は、神がその御座に「座り」、おのれの創造が善いことを「見」、人々の祈りを「聞く」と聖典に記されていることからわかるように、神が生身の肉体をもっていることを強く示唆しているからだ(56)。アリストテレス哲学の徒であっても、敬虔な唯一神教信者たりうるが、アリストテレス哲学の徒であれば、神の奇跡や肉体の復活や個々人の霊魂の不滅性という類の教義を無邪気に信じることはできない[57]。これらの教義は理性によっては証明できない類の真理であるか、一般に理解されている真理よりずっと複雑な真理であるかのいずれかなのだ。

驚くには当たらないが、正統派ムスリムの多くはずっと以前から、こうした思弁を疑いの目で見ていた。十二世紀になろうとする頃、今日ではイスラーム史上最大の思想家の一人と目されている神秘思想家のアル゠ガザーリー〔アルガゼル、一〇五八〜一一一一〕が、舌鋒鋭くアリストテレスを論難し、正統派ムスリムがアリストテレスの世界観に対して本能的に感じていた反感を代弁した。たとえば、アル゠ガザーリーはこう述べている。原因と結果という概念そのものが人間が生み出した幻想に過ぎない、なぜなら、あらゆる結果を生起させるのは自然ではなく神であり、神はいかなる結果であろうと思いのままに引き起こすことができるからだ、と[58]。アリストテレスとアヴィセンナをともに批判したガザーリーの『哲学者の矛盾』は、「合理主義哲学の根幹を砕き、アラブ圏イスラーム世界における哲学の発展に……事実上終止符を打った[59]」。ムスリム支配下のスペインでは、十二世紀半ばにアヴェロエスとマイモニデスが瞠目すべき著述活動によって、アリストテレスの思想を一時的によみがえらせた。だが、原理主義的な北アフリカのムスリム勢力がアル・アンダルスの大半を征服すると、この二人の哲学者は亡命や隠棲を余儀なくされた。この時以来、イスラーム世界はある歴史家のいう「卑屈な伝統主義」[60]にどっぷり浸かって、科学的探究に完全に背を向けてしまった。それは、ユダヤ世界も同様だった。ユダヤ教のラビたちは法律や倫理を論じたマイモニデスの著作を賞賛したが、アリストテレス哲学の流れを汲む哲学書の傑作『迷える者の導き』は、異端として弾劾した。[61] なんと、後世のプロヴァンス地方のラビたちは、この書を焼くよう宗教裁判所に要請しているのだ——もちろん、この要請はすんなり受け入れられた。[62]

逆説的な目覚め

こうした背景から、驚くべき逆説的状況が生じた。イスラーム圏の偉大な哲学者たちはその傑出した才能と独創性にもかかわらず——あるいは、それゆえにかもしれないが——ムスリム社会でさほど重要でない地位に甘んじるようになったのだ。とりわけ、アル゠ガザーリーがファルサファの実践者たちを徹底的に攻撃したのちには、保守的な宗教指導者たちはファルサファの思想が信徒に混乱と誤解を与えることを危惧して、哲学者たちをモスクから遠ざけるようになった。その結果、哲学者はもっぱら仲間内だけで議論するようになり、彼らの影響力は——知識人の小さなサークルを除けば——十一世紀以降は低下する一方だった。当時の哲学には今日でいう科学のさまざまな分野が含まれていたので、こうした状況はイスラーム世界における科学的探究の芽を摘むことになった。これとは対照的に西ヨーロッパでは、アリストテレスの写本と格闘していたキリスト教徒の学者たちがはからずも——ムスリムやユダヤ教徒の同業者ほど卓越した学者ではなかったにもかかわらず——ヨーロッパの思考様式を変容させ、近代化させる機会を与えられたのだ。

彼らが影響力をもつに至った原因の一端は、知識と理解を渇望する気運が西ヨーロッパで新たに生じていたことだった。これは、思いもかけないドラマチックな目覚めだった。だが、この覚醒は——現代人にはまことに意外に思われるのだが——西ヨーロッパの学者たちがローマ・カトリック教会と密接にかかわっていたことにも起因していたのだ。キリスト教徒の知識人とイスラーム圏の知識人とのあいだには、いかにその思想や関心のありように共通点があろうとも、常に決定的に重要な相違点が存在した。すなわち、キリスト教徒の学者が統一された教会の成員としてその宗規に拘束されていたのに対して、イスラーム圏のファイラスーフ〔アラビア語で「哲学者」の意。イスラーム帝国においてファルサファの理性的・科学的理想に献身したムスリムおよびユダヤ教徒について用いられる〕はほぼ例外なく世俗の職業知識人で、カリフや地方の権力者など俗界のパトロンの援助を受けていた。実際、彼らの多くは公務員だった。たとえば、アヴェロエスとマイモニデスはいずれも高名な裁判官であり、宮廷に仕える侍医だった。これは一方では、イスラーム圏の哲学者がキリスト教徒の学者より自由に哲学的思弁の道を——たとえ、その道が伝統的な宗教思想から逸脱していても——歩めることを意味していた。他方、まさにこの自由こそが、正統派の宗教指導者が彼らを危険視する元凶となったのだ——少なくとも、彼らが法律や医学のような差しさわりのない領域を越えて、形而上学や神学や政治学の領域に足を踏み入れた場合には。

これが、著者が逆説と称する所以である。ムスリムの領土では世界に名だたる業績をあげたアリストテレス主義哲学者たちが孤立していたのに対して、西ヨーロッパのキリスト教徒の学者たちは――西暦一二〇〇年頃まではアリストテレスの著作のほんの一部しか知らなかったにもかかわらず、また、哲学に憂き身をやつそうものなら異端のかどで処罰されかねなかったにもかかわらず――進んだ哲学思想の主たる擁護者となるチャンスを与えられたのだ。これはもしかすると、世にいう「後進性の強み」の一例なのだろうか。ムスリムもユダヤ教徒も、彼らの文明においては宗教は単なる組織ないし「教会」ではなく生き方そのものである、と――まことにもっともなことながら――主張するのが常だった。こうした主張とは対照的に、カトリック教会はまさに組織そのものだった。ローマ帝国が崩壊して以来、西ヨーロッパの社会情勢は混乱につぐ混乱の歴史だった。それゆえ、カトリック教会はこの長い年月にわたって、ラテン世界の統合と文明化を推し進める唯一の求心力をもった機関だった。教会はその高度に中央集権化されたシステム、おびただしい数の聖職者と修道者、独自の財産と軍事力、教育の独占を背景に、ヨーロッパの知的文化を支配していた。これは、他に例を見ない特異な機関だった。もし、アリストテレス派の思想家たちが教会の地位を「奪う」ことになったら、ヨーロッパの思考様式は根底から変わってしまうだろう。自然と社会に対する合理主義的で科学的なアプローチが、必然的に西ヨーロッパの世界観の一部となるだろう。

だが、はたしてカトリック教会はこうした思考様式に対して、モスクやシナゴーグよりも寛容なのだろうか？　もし、そうであるなら、創造主であり贖い主であり導き手である神、忠実な信徒たち、その上に君臨する教会からなる伝統的なキリスト教は、どの程度まで生き残れるのだろうか？　これらは、いまや長く深い眠りから目覚めようとする社会に投げかけられた、きわめて重大な問いだったのだ。

第3章　「彼の本には翼が生えている」――ピエール・アベラールと理性の復権

1　天才登場

危険なヒーロー

フランス各地の司教座聖堂付属学校にも学生の人気を集めた教師たちがいたが、これほど人気を博した教師は絶えていなかった。冷え冷えとした秋の霧に日の光がしみわたるずっと前から、〔現在のパリ五区に位置する〕サント＝ジュヌヴィエーヴ山の修道院前の玉石を敷いた通りには、彼らのヒーローが早朝の講義にやって来るのを待つ学生たちがひしめいていた。朝食用のパンをもってきた学生たちは、腹をすかせた友人にせがまれて、パンをちぎって配っている。手から手へパンが渡されるときには「これは私の肉である」、ついで安物のワインを入れたフラスコがまわされるときには「これは私の血である」と、お決まりのジョークがとび出す。ほとんどの学生はラテン語を話しているが、同郷の仲間でかたまった者たちは、それぞれの出身地の言葉で喋っている。英語、ドイツ語、フラマン語、イタリア語、ノルマン語、フランス語などが聞こえてくる。足踏みをして寒さをこらえながら、伝説的な教師の噂話に花を咲かせている彼らの姿が、読者の目にも浮かんでくるだろう。

ピエール・アベラール〔ペトルス・アベラルドゥス、一〇七九〜一一四二〕の教え子たちには、噂の種が山ほどあった。今から三〇年以上も前に、この天才は二十歳《はたち》になるかならずで、稲妻のようにパリに現れた。彼がその天才ぶりを傍若無人に発揮したために、彼ほどの自信や機知をもちあわせていない人々は、その言動に神経を逆なでされ、心の平静を乱された。アベラールはノートルダム聖堂付属学校で教えていたシャンポーのギヨーム〔一〇七〇頃〜一一二二〕に弟子入りしたが、しばらくすると師の学説に公然と異を唱え出し、この弁証法〔弁証論。中世における論理学の呼称〕の権威を議論で打ち負かした。アベラールはみずから私塾をつくるためにパリを去ったが、このときにギヨームの優秀な弟子の多くが彼に従った。それから何年ものちに、アベラールは神学を学ぶために、当時最高の権威とされていたランのアンセルムス〔一〇五〇頃〜一一一七〕の講義を聴講した。ところが、アンセルムスの講義は退屈きわまりないものだった（いかにも彼らしい辛辣さで、アベラールはのちにこう書いている。「アンセルムスは言葉を操るのは絶妙だったが、その内容は無価値であり、その理論は空疎だった」[1]）。彼の足がしだいに講義から遠のくと、アンセルムスに忠実な弟子たちは、師を侮辱しているとして憤慨した。ある日、彼らはアベラールに、みずから聖書を講義する気があるかと挑んできた。アベラールはその場で応諾し、講義のテーマの選択を彼らに一任した。彼らが選んだテーマは『エゼキエル書』〔旧約聖書の預言書の一つで、ユダ王国末期の預言者エゼキエルの預言を集めたもの〕の一節で、いかなる註解者もいまだその意味を解明できずにいる難解な預言だった。アベラールの解釈はきわめて独創的かつ刺激的だったので、学生たちはもっと講義してほしいと訴えた。一回の予定だった講義は三回に及び、回を重ねるごとに聴講者が増え、最後の講義は事実上全学こぞって聴講した。やがて、みずから神学を講じるようになると、アベラールはエゼキエル書の註解書を公刊し、きわめて高い評価を受けた——こうして、彼はおのれの勝利を揺るぎないものにしたのだ。

知的能力に関するかぎりアベラールに並ぶ者はヨーロッパにいない、と彼の敵たちでさえ認めていた。まるで剣を振るうようにアリストテレスの『範疇論《カテゴリー》』を駆使しながら、彼は弁証法を中世のカリキュラムの中で最も刺激的な科目とすることに貢献した。彼の思想は往々にして論議を招いたが、いずれも興味深いものだった。アベラールに敵対する者たちはその弁証法に恐れをなし、痛烈な機知の餌食にされるのではないかと戦々恐々としていた。けれども、アベラールをして学生たちの崇拝の的とさせたものは彼の知的能力だけではなく、悲劇のヒーローに擬せられる一種のカリスマ性だった。地方の小貴族の長男として生を受けたアベラールは、剣より学問で身を立てる道をみずから選んだ。とはいえ、傲慢で気性が激しく、ひたすら栄光を求めるという精神のありようは、騎士の精神を受け継いでいた。彼は常に誰かと敵対し、無礼な態度をとる者にはけっして容赦しなかった。[2] こうした人を人とも思わない自己中心性と、ややもすると自制心を欠く衝動的な性情には、その「危険な生き方を好む」傾向が若者を惹きつけてやまない現代のヒーローたちと通底するものが認められる。アベラールは敵を論破するだけでは飽き足らず、相手が面目を失うまで追及せずにはいられなかった――かくして、論敵は永遠の敵となったのだ。彼はまた、思索の対象を無難なテーマにとどめておこうとはしなかった。この時代の学者のほとんどは、三位一体や原罪のような玄義〔神によって啓示される信仰の奥義〕には触れないよう、細心の注意を払っていた。というのは、この類《たぐい》のテーマについて斬新かつ刺激的な見解を述べたが最後、異端の汚名を着せられるのは不可避と思われていたからだ。アベラールはまるで挑戦状をつきつけられでもしたかのように、こうした難問に取り組みたいという気持ちを抑えることができなかった。

さらに、いうまでもなく、知らぬ人とてないエロイーズ〔一一〇〇頃～六四〕との一件があった……通りにたむろした学生たちは、師の恋愛事件の噂をし始めた。と、そのとき、通りにざわめきが走った。とうとう、われらの師がやって来たのだ。アベラールは修道院の扉に向かって、ゆっくりと歩を進めていた。年長の学生の一団が群衆を押しのけて、師の通り道をつくった。並はずれた評判のわりに、この哲学者は驚くほど小柄だった。だが、ブルターニュ人らしい彫りの深い容貌をした美男子で、大きな頭はみごとな金髪で覆われている。遠くから見ただけでも、知性とエネルギーと機知を発散しているようだ。彼は愛弟子を見かけると、しばらく足を止めて挨拶を交わす。彼がラテン語で冗談をいうと、どっと笑い声があがる。やがて、アベラールはエスコート役の弟子たちに導かれて、修道院の横手の入り口から大きな教室に入った。彼のあとから、一〇〇人余りの若者が教室になだれこみ、床に並べられた長椅子にわれさきにと席をとる。その間に、アベラールは一段高く設けられた演壇に着く。修道院の戸口では、多数の学生がやむなく引き返している――ある者はぼやき、ある者は来週の講義にはもっと早く来るぞと自分に誓いながら。

学生のおしゃべりを黙らせるとすぐに、アベラールは語り始めた。「さて、キリストを殺したユダヤ人たちは、その行為によって有罪とみなされるのだろうか[3]」と。

一瞬の衝撃ののちに、教室のあちらこちらで小さな声があがり始めた。師の言動は常に予測不可能だったが、この質問は危険なほど常軌を逸しているように思われた。キリストの磔刑にはユダヤ人が一義的に責任を負っている、と福音書には記されている。この記述にあえて疑問を呈する者は、これまでアベラールも含めて誰一人いなかった。「不信なユダヤ人たち」はキリストを拒否し、迫害し、ローマ人に引き渡し、ローマのユダヤ総督ピラト〔在職二六頃～三六頃〕がその機会を与えたときですら、キリストを救おうとはしなかった。神の殺害を謀《はか》っても罪を犯したことにならないなどと、いったい誰が主張できようか？〔一九六五年の第二回バチカン公会議において、カトリック教会は「キリストが十字架にかけられたのは不信なユダヤ教徒全体の責任である」というそれまでの見解を撤回し、「キリスト処刑に責任があるのは直接関与したユダヤ人だけである」との公式声明を発表した〕

反ユダヤの波

これは一一三六年の情景である。トレドではすでに、助祭長グンディサルヴォとユダヤ教徒のファン・アヴェンデウトが翻訳事業に着手していた。このようにスペインでは有能な協力者と認められていたのだろうが、それ以外の地域では、ユダヤ教徒はキリストの敵とみなされていた。それは、かつて聖地エルサレムを占領していたムスリムも同様だった。異教徒からのパレスチナ奪還を目的に掲げた第一回十字軍〔一〇九六〜九九〕は、四〇年ほど前にキリスト教徒のエルサレム占領をもって終結していた。その際に、おびただしい数のムスリムやユダヤ教徒の住民が虐殺された。そして今、シトー会の有力な大修道院長クレルヴォーのベルナール〔ベルナルドゥス、一〇九〇〜一一五三〕が第二回十字軍〔一一四七〜五三〕を勧説《かんぜい》し、ヨーロッパ人はこの呼びかけにまたしても熱狂的に応じていた。

この新たな敬神の覚醒と軍事的拡張主義の時代に、キリスト教徒はしだいに共通のアイデンティティを認めるようになっていた。その過程で、少なからぬ数の人々が部外者《アウトサイダー》の存在価値を——それがムスリムであろうと、ユダヤ教徒であろうと、異端のキリスト教徒であろうと——否定するようになった。当時はユダヤ教徒がことのほか嫌われていた。なぜなら、彼らは異教徒であるうえに、富裕層に占めるユダヤ教徒の割合が突出して多かったからだ。過去数世紀にわたってヨーロッパ社会は停滞の極みにあったが、いまやヨーロッパの商取引は復活の途上にあり、現金に対する需要が増大していた。封主と封臣相互の誠実の宣誓に基づく封建制度と宗教的な制約によって、非キリスト教徒は土地の所有を禁じられていたが、金貸しを営むことは認められていた。というのは、拡大する経済において金貸しは必要不可欠な存在だが、キリスト教徒が営むには外聞の悪い生業《なりわい》だったからだ〔正規には、教会法によって禁止されていた〕。そのうえ、持続的なインフレ傾向のために、封建領主ら支配階級の資金に対する需要は増す一方だった。彼らは地代や税金を増額し、小作人や借地人から無理やり徴収するために、しばしば代理人としてユダヤ教徒を雇い入れた。大衆の心の中で、銀三〇枚でイエスを裏切ったユダのイメージと、「強欲非道なユダヤ人」への憎しみとがぴったりと重なった。一〇九六年にエルサレム解放に向かう途上のドイツで、十字軍部隊は地元の異教徒を大量虐殺した。そして、いまやイギリスとフランスでは、ユダヤ教徒は冒瀆的な聖体祭儀の一環としてキリスト教徒のいたいけな子どもたちを生贄に捧げているという噂が、暴力沙汰を引き起こしていた(4)。

『然りと否』

自分の言葉が学生を動揺させたことに気づかぬかのように、アベラールは言葉を続けた。

「それでは、『然《しか》りと否』の方法を用いて、ユダヤ人の罪の問題を分析しよう」と。

彼が言及したのは、名高い自著の『然りと否』(5)で述べた合理的な論証の方法だった。この書物は一五八の命題を提示し、それらに関する教父たちの教説を集めたものである。権威ある教父たちがさまざまな問題について異なった考えをもっていたことを、アベラールはそのままの形で示し、それぞれの見解を賛否いずれの立場をとっているかによって分類した。たとえば、「信仰は人間の理性に基づくべきであるか、否か」、「人を殺すことは法に適っているか、否か」、「神は単一であるか、否か」、「洗礼を受けなければ何人《なんぴと》も救済されないか、否か」というように。彼がこの書物を著した目的は、広い範囲にわたる二者択一の問題を学生に示し、諸々の権威のあいだの意見の相違が真の相違なのか、あるいは単にそう見えるだけなのかを、学生たちが綿密な分析をつうじて判定する手助けをするとともに、対立する見解を調和させるよう彼らを鼓舞することだった。教父たちの言説を編纂したこの書物は基本的にワークブックであり、分析と調停は学生たちに委ねられていた。だが、アベラールを批判する者たちは、彼が提示した命題ははなはだ挑発的であると非難し、対立する見解をアベラール自身が調停できずにいることが諸々の権威のあいだの矛盾を強調し、その声価を貶《おとし》めていると訴えた。彼らはまた、この書物の有名な序文についても、これはその精神において教父たちよりアリストテレスに近いと非難した。

聖なる教父たちがさまざまに述べたものを、前述したような方法で分類してみよう。それらのあいだに存在する諸々の不一致から生じる問題は、経験の浅い若い読者に真理の探究に全身全霊を捧げるよう、そうすることによって洞察力を深めるよう、促すものである。なぜなら、知恵の第一の源泉は絶えず鋭い問いを発することである、とされているからだ。すべての哲学者の中で最も洞察力に富んだアリストテレスは、好奇心を総動員して問いを発するよう、弟子たちを励ました……というのは、私たちは疑うこと〔doubting〕によって探究するようになり、探究することによって真理を把握するからである。(6)

いうまでもなく、信仰の根本教義について、アベラールはいささかの疑念も抱いていなかった。聖書は神の言葉そのものであり、キリスト教教義の根本的な諸原理は正しい、そして、一見矛盾しているように思われる教父たちの言説も、そのほとんどは調和させることができる、と彼は確信していた。けれども、彼が採用した論理的な方法は、とてつもない危険性を秘めていた。そのことは、ユダヤ人は有罪か(否か)をめぐる議論を見れば、明らかになるだろう。「然り」の側に分類されたのは、きわめて明瞭にユダヤ人に有罪判決を下した聖アウグスティヌスなど、錚々《そうそう》たる権威たちの言説である。アウグスティヌスは「主キリストは光と闇を区別するように、キリストに忠実な人々と、敵であるユダヤ人たちを区別した[7]」と断言していた。イエスが救世主にして神の子であることをユダヤ教徒が認めようとしなかったのは、彼らが「頑固」であくまで強情を張ったからであり、ユダヤ教の指導者たちがイエスを迫害したのは純然たる悪意によるものだったというのが、「然り」の側の共通した認識だった。この問題に議論の余地があるのかとアベラールの学生たちが自問したとしても、それは無理もないことだ。というのは、単純な殺人ですら神の掟に背く本質的に悪しき行為であるなら、神殺しという想像を絶する所業ははるかに凶悪な行為であるに違いないからだ。

しかしながら、アベラールはこのリストの「否」の側に——あるいは、少なくとも声高に「然り」と主張しない側に——いずれも地域のユダヤ共同体に対する無差別の暴力に反対していた二人の権威、すなわちカンタベリーのアンセルムスとクレルヴォーのベルナールの名をあげていた。アンセルムスはアベラールの一世代前に属する偉大な神学者で、ユダヤ人の罪は死に至る罪（mortal sin）ではなく、ささいな罪（venial sin）に過ぎないと断言していた。ユダヤ人が救いがたいほど頑固であるのはさることながら、彼らは自分たちが虐げている男が神であると認識していなかったからだ、というのがその理由だった。一方、クレルヴォーのベルナールがユダヤ人を虐殺してはならないと説いたのは、『ヨハネの黙示録』〔第七章三〜八節〕が予言しているように、ユダヤ人がキリスト教に改宗することが終末の日の前触れとなる、とみなしていたからだった。ベルナールによれば、ユダヤ人が世界中に四散したのは、彼らがその罪を償うことをつうじて、世界の至るところで贖罪〔キリスト教の教義の一つで、みずからでは贖うことのできない人間の罪を、神の子であり、人となったキリストが十字架の死によって贖い、神と人との和解を果たしたとするもの〕の生き証人となるためにほかならなかった。[8] ベルナールは明らかに、ユダヤ人はかつて一つの罪を犯したと確信していた。それにもかかわらず、彼がユダヤ人の子孫に死刑宣告を下さなかったのには、しかるべき理由があったのだ。だが、アベラールにとっては、このような考え方は意味をなさなかった。もし、ユダヤ人がキリストの殺害に道義的責任を負っているなら、彼らは地上での苦難ばかりか神罰をも受けるに値する罪人《つみびと》である。だが、もし、彼らに道義的責任がないのであれば、どうして彼らを罪人とみなせようか？　このアリストテレス論理学の達人は、論理的に結論を導くことを思いとどまれなかった。たとえ、その結果――そして、その公算は非常に大きかったのだが――独善的な保守主義者たちを憤慨させることになろうとも。

アンセルムスは、ユダヤ人はイエスの正体を知らなかったと強調することによって、合理的な論証への扉を開いた。しかし、彼はその扉を通り抜ける大胆さをもち合わせていなかった。そもそも、罪と無知の関係はどのようにとらえられていたのだろうか？　従来の思想家たちは、罪を意志の弱さとか、禁じられたことをしたいと欲する衝動と定義することによって、この問題に正面から取り組むことを避けてきた（こうした定義を下したのは聖アウグスティヌスであるとアベラールは言明していなかったが、彼の攻撃の対象が誰であるかは一目瞭然だった)。けれども、人間というものは身体だけでなく、心も弱くなりがちだ。誰でも時として、欲望や怒りや嫉妬や反抗心といった破壊的な衝動に苦しめられる。だが、こうした衝動は罪の前提条件であって、罪そのものではない、とアベラールは論じた。はたして「悪しき」衝動は、たとえ人間がそれに抵抗して克服することができたとしても、罪深いものなのだろうか? はたしてある行為は、それを行う者が自分は神の意志を実践していると心から信じている場合でも、罪深い行為となりうるのだろうか? これらの問いに、常識と論理学は「否」と答える。なぜなら、罪は意図の問題であるからだ。罪は「同意」を必要とする——悪しき行為は意志による行為であると同時に、知性による行為でもあるのだ。罪人は、おのれが同意した行為が正しくないことを理解していなければならない。ユダヤ人がイエスを磔刑に追いやったとき、彼らは自分たちが処罰しているのは権威に歯向かう反逆者だと思っていたのであり、それが神の子であるとは思ってもいなかった。そう、彼らは真実を理解していなかったのだ。そして、彼らは邪悪な意図はいささかももっていなかった。それゆえ、彼らはいかなる罪も犯してはいないのだ。(9)

魅せられる若者たち

当然のことながら、アベラールの分析は質問の嵐を巻き起こした。大方の教師が一方的に講義するだけだったのとは異なり、アベラールは常々、学生も積極的に議論に参加すべ

きだと力説していた。もっとも、彼が返答に窮することはめったになく、しかも彼の回答は常に首尾一貫していた。(10)

問　人間が意図すると否とにかかわらず、神殺しのごとき行為はきわめて凶悪なので、それ自体で罪深い行為なのではないのでしょうか？

答　否——罪は常に意図的なものである。人間の権力者は行為者の精神状態を斟酌《しんしゃく》することなく、社会秩序に害をなす行為を処罰に値すると断ずるだろうが、人間はしょせん、相手の心の中を見ることはできないのだ。だが、神にはそれができる。そして、神は行為者の肉体ではなく霊魂を、反社会的行為ではなく罪そのものを罰するのだ。

問　けれども、ある行為が罪とみなされるには行為者の意図という条件が必要であるとするなら、原罪はどのように考えたらよいのでしょうか？　私たちは生殖行為を通じて、アダムとイヴから罪深い本性を受け継いでいるのではないでしょうか？

答　断固、否である。罪が代々受け継がれるという概念は、まったく意味をなさない。私たちはアダムとイヴの意図を共有していないのだから、彼らの罪を受け継ぎようがない。だが、彼らが受けた罰を受け継ぐということはありうる。それはちょうど、犯罪を犯したために財産を没収された人物の子孫が、その財産なしでやってゆかざるをえないのと同じことだ。

問　それでも、キリスト教徒なら、その罰を免れるでしょう。キリストはアダムとイヴが神に対して犯した罪を贖うために死ぬことによって、私たちを死という罰から救いました。心からキリストに従い、善きカトリックとして生きる者は永遠の生を受けられることを、私たちは知っています。けれども、ユダヤ教徒や、カトリック教会に属さない者たちは、永遠に断罪されているのではないでしょうか?

答　もし、彼らが救い主を知らずとも、懸命に神を喜ばそうとしていたのであれば、否である。キリストは私たちが犯した罪を——それが悪魔に対する罪であるか、神に対する罪であるかを問わず——贖うために死んだのではない。キリストは私たちの心に慈悲を注ぎこむために死んだのだ。単に機械的に神に従うのではなく神を愛することを学んだ者は、キリスト教徒であろうとなかろうと、ことごとく救われるだろう(11)。

これで講義は終わったが、議論は終わらなかった。学生たちは身振りを交えて声高に話しながら通りに流れ出し、アベラールの主張を繰り返したり、彼の魔力にとらわれていたときには思い浮かばなかった反対意見を唱えている。夜が更けても、学生たちは地元の居酒屋のテーブルのまわりに群がり、あるいはセーヌ左岸の質素な下宿に集まって、個人の罪と原罪について、キリストの救いの御業《みわざ》について、救い主の殺害にユダヤ人は道義的責任があるか——否か——について、なんとか理解しようと白熱した議論を重ねた。しかし、彼らの心を根底から揺り動かしていたのは——いかに議論を喚起し興味深いものであっても——彼らの師の特定の学説ではなかった。それはもっと表現しがたいもの、いわば雰囲気とか、時代精神とか、心的態度というようなものだった。政治理論家としても行政官としても名声を博したソールズベリーのヨハネス〔ジョン、一一一五頃〜八〇〕は、若き日にこのヨーロッパ屈指の弁証法の達人のもとで学んでいた。彼はそのときの高揚した気分を何年ものちに回想している。[12]学生たちは思想の力のとりこになり、議論の応酬に興奮し、伝統的に受け入れられてきた真理に異議を申し立てる論理的な推論に魅惑され、その一方で若干の恐れを抱いていた。彼らは自分たちが新しい何か、重要な何か、もしかすると危険な何かの只中にいることを、肌で感じ取っていたのだ。

2　革命的変化の胎動

無垢な恋の果てに

この朝、アベラールの学生たちには、パリ近郊の女子修道院の院長として名高いエロイーズの噂をしている暇《いとま》はなかった。だが、彼女の経歴はつとに知れわたっていた。彼らの師は三十代後半の声望華やかなりしときに、ノートルダムの聖堂参事会員の姪と恋に落ちた。その女性は年齢こそ彼の半分ほどの若さだったが、才気は彼と比べても遜色がなかった。「彼女は容貌も悪くなく、学識の広さは群を抜いていた」(13)と、のちにアベラールは当時のエロイーズを回想している。アベラールは熱烈にエロイーズを求めたが、それとともに大きな危険をも招いていた。彼が彼女に書き送った愛の詩は、パリ中で人々の口にのぼっていた。エロイーズが身ごもると、アベラールは(彼の将来を慮《おもんぱか》ったエロイーズが道理を尽くして反対したにもかかわらず)あくまで結婚するといい張り、それでも外聞をはばかって秘密裡に結婚した。その後、(二人の結婚を吹聴した伯父をエロイーズが難じたために)激怒した彼女の親族から妻を守るために、アベラールはエロイーズを女子修道院にかくまった。何年ものちに激しい後悔の念を綴った手紙の中で、彼は当時の自分を「欲望の炎」(14)に衝《つ》き動かされた残酷な誘惑者、と表現している。だが、アベラールの自伝を読むと、彼の心がエロイーズに劣らず無垢だったこと、彼が初めての真剣な恋にすっかり心を奪われていたことがよくわかる。

私たちはまず住処を一つにし、ついで心を一つにした。家庭教師という立場を口実にして、私たちはひたすら愛に身をまかせた。学問のためという名目で、愛し合うのに都合のよい離れの部屋も手に入れた。本は開いたものの、その本に関する言葉より愛の言葉が多く交わされ、説明よりも接吻が多かった。私の手はページを繰るより、彼女の胸をさまようことの方が多かった。私たちの目は文字を辿るより、愛を求めて見つめ合うことの方が多かった。周囲から疑われないように、私は時に彼女に鞭を加えた。それは怒りや苛立ちの鞭ではなく、愛と思いやりの鞭であり、ありとあらゆる香料よりも甘かった。私たちは思いつくかぎりの愛の形を求め、ひたすら愛を貪りあった。私たちはそれまでこうした喜びを経験したことがなかったので、それだけ熱心に喜びを追い求め、飽くことを知らなかった。⑮

学生は一人残らず――それどころか、字を読めるフランス人は一人残らずといってよいほど――この一節を知っていた。これは、アベラールがいみじくも『わが災厄の記』と名づけた回想録の一節である。字を読めない者たちも、アベラールがこの情事のために恐ろしい代償を支払ったことを知っていた。アベラールは事態が落ち着いたら妻子を迎えてパリで一緒に暮らすつもりで、とりあえずエロイーズをパリ近郊のアルジャントゥイユの女子修道院にかくまっていた。ところが、エロイーズの伯父は姪が厄介払いされたものと思いこみ、一族の名誉を汚された復讐を果たすために、「友人と親類」の一団をアベラールのもとに送りこんだ。この恋にとりつかれた学者は、当時の矛盾した風潮の犠牲となった。というのは、一族による復讐という古代からの慣習に教会は強硬に反対していたのだが、被害者側の一族は相変わらずこの慣習を嬉々として実践していたからだ。アベラールの自伝によれば、彼を襲撃した者たちは「私に最も残酷な、最も恥ずべき復讐をなし、世間をあっと驚かせた。つまり彼らは、彼らを悩ませ苦しませる原因となった、私の身体のある部分を切断したのだ」。この残虐行為の噂はまたたくまに広まった。その翌朝になると「町中の人が私の家の前に集まった。彼らが嘆き悲しむ声は私を不安にし、途方にくれさせた。この恐怖と驚愕の情景を表現するのは難しい、いや、不可能だ[16]」。

　アベラールの僚友たちは襲撃者一味の一人と、買収されて彼らが主人の部屋に入る手引きをしたアベラールの従僕を捕らえた。アベラールの僚友たちは友を不具にさせたのと同じ復讐心に駆られて、その場で「適切な」制裁を執行した――二人の悪漢の目をつぶし、去勢したのだ。この事件は、部族の正義がまかりとおっていた過去の暗い時代を髣髴とさせる。その時代には、あだ討ちは私的な事柄とされ、暴力に訴える男たちは攻撃と悔恨の両極端を揺れ動いていた。この事件ののち、エロイーズはアベラールに説得されて修道院にとどまり、やがて修道の誓願を立てた。こうして、彼女は修道女としての一歩を踏み出し、ついには人々から敬愛される女子修道院長となった。アベラールの方は、すでに何らかの聖職に就いていたものと思われる〔エロイーズが結婚の計画に反対した時の言葉に「あなたは学僧で聖堂参事会員ですのに」とある〕。そもそも十二世紀のフランスでは、まず下級の聖職に就かないかぎり、知識人となる術《すべ》がなかったのだ。〔剃髪を受けた〕学僧は結婚することも俗世間で生きることも認められていたが、この心身ともに傷ついた哲学者はサン・ドニの修道院に遁世し、聖職者として生きる道を選んだ。アベラールもエロイーズに劣らず、修道院のつとめに真摯に取り組んだ。だが、それから何年ものちに、エロイーズはアベラールに宛てた人を感動させずにはおかない手紙の中で、自分は今でも若き日の情熱の思い出によって「肉の衝動と熱い欲望」を掻き立てられる、と告白している。(17)これに対してアベラールはあくまで聖職者としての姿勢を崩さず、かつて二人が耽っていた「泥沼のような享楽」を難じつつ、泣き言をいわぬようエロイーズを諭した。なぜなら、二人の運命は公正な神の裁きを明白に示しているのだから、と。(18)

宗教的熱情と知識への渇望

意外に思う向きもあるだろうが、この原始的な復讐と追放のドラマを生み出した社会は、実は史上稀《まれ》に見る変化の時代、「中世ルネサンス」とも称されるおおいなる覚醒の時代のさなかにあったのだ。もっとも、この物語そのものが、社会の変容を示す証拠をふんだんに提供しているのだが。

ピエール・アベラールはブルゴーニュ公の家臣ベランジェの長男として、ブルターニュ地方のパレで生まれた。通常ならば、アベラールは父のささやかな領地を相続し、騎士領主として軍役の義務も継承していただろう。だが、発展を続けるカトリック教会はいまや野心と知性を併せもった若者たちに、下級貴族が望みうる以上の自己実現・名声・社会的栄達の機会を提供していた。ちょうどピエールが生まれた頃、教皇グレゴリウス七世〔在位一〇七三〜八五〕が教権は世俗権力に優越すると宣言して、全ヨーロッパを驚愕させた。教会の諸権利を認めない王侯は迷わず破門し、その臣民や家臣を君侯に対する義務から解放する、と教皇は明言したのだ。これは、こけおどしではなかった。司教の叙任権は教会のみに属することを認めさせるために、グレゴリウス七世がドイツ国王ハインリヒ四世〔一〇五〇〜一一〇六、ドイツ王在位一〇五六〜一一〇五、神聖ローマ皇帝在位一〇八四〜一一〇五〕を破門したことは、万人の知るところだった。カノッサ城に滞在していた教皇を訪ねたハインリヒ四世は雪の中で三日間、悔悛の衣をまとい裸足で城門の前にたたずんで教皇に哀願し、ようやく破門を解いてもらったのだ〔一〇七七年、カノッサの屈辱〕。その後、王侯たちは教権擁護派により効果的に抵抗する方途を見出すことになるが、グレゴリウスの後継者たちは教会組織を強化すべく、改革事業を継承した。彼らは修道院の刷新や聖職者の資質向上に取り組み、教会の影響力を社会の隅々にまで及ぼすために、法律家や学者など知識階級の育成に尽力した。こうした背景を考えると、ベランジェが息子たちに読み書きを習わせようと決心し、一番才能のある息子が「学問への愛に誘われて」[19]学僧になるために相続権を放棄したときに反対しなかったことは、何ら驚くには当たらないのだ。

エロイーズがどのような教育を受けたのかは、明らかになっていない。だが、聖堂参事会員の姪として、彼女も学問への野心を燃やす新興特権階級の一員だった。一般的に女性は抑圧され、公的生活から排除されていたが、ドイツの女子修道院長で神秘家のビンゲンのヒルデガルト〔一〇九八～一一七九〕のように、貴族階級の女性の中には何らかの方法で教育を受け、ヨーロッパの文化に独自の足跡を印す者もいた[20]。より重要だったのは、教会は依然として反女権拡張主義《フェミニズム》を声高に唱えていたものの、文明化が進んだ新生ヨーロッパでは、文化や道徳に女性的価値観が浸透し始めていたことだ。当時は平信徒のあいだで処女マリア崇拝が最高潮に達し、イエスは「魂《たましい》の花婿」として崇拝され、憐みがキリスト教の主たる徳目の一つとなっていた[21]。ピエール・アベラールが自伝に記した愛欲の物語でさえ、文化に革命的な変化が生じていたことを裏づけている。この自伝は月並みな道徳寓意劇の類ではなく、恋人たちそれぞれの人間性を強調し、二人の関係を赤裸々に描いた実話なのだ。ある歴史家はこの自伝を「十二世紀の人間性の再発見における決定的な転換点」と評している。いわく、「注目すべきは、おのれの自伝がほかのいかなる人物の伝記とも混同されようがないほど、唯一無二の個人として自己を表現したいとアベラールが望んだことだ。彼が描き出したかったのは普遍的かつ理想的な自画像ではなく、特殊で個人的な自画像だったのだ[22]」と。

　文化的な価値観にかかる根本的な変化をもたらした原因は、いったい何だったのだろうか？　この疑問に対して、決定的な解答はいまだに与えられていない。だが、ヨーロッパ人の生活を規定する物質的・社会的条件が十一世紀以降劇的に変化していたことは、広く認められている。急激に進む気候の温暖化は凍《い》てついた北方の海を溶かし、中央ヨーロッパの河川の水面を上昇させるとともに、一世紀以上にわたって農業に好適な気象条件を提供した。農業技術の改良によって食糧生産が増大し、人口の大幅な増加が可能になった。それまでヨーロッパには移住と侵略の波が絶え間なく打ち寄せていたので、人々の生活は常に危険と混乱に覆われていた。この移住と侵略の波がしだいに緩やかになり、やがて止むにつれて、経済が拡大発展するペースが加速された。人々は森林を開墾し沼地を干拓して、せっせと農地を拡大した。その後、彼らは十字軍に従軍して、東方の地で新たな土地と機会を見出した。至るところで（商人や職人や知的職業人の同業者組合《ギルド》や宗教団体などの）新たな社会的ネットワークが誕生し、旧来の領主と農民との関係に新たな人間関係が加わった。商業活動が復興し、村は町に変容し、町は都市に成長した[23]。

こうした状況は、文化にとっていかなる意味をもっていたのだろうか？　その一端は、この「偉大な進歩の世紀[24]」にトルバドゥールがヨーロッパ風恋愛詩を発明し、熱烈な道徳改革運動が修道院から都市の通りに広がり、知識を渇望する若者たちが教会付属学校に押し寄せ、それがまもなくヨーロッパで最初の大学に発展したことを認識したときに、明らかになってくる。社会を貫いていたのは、感情と思想という二つの強力な潮流、すなわち、宗教的敬虔の大きなうねりと、知識に対する強烈な欲求だった。現代人の多くは、この二つの潮流を正反対の流れとみなすだろう――宗教的熱情が高まれば合理的探究は衰退し、その逆もまた真である、と。ところが、中世においては（そして、時にはそれ以後も）、この二つの潮流は熱望する心の二つの側面を表していたように思われる。そう、一個の人間としておのれの能力を開発し行使したいという側面と、そうすることによって、陳腐な儀式と伝統的な信条に新たな生命と意味を吹きこみたいという側面を。新たな宗教的熱情は、イエスとマリアに対する熱烈な崇拝、自発的な教会浄化運動、十字軍という非キリスト教徒に対する軍事行動などの形で現れた。アベラールの同時代人たちは、人間性を付与されたキリストと、キリストの母という人間を愛し、信徒仲間が心を合わせて一つになり、心からなる信仰を日常の行動に反映させることがいかなる感情をもたらすのかを、日々実感していた。それと同時に、人々の多くはまるで中毒したかのように、論理的に推論する喜びを身をもって味わっていたのである。

　理解したいという新たな欲求——すなわち、宗教上の諸々の真理を信じることに加えて、それらを「知解」〔知識の力で悟ること〕したいという欲求——が、ラテン世界全域から学生たちをパリや、ボローニャや、オックスフォードなどの都市に引きつけた。これらの都市では、アベラールのような先駆的思想家たちが哲学と宗教を融合させた新たな学問を創造し、神学と称していた。キリスト教徒の大多数は過去何世紀にもわたって、神や人間性や教会についての偉大な真理はただ二つの方法、つまり聖典を読むことと、瞑想し祈禱することによってのみ、明らかにされもし、守られもするとみなしてきた。理性には、たとえば聖書の曖昧な記述を解釈する際に用いるというように、それなりの用途がある。だが、その場合でさえ、教父の解釈を恭《うやうや》しく受け入れるようにと敬虔な信徒は教えられてきた。しょせん人間の理性はその「堕落した」状態を象徴して、脆弱で信頼に値しないものであり、どうしようもなく感情に左右されてしまうものなのだから、と。信仰と服従という救済に不可欠な徳を育むことこそが肝要であるのに、どうして理性の所産である屁理屈や臆説を当てにすることができようか？　クレルヴォーのベルナールはアベラールを告発した有名な書簡の中で、「信仰とは信じることであって、論争することではない(25)」と断じている。しかし、ヨーロッパ人の覚醒が加速され、もっぱら死後の世界のことだけを案じていた人々が身近な世界に関心をもつようになるにつれて、キリスト教世界の最も優れた思想家たちの一部は、人間の理性は宗教的真理に至るもう一つの道を提供しうるのではないかと考えるようになった。まるで、萎縮した手足にも能力が残されていることを見出した障碍《しょうがい》者のように、彼らは理性の威力を理解し始め、理性を働かせる喜びを味わい始めていた。こうして西ヨーロッパに、生きる喜びとともに思索する喜びが復活したのだ。

アンセルムス対ガウニロ

思索する喜びは、この時代の最も刺激的な著作の一つに生命を吹きこんでいる。それは一一〇〇年頃にイタリアの卓越した聖職者アンセルモが著したもので、『モノロギオン』

〔独語録〕および『プロスロギオン』〔対話録〕と題する二篇の論文からなっている。今日では聖アンセルムスとして知られているが、アンセルモはノルマンディーのベック修道院の院長を経て、カンタベリー大司教となった。アンセルムスは『プロスロギオン』の序文で、『モノロギオン』を著すに際しては、「未知のことを内省的に考究する者の立場を採った」と述べている。もちろん、アンセルムスは神が存在することを知っていた。彼が問題としたのは神が存在するか否かではなく、神が存在するという事実は信仰のみによって知ることができるのか、あるいは、「それだけで、神がまことに存在することを証明するに足るような論証がありうるのか[26]」ということだった。驚くべきことに、彼が示した回答は、そうした論証が可能であることを示していた――そして、その「論証」は今日に至るまで、神学者と哲学者のあいだに議論を喚起しているのだ。

アンセルムスによれば、私たちは絶対的に完全な存在、すなわち、「存在するすべてのものの内で最善で、最大で、最高のあるものが存在する[27]」という観念をもっている。私たちは実在しない想像上の事物をも想定できるのであるから、絶対的に完全な存在という観念は私たちの精神の内にのみ〔主観的に〕存在するように思えるかもしれない。しかしながら、私たちの精神の内に存在するもののみならず、精神の外に〔客観的に〕存在するものも、私たちが単にそれについて思考をめぐらすものより偉大で、より完全である。それゆえ、絶対的に完全な存在という観念をもっているということは、そうしたあるものが必ず存在することを意味している。なぜなら、もし、それが存在しないのであれば、私たちが考えられる以上に完全なあるものが存在するということになるからだ。

一見したところでは、かかる論証は単なる言葉遊び、つまり論理のトリックのように思われる。それこそまさに、修道士のガウニロ〔九九四～一〇八三以降〕が主張したことだった。アンセルムスが『モノロギオン』を発表するとまもなく、ガウニロは『ある人は愚か者のためにこれに対して何を代弁するか』と題する論文をもって、アンセルムスの説を猛烈に攻撃した。ガウニロによれば、私たちは必ずしも絶対的に完全な存在という観念をもってはおらず、たとえもっていたとしても、それによって、そうしたあるものが精神の外に存在することが証明されるわけではない。私たちは実在するいかなる島よりも美しい島を想像することができるが、それがかかる島の実在を意味するものでないことは明らかである。実際、完全な島が真に存在することをこれ以上疑うべきでない、と自分を説得しようとする人物がいたら、「私は彼が冗談をいっているものと信じたらよいのか、それとも、私と彼のどちらをより愚かな人間とみなしたらよいのかわからない」と、この豪胆な修道士は述べている。「すなわち、私が彼の言葉を受け入れた場合、愚かなのは私であるし、彼がその島の実在を何らかの確実性をもって立証したと考えたなら、愚かなのは彼である」[28]。ガウニロの攻撃に対してアンセルムスがとった行動は、彼の反論の内容にまさるとも劣らぬくらい重要な意味をもっていた。なんとアンセルムスは、ガウニロが無遠慮に彼を批判した文書を『プロスロギオン』の巻末に付し、さらにそのあとに『本書の著者はこれらに対して何を答えるか』と題する論文を付して、みずからの見解を弁護したのだ。アンセルムスにとって、ガウニロが自分より地位も知名度も低いことは問題ではなかった。重要なのは、真理を探究することだった。こうして後世の神学者が理に適った方法で議論し合う先鞭をつけてから、アンセルムスはガウニロの批判に一つ一つ答えていった。たとえ私たちの理解が不充分であっても、私たちは完全な存在について思考することができる、とアンセルムスは主張した。これを否定するのは、あたかも「太陽の最も純粋な光を直視できない人間は、太陽の光以外の何ものでもない日の光を見ることはない、と主張するようなものだ[29]」。さらに、神の存在については、仮定に基づく「失われた島」と同列に論じられない。なぜなら、精神の内のみならず、精神の外にも存在するはずの唯一のものは「それより偉大なものは考えることができないもの〔神[30]〕」であるからだ。

新しい神学へ

アンセルムスの論証には欠陥があるだろう。トマス・アクィナスはそうみなしたし、後世の哲学者の多くもそのように考えた。それでも、アンセルムスとガウニロの論争は、新しい神学の中心的課題の一つを白日のもとにさらした。それは、比類ない存在とされている至上者の神について、「合理的な」言葉——つまり、神以外の存在について語るときに意味をなす言葉——でどのように論ずべきか、という問題だった。この論争はまた、上述した問題と関連するもう一つの問題が表面化する端緒を開いた。この問題は中世の思想家たちのあいだで一種の強迫観念となり、それ以後も哲学者たちの関心を引き続けている。それはすなわち、言葉と、精神の内にある概念と、精神の外に存在する事物との関係、という問題である。さらに、アンセルムスの論証の仕方は、ヨーロッパ全域に続々と誕生していた新しいタイプの学校に討論のモデルを提供した。そう、合理的に論証するだけでは充分でない。自論と対立する理論を認識し、それらを明確に述べたうえで、その一つ一つに反論をなし、それらの反論を応用して当初の論証をより充分に、より納得のいくように述べ直さなければならないのだ。思想の進歩は、さまざまな矛盾に直面し、それらを克服することによって初めてなしとげられる——このプロセスを、アリストテレスは「弁証法」〔討論・弁論によって矛盾を越えて新しい真理に到達する方法〕と称していた。

アンセルムスは新しい神学のパイオニアだった。彼はもっぱらおのれの想像力に依拠して、微妙なテーマについて論証したが、アベラールの世代の思想家の大多数はこうした孤高の道を歩もうとはしなかった。聖職者たちは聖書や教父の著作など権威ある書物を参照し、それらを「もっともらしく説明」したり解釈することに慣れていた。それゆえ、彼らが論理的な推論という新しいツールを応用したのは、解釈の分野だった。解釈というと「非実践的《アカデミック》」な印象を受けるが、当時はきわめて実践的な行為だったのだ。なぜなら、社会の諸相が激しく変化していたために、社会のあらゆる分野で新たな解釈が切実に求められていたからだ。たとえば、ある若者から「永遠の命を得るには、どんな善いことをすればよいのでしょうか」と問われたときに、イエスが語った言葉を考えてみよう。イエスは「もし完全になりたいのなら、行って持ち物を売り払い、〔そのお金を〕貧しい人々に施しなさい。そうすれば、天に富を積むことになる。それから、私に従いなさい(31)」と答えた。ヨーロッパの社会的諸関係が比較的安定したままであったなら、この章句は深刻な軋轢《あつれき》を生み出さなかっただろう。中世の初期であれば、イエスの呼びかけは農地と家族から離れて聖職者や修道士・修道女になれという意味だ、とすんなり解釈できただろう。だが、教会そのものが大領主となり、修道院が広大な地所を支配するに至った社会では、この章句は何を意味しているのだろうか？　いまや商人や金貸しや地方から溢れ出てきた人々で満ち、急速に発展する都市で、この章句は何を意味しているのだろうか？　この章句を解釈することは――すなわち、商業化と都市化が進むヨーロッパにおける使徒的徳の意味を問うことは――教会の外では異端の反教権運動を、教会の内では熱烈な教会改革運動を引き起こし、その後数世紀にわたってキリスト教世界の苦悩の源となったのだ。

思いもかけない社会の変化のゆえに、聖典の章句を現実の状況にそのまま応用すると、矛盾が生じたり、物議をかもしてしまうという事態《しゅったい》が出来した。そういう場合には、どう対処すればよいのだろうか？　単に福音書や教父の権威に訴えるだけでは、何の役にも立たなかった。こうして、キリスト教の伝統に抵触せず、しかも変化する社会状況に応用しうる処方を見出せるような、合理的な解釈の方法がぜひとも必要になった。さらに、キリスト教徒の学者も思慮深い平信徒も、彼らがすでに信じていることを理解するようすがとなるような――正統的であろうとなかろうと――思想を切実に求めていた。彼らはしだいに、好奇心旺盛な子どもに対して両親が発する決まり文句――「私がそういっているのだから、そうなのだ！」――に満足しなくなった。新たに芽生えた探究精神を最もよく表しているのが、聖アンセルムスのあまりにも有名な「〔信ずるために理解しようとするのではなく〕理解するために私は信ずる」という言葉である。アベラールも、のちに議論を巻き起こすことになる三位一体論を書いた理由をこう述べている。

私はまず、われわれの信仰の基礎を類推を用いた理性の推論によって説明することを企て、学生たちの求めに応じて――神の単一性と三位一体に関する――一篇の神学上の論文を草した。彼らは〔神を信ずる〕理性的ならびに哲学的な論拠を望み、単に盲目的にいわれうることよりは理解されうることを要求した。彼らは実際、理解によって裏づけられない言明は空虚な言葉に過ぎない、当人もこれを聞く人も知性によって把握できないような事柄を人に説くのは滑稽である、といっていた。(32)

信仰の「理性的ならびに哲学的な論拠」を追究する学者たちは、まず権威ある書物にそれを求めるのが通例だった。だが、そうした書物はきわめて少ないうえに、あまりにも古かった。まもなくキリスト教神学者のあいだに大論争を引き起こすことになる一群の著作、すなわちアリストテレスの自然学、形而上学、倫理学、霊魂に関する著作は、いましもラテン語に翻訳されているところで、西ヨーロッパの大方の学者のもとにはまだ届いていなかった。当時流布していたアリストテレスの著作は、「オルガノン」〔「オルガノン」とは道具の意で、論理学を学問の「道具」ととらえた後世のギリシア人編集者たちによる命名〕と総称されていた数点の論理学書だけだった。これらはボエティウスが最初にラテン語に翻訳し、註解を施したものである。何世紀ものあいだ、これらの書物はカトリック教会の修道院で埃を被っていたが、西ヨーロッパ社会が大きく変容し始めるにつれて、突如として新たな重要性を帯びてきた〔ボエティウスがラテン語訳したアリストテレスの六冊の論理学書のうち、十二世紀以前に流布していたのは『範疇論』と『命題論』だけで、そのほかの『分析論前書』、『分析論後書』、『トピカ』、『詭弁論駁論』は十二世紀前半にさまざまな経路をへて西ヨーロッパに翻訳・紹介された。第1章1節五〇頁参照〕。その理由の一端は、これらが扱っているテーマが推論の形式的ルールという意味での「論理学」にとどまらず、思索全般に及んでいることだった。アリストテレスの『範疇《カテゴリー》論』や『命題論』など「オルガノン」に含まれる諸著作は、既知の事物を分析し、思索の対象となる事物の分類法を示し、言葉と実在する事物との関係を考察し、合理的な推論の主たる類型を示し、論理の用い方と誤用の事例を検討し、誤った論証の見分け方を教示している。アベラールのように野心的な思想家たちにとって、このような著作を読むのは胸が躍る経験であったに違いない。

新たにラテン語訳されたこれら古代の書物はまたたくまに、学者たちのいわゆる「新論理学」(*logica modernorum*)――「中世の哲学の中で最もすみやかに発展した最も創造的な領域」[33]――の礎《いしずえ》となった。現代の世界でこれに匹敵するのはコンピュータ・テクノロジーである。この技術は人々の思考能力を機械的な文脈で発展させているにとどまらず、想像力を刺激し、新たなコミュニケーションのネットワークを創出し、探究の領域を拡大させている。

神に理性を適用できるか

ここで生じた由々しき問題はいうまでもなく、もし、合理的な探究の領域が広がって、理性で対処すべきでないと古来みなされてきたテーマもその対象とするようになったら、いかなる事態が出来するか、ということだった。カンタベリーのアンセルムスの著作は、神そのものも合理的分析の対象たるを免れないと示唆しており、アベラールはこの見解に与《くみ》していた。いわく、「私たちはいささかもためらうことなく、人間がその像《かたち》に似せてつくられたところの神に理性を適用しなくてはならない。なぜなら、人間が神の姿に似せてつくられたその所以は、ひとえに理性にあるのだから」[34]と。とはいえ、新しい知的ツールをむやみに神的な事柄に適用すれば、さまざまな問題が生じかねないことは明白だった。その一例として、聖体の変化の合理的分析を試みたトゥールのベレンガリウス〔九九九頃～一〇八八）の事例を検討してみよう。聖体祭儀〔聖別されたパンとぶどう酒をキリストの身体と血として信徒に分かつ儀式。そのパンとぶどう酒（のいずれか）、とくにパンを聖体と称する〕はカトリックのミサの中核をなすもので、会衆に供されるパンとぶどう酒がキリストの身体と血に変化するとされている。ミサを執行する司祭が「これは私の身体であるがゆえに」と聖別の言葉を唱えると、イエス・キリストの身体がパンの中に現存するようになり、このイエスの犠牲の証を食べた信徒は永遠の命を得て終わりの日に復活する〔『ヨハネによる福音書』第六章五四節〕とされており、この説に異を唱えるものは一人としていなかった。ところが、探究心に富むベレンガリウスは、この奇跡そのものは無条件で受け入れながらも、その変化が「実際に」どのように生じるのかを知りたがった。本当にキリストの身体が完全にパンに取って代わるのだろうか、と。権威者の一部はそうみなしていたが、アリストテレスは『範疇論』の中で、地上の実体（たとえばパン）はすべて、形状や味や色というような特性ないし「偶有性」を有しているが、これらはその実体そのものが存在しないかぎり存在しえない、と述べている[35]。聖体として用いられるパンはその「偶有性」を保持しているので、それが完全にほかのものに変化するということはありえない、とベレンガリウスは主張した。神的な実体がパンに付与されるか、あるいはパンと結合して、聖体の中にパンとキリストの身体がともに存在するようになると解釈する方が適切だろう、と〔ベレンガリウスは、聖変化をとげたパンとぶどう酒の物質としての変化に関して、形質の変化を想定する必要性を否定して象徴説を唱えたために、異端とされ排斥された〕。

大方の現代人には、この種の議論は愚の骨頂のように思われる。しょせん説明不能な事柄を説明しようとする、スコラ的試みの典型でしかない、と。現代人から見れば、要は聖体の秘跡を信ずるか否かの問題であって、この類の問題を科学的に説明しようとしても意味がない。けれども、アベラールと彼の仲間たちは「できますならば、信仰と理性を調和させてくださいー」というボエティウスの遺訓に従うことを決意した〔第2章2節二 二一頁参照〕。もちろん、どうしても信仰と理性を調和させられない場合もあるだろう。たとえば、神はどのようにして子をもうけたかというような、明らかに理性では解明できない信仰の核心をなす事柄も存在する。けれども、それら以外の神の行為は、理性によって完璧に理解できるように思われる。預言書に記されているようにイスラエルがその罪ゆえに罰せられたことや、創造者が天体に付与した秩序だった運動パターンなどが、その例である。そして、理解不能な事柄と理解できる事柄の中間の領域に——たとえば聖体の変化のような——諸々の不可思議な現象が存在する。この種の現象は、それが自然のプロセスとどの程度一致ないし類似しているかを示すことによって、よりよく理解できるようになるだろう。いうまでもなく、このような分析は教義を「証明」するものではないが、不信仰者たちに対しては教義をより説得力あるものに、知解を求める知識人たちに対しては教義をより得心のゆくものにするだろう。(36)

教会がベレンガリウスの主張を拒否したことを、アベラールはわきまえていた。アベラールの時代には、聖体の中でキリストの肉と血の本質がパンとぶどう酒の本質と共存して

いるという「両体共存」説ではなく、パンとぶどう酒の本質がキリストの肉と血のまった
き実体と化するとする「化体《かたい》」説〔司祭の聖別の祈りによって、パンとぶどう酒が実体においてキリストの肉と血に変化し、ただ形・色・味などの属性だけがパンとぶどう酒として現れるとする教理。実体変化説〕が主流になっていた。しかし、諸々の権威の見解が矛盾する場合は、アリストテレスが発展させた理性という道具を用いて、いずれの見解がより理に適っているかを判定すべきであるというベレンガリウスの主張を、アベラールは評価した。ベレンガリウスはかつて次のように書いていた。「あらゆる事柄について弁証法に訴えることこそ、勇気をもってなすべき道である。弁証法に訴えるとは、すなわち理性に訴えることにほかならない。人が神の姿に似せてつくられたその所以は理性にあるがゆえに、理性を活用しようとしない者は、おのれの至上の栄誉を放棄するに等しく、神の似姿の内に日々生まれ変わることはできないのだ[37]」。やがて、この大胆な理性の神聖化は、「あらゆる事柄について」という語句を除いて、カトリックの教義に採用される。だが、シトー会の偉大な修道院長、クレルヴォーのベルナールのような保守主義者たちは、神秘的な事柄はきわめて微妙かつ神聖であるがゆえに、アリストテレスの論理学を適用して冒瀆すべきではないと主張した。アベラールがまもなく思い知ったように、神聖不可侵の領域に足を踏み入れた熱烈な合理主義者は、おのれの生命を賭すことを余儀なくされたのである。

3　普遍論争と三位一体論

師との論争

若き日のピエール・アベラールがパリで学問を始めたとき、フランスにはまだ大学と呼べるものはなく、学生が師を選ぶ方法も確立されていなかった。教師たちは教会や聖堂の付属学校で開業し、その評判と教授の才によって学生を引き寄せ、聴講を認める代価を学生に請求した。ほかの教師のもとで学ぶことを決めた学生は、あっさり仲間たちに別れを告げて立ち去った。教師は教師で、もっとよい働き場所が見つかれば、学生たちに別れを告げて――あるいは一緒に来るよう学生たちを説得して――次の職場に移った。教師や学生が置かれた状況は――十二世紀の西ヨーロッパ全般にいえることだが――混沌として刺激に満ちていた。物資の自由市場が形成されていなかった時代に、一時的にとはいえ、高等教育の自由市場にきわめて近い状況が存在していたのだ。

アベラールはノートルダム聖堂付属学校で講義を受けることに決めていた。この学校では、ヨーロッパ全域からやって来た若者たちが、上級科目の法学や神学を学ぶための必須科目とされていた「三科」、つまり論理学〔弁証法または弁証論〕と修辞学と文法を学んでいた。アベラールが師事したシャンポーのギヨームは、フランス有数の論理学者と目されていた。ノートルダム聖堂の助祭長として、また著名な学者として、ギヨームは教え子たちが彼にいわば服従することを当然と思っていた。ところが、アベラールは講義を受け始めるとまもなく、けんか腰ともいえる態度でギヨームに異議を唱え出した。アベラールは自信たっぷりに機知と皮肉をほとばしらせながら、ギヨームの諸々の前提は根本的に誤っており、その論法には欠陥があり、その結論には弁護の余地がないと主張した。この高名な教師にとって、アベラールの傲慢な態度は我慢できないものだったろうが、彼の宣戦布告を無視することはできなかった。もし、教え子たちがアベラールの方が分析家としても教師としても優れているとみなすようになったら、彼らは古参の教師を見捨ててアベラールのもとに去ってしまうだろう。

アベラールの舌鋒鋭い攻撃に対して、ギヨームは精一杯おのれの見解を弁護したが、しょせん彼はこの若いブルターニュ人の敵ではなかった。アベラールがノートルダム聖堂付属学校を去ってパリにほど近いムランで私塾を開くと、ギヨームの教え子の多くが彼に従った。アベラールの名声はまたたくまに広まり、彼のもとには崇拝者たちが遠方からも続々と集まった。その翌年、あたかも敵に占領された首都に向けて麾下《きか》の部隊を出動させる将軍さながらに、アベラールは私塾をもっとパリに近いコルベーユに移した。その後、彼は突然攻撃の矛《ほこ》をおさめて、故郷のブルターニュに帰った。その理由はいまだに明らかになっていないのだが、アベラールの心中を推し測ってみると、反乱の成功に乗じてくだんの助祭長の後釜に座るだけの心の準備が、まだできていなかったのだろう。しかし、それから二年後〔一一〇八年頃〕にパリに戻ったときには、アベラールはギヨームとの論争を勝利のうちに終わらせることを目論んでいた。

普遍と個物

さて、二人の論争のテーマは何だったのだろうか？　当時のパリで教師と学生の心を掻き立てていた重要なテーマは（大方の想像どおり）認識論、つまり知識の理論にかかわる問題だった。聖典を読んだり瞑想や祈禱をする以外に、どうすれば私たちは実在を認識することができるのだろうか？　理性によって認識することのできる実在とは、いかなるものなのだろうか？　そして、事物を叙述するために用いる言葉と、言葉によって表現される事物との関係は、どのようなものなのだろうか？　これらの問いに対してシャンポーのギヨームは、プラトンの思想に基づいて新プラトン主義者と聖アウグスティヌスが発展させた、伝統的なキリスト教会の見解を示していた。それによれば、私たちが実在を認識するのはひとえに神の照明によるのであり、神の照明が私たちをして、善や正義、男や女、さらにいうなら林檎や梨といった一般概念〔意味を変えずに数多くの事物に共通しうる概念。普遍概念〕を理解することを可能ならしめる。私たちは最初にこうした「普遍」〔種と類〕を認識することによって——この善行や、その男や、あの林檎というような——個々の事物を認識することができるのだ。

ギヨームはさらに、人間は普遍を理解するときに実在を理解する、と論証した。個々の人間や林檎も、それが夢や幻影以上のものであるという意味では、実在している。しかし、個物は普遍の不完全な模造品《コピー》ないし近似物であって、普遍の永続性と完全さを欠いている。もし、諸々の普遍概念について熟考し、それらに意識を集中させれば、私たちはそれらが「一《いつ》」であることを、つまり、はるかに普遍的な実在である神に共通の源泉を有していることを感知できる。このゆえに、「善」や「男」や「林檎」といった普遍的な言葉は、精神の内に存在する〔主観的な〕概念のみを表しているのではない。これらの言葉は、真の実在として「精神の外に」〔客観的に〕存在する実体を表している。それらの実体は、神が宇宙を創造したときに、やはり神によって創造された霊的実在なのだ。

　アベラールの時代には、知識や言語や実在に関するかようなトップダウンの理論に、少なからぬ数の思想家たちが疑問を抱き始めていた。その一人が急進的な神学者のコンピエーヌのロスケリヌス〔一〇五〇頃～一一二五頃〕で、アベラールはパリに来る前の十代のときに彼に師事していたと推測されている。人間はまず普遍を認識したのちに個物を認識する、普遍が一義的な実在であるとするプラトン流の観念と闘うために、ロスケリヌスはアリストテレスの論理学をフルに活用した。それによれば、私たちが最初に認識するものも、この宇宙における一義的な実在も、私たちが五感をつうじて知覚する個物である。つまり、私たちは「林檎というもの」ではなく「この林檎」を認識するのであり、それは赤さの具合や汁気の量、食べられるか否か、テーブルの上に置かれている等々に関して、独自の特性（「偶有性」）をもった特定の実体なのだ。まず、この林檎が私たちの心に印象づけられる。その後、この林檎に似たものを見たり、触ったり、匂いを嗅いだり、味わったり、思いをめぐらせたときに、私たちはそれらの類似性を表現する概念と言葉を創出する。ロスケリヌスによれば、普遍的な「林檎」とは、この林檎と、それとは別の汁気に富んだ丸くて赤いものとが似ていることを知覚し、この林檎と、それとは味が異なり卵形で黄色いもの――最終的に「西洋梨」という言葉でくくられるもの――とが似ていないことを知覚する精神の働きの所産にほかならない。普遍は存在するが、単に名前として存在するに過ぎない。「精神の外に」実在するのは個物だけなのだ。

個物のみが実在し、普遍は個物のあとに人間がつくった名前に過ぎないとするロスケリヌスの「唯名論」は、普遍は個物に先立って実在するとするシャンポーのギヨームの「極端な実念論」の対極に位置するものだった。だが、パリに戻ったアベラールはふたたびギヨームに挑んだときに、その後二〇〇年にわたってヨーロッパの哲学者たちに受け入れられることになる新しい概念を提示して、普遍の問題に決着をつけた。アベラールはまず、ある普遍的な類――たとえば人間――に属する個々の事物を本質的に等しいとみなすのは不合理であると論証することによって、ギヨームの極端な実念論を粉砕した。ソクラテスとキケロはいずれも人間であるがゆえに、本質的に等しいとみなせるのか？　ナンセンス、とアベラールは一言のもとに否定した。「動物」は「人間」より普遍的なカテゴリーだが、これは断じて、ソクラテスが本質的にロバと等しいことを意味するものではない！　つまるところソクラテスはソクラテスであって――ある意味ではキケロに似ており、別の意味ではロバに似ている個物なのだ。退却を余儀なくされたギヨームは従来の見解を撤回し、ある類に属する個々の事物は本質的に等しいのではなく、本質的に差がないと主張するようになった。だが、こうした修正も役に立たなかった。唯名論者たちでさえ同じ類や種に属する個物がたがいに似ていることを認めていたが、「本質的に差がない」〔無差別性〕という概念は意味をなさないとみなされた。アベラールによれば、この時以来、ギヨームの教え子たちは次々と彼のもとから去ったという。

アリストテレス主義者としてのアベラール

二人の哲学者は、その後もしばらくは張り合っていた。ギヨームとアベラールがノートルダム聖堂付属学校の教師の椅子を争っているときに、彼らの弟子たちは街中で殴り合いの喧嘩沙汰におよんでいた。だが、思想の領域ではアベラールの方が優っていることが、広く認められるようになった。とりわけ、彼がロスケリヌスとその唯名論を論破すると、アベラールの優勢は揺るぎないものとなった。極端な唯名論には、次のような問題があった。もし、個物のみが実在するのなら――つまり、普遍は単なる言葉に過ぎないのなら

――なぜソクラテスはロバよりキケロにより似ているのか、あるいは、なぜソクラテスとロバは、ソクラテスと林檎、ソクラテスと太陽という組み合わせより、たがいにより似ているのかを、系統立てて論証する術がない。それどころか、意味をもった普遍概念なくしては、哲学そのものが成り立たない。ここでアベラールが提示した（学者によっては「概念論」と称する）概念が、この難問を解決した。アベラールによれば、普遍的な言葉は究極の実在を表すのではなく、精神の内に存在する概念を表すとする一点に関しては、ロスケリヌスは正しい。だが、これらの概念が言語の中にのみ存在するとした点で、ロスケリヌスは誤っている。ある種や類に属する個々の事物がたがいに似かよっていることはまぎれもない事実なのであり、それは単なる言葉や完全に主観的な認識という次元を超えている。精神の内に存在する諸々の概念は、たとえプラトン主義者のいう「真実在」のイデアではなくても、主観的というにとどまらないある種の実在性をおのずから有しているのだ。

ここで感嘆せずにいられないのは、西ヨーロッパの学者がまだラテン語で読むことができなかった著作の中で、アリストテレスがまったく同じ結論に達していたことを知らずに、アベラールがこうした概念を編み出したということだ(38)。実のところ、アベラールが目論んでいたのは、各地の学校で行われている討論のテーマを何が「真実在」かという問題から引き離して、論理学と言語において個物と普遍が演じる役割に注意を喚起することだった。アベラールの見るところでは、こうした役割を考察するには、キリスト教思想を久しく支配していた新プラトン主義のアプローチより、アリストテレスのそれの方が明らかに適していた。人間はまず、五感を介して具体的な個物を認識する。しかるのちに、抽象化のプロセスを経て一般的な類型に到達するのだ。伝統主義者には破壊的としか思えないやり方で、アベラールは典型的なアリストテレス主義者流の攻撃を開始した。その矛先は、たとえそれに属する個物をいっさい有していない場合でも、普遍はともかく実在しうる、という概念だった。キリスト教の伝統はそれまでずっと、一般的な類型を称揚し、個物を軽視してきた。この不均衡を是正しようと、アベラールは提唱したのだ。

ここに至って、中世ルネサンスの思想家たちが普遍論争にあれほど熱中した理由が明らかになってくる。中世以前のキリスト教徒は自身を一つの人種――単なる生物学的な種ではない道徳的な種――のメンバーとみなすよう、教えこまれていた。この種はその霊においても運命においても完全に一体化しているので、彼らの始原の父母であるアダムとイヴが犯した罪を一人一人の人間が直接負っている。「真実在」の普遍たる人間という観念は、一人一人の人間の違いは本質的でも重要でもなく、場合によっては救済の障害にさえなることを、暗に意味していた――夥しい数の修道士の生活を律する戒律は、この原理を厳格に強調したものだった。ある歴史家が指摘しているように、個人が救済されるか断罪されるかということですら、その人物が行った善行や悪行に対する賞罰であるというより、キリスト教共同体のメンバーとしてはかり知れない神の正義に浴せるか否か、にかかっているとみなされていたのだ。[39] ヨーロッパの伝統的な社会体制も、個人を軽視する傾向を助長した。なぜなら、ある人物の個性など、彼または彼女が農民や聖職者や貴族等の社会階層のいずれに属しているかということに比べれば、取るに足りないことだったからだ。ところが、いまや、古代のプラトン主義の氷が溶け始めたのだ。大多数の人々は依然として、いかなる世襲グループに属しているかによって限界づけられていたとしても、一部の人々は従来の枠組みから脱け出そうとしていた。放浪する学者やトルバドゥール、貿易業者や十字軍兵士、巡歴説教師や地方から都市に移住する人々――これらすべての人々が、新しい意識を育みつつあったのだ。そう、いかなる階層に属していようと、重要なのは自分の個性なのだという意識を。

普遍の問題がきわめて激しい論争を引き起こしたもう一つの理由は、それが神学、すなわち神をどのように認識するかという問題と密接に関連していたことだった。自然の宇宙についての知識が増し、宇宙に対する関心が高まりつつある時代にあって、万物を創造し維持する者を人格をもった神として思い描くことはもはやできないと――単純素朴な大衆や詩人はいざ知らず――学者たちの多くは気づいていた。ある神学者に至っては、神を「創造主」とか「至上者」と称するのは、神を擬人化することにほかならない、しかるに、神はいかなる被造物よりもはるかに偉大で神秘的な存在である、と主張していた。[40] その一方で、この急速に変化する社会において、人々はかつてないほど強く、神との個人的な結びつきを求めていた。そして、キリスト教はこうした欲求を満たすことによって、長いあいだ栄えてきたのだ。キリスト教の神はただ一つのペルソナではなく、父と子と聖霊という三つのペルソナを有しているが、中世ルネサンスの人々はその三つのペルソナすべてに熱烈な関心を寄せていた。創造主としての神はあまりに神秘的で想像を絶していたとしても、十二世紀のキリスト教徒は父なる神に正義を期待した。彼らは子なる神を愛し、あたかも彼が磔刑に処せられたばかりであるかのように、彼のために悲しんだ。そして、すでに始まっている偉大な復活を象徴する聖霊、すなわち慰め主に彼らの望みを託したのだ。

三位一体という難題

キリスト教徒にとって、神が三位一体であることはいうまでもないことだった。だが、理性という道具を用いて探究する人々は、いかにすればこの「三つにして一つ」という存在を理解できるのだろうか? これら三つの hypostases(ギリシア語)、あるいは personae(ラテン語)は、独立した別個の存在なのだろうか? もし、そうであるなら、「神」という普遍的な言葉は何を表しているのだろうか? 極端な唯名論者のロスケリヌスは大胆にも、自身の哲学から論理的な結論を引き出した。彼はどうやら、神と子と聖霊は別個の存在であり、「神」という名辞はこの三者の比類ない類似性と統一性を表している、と主張したようだ。ロスケリヌスがおのれの信ずるところをどのように述べたのか、正確なところはわかっていないが――まさか、神が一なることをあからさまに否定しはしなかっただろう――彼の学説を審査するために開かれた教会会議が、〔父と子と聖霊はそれぞれ別の神であるとする〕「三神論」を唱えたとして、つまり事実上三つの神が存在すると主張したとして、彼に異端の宣告を下したことはわかっている。ロスケリヌスは賢明にも過ちを認めて謝罪し、その後ふたたび教鞭をとることを許された。

　だが、「一なる神」を一つの実体とみなすと、三位一体をどのように理解したらよいのだろうか？　普遍だけが真の実在であるとする強硬な「実念論」の立場をとる哲学者は、「サベリウス説」という別種の異端に容易に陥るおそれがあった。サベリウス説の理論は、三つの実在するペルソナが不可思議にも単一の神的実体に統合されているとする三神論とは対照的に、父と子と聖霊は神の三つの側面ないし様態であるに過ぎないとみなすものである。問題はそれにとどまらなかった。より大きな普遍はより小さな普遍を包摂するとともに、生じさせると考えられていたので、極端な実念論者たちはしばしば、汎神論〔一切万有は神であり、神と世界とは同一であるとする宗教観・哲学観〕と称される異端に陥りそうになった。汎神論においては、宇宙は神によって創造された神とは別個の存在とみなされるのではなく、神の一部とみなされる。こうした背景のもとで哲学の用語で三位一体を論じるリスクを考えると、なぜアベラールはこの問題にあえて取り組んだのか、と思わずにはいられない。しかも、当時は彼の学問上の敵たちが、彼に襲いかかる機会を虎視眈々《たんたん》と狙っていたのだ。たぶん、彼はロスケリヌスよりはるかに優れた神学者だったがゆえに、自分は失敗した旧師の轍《てつ》を踏まないと自負していたのだろう。あるいは、普遍論争を決着させた学者として至るところで賞賛されていたがゆえに、三位一体という難問もみずから解決したいという思いに抵抗できなかったのだろう。それとも、自分より知力の劣る敵どもが自分にたいした害をなせるわけがない、と高をくくっていただけなのかもしれない。いずれにしても、アベラールは一一二〇年頃に、三位一体に関する短い論文を発表した。この論文はやがて、エロイーズの件で彼を襲った賊たちのナイフ以上に、大きな傷を彼に負わせることになるのだ。

アベラールによれば、彼は弟子たちの求めに応じて『神の一体性と三位性について』を書いたという。彼らは「当人もこれを聞く人も知性によって把握できないような事柄を、人に説くのは滑稽である」[41]と確信していた。三位一体の教義は見方によれば、論理的な推論をつうじて難解な教義を説明し正当化する能力について、新米の神学者を評価する究極のテストだった。一見したところでは、この教義はまるで理性を侮辱しているように思われる。いったいどうして、三つの実在するペルソナが純粋に一なる神でありえようか？このブルターニュ人が提示した回答は、精密にして簡潔《エレガント》だった。しかも、たとえ疑わしい点があっても善意に解釈しようとするなら、疑問の余地なく異端とみなせるようなものではなかった。しかしながら、敵対的な精神をもって異端とみなしうる叙述を探そうとすれば、この論文は彼の敵たちに大量の弾薬を提供してくれたのだ。[42]

アベラールはこの論文の冒頭で、神は単一の統合された存在であるという概念を肯定した。ついで、真の論点は三位一体の三つのペルソナの相違をいかに定義するかということである、と断じた。神は単一であるがゆえに、父と子と聖霊が実体と数において異なることはありえない。同様に、この三つのペルソナが全能性、全知性、永遠性、創造性その他、神のいかなる本質的属性においても異なることはありえない。なぜなら、これらの属性を三位一体の異なるペルソナに帰すことは、ペルソナに序列をつけることになるばかりか、神の本質的な単一性を分割することになるからだ。いや、人間に認識できる三つのペルソナの主たる相違は、かつて聖アウグスティヌスが述べたものだけなのだ。すなわち、父は何かから生まれたものではなく、子は神から生まれたものであり、聖霊は父と子から発出するものである、という相違である。父と子と聖霊は独立した別個のペルソナであるが、それは三人の男ないし女が独立した別個の人間であるというのと同じ意味ではない。かかる個別性と単一性の比類ない結合を理解しようとするなら、類推に頼る必要がある、とアベラールは主張した。たとえば、諸々の事物は、その役割や機能において別個のものでありながら、一つの実体に統合されることが可能である。それは、国王の肖像をかたどった銅製の印章を見れば、よくわかるだろう。銅の役割は父のそれに、肖像の役割は子のそれに、そして封印するという行為は聖霊の役割に似ているのだ。あるいは、諸々の事物は、その名前において別個のものでありながら、その実体において単一のものでありうる。それは、私たちが武器とか剣とか刃と称しわけていることを考えれば、よくわかるだろう。三位一体の場合、聖書は力という名辞を父と、知恵という名辞を子と、善という名辞を聖霊と結びつけている。

こうした類推が大雑把なものに過ぎないことは――究極的には人間の理解を超えている事柄を、いささかなりとも合理的に理解するための論理学的な道具として用いているに過ぎないことは――一目瞭然だった。ところが、アベラールの敵たちは、彼の矯正不能の異端性を示す証拠として、この類推に跳びついた。一方では、三位一体の三つのペルソナは真に独立した存在とみなせないと主張したために、アベラールは父と子と聖霊を単なる名辞ないし神の機能に引きおろしているとして、サベリウス主義者であると告発された。他方、アベラールの類推をあまり真に受けすぎると、これは父を子の上位に置き、父と子を聖霊の上位に置くアリウス派の異端の証拠とみなされかねなかった。実は、ここで危機に瀕していたのは、神学という営為そのものだったのだ。伝統主義者の一部は、キリスト教の根本教義は理性ではなく信仰によってのみ受け入れられるという理由で、神学そのものに強硬に反対していた。アベラールの弟子たちが彼の三位一体論を公《おおやけ》にすると、ともにランスで教鞭をとっていた、ランのアンセルムスとシャンポーのギヨームの弟子二人が、この論文を異端と糾弾し、その学説を審査すべく教会会議の開催を要請した。アベラールにとって、かかる告発は言語道断だった。この不合理としか思えぬ告発が終わりの始まりになろうとは、彼には知る由もなかったのだ。

4　アベラールの死

失意のアベラール

一一二一年、三位一体を論じたアベラールの論文の正統性を裁定する会議が、司教たちや学者たちの出席のもとにフランス北部のソアソンで開かれた。その性格からして当然のことながら、この弁証法の達人は自分の学説が無害であることは公開討論の場で証明できるとの確信のもとに、論争の準備を整えて攻勢に出た。彼は毎朝、会議の始まる前にソアソンの大きな集会所に出向いては、おのれの思想を論じ、その正しさを論証した。そんなある日、シャンポーのギヨームの弟子〔ランスのアルベリクス（一一四一没）〕が愚かにも、衆人環視の中で彼に立ち向かうという過ちを犯した。アベラールが完膚なきまで論破する頃には、このあわれな男の方がまぎれもない異端の説を奉じているように見える始末だった。会議の主催者たちは、かかる場面が会議中に再現されることを恐れた。とはいえ、この哲学者が意気揚々とパリに帰るのを認める気にもなれなかった。彼らはさんざん迷い、話し合った末に、裁決を先延ばしすることを決定し、しかるのちにこの決定を撤回した。そのあげく、アベラールに何ら審問することなく、くだんの論文に有罪判決を下したのだ。

その理由は、アベラールがしかるべき許可を受けずにこの論文を公刊した、というものだった。こうした不当な審査であったにもかかわらず、アベラールはみずからの手でこの書物を火に投じることを命じられた。

驚嘆と失意のうちに、アベラールはソアソンから立ち去った。教室で親しい人々に囲まれているときや、聖堂付属学校で同僚たちと熱心に討論しているときには、彼は危険にさらされていると感じたことは一度もなかった。もちろん、自分に敵がいることも、その中にはかなりの有力者がいることも、彼は承知していた。だが、彼らがいかにあからさまに敵意を示そうとも——少なくとも「エロイーズとの一件」以後は——もはや危害を加えられることはあるまいという気持ちは揺るがなかった。ところが今、彼は騎士の最も傷つきやすい部分、すなわち名声を傷つけられてしまったのだ。ふたたび教職に就くのは不可能だった。その後の一〇年余り、アベラールは愛するパリから遠く離れた修道院を転々とし、いずれの修道院でも冷遇された。彼は自分が生まれ育った国で、追放の憂き目にあったのだ。

たとえ実情はそうであっても、アベラールの伝説は栄える一方だった。物心ともに荒廃がはなはだしい修道院に配属されたアベラールは、ここを逃れてある荒野に退いた。そして、若干の人々から献納された土地に地元の司教の許可を得て小礼拝堂を建て、聖三位一体に奉献した——これをのちに拡張して改築したのが、慰め主《パラクレ》〔聖霊の別称〕礼拝堂である。数週間もすると、彼の居場所を聞き知った学生たちが「四方からやって来始めた。彼らは都市や町を捨てて荒野に住み、広い邸宅の代わりに小さな小屋を建て、おいしいご馳走の代わりに野生の草と粗末なパンを食べ、柔らかなベッドの代わりに葦《あし》や藁《わら》の褥《しとね》をつくり、机の代わりに芝の生えた盛り土を用いた」[43]。アベラールが学生たちのもとに帰れなければ、学生たちが彼のもとにやって来るまでだった。この学校は一、二年後に閉鎖されたが、彼はこの土地と施設をエロイーズに譲渡することができた。エロイーズはまもなく、この敷地に設けられた女子修道院の院長になった。一一三〇年代初期にアベラールはパリに戻り、サント＝ジュヌヴィエーヴの修道院学校で教鞭をとりながら、エロイーズと頻繁に書簡をやりとりした。三位一体についての論文の内容そのものが有罪を宣告されたわけではないので、彼は心置きなくこの論文に筆を加え、三位一体とは別の教義を詳細に考察した論文とともに、『キリスト教神学』に収録して発表した。彼はまた、倫理学を論じた主書の一つである『汝自身を知れ』や、『哲学者、ユダヤ教徒、キリスト教徒の対話』や、聖パウロの書簡の註解書を著した。しかし、ソアソン以来、災難が迫っているという意識が常につきまとい、彼の生活に影を落としていた。彼の名声は高まる一方だったが、敵たちがふたたび攻撃を決意したときに、名声は彼を守ってはくれなかった。

もし、アベラールがこれほどカリスマ的な教師でなかったら、あるいは、もっと外交術を養って、討論で打ち負かした相手を敵にまわしていなかったら、彼の人生はもっと違ったものになっていただろう。けれども、外交術は彼の得意とするところではなかった。彼はまるで何かに駆り立てられているかのように、反発を招かずにはおかないような仕方でおのれの見解を述べ……さらには、自分に反対する者たちを間抜け呼ばわりしたり、空論をもてあそんでいると決めつけた。アベラールを崇拝しながらも批判的なある人物の言葉によれば、「彼は教えを受けた師という師と論争し、師という師を愚弄した。その愚弄の言葉たるや、まるで警句《エピグラム》のように機知に溢れていただけでなく、悪意に満ちたものだった」[44]。敵のリストは長かったが、これは差し迫った脅威ではなかった——彼の著作がサン＝ティエリのギヨーム〔一〇八五頃〜一一四八頃〕の目にとまるまでは。みずからも学生に人気のある教師だったギヨームは、このライバルのものの見方は伝統的なキリスト教にとってきわめて有害であると確信した。そこで、彼は親友のクレルヴォーのベルナールに次々と書簡を送り、この傲慢なブルターニュ人に対抗する正統派陣営に加わってほしいと要請した。

これはアベラールにとって、考えられるかぎり最悪の事態だった。指導的な論理学者や神学者の感情を害するのは、たいした問題ではなかった。ソアソンの会議に出席した司教たちでさえ、腹黒いとはいえ、敵としては無能だった。だが、ベルナールはキリスト教世界で最も有力な人物の一人だった——その親友の教皇インノケンティウス二世〔在位一一三〇〜四三〕より影響力があると、一部では目されていたほどだ。ベルナールは神秘主義的な著作で高名を博した著述家であり、シトー修道会の指導者だった。彼の中には、教会改革と社会浄化に対する情熱と、戦闘的な政治家としての手腕とが同居していた。サン＝ティエリのギヨームの書簡を受け取ると、ベルナールは同封されていたアベラールの著作を熟読し、行動を起こす決意を固めた。一一三九年から四〇年にかけての冬に、彼はアベラールの学説を異端と弾劾する一連の書簡を書き、それらを『ペトルス・アベラルドゥス異端命題』と題した一篇の論文にまとめた。そして、この文書を教皇に送り、教会会議を開いてアベラールを審査・懲戒することを要請した。

ある意味で、クレルヴォーのベルナールは不屈の伝統主義者とみなせるだろう。三位一体のごとき神聖な秘義を口先だけの分析や教室での討議にさらすなどということは、彼には考えるだに不敬な所業だった——教会を冒瀆するのに匹敵する、野蛮で不快な瀆神行為だった。アベラールは「教会の神聖を汚した」と、ベルナールはローマのある枢機卿に書き送っている。「彼はおのれの病因を素朴な人々の精神に感染させている。彼は敬虔な心が篤い信仰によってたちどころに理解するものを、その理性をもって探究しようとしている。信仰は信じることであって、論争することではない。しかるに、この男はどうやら神に疑念を抱いているらしく、まずおのれの理性でそれを検証するまでは、何事も信じようとしないのだ」[45]。ベルナールは別の書簡で、アベラールが教え子たちの心を操っていると告発していた。

彼は啓示というこのうえなく崇高な問題を議論の対象にすることによって、私たちの父祖が置いた境界の石を動かしている。彼の学生たちは未熟そのもので、神学の初心者に過ぎない。その知識はいまだ弁証法の域を出ておらず、宗教の初歩的真理を理解するレベルにも達していない。彼はこのような若者たちに、三位一体という秘義を、内なる聖域にして高貴な幕屋《まくや》をさらしている。彼は僭越にも、理性によって神を完全に理解できると思いこんでいるのだ[46]。

いかにも容赦ない弾劾だが、ベルナールはけっして、考えることをしない原理主義者ではなかった。アベラールに対して、彼は革新に抗して伝統を擁護するという姿勢で臨んだ。だが、この大修道院長はいくつかの点で、この学問上の敵より急進的だった。というのは、彼は聖職者の浄化、キリスト教社会の刷新と統合、そして反抗的な王侯を服従させるために教権の確立をめざすグレゴリウス改革運動の一翼を担っていたからだ。また、シトー修道会の総帥として、彼は旧態依然とした修道院を猛烈に攻撃していた。彼の目には、旧来の修道院が日常の業務に埋没し、惰眠を貪っているように映っていた。さらに説教師としてのベルナールは、南フランスのカタリ派をはじめとする異端者にとって災いのもとだった。その後まもなく、ベルナールは東方のムスリムを征伐すべく第二回十字軍を派遣せよと勧説《かんぜい》する。その一方で、彼は愛の福音の唱道者としてヨーロッパ中に知られていた。愛の福音の根底をなすのは、磔刑に処されたイエスへの憐れみと、その無垢な母への崇敬だった。そして、アベラールがいまや思い知ろうとしているように、この大修道院長は侮りがたい雄弁家だった。

「彼の本には翼が生えている」とベルナールはインノケンティウス二世に書き送り、アベラールの有害な影響が広域に及んでいることを訴えた。いわく、「彼の書物は土地から土地へ、王国から王国へと広まっている。さまざまな階層や国に属する人々に対して、新しい福音が捏造され、新しい信仰が提示され、すでに築かれた土台とは別に新しい土台が築かれようとしている」(47)と。なぜ、ベルナールがアベラールの学説にこれほどの警戒心と嫌悪感を抱いたのかは、誰でも容易に理解できるだろう。ベルナールにとって、信仰の土台は宗教的な経験であって、知的な分析ではなかった。論理ではなく、愛が彼のスローガンだった。彼はくだんのブルターニュ人教師の冷徹な主知主義に深い懸念を覚えるとともに、その派手な行動様式《スタイル》に嫌悪感を抱いていた。それゆえ、ベルナールはことあるごとに、アベラールの異端性をおおげさに吹聴した。しかし、「信仰は信じることであって、論争することではない」というベルナールの言葉は、ことを曖昧にする修辞的表現の典型ともいうべきものだった。そもそも教父たちはカンタベリーのアンセルムスがそうであったように、信ずる者であると同時に論争する者だった。アンセルムスの「理解するために私は信ずる」というモットーは、アベラールのモットーでもあっただろう。たしかに、アベラールは神秘主義者ではなかった。また、それまで神聖不可侵とされていた諸々の教義を、彼があえて分析の対象としたことも疑問の余地がない。けれども、彼は新しい信仰を提示しようなどとは夢にも思っていなかったし、「理性によって神を完全に理解できる」などとは一瞬たりとも考えていなかったのだ。

アベラールの沈黙

一一三九年か一一四〇年に、ベルナールはノートルダム聖堂付属学校でアベラールの神学を公然と非難するために、パリを訪れた。この時に、彼はアベラールに会って、その学説の一部を撤回するよう説得に努めた、ともいわれている。だが、その証拠とされるものは不充分で、信頼性に欠ける。(48) いずれにしても、アベラールは敵がさかんに策動していることを知って、彼らの機先を制そうと決意した。ちょうど一一四〇年六月三日に聖堂都市のサンスで、教会人と高級官僚の大規模な集会が開かれる予定になっていた。この集会には、大聖堂が所蔵する名高い聖遺物を見に当地を訪れる国王ルイ七世〔一一二〇頃～八〇、在位一一三七～没年〕も出席する予定で、司教や貴族も多数参加するものと思われた。これは、アベラールが最も得意とすること——公衆の面前で講演者および論争者の役割を演ずること——を行う絶好の機会になるだろう。

アベラールは教え子をつうじて、名士たちの前で彼とベルナールが公開討論を行えるよう手配してほしいと、サンス大司教のアンリ〔在位一一二二～四二〕に依頼した。この大司教はベルナールの友人だったが、どうやら歴史に残るショーを主催するという誘惑に抗しきれなかったらしく、ベルナールの意向を打診する前にこの申し出を受け入れてしまった。アベラールはすぐさま、ヨーロッパ全域に散らばった弟子たちに手紙を書き、六月にはサンスに来て彼を支援してほしいと要請した。一方、ベルナールはヨーロッパ随一の弁証法の達人と公開討論すると考えただけで度を失い、当初は大司教の招きを断る決心をした。だが、彼は最終的にサンスに赴くことを了承した。変心したのは、ある著述家のいうように「聖霊の火で燃えていた[49]」からだったのか、あるいは、奸計を弄することに決めたからだったのかはともかく、ベルナールは予定された討論会の数日前にサンスに到着した。

大司教の邸宅に落ち着くと、ベルナールは六月二日の夜に秘密の司教会議を開くよう、大司教を説き伏せた。アベラールがいない秘密会議の席上、ベルナールはこの哲学者の一九箇条におよぶ罪状を読みあげた。それらは主として、アベラールの『キリスト教神学』から抜粋したものだった。ついで、ベルナールはこれらの罪状を検討し、アベラールの断罪を支持するという約束を司教たちから取りつけたものと思われる（七年後にランスで開かれたある異端裁判でも、ベルナールは同じ戦術をとろうとした。だが、この時には、サンスでのアベラールに対するベルナールの仕打ちは不公正だったという理由で、枢機卿たちが非公認の会議に出席することを拒否した(50)。いずれにせよ、アベラールはその翌朝、討論会の当日にサンスに到着した。そこで彼が見出したのは、なんと討論会の形式が裁判のそれであり、彼に期待されている役割が被告のそれであることだった。ベルナールは異端と目される命題のリストを読みあげ、異端裁判の慣例に則って、これらの命題を弁護するか、撤回するか、それを述べたことを否認するか返答せよと、アベラールに迫った。

アベラールは長いこと沈黙していた。いならぶ司教と名士たちがもどかしげに彼の返答を待つ中で、彼は思いに耽っているようだった。会場の緊張がまさに最高潮に達したときに、彼は手短にこう述べた。この裁判もどきの討論会に参加することは断る、提示された問題については教皇に直訴して裁定を仰ぐ、と。それから、彼は呆然とした会衆を残して、会場を立ち去った。

ベルナールから提供された自説を弁護する機会を、なぜアベラールは受け入れなかったのだろうか？　その理由を、彼はついに明らかにしなかった。錚々たる顔ぶれが集まったサンスの討論会は、本来なら彼の生涯最高の舞台となったことだろう。しかも、彼は生来のパフォーマーだったのだ。もし、ベルナールが果敢に討論に応じていたら、この弁証法に不慣れな人物に対して、アベラールが容易に自説を弁護しえたであろうことは疑問の余地がない。たとえそうであったとしても、告発状が読みあげられるのを聞き、いならぶ司教たちが平然としているのを見ているうちに、アベラールの心が沈んだことは想像に難くない。おそらく、彼は不正工作がなされたこと、そして、ベルナールには聴衆の前で討論するつもりがないことに気づいたのだろう——たとえ、ベルナールが討論に応じたとしても、自分の言動は完全に無視されるのだろう、と。おそらく、彼はもう精根が尽きたとも感じていたのだろう。なぜなら、彼は当時六二歳で、すでに健康を害していたからだ。あるいは、このショーにほとほと嫌気がさしたのかもしれない。実際のところ、もし彼が異端者であるなら、サンスの会議より大いなる力が彼を裁くだろう。そして、もし異端者でないのであれば、彼やベルナールやエロイーズが永遠の眠りについたあとでも、学生たちは彼の書物を読み継いでいくだろう。

それはさておき、アベラールが退出すると、会議は大混乱に陥った。司教たちは休会にして昼食をとったのちに、異端と告発された一九箇条の命題に有罪を宣告した。この会議に出席していたある修道士——アベラールの支持者——によれば、審判者の一部は昼食時のワインで酔っ払っていたため、「Damnamus」(われわれは有罪を宣告する)と発音しようとしても、「Namus」(われわれは泳ぐ)というのが精一杯だったという。ベルナールはすぐさまインノケンティウス二世に書簡を送り、会議の結果を報告するとともに、裁定の承認を求めた。一方、アベラールは教皇に直訴するためローマに向かったが、途上で病に倒れ、クリュニー修道院で休息せざるをえなくなった。修道院長の尊者ピエール〔ペトルス・ウェネラビリス、一〇九二頃～一一五六〕は、ベルナールの長年の仇敵だった。数週間後、クリュニーにいたアベラールのもとに、教皇の判決書が届いた。インノケンティウス二世はアベラールを異端者と断罪し、彼の信奉者たちを破門していた。さらに、彼の書物をサンピエトロ広場で焼くことと、彼が修道院に隠棲して永遠に口を噤《つぐ》むことを命じていた。

弁証法の達人、逝く

実をいえば、これほど苛酷な仕打ちをする必要はなかったのだ。アベラールはすっかり健康を害しており（パーキンソン病に侵されていたと推測されている）、もはや神学論争に挑む気力はなかった。尊者ピエールはインノケンティウス二世に書簡を送り、彼ともう一人の修道院長の仲裁によってアベラールとベルナールが正式に和解したことを報告するとともに、一修道士としてクリュニーに留まりたいとのアベラールの意向を伝えた。教皇は裁定の執行を猶予し、この哲学者は一八カ月後に亡くなるまで、一修道士としてクリュニーで余生を送った。生前のある日、アベラールはエロイーズに感動的な信仰告白を書き送った。その一節は、彼の意図の正統性を弁護するために、しばしば引用されている。

「もし、哲学者であるがゆえに聖パウロと矛盾するのであれば、私は哲学者であることを欲しない。また、アリストテレスの徒であるがゆえにキリストの御名から切り離されるのであれば、私はアリストテレスの徒であることを欲しない」[51]。アベラールが没すると、エロイーズは彼の遺体を譲り受け、パラクレ修道院に埋葬した。それから二二年後にエロイーズが亡くなり、アベラールの傍らに埋葬された。恋人たちの遺骨は何度か改葬されたのちに、数世紀後にパリのペール・ラシェーズ墓地にようやく安住の地を得た。今日、彼らの墓を訪れる者もいることだろう。

アベラールが死ぬ前に、彼とベルナールは本当に和解していたのだろうか？　この二人が敵対しながらも、本人たちがそれと気づいていた以上に多くを共有していたことを考えると、和解していた可能性は充分ある。どちらもそれぞれのやり方で、習慣と化した信仰と形式化した儀式に新しい意味を吹きこもうと奮闘していたのだ。アベラールの使命は、彼の弟子の多くが空虚な言葉の羅列とみなし始めていた宗教教義を理解し、それを説明することだった。これと同じ衝動が——すなわち、型にはまった文句と身振りを機械的に繰り返すだけになろうとしていたキリスト教の信仰をよみがえらせたいという衝動が——ベルナールを駆り立てて、能動的な愛と、献身的な活動と、キリストとの霊的合一をめざす信仰復興の福音運動を唱道させたのだ。キリスト教世界屈指の有力な政治家を怒らせたために、傲慢で機転のきかないアベラールはその代価を支払った。だが、彼を行動に駆り立てた衝動、つまり、理解したいという渇望は、正統的な宗教経験への渇望に劣らず抑えがたいものだったのだ。次の世代には、アベラールのそれよりはるかに大規模で急進的なアリストテレス主義者の運動が、各地の大学で権威に挑戦した。それと同時に、ベルナール流の敬神が保守的で迫力に欠けるように思えるほど熱烈な福音伝道運動が、民衆のあいだに急激に広まった。これら二つの潮流への教会の対応の仕方が、西ヨーロッパにおける科学と宗教の将来をほぼ決定づけることになったのだ。

第4章　「そなたを打ち殺す者は祝福されるだろう」――アリストテレスと異端

1　民衆の宗教運動の高まり

社会の変化と教会の世俗化

サンスから意気揚々と帰還したクレルヴォーのベルナールは、ヨーロッパ最大の論争家を戦わずして打ち負かしたと鼻高々だったろう。ベルナールの熱狂的支持者たちは、アベラールがサンスの会議で答弁できなかったのは、この修道院長の正当な告発によっておのれの非を悟ったからだ、というストーリーをでっちあげた――この物語はやがて、数多いカトリック教会の「歴史」の一つとなった。(1) たしかに、アベラールが断罪されてからというもの、各地の学校の哲学者たちはすっかり鳴りをひそめたが、これにはベルナールの勝利以上に重要な原因が一つならずあった。ある歴史家によれば、十二世紀の大半をつうじて「キリスト教圏に属するヨーロッパの哲学者は、アリストテレスその他のギリシア人の著作を読むのに忙殺され、批判的・独創的・系統的に思索するゆとりがなかった」[2]のだ。一一五〇年代になると、再発見されたギリシアの著作のラテン語版が、西ヨーロッパの学者のもとに洪水のように押し寄せ始めた。スペインやプロヴァンスやイタリアの翻訳センターでつくられた写本は数千冊に及び、中世の基準からすれば膨大な量だった。これらの写本の伝播には、いくつかの波があった。まず、十二世紀半ばに「新論理学」と総称される一連の著作〔第1章1節五〇頁参照〕が到来し、ついで、ほぼ一〇年ごとにアリストテレスの形而上学と自然科学分野の著作、心理学と倫理学関連の論文、そして最後に政治学と美学の評論が到来した。いずれの著作も、アラブ圏の学者の手になる註解書を伴っていた。これらの著作が消化され、充分に理解されるに至ったのは、ようやく世紀が変わる頃だった。こうして、キリスト教の正統信仰に対して新たな挑戦がなされる土壌ができたのだ。

各地の学校は静穏だった――少なくとも、この時点では。けれども、クレルヴォーの修道院長がしばらくのあいだはサンスでの勝利の余韻に浸っていたとしても、不愉快な事態が彼を待ち受けていた。パリで二、三の知識人が異端とおぼしき著述を行っていることをベルナールが思い煩っているあいだにも、教会の権威を直接脅かす動きが町の通りで勢いを強めていたのだ。「腐敗した」カトリックの聖職者に業を煮やした民衆の大規模な福音伝道運動が、ヨーロッパのいたるところで台頭し始めていた。今のところ、こうした敬虔な信徒たちの自発的な運動を指導する知識人は、現れていなかった。だが、もし、彼らが学者や貴族の中から有力なスポークスマンを見つけでもしたら、教会の分裂という脅威が現実のものになるだろう。そう考えただけで、ベルナールは悪夢にうなされた。そして、まだ時間があるうちに過激な宗教運動の炎を踏み消そうと、行動を起こしたのだ。

奇妙といえば奇妙な話だが、ベルナール自身も間接的ながら、民衆の福音伝道運動が出現する原因の一端を担っていた。教会政治の分野では、彼はグレゴリウス改革主義者だった――つまり、聖職者制度の改革を強力に推進した、今は亡き教皇グレゴリウス七世の信奉者だったのだ。カトリック教会の聖職者や修道士や修道女、教会の行政機構を支える職員や付属学校の教師、その他さまざまな職種の使用人は急激にその数を増しつつあり、都市部では人口のおよそ一〇パーセントを占めるまでになっていた。[3] 改革主義者たちの見るところでは、諸悪の根元は、聖職者が世俗社会とあまりに親密な関係を築いてきたことにあった。「司教は女性と同居しているのが通例で、その女性とのあいだに子どもをもうけ、彼らの「甥」を養っていた。聖堂に属する聖職者の子どもたちは、都市の人口のかなりの部分を占めていた。教区司祭はほとんどが妻帯者であり、世帯主だった[4]」という当時の状況を見ると、まさに親密な関係といえるだろう。聖職者の結婚や内縁関係は、グレゴリウス改革主義者が糾弾した世俗的な慣行の一つに過ぎなかった。聖職売買や、教会や修道院による必要以上の蓄財、貧者の境遇には冷淡で抑圧的な世俗権威には追従するという姿勢も、糾弾の対象となっていた。ベルナールや彼と志を同じくする人々は、聖職者を浄化して専門知識を涵養させ、教会の僕《しもべ》に無私の奉仕への情熱を吹きこめば、諸々の悪しき慣行を払拭できると確信していた。彼らがいまだ解決できずにいた問題は、いかなる集団のアイデンティティも、地位も、力も、土地の所有関係に基づいて決まる社会にあって、上述した目標をいかに達成するかということだった。

ベルナールらグレゴリウス改革主義者たちが改革の勢いを保つべく奮闘してきたにもかかわらず、この偉大な教皇の死後五〇年が経つと、改革運動の限界があらわになってきた。たしかに、聖職者制度の再編成を断行し、聖職者の一部に霊的ミッションという意識をよみがえらせたという点では、ある程度の進歩は達成されていた。ところが、総体としての教会は、封建制度の「既得権益層《エスタブリッシュメント》」にかつてないほど組みこまれ、いかなる封建領主にも劣らないほど、土地や財産や権力と一体になっていたのだ。有力な聖職者はほぼ例外なく、財産や特権をみずから手放そうとはしなかった。さらに、歴代の教皇がいくら苦言を呈しても、世俗の王侯たちは教会の王侯たちになかなか従おうとしなかった。それどころか、フランス王やイギリス王のごとき有力な君主に至っては、司教たちが――好むと好まざるとにかかわらず――従わなくてはならない王権の枠組みを着々と築いていた。禁欲的な改革主義者が刻苦勉励したにもかかわらず、聖職者の道徳と宗教的熱情のレベルは、概して当初の期待に遠く及んでいなかった。しかしながら、トップダウンの改革が下火になるのと軌を一にして（ある程度は、それゆえに）、宗教的熱情の大きなうねりが大衆を呑みこんだ。その傾向は、ヨーロッパに続々と誕生していた町や都市でとくに顕著だった。

少なくとも今日の目から見れば、こうした事態に至ったのは意外ななりゆきではない。人口の爆発的増加、都市の発展、交易の復興、新しい思想の流布など、西ヨーロッパ社会を変容させつつあった劇的な変化は、人々を刺激すると同時に、はなはだしい混乱を生じさせていた。西ヨーロッパ全体が、長い隠遁生活ののちに修道院の独房から俗世間にさまよい出て当惑している修道士、といったありさまだった。人々の好奇心は募る一方で、新たな疑問が次々と湧き出しては答えを求めていた。個人主義的で享楽的な傾向が、しだいに強まっていた。このようにめまぐるしく変化する社会にあって、教会の来世志向の理想を実生活に適合させるにはどうしたらよいのだろうか？　新しい善悪の規準とおぼしきものに心を揺るがされたり、戸惑っている一般信徒を、いったい誰が導くのだろうか？　いったい誰が、道徳的な行いの確固たるモデルを示すことができるのだろうか？　キリスト教の平信徒の大多数が見るところでは、これらの疑問に最も答えてくれそうもないのは「在俗聖職者」（修道会に属さない司教や教区司祭）だった。これら教会の代理人はすでに、平信徒と同じくらい浮世のしがらみに縛られていた――いや、彼らの特権的な地位を考えれば、おそらくは平信徒以上に縛られていただろう。その結果、平信徒の欲求不満は募るばかりだった。彼らの心は、みずからを省みておのれを批判する気持ちと、神聖ならざる聖職者を軽蔑する気持ちで沸き立っていた。ベルナールや教皇インノケンティウス二世をはじめとする教会指導者たちは、こうした感情が攻撃的な反教権行動の引き金になりかねないことを察知し、民衆の宗教的エネルギーをほかに向けさせようとした。つまり、聖地を脅かしているムスリムと、彼らの足元で増える一方の異端者に、民衆の矛先を転じさせようとしたのだ。けれども、教会そのものを浄化しようという欲求を抑えつけることはできなかった。こうした欲求の常として、それを満たすことができると称する者が相ついで名乗り出た。繁栄する西ヨーロッパの町や都市の通りには、どこからともなく放浪の説教師が現れて、聖職者にも平信徒にもおのれの罪を償えと呼びかけ、新しい霊的再生の時代が到来したと宣言した。

放浪の説教師アンリ——聖職者は必要か

修道士アンリ〔一一四八頃没〕も、そうした放浪の説教師の一人だった。パリでアベラールの不名誉な評判が広まろうとしていた頃〔一一一六年〕に、アンリはフランス北西部のルマンに現れた。その風体は「髭は伸び放題で足は裸足、粗末ななりをして、先端を鉄で覆った棒にとりつけた十字架を従者に担がせている」[5]というものだった。彼が現れるとたちまち、ルマンでは前代未聞の出来事が次々と起きるようになった。蓄財に血眼の腐敗した司教や司祭を弾劾するアンリの説教は、住民の足を釘づけにした。彼は贅沢を糾弾して質素な生活こそ救済に至る道だと主張し、豪華な衣服や装飾品を焼き捨てよ、と聴衆に迫った。彼がとりわけ激しく罵倒したのは、近親婚の禁止範囲を新たに定め、結婚を教会のサクラメント〔秘跡。キリストによって定められた恩恵を受ける手段・方法で、カトリックでは洗礼・堅信・聖餐・告解・終油・叙階・結婚の七つ〕の一つとして聖職者の管理（と課税）の対象にするという、煩雑な宗規だった。アンリによれば、結婚を神聖なものにするのは愛、すなわち「当事者の合意」だけだった。(6) そして、キリストの愛は、不貞の徒ですら地獄の火と破滅から救うことができるのだ。ある記念すべき日曜日、アンリはルマンの売春婦を町の広場に集めた。彼女たちはアンリの指示に従って、しゃれた衣服を脱ぎ捨てて髪を切り、これら従来の生活を象徴するものを火に投じた。そして、寛大な町の人々が用意した新しい衣服を身につけた。すると、（前もって募集していた）堅気の青年たちが進み出て、彼女たちに結婚を申しこんだ。

巡歴の福音伝道者として行動しながら、アンリは地元の聖職者を完全に無視した。それにもかかわらず、彼は逮捕されることも罪を問われることもなく、無事にルマンを去ることができた。というのは、聖職者に禁欲と清貧を呼びかけることも、質素な生活や売春婦の更生や愛に基づく結婚を訴えることも、異端の行為ではなかったからだ。また、アンリのルマン滞在が短期間で、その影響が限られていたであろうことも、その一因だったと思われる。もっと重要な理由は、教会当局がいまだ、この種の伝道行為を正統派キリスト教および教会の社会的役割に対する脅威とみなしていなかったということだ。けれども、やがて、アンリやその仲間の説教師たちがもっとあからさまに、聖職者が秘跡を執行する慣例に異議を唱え始めると、彼らの脅威はしだいに明らかになってきた。

福音伝道者たちの一部は、こう問いかけた。当事者の合意がないかぎり、聖職者が執り行う結婚その他の儀式は空虚であるとするなら、たとえば幼児洗礼のごとき、形式的としか思えない諸々の儀式をどうして擁護できようか、と。修道士アンリがアベラールと面識があったとか、少なくともアベラールの噂を聞いていたことを示す証拠はまったく見つかっていない。それでもアンリは、行為に道徳的な意味を付与するには自発的な意図――アベラールのいわゆる「同意」――が不可欠であるという確信を、アベラールと共有していた。もし、そうであるなら、泣き叫ぶ赤ん坊に聖水をふりかけることに、はたして伝統主義者たちが主張するような救済の効果があるのだろうか？　また、カトリックのミサの中核をなす聖体祭儀については、どのように考えればよいのだろうか？　パンとぶどう酒の化体《かたい》〔第3章2節 九七頁参照〕という奇跡的な現象が、凡俗の司祭や腐敗した司祭が唱える短い「魔法の言葉」〔聖別の祈り〕によって、本当に引き起こされるのだろうか？　かつてカルタゴの司教ドナトゥス〔三五五没〕は、罪深い司祭や凡俗の司祭が執行する秘跡の有効性を否定して、教会を大混乱に陥れた。聖アウグスティヌスの時代以降、教会はこの異端の説に対して、たとえその地位にある者が神聖でなくても司祭の職務は神聖である、という立場をとってきた。けれども、アンリのような反逆的な修道士のみならず、平信徒の多くが聖職者一般よりキリスト教徒にふさわしい生活を営んでいる社会では、聖職者の役割の必要性と正当性を疑問視する傾向はとりわけ根強かった。

　こうした問いかけは、個人や集団の純潔を求める熱い思いに胚胎していた。かかる思いに駆り立てられて、人々は村の広場で我流の教えを説く巡歴の説教師のまわりに群がった。こうした問いかけはまた、理解を求める熱い思いに胚胎していた。かかる思いに導かれて、アベラールやその学問を継承した神学者たちは研究と思索に邁進した。知識人が宗教教義を理解したいと欲したのと同じように、信心深い平信徒も秘跡の意味を知りたいと欲していた（アベラールは教権そのものには反対していなかったが、司祭は定式文句を唱えるだけで罪人を赦《ゆる》すことができる、という見解は否定していた）[7]。純潔を求める熱い思いも、理解を求める熱い思いも、ぜひとも冷まさなければならなかった。ついにベルナール自身が御輿《みこし》をあげて〔フランス南西部の〕トゥールーズに赴き、〔フランス各地を経て当地に来ていた〕修道士アンリに反駁する説教を行った。その後、アンリは歴史から姿を消すが〔一説によれば、一一四五年に逮捕・投獄され、獄死したとされている〕、彼を生み出した福音伝道運動はいっこうに衰えなかった。はたして、アベラールとアンリをむりやり沈黙させた威圧の手法《テクニック》は、ヨーロッパ全域で勢いを増すばかりの自己表現と反対表明という新たな潮流を、効果的に抑制することができるのだろうか？

　熱狂的な運動がこれ以上広まったら、教会はひたすらベルナールに従って、西方キリスト教世界における至高の霊的権威にして政治的調停者という地位にとどまれるよう願うだけではすまないことは、火を見るよりも明らかだった。グレゴリウス改革運動はいまや、陳腐化した改革運動がそれに代わる真に革新的な運動を生み出すという――現代の読者にもなじみ深い――段階に達していた。修道士アンリのような巡歴の福音伝道者は、大規模な民衆の運動が出現する前触れだった。そして、大衆の改革運動はまもなく、リヨンの豪商ピエール・ワルド〔一一四〇頃～一二一七頃、リヨンで説教を行い、清貧を実践。教えが急激に広がり、ワルド派として知られるようになった〕や、イタリアの霊的天才アッシジのフランチェスコ〔一一八二頃～一二二六〕のような傑出したオルガナイザーの指導のもとに、実に万単位の人々を動員するようになったのだ。実際、新しいタイプの思想家たちに比べたら、ピエール・アベラールのごとき知的領域での革新者など、おとなしいものだったとしか思えなくなった。そしていまや、途方もなく急進的な思想が南フランスからライン地方まで広まり始めていた。一方、ローマ教会の政治権力に心底憤慨している世俗指導者たちは、しだいにその数を増していた。何より危険と思われたのは、こうした世俗指導者たちが反抗的な福音伝道者や知識人たちと共同戦線を形成することだった。かかる脅威に対処するためには、ある局面では抑圧が――少数の異端者を沈黙させたときとは比べものにならないほど暴力的な抑圧が――不可避の手段となるだろう。しかし、ひとたび覚醒した人々は、人間としての基本的な欲求を満たすために苦闘することをものともせず、容易に抑圧に屈しない。もし、カトリック教会が内部の統一と西ヨーロッパにおける覇権を維持したいのであれば、反対勢力を圧殺するだけでなく、それを吸収して利用することのできるリーダーを見つけなければならないだろう。そして、それはとりもなおさず、外部からの攻撃に対してローマ・カトリック教会を守るにとどまらず、そのあり方を内部から変えることをも意味していた。

ブレシアのアルノルド

ローマはそのような先見の明をもったリーダーを待ち望んでいた。とかくするうちに、ある出来事によって、ベルナールの悪夢が——民衆の福音伝道的な抗議運動が知識人のリーダーシップおよび世俗権力の支持と結びつくという事態が——今にも現実のものとなりそうになった。ピエール・アベラールを攻撃したベルナールの書簡の一つに、暗号で書いたとおぼしき奇妙な文章がある。「あのフランスのハチ（bee）はイタリアから来たハチ（bee）とひそかに語らっている(8)」と、この大修道院長は秘密めかして書いているのだ。「フランスのハチ」がアベラールを指していることは、疑問の余地がない。なぜなら、アベラール（Abelard）という名前は英語では時にAbeillardと綴られるのだが、その最初の二音節の発音がフランス語でハチを意味するabeilleと同じだからだ。だが、「イタリアから来たハチ」とは誰のことだろう？　そして、ベルナールはなぜ、その人物に言及したのだろうか？

実は、この謎のイタリア人は「ハチ（bee）」ではなく、「B」だったのだ。ブレシアのアルノルド〔一一〇〇頃〜五四／五五〕はアベラールに劣らず物議をかもさずにはいない人物で、しかも既成の秩序にとっては、さまざまな意味でアベラールよりずっと危険な存在だった。アベラールが人生半ばの頃に、アルノルドはこの偉大な弁証家のもとで学ぶために、生まれ故郷のロンバルディアからパリにやって来た。アルノルドが帰郷して以後の二人の関係についてはよくわかっていないが、ともかく連絡はとっていたに違いない。というのは、ベルナールと司教連に立ち向かうべくアベラールがサンスに赴いたときに、この教え子が旧師のかたわらに控えていたからだ。サンスの会議の結果を受けて、教皇はアベラールに沈黙を守って永久に修道院で隠棲することを命じた。このときに、教皇はアルノルドに対しても、同じ苛酷な条件のもとに別の修道院に隠棲するよう命じていた。だが、サンスでの敗北がすでに健康を害していた老哲学者の生命を事実上奪ったのに対して、アルノルドはその後一五年ほど生き延び、彼独自の厳格な真理説を唱道し続けたのである。

この二人の盟友は、気質も経歴もまったく異なっていた。アベラールは生来の理論家で、律修聖職者〔修道会に属する聖職者〕に（不本意ながら）なったのは人生の半ばを過ぎてからだった。それに対して、アルノルドはパリで学業を終えるとすぐに、ある小さな修道院の院長になった。*The Catholic Encyclopedia*〔カトリック百科事典〕が異端者を褒めることはめったにないが、ことアルノルドに関しては、「質素で謹厳な生活態度、超俗的な姿勢、宗教的規律への愛、知性の明晰さ、そして、高尚な理想への奉仕を独創的かつ魅力的に表現したがゆえに」修道院長として適格だった、と評している。(9) アルノルドの理想も、それを実現するための方法も、アベラールのそれとは明確に異なっていた。というのは、アベラールがあくまで知的な意味での指導者であって、実際的な組織力や政治的な野心を欠いていたのに対して、アルノルドは徹頭徹尾行動の人だったからだ。民衆の宗教運動の先頭に立ち、富と世俗権力を一掃して教会を浄化するという理想を熱っぽく説いているとき、彼はこのうえなく幸福だった——そして教会の権威者にとっては、このうえなく危険な存在だったのだ。

物欲という悪について説法するだけの巡歴説教師とは異なり、アルノルドはその学識を活用して、教会が世俗社会と深くかかわっている現状を鋭く批判した。アルノルドによれば、聖職を一種の財産（ないし「聖職禄」と同義）とみなす風潮と、歴代の教皇や司教たちが強力な封建領主の役割に固執していることが、グレゴリウス改革を骨抜きにしていた。封建制度は、領主が家臣に封土を給与し、その代わりに家臣が軍務や農作業など諸々の役《えき》務《む》を負うという主従関係を中核としている。それゆえ、教会が封建領主になったことは必然的に、教会がみずから下層階級の搾取と戦争に関与するという事態を生み出した。その結果、率先して霊的再生と貧者の保護に挺身すべき人々（たとえば修道会）が、おのれの富を維持し増やすことに汲々として、本来の責務をまったく果たさなくなった。こうした矛盾した状態に至ったのは、歴代のグレゴリウス改革派教皇たちが王権に対する教権の優越を確立したいがために、心得違いの努力をしてきたからにほかならない、とアルノルドは大胆に論断した。王侯貴族を服従させるために手を尽くしたあげく、教会の王侯《プリンス》たちが成し遂げたのは、みずからが世俗の王侯《プリンス》になることだけだった。彼はさらに、十字軍でさえ土地の収奪者に成りさがり、二、三の封建領主とヴェネツィアやピサの多数の貿易商人を富ませている、と論難したのだ。

アルノルドは以上の前提から論理的に結論を引き出すことも、その結論に基づいて行動することもためらわなかった。いわく、「財産を所有している司祭、レガリア［王から譲与された土地］を保有する司教、私有財産をもつ修道士はけっして救済されない。これらはすべて王侯に属するものであり、一方、王侯は平信徒の福利のため以外にこれらを処理することはできない(10)」と。要するに、教会はその権力と財産を世俗の支配者に引き渡すべきで、世俗支配者は引き渡された土地や財産を平信徒に分配すべきだということだ。さらに、聖職者は騎士身分の支配階級のように戦争や暴力沙汰にかかわってはならない。「［聖職者は］剣を帯びたり酒を飲むことを許されておらず、彼らに許されているのは説教することと、善行によって説教を実践することである。また、戦争を遂行したり、この世の争いを引き起こすことも許されていない(11)」。この好戦的な修道院長は生まれ故郷のブレシアで、彼の説教に熱心に耳を傾ける聴衆を見出した。ブレシアは名目上は選挙で選ばれたコンスルが統治する共和制を敷いていたが、実際にはこの地域で最大の封建領主でもあった司教の支配下に置かれていた。この司教が町を出ているときに、アルノルドは町の人々を説得して蜂起させた。ついで、土地の聖職者たちを説得して、彼らの財産をブレシアの自治組織であるコムーネに譲渡させた。ソールズベリーのヨハネスによれば、「ブレシアの人々はあまりに強く心を揺り動かされたので、くだんの司教が帰ってきたときに市の門をなかなか開こうとしなかった[12]」。

この反乱は冗談事ではなかった。北イタリアの町という町で、住民たちが封建領主からの「解放」を訴えていた。ブレシアの反乱が司教勢とコムーネとの武力衝突に発展しそうになったため、アルノルドは教皇インノケンティウス二世に仲裁を求めた。だが、教皇には、高位聖職者に対する平信徒の反乱を擁護する気はさらさらなかった。案の定というべきか、一一三九年の第二回ラテラノ公会議においてアルノルドは不従順の咎《とが》で断罪され、修道院長の職を追われた。さらに、公《おおやけ》の場で説教することも、ブレシアに帰ることも禁じられた。その翌年、彼はベルナールと司教連に対抗してアベラールを支援するために、サンスに現れた。サンスの会議ののちに旧師がクリュニーの修道院に隠棲すると、アルノルドはかつてアベラールが教鞭をとっていたサント＝ジュヌヴィエーヴ山のサン＝ティレール修道院に入り、倫理神学に関する一連の講義を行った。

ローマの反乱

だが、パリ逗留は長くは続かなかった。アルノルドは仇敵の高位聖職者たちを弾劾せずにはいられなかった。彼らは強欲で、性的にも堕落した軍事優先主義者であり、「流血によって神の教会を建て」ようとしている、と。神聖不可侵のベルナールでさえ、彼の舌鋒を免れなかった。アルノルドはアベラールを迫害したこの男を、「ひたすら虚飾を求め、自分の弟子以外で学問と宗教実践に秀でた者をことごとく妬む[13]」と決めつけた。ベルナールはフランス王ルイ七世にアルノルドを告発し、フランスから追放するよう迫った。いわく、この男は「救いがたい教会分離論者であり、不和の種を蒔き、平和を乱し、統一を破壊する者[14]」であるから、と。ベルナールの要求はただちに認められた。アルノルドは命からがらスイスに逃れたが、ベルナールはこの避難所からもアルノルドを追い出した。一一四三年、アルノルドはボヘミアに逃れ、駐ボヘミア教皇使節の庇護を受けた。ベルナールからたびたび書簡で警告されたにもかかわらず、この使節は当時の教皇エウゲニウス三世〔在位一一四五〜五三〕に直々に服従を誓うよう、アルノルドを説得した。アルノルドはイタリアのヴィテルボで就任したばかりの教皇に謁見し、今後は教皇に服従し、過去の敵対行為の償いをすると約束した。ここにおいて、エウゲニウス三世は（教皇側から見れば）致命的な誤りを犯した。なんと、このブレシアの煽動者をローマへの巡礼の旅に送り出したのだ。

一一四六年のローマは、いわばブレシアの拡大版だった。革新的な思想や理念が渦巻き、新しい敬神のあり方に触れて人々の心は波立っていた。市民は大領主である教皇をひたすら憎悪し、古きよきローマ元老院の復権を望む声もあがっていた。おそらく、アルノルドは本当に教皇に服従するつもりで、ローマに赴いたのだろう。ところが、カトリック総本山上層部の腐敗たるや、いかなる急進主義者の想像をも絶していた。そしてまた、ローマ市民はアルノルドのような思想と気骨をもったリーダーを待望していた。それゆえ、アルノルドはほとんど時を置かずに、民衆の反教権運動を組織すべく助太刀に乗り出した。彼は枢機卿会〔全枢機卿からなる教皇の最高諮問機関〕を「商取引の場にして盗賊の巣窟」と決めつけた。教皇エウゲニウス三世については、「火と剣によって権威を保っている冷血漢であり、各地の教会を混乱させ、罪のない人々を抑圧し、おのれの欲望を満足させることと、他人の金庫を空《から》にして自分の金庫を満たすこと以外には、何一つしていない[15]」と弾劾した。数々の悪行の中でも、とりわけ「自由の泉」たるローマから独立を奪うという許しがたい悪行をなした高位聖職者に、誰が唯々諾々と服従できようか？　一一四六年、アルノルドの指揮のもとに、ローマ市民はエウゲニウス三世をローマから追放した。その後の三年間、ローマは民主制を敷き、選挙で選ばれた議員で構成される元老院が統治した。その間、アルノルドは聖職者たちに、私有財産を捨てて使徒的生活を送るよう説得したり強制した。[16]

一一四八年、エウゲニウス三世はこの反抗的なロンバルディア人を破門した。だが、教皇は「もはや真の使徒ではない[17]」がゆえに破門は無効だと、アルノルドは歯牙にもかけなかった。その一年後、エウゲニウス三世は武装部隊の先頭に立ってローマに帰還した。だが、武装した市民は数カ月のうちに、教皇をふたたび追放した。しかしながら、この時点で、アルノルドと下層市民の同盟に逆風が吹き始めた。ローマを教皇から守るために、アルノルドはドイツ王のコンラート三世〔一〇九三頃～一一五二、在位一一三八～没年〕に支援を懇願していた。ドイツの「神聖ローマ皇帝」はすでに長きにわたって北イタリアの広範な地域を支配しており、イタリアのほかの地域も虎視眈々《たんたん》と狙っていた。だが、コンラート三世もエウゲニウス三世と同様に、確立された封建秩序に対する反乱を支援する気は毛頭なかった。一一五二年、アルノルドはコンラート三世の後継者としてドイツ王に選ばれた通称赤髭王《バルバロッサ》ことフリードリヒ一世〔一一二二頃～九〇、ドイツ王在位一一五二～没年、神聖ローマ皇帝在位一一五五～没年〕に書簡を送り、教皇からではなくローマ市民から帝冠を受けてほしいと要請し〔ドイツ王に即位後、公式にローマで教皇から戴冠を受けることで、神聖ローマ皇帝を兼ねるとされていた〕、その代わりにローマの支配権を提供すると申し出た。[18] 堕落した教皇より部外者の世俗君主の方がましだと、アルノルドは考えたのだ。だが、フリードリヒ一世も前任者と同様に——そして同じ理由で——アルノルドの要請を断った。とかくするうちに、アルノルドの運動は内部で分裂し始めた。貧民や、下位聖職者の多くは彼を支持し続けたが、裕福な市民や大方の貴族、彼のために貧しくなったことを恨んでいた聖職者たちは離反した。アルノルドに敵対する陣営が元老院選挙で勝利をおさめると、この反乱指導者はかつて自分を受け入れた都市がもはや安全な場所ではないことを悟ったのだ。

アルノルドは、彼を敵視していたある枢機卿によって監禁された。だが、しばらくすると、彼に共感していた一人の貴族が彼を救出し、領地の別荘に隠れ家を提供してくれた。しかし、アルノルドはもはや逃亡の身の上であり、その時間は尽きようとしていた。一一五四年にハドリアヌス四世〔在位一一五四～五九〕が教皇に選出されると、アルノルドの命運は尽きた。新任の教皇から神聖ローマ皇帝の帝冠を受けたフリードリヒ・バルバロッサは教皇に対して、アルノルドを保護している貴族に命じて、彼を帝国の兵士に引き渡させると約束した。反逆者はついに追い詰められ、一一五五年に逮捕された。そして、手足を縛られて、ローマ教皇庁に送られた――そこでは、八年前に彼から厳しく論難され、財産を没収された高位聖職者たちが待ちかまえていた。この時点で彼に何が起きたのか、人によって記述はまちまちである。教皇庁は彼を裁いたが、告発の内容はいまだに曖昧模糊としている。なぜなら、アルノルドが従順でなかったことは疑いようのない事実だが、彼は異端の説を説いたわけでも、教会法を犯したわけでもなかったからだ。一説によれば、裁判ののちに、教皇ハドリアヌス四世がみずから絞首刑を命じたとされている。別の説によれば、コムーネ時代にアルノルドが厳しく処遇した高位聖職者たちが教皇の獄舎から彼を誘拐し、処刑したとされている。このドラマの最後から二番目のシーンは今なお謎に包まれているが、終幕《フィナーレ》には多数の目撃者がいた。アルノルドが最後に公衆の前に現れた舞台は、ローマの絞首台だった。彼はおのれの救済を祈ったのちに、従容として死に就いたという。その遺体は焼かれて、灰はテヴェレ川に撒かれた。当時の年代記作者はその理由を、「人々が灰を集めて殉教者の遺物と崇めるのを恐れたからだ[19]」と説明している。

2 カタリ派の登場

清浄な者たち

教会がブレシアのアルノルドの亡霊を恐れたのは、しごくもっともだった。この血気盛んな修道院長はロンバルディアで、そしてのちにはローマで、巧妙に混ぜ合わせれば激しい爆発を引き起こす三つの要素を結びつけることに、曲がりなりにも成功していた。三つの要素とは、聖職者に対する怒りと、福音伝道への情熱と、世俗権力者の政治的野心である。これら三つの要素にアルノルドの場合には欠けていた第四の要素、すなわち正統派神学に対する根拠の確かな挑戦が加われば、数世紀後にマルティン・ルター〔一四八三～一五四六〕が率いたような革命的な宗教運動の処方箋が得られただろう。おそらく、こうした危険性がいまだ目に明らかになっていなかったがゆえに、教会当局は十二世紀の大半をつうじて、反教権勢力に比較的穏やかに対処していたのだろう。結局のところ、教会改革キャンペーンに乗り出したのは教皇たちであり、歴代の教皇は敬神に基づく民衆の宗教運動を――それが度を越さないかぎりは――支持してきたのだ。それゆえ、ピエール・アベラールのような非正統的な教師たちや、修道士アンリのような極端に熱心な福音伝道者たちですら、批判されて沈黙を強いられたとはいえ、火刑は免れていた。反逆的な活動家が処刑されることもままあったが、くだんの「イタリアのハチ」でさえ、教会改革を説くにとどめて市民の反乱を煽動しなかったなら、たぶん処刑されずにすんだろう。反逆者が神聖な教義を否定したり、教会の既得権に直接異を唱えないかぎり、教会首脳部には寛大でいるだけの余裕があったのだ。

けれども、こうした比較的穏やかな状況はさほど長くは続かなかった。ヨーロッパの覚醒はその勢いを増しつつあり、キリスト教世界の境界は広がる一方だった。キリスト教世界の旅行者や兵士たち、商人や学者たちが異文化と接触するにつれて、未知の思想が洪水のようにヨーロッパに流れこんできた。そして、ついに、カトリック教会上層部を震撼させる事態が出来《しゅったい》した。南フランスを中心に、大規模かつ戦闘的な反カトリックのキリスト教分派が形成されたのだ。南フランスや北イタリアやライン地方で、ビザンツ帝国から流入した二元論的教義を信奉する数万もの信徒が徒党を組み、事実上カトリック教会に叛旗を翻した。彼らはみずからをカタリ——清浄な者〔ギリシア語に由来〕——と称していた〔今日ではこの二元論異端をカタリ派と総称するが、中世においては地域と時期によって、さまざまな名称で呼ばれていた。また、カタリ派は敵側が用いた呼称で、信者はみずからをキリスト教徒と称していた、とする説もある〕。彼らの指導者（完徳者《パルフェ》）たちのきわめて高い道徳水準と献身的な姿勢は、民衆の心を強く惹きつけずにはおかなかった。彼らは地元の貴族の一部を改宗させたばかりか、地域によってはカトリック教会の司教や司祭の暗黙の承認を得ていることも稀《まれ》ではなかった。さらに、完徳者の多くは知識人で、彼らは翻訳されたばかりのアリストテレスの著作を貪り読んでいた。カトリック神学の論客たちはカタリ派の信者をローマ・カトリックの真の信仰に導こうと躍起になったが、完徳者たちは実に手強い論敵だった。

カタリ派の脅威がただちに認識されなかったのは、おそらく彼らの行動が表面的にはほかの福音伝道運動に似ていたからだろう。福音伝道集団の中にはかなり規模の大きなものもあったし、それらのメンバーは自発的な清貧と貧者への奉仕を実践し、無私で献身的な指導者を崇拝し、共同生活を営み、聖書をその土地の言葉に翻訳し、カトリック教会の公認を得ずに、耳を傾ける者には誰にでも説教をしていた。これら「新しい敬神」の信奉者の大多数は、カトリック教会の宗教実践の改革をめざしていたのであって、その根本教義に異議を申し立てていたのではなかった。それでもやはり、この新手《あらて》の反カトリック集団には、従来の福音伝道運動には見られない何か、シトー会修道士のシュテインフェルトのエヴェルシンに警戒心を抱かせるような何かがあった。エヴェルシンは一一四三年にカタリ派に遭遇し、上司であるクレルヴォーのベルナールに、彼が目撃した一部始終を書簡で報告した。その報告によれば、ケルン近くで逮捕された反逆者たちは、「その異端の説を、キリストと使徒の言葉を引いて弁護した」という。「彼らは水掛け論になったことを悟ると」と、この修道士は続けている。

日を決めて、その日に彼らの信仰の指導者たちが代表として来るように、とりはからってほしいと要求しました。もし、指導者たちが論駁されるのをこの目で見たら、みずからカトリックに入信することを約束する、だが、そうでない場合は、おのれの信仰を捨てるよりは死を選ぶ、と彼らは主張したのです。その後、彼らは三日間にわたって正気に戻るよう説得されましたが、異端の説を捨てることをあくまで拒みました。そのため、彼らは熱狂した人々に捕らえられ、（私たちは反対したのですが）火刑柱に縛りつけられて焼き殺されました。驚いたことに、彼らは敢然と、そして嬉々として、炎の責め苦を受け、それに耐えたのです。聖なる修道院長よ、あなたのおそばで、あなたの説明をうかがえたらと願わずにはいられません。キリストを信仰する真の信徒にもめったに見られぬ偉大な不屈の精神が、いかにして異端の説を説く悪の手先どもに宿るのか、を。[20]

公開討論を求めることと、信仰を捨てるより殉教を選ぶことは、従来の福音伝道運動には見られない傾向を示していた。エヴェルシンによれば、この集団のメンバーは一種独特の信条をもち、奇妙な慣習をかたくなに守っていた。彼らは乳や肉をはじめとして生殖行為の産物とみなされるものは、いっさい摂食しようとしなかった。彼らは結婚を姦淫と同一視し、悪しき行為と非難した。彼らは「主の祈り」を唱えることによって、食べ物と飲み物をキリストの肉と血として聖別した。そして、教団加入の秘跡は、完徳者が志願者の頭上に手を置く按手《あんしゅ》によって行われる（この儀式は救慰《コンソラメントゥム》礼と呼ばれ、死に瀕した人にも施されていた〔水による洗礼に対して、霊的な洗礼とされていた〕）。信者は帰依者と呼ばれる一般信徒のグループと、完徳者と呼ばれる霊的エリートのグループとに分かれており、完徳者は男女を問わず、きわめて徳の高い生活を営んでいるとされていた。彼らは徹底的な非暴力主義を掲げ、あらゆる戦争を不正とみなし、死刑に反対していた。そして、何より衝撃的だったことに、彼らはカトリック教会の権威も、救慰礼以外の秘跡の効果も否定していたのだ[21]。

カトリック対カタリ派

エヴェルシンの書簡や、そのほかの数々の報告は、ベルナールを当惑させた。彼自身も一一四五年にフランス南西部のラングドック〔オック語圏の意〕地方を説教してまわったときに、この分派のメンバーに遭遇した。ラングドックでは、彼らはとりわけ人気を集めているようだった。当初は情報が錯綜していたが、さらなる調査の結果、この新しい組織がカトリック内部の風変わりな反主流グループではなく、非カトリック的な宗教組織であることが判明した。カタリ派は明らかに、霊の神聖さと美しさを物質世界の打算と誘惑に対置する「二元論者」だった——とはいえ、カトリックの多くも、物質的な財貨より霊的な恵みを、結婚より独身を、教会の形式ばった儀式より神の賜物《カリスマ》の崇拝を、より尊んでいた。しかしながら、カタリ派はさらに大きな一歩を踏み出していた。なんとカタリ派の指導者たちは、創造は一回きりではなく二回あった、と説いていたのだ。カタリ派の教義によれば、善神が霊の世界を創造したときに、善神と永遠に共存し、善神と同等の力を有する悪神が物質世界を創造した。神に背いた天使が天上を追われて堕天使〔悪魔〕になったのではなく、悪神が天国に攻め入って天使を捕らえ、そのために形づくっておいた人間の肉体に天使を閉じこめた。[22]こうして人間の霊魂は、住み心地が悪いうえに死を免れない肉体に閉じこめられたのだ。そして、善と悪の戦争が始まり、この戦争は今日に至るまで続いている。これは終わりのない闘争だが、そのプロセスにおける主たる戦闘は人間の堕落〔悪神の勝利〕と、キリストの誕生と復活〔神の勝利〕で終わった。

カタリ派の道徳は、以上の大前提からいっさいの妥協なしに導かれていた。神は肉体に打ち勝ち、性行為による生殖という悪しき連鎖から逃れる道を示すために、私たちのもとにイエスを遣わした。それゆえ、各人はキリストに倣《なら》って、隣人を愛し肉の欲望を抹殺することによって、みずからを浄化しなくてはならない。完徳者にとって、これは結婚を否定し、暴力と無縁の生活を送り、ひたすら他者の幸福のために生きることを意味していた。一般信徒が守るべき掟はこれほど厳しくはなかったが、ローマ教会の権威とその「迷信的な」儀式を拒否すること、信仰共同体の責務を共有し、菜食主義を守り、道徳的な生活を送ることなどが定められていた。

カタリ派に批判的な人々は、その反物質主義的信条が極端な形で現れていることに注目した。たとえば、狂信的な信徒は堕落した肉体に幽囚されるべく断罪された霊魂がまた一つ生まれるとして、子どもの誕生を嫌悪した。また、それを裏づける証拠は乏しいものの、狂信的な信徒の一部は老齢になったり病気が重篤になると、断食して死に至ったとされている。これは耐忍《エンドウラ》と呼ばれ、一種の儀礼に則った〔霊的意味をもつ〕自殺だった[23]。肉体と霊魂を対立し合う独立した実体とみなすことから、カタリ派の一部は霊魂輪廻を信じるようになった。すなわち、個人の霊魂の自己浄化が進むと、その褒賞としてより価値の高い肉体の中に再生し、完徳者の霊魂は神のもとに戻るのだ、と。これとは対極的に、カタリ派の信徒が放埒な性交渉を重ねているという報告も、枚挙にいとまがなかった。結婚と出産に対する嫌悪感が彼らを生殖を目的としない性交渉に駆り立てている、というのだ。しかし、この手の報告は、原始キリスト教徒についてローマ人が広めたのと同根の噂に過ぎなかった。カタリ派の信条が敬虔なカトリックのそれとは根本的に異なる行動を引き起こしたとか、その教義の反体制的な性格ゆえにカタリ派信徒が一般的な道徳観念と良識に反逆したとみなす者たちもいたが、それを裏づける証拠は実はないに等しいのだ[24]。

実情はその正反対だった。信仰心の篤《あつ》いカタリ派信徒は、総じて高い道徳水準を保っていた。その生き方は、急激に変化する社会に必然的に付随する暴力や残酷さや腐敗とは、鋭い対照をなしていた。ラングドックでは――そして、その程度こそラングドックに及ばないものの、プロヴァンスと北イタリアでも——この新しい教団は社会のあらゆる階層から強力な支持を得た。かくして、カタリ派の教義は非公認の宗教として、急速に西ヨーロッパ南部に広まった。貧しい人々は（ある程度もっともな話だが）、完徳者たちは人格の高潔さにおいても司牧者としても、カトリックの司祭たちより優れていると信じて疑わなかった。医者や法律家、熟練工や商人など、都市の中流階級はカタリ派の信条の純粋さと単純さに共鳴し、域外に出かけたときには非公式の宣教師として行動した。この教団では女性たちがことのほか積極的に活動し、女性の完徳者は男性の完徳者と同等の役割を果たした。そして、貴族階級はカタリ派を、彼らが「よそ者」の教皇や王侯の野心から守りたいと願ってやまない地方自治の一つの現れとみなしていた。トゥールーズ伯のレイモン六世〔在位一一九四〜一二二二〕はトルバドゥールたちのヒーローで、キリスト教世界最大の封建諸侯の一人だった。彼はこの異端教団を迫害しようなどという、だいそれた考えはもっていなかった。そもそも彼の貴族仲間や親類の多くが、この教団で高い地位に就いていた。また、カルカソンヌ、ベジエ、アルビをはじめ、ラングドックの諸都市のカトリック教会の司教たちも、カタリ派を抑圧しようとはしなかった。この地方の司教の多くは、カタリ派と論争を続けているあいだにも、ライバルに対して寛容にふるまうことを学んでいたのだ。

迫害への道

南フランスが富裕で絢爛たる文化を誇っていたがために、この地域の連帯は弱点に転化するおそれがあった――もし、ローマのカトリック首脳部が南フランスの異端者を罰するために、土地を渇望している北フランスの騎士や王侯の力を借りようと決断した場合には。カタリ派のカトリック教会からの離反が鮮明になるにつれて、こうした陰惨な可能性がしだいに現実味を帯びてきた。ローマは「汚染された」地域で説教させるためにシトー会の修道士チームを何度か派遣したが、このキャンペーンの効果はまったくあがらなかった。派遣された説教師たちは立派な僧衣をまとい、威儀を正した従者たちを従えて現地に赴いたが、地元の「善信者《ボンソム》」（と民衆から呼ばれていたカタリ派の活動家）の風格には遠く及ばなかった。そのうえ、学識のある異端者たちからことあるごとに論争を挑まれたにもかかわらず、彼らには論争に応じる準備ができていなかった。聖堂や町の広場など公衆に開かれたさまざまな場所で、大学の演習討議をモデルにした討論会が開かれた。討論はたいてい、カトリック側とカタリ側同数の審査員からなる審査団の前で行われ、反対陣営の審査員をより多く改宗させた方が勝ちと判定される仕組みになっていた。一二〇四年にカルカソンヌで開かれた有名な討論会では、カトリック側とカタリ側一三人ずつの審査団の前で、教皇特使のカステルノーのピエール〔一二〇八没〕が同地のカタリ派司教シモールのベルナールに対して、カトリックの見解を主張した。この討論会にはカトリックのアラゴン王ペドロ二世〔在位一一九六〜一二一三〕が臨席していたにもかかわらず、勝負は引き分けになった。総じてこれらの討論会では、いずれの陣営も相手を改宗させるという目的を果たせなかった[25]。

説得が功を奏さなかったので、カトリック教会首脳部はしだいに暴力に頼るようになった。一一七九年の第三回ラテラノ公会議はカタリ派を異端と断罪するにとどまらず、「忠実な信徒は一丸となって、この悪疫と精力的に闘わなくてはならない。そのために必要とあらば、武器をもたねばならない。異端の輩の財産は没収し、すべての王侯に彼らを奴隷にする権利を授ける」と付言していた。この公会議はさらに、カタリ派の異端者と闘う者すべてに「十字軍戦士とまったく同様に[26]」、二年間の贖宥《しょくゆう》〔ローマ・カトリック教会で、罪の償いを免除すること。その証書を免罪符と通称した〕を授けることと、カタリ派から没収した財産を褒賞として与えることを約束していた。もっとも、このアピールはすぐには目立った反応を引き起こさなかった。ローマはいまだ、その内部に根を張った敵を討つ正真正銘の十字軍を組織する能力と意欲を兼ね備えたリーダーを得ていなかった。また、教会の指導者たちは、カタリ派の運動も従来の反教権運動と同様に、内輪もめで消耗して燃え尽きるかもしれない、という望みを捨てていなかった。だが、シャンパーニュや、フランドルや、ロンドンや、ケルンで強情なカタリ派信徒が火あぶりにされているあいだにも、南フランスにおけるカタリ派の運動は勢力を増すばかりだった。それゆえ、この地域の異端者に究極の罰を科そうとするなら、信徒の大量虐殺という事態が不可避であることがしだいに明らかになってきた。

こういうわけで、しばらくは両派の論争が続いていた。これらの論争は、カタリ派の運動が終息してからずっとのちに議論されることになる、哲学上および神学上の数々の問題を提起した。カトリックを敵にまわしてカタリ派の教義を巧みに弁護しようものなら、どのような罰がくだされるかを知っていたら、この新しい分派の代弁者たちはこれほど精力的に論争に参加しなかっただろう。彼らはたぶん、南フランスの本拠地ではけっして論駁されないと自負していたのだろう。あるいは、彼らはおのれの信仰のために、進んで殉教の危険を冒そうとしていたのかもしれない。けれども、彼らはこの論争において、自己の地歩を保つという以上のことを成し遂げた。再発見されたアリストテレス哲学の方法と概念を援用することによって、彼らはカトリック教会を守勢に追いこんだのだ。だが、彼らはそうしたばかりに、はからずもみずからの運命を封印してしまったのである。

3　カタリ派の中のアリストテレス

悪をめぐる論争——神は全能ではないのか

やがて、カタリ派の教義は非正統的で独特であるとはいえ、首尾一貫して系統立っており、合理的な説明を渇望する人々に対してきわめて説得力があることがわかってきた。カタリ派が道徳的に優れているという評判を聞いて、数多《あまた》の無学な人々がこの異端の信仰を奉ずるようになった。だが、教育を受けたカトリックをカタリ派に改宗させ、カタリ派をカトリック教会の知的覇権を脅かす存在とさせたのは、カタリ派の指導者がその教義を論証する能力に秀でていたことだった。これらカトリック教会に対する反逆者たちは熱心な読書家として知られており——絵画にはしばしば書物を携えた姿が描かれている——読書から得たものを効果的に応用した。敵対するカトリック陣営の知識人と同様に、カタリ派の指導者もその見解を裏づけるべく聖書の章句を引用した。彼らはとりわけ、物質世界と地上の教会の腐敗を強調した新約聖書の章句を頻繁に引用した。けれども、彼らの敵を何より驚かせ当惑させたのは、彼らが——アリストテレスとその註解者をはじめ——高名な世俗の権威に由来する方法と概念を用いて、実に理路整然と論証することだった。

カタリ派の指導者たちが（ほとんど強迫観念といえるまでに）何より重視していたテーマは、悪の問題だった。いったいどうして善き神が、私たちが現在生きているような、死と腐敗と道徳的欠陥にまみれた世界を創造しえたのだろうか？　どうして全能で公正で慈愛に溢れた創造主が、疫病や自然災害や罪深い衝動の存在を許しているのだろうか？　キリスト教思想家の多くも悪の問題に関心を抱いていたが、カタリ派がこの問題に正面から取り組む以前には、神がこれら地上の悪の存在を許していることが深刻な教義上の危機をもたらすと考える者はほとんどいなかった。キリスト教徒の大多数は聖アウグスティヌスが最初に示した解釈を——すなわち、悪は神が創造したものではなく、そもそも実在するものでもなく、存在が不充分ないし「欠如した」状態であるという解釈を受け入れていた[27]。アウグスティヌスによれば、罪あるいは神への反抗は神の意志によるものではなく、私たち自身の自由選択の産物である。そして、表面的には悪と見える出来事も実はより高次の目的に適っていることが——もし私たちがそれを理解できさえするなら——神のはかり知れない計画によって示されるだろう——これで一件落着だったのだ[28]。

このような従来の解釈に対してカタリ派が展開した反論は、破壊的な影響を及ぼしかねなかった。とりわけ、教会付属学校や大学でアリストテレスの論理学を学んだ完徳者たちが公開討論の場で反論する場合は、その影響は甚大だろう。アウグスティヌスの解釈はまったく意味をなさない、と彼らは論証した。なぜなら、全能の善き神と悪で汚された世界とのあいだの矛盾は現実に存在し、これを神学的な手練手管で消し去ることはできないからだ。悪はけっして幻想ではなく、悪を包含する物質世界と同様に厳として実在している。アウグスティヌス自身はむしろ罪を単なる存在の欠如にではなく、人間の強い欲望に帰着させていた。すなわち、人間がその歪んだ意志を誤って用いることを、罪とみなしていたのだ。だが、そもそもどうして全能の善き神が、このような不完全な代物をつくったのだろうか？　そして公正を期すなら、どうして神が、みずからつくった（アウグスティヌスによれば圧倒的多数の人間がそれに当たる）罪深い存在を、永遠に地獄に落とせるのだろうか？　しかも、とカタリ派の完徳者は問いかけた。悪しき衝動や出来事を神のはかり知れない計画とやらに帰すことは、無知に訴えることでしかない。もし、神の計画がはかり知れないものであるならば、その目的が人間の幸福であることを、どうして私たちが知りえようか？　それどころか、私たちはどうしたら、神の計画についていささかなりと知ることができるのだろうか？　私たちが苦しむにまかせているときでさえ、神は私たちの幸福を深く心にかけているに違いないという結論は、全能の善き神という大本《おおもと》の前提を確認するに過ぎない。だが、はたしてこの前提自体、経験的な証拠によって正当化されうるのだろうか？　それとも、もっと納得のゆく解釈があるのだろうか？

カタリ派の教義と実践には異国風ないし「東方的」な要素がうかがえたとしても、(29)これらの問いかけは、当時カトリック神学を変容させつつあった合理主義的精神、つまり物事を理性によって理解したいという欲求と、きわめてよく合致していた。この精神はまた、ヨーロッパ人のあいだに、自然科学と高等教育に対する関心を急激に募らせていた。彼らの創造物語は馬鹿げた夢物語に過ぎないという非難に対して、カタリ派は旧約聖書の『ヨブ記』を分析することで応酬した。ヨブは「無垢な正しい人」だったが、エホバの気まぐれによってすべてを失ってしまう。(30)そして、人間を苦しめる善き神という逆説をついにヨブが受け入れるまで、神はヨブを愚弄し、苛《いじ》めぬく。カタリ派によれば、この不愉快な物語は明らかに、悪の問題についての問いかけに何ら答えておらず、答えることを拒否している。さらに悪いことに、エホバが神の無限の力を繰り返し宣言していることは、神が（ヨブの場合のように）故意に悪を生じさせること、あるいは（堕天使やアダムとイヴの場合のように）悪の存在を許していることを、暗黙のうちに認めているとしか受け取れない。これに対して正統派が提示した結論は、人間は理性を用いるだけでは悪と称される出来事や衝動を理解できない、というものだった。そう、理性は啓示に、論理は信仰に、屈服しなくてはならない。キリスト教徒はすべからく、神は全能で善なるがゆえに、いずれ時が来れば神の無限の力と知識に無限の正義と慈悲が伴う、という見解をそのまま受け入れるべきなのだ。

正統派が下した結論に対して、カタリ派は次のように反駁した。悪という現象を理性を用いて考察すれば、そこから導かれる解釈はただ一つ、すなわち、神は同時に善で全能ではありえない、ということだ。もし、神が悪を創造したか、あるいは悪の存在を許しているのであれば、神は善ではありえない。もし、神が善であるなら、神は全能ではありえない。なぜなら、もし神が全能であるなら、神は人間に罪と苦悩を課したりはしないだろうからだ。善と悪の存在は二つの創造的な原理、すなわち神が存在し、いずれも全能ではないことを示している。『ヨブ記』など旧約聖書の随所に描かれている神は、おのれの力にのぼせあがった暴君であり、この神が物質世界の創造者にして、あらゆる悪の源泉である。一方、新約聖書の神は慈悲と愛の源泉であり、霊的領域の創造者である。この領域には、神の子や、諸天使や、人間の霊魂が含まれる。この道徳的二元論は道理に適っているばかりか、アリストテレスが示した論理的推論の諸原理から必然的に導かれる結論である、とカタリ派は主張したのだ。

〔異端の文献は焼却されるのが常だったので〕完全な形で残っているカタリ派文献は、今のところ『二原理の書』と称される論文しかない。この中に、以下のような興味深い文章がある〔『二原理の書』は一二三〇～四〇年頃に書かれた作者不詳のカタリ派の神学書で、自由意志や創造の問題などを扱っている。カトリック側と理論抗争を続けるうちに整理・洗練されたカタリ神学の一つの頂点とみなされている。引用部分は、天使が堕落したのは自由意志の行使をつうじて悪を選択した結果である、というカトリック側の主張を論駁している〕。

〔善良な天使が善を拒絶し、世の初めには存在しなかった悪――われわれの敵対者たちの考えでは、その原因も存在しなかった――を選び取るとはとうてい考えられない。〕だが、これ〔原因なしに悪が生じるという考え〕は認めがたい。次のような名言が残されているではないか。「変化はいかなるものであれ、原因なしに生じることは不可能である」。さらにまた、「可能態から結果へ移行するものは、必ずや可能態を結果へと導く原因がなければならない」。さらに、次の点を指摘できよう。われわれの論敵〔カトリック〕の仮説では、存在性――そしてその存在性の原因、すなわち善――を有するものは、存在性を有さぬもの、すなわち悪――そしてその原因（これもまた存在しなかった）――よりも天使たちに及ぼす影響力が小さかったことになるはずだが、それは次の命題に反する。

「ある事象が作用を及ぼすには、まえもってその事象が存在しなければならない[31]」

〔ルネ・ネッリ『異端カタリ派の哲学』柴田和雄訳、法政大学出版局〕

この論証は、まさにアリストテレスそのものである。引用されている一節の出典は、おそらく『自然学』ないし『形而上学』の要約か、その註解書だろう。「哲学者」はこれらの著作の中で、何かを知るとはその原因や原理を理解することであり、この宇宙には原因なくして生じた事物は存在せず、可能態にある事物が現実態に転化するのはすべて、何らかの原因ないし目的の影響によるものである、と主張している[32]。この一節の最後の文章は、宇宙で新たな活動が生じる場合、それには例外なく新たな原因が存在するはずだ、なぜなら、もしそうでなければ、いかなる事物も従来どおりの活動を続けるはずだからだ、というアリストテレスの原理に言及している。このカタリ派の立論は、たとえ悪が永続的な存在でないとしても（彼らは永続的な存在であると確信していたのだが）、その原因が存在するのは自明の理だとみなしている。というのは、もし悪の原因がないのであれば、善を生じさせるものが何であれ、それは永遠に善だけを生じさせ続けるだろうからだ。これと同様に、カトリックの論客が悪は人間の自由選択の結果であると主張するなら、「いかなる原因が天使や人間たちに悪を選択させるのか」という疑問に答えなければならない。原因なくして、あるいはひとりでに、何らかの出来事が生じるという観念は、不合理で馬鹿げている。なぜなら、アリストテレスも述べているように、自然の世界で生じる事物はすべて、何らかの原因を有しているからだ。そして、善という類《たぐい》のきわめて普遍的かつ根本的なものの原因は第一原因(a First Cause)——神(a God)——であることを「哲学者」が論証しているのだから、悪の原因も神(a God)であらねばならないのは理の当然である。

理性と信仰の係争地域

この論証が意味するものは、カトリックの多くを悩ませた。それは、彼らがカタリ派の結論を受け入れたからではなく——二元的創造という概念はまぎれもない異端の説であるばかりか、自然が一《いっ》なることを確信していたアリストテレスなら、一瞬たりとも肯定するはずのないものだった——この異端者たちが新しい学問をこれほど効果的に応用していることを思い知ったからだった。けれども、カタリ派が応用している合理主義的な方法は、少なからぬ数のカトリック神学者もすでに採用していたのだ。彼らもやはり、宗教の教義は——アリストテレスの学説が理に適っているのと同じように——理に適っていなければならない、と確信していた。つまり、宗教の教義は理解できるものであらねばならず、観察された諸々の現象を説明しうる(あるいは少なくとも、それらと矛盾しない)ものであらねばならない、そして、ほかの分野の命題を証明するのと同種の合理的な論証によって正当化されうるものであらねばならない、と彼らは確信していたのだ。もっとも、宗教の教義の中にはこうしたアプローチをとれないものがあることを、カトリックの学者たちは認識していた。たとえば、処女懐胎や、三位一体の三一性や、天国のありかや様子というような神的な事柄にかかわる問題は、論理的な推論の埒外にあると一般的に認められていた。だが、悪の問題ははたして、これらと同類の合理性を超越したテーマなのだろうか？その起源についてカトリック教会とカタリ派が論争している悪そのものは、自然の世界で当たり前に見られる現象ではないだろうか？　となると、悪は人間の理解を超えた不可解なものであるとする正統派キリスト教徒の主張には、どれほどの根拠があるのだろうか？

アリストテレスの「失われた」著作や、そのほかのギリシア科学の著作が初めて西ヨーロッパに伝えられて以来、カトリック教会はこの新しい知識に通常は次のように対処してきた。すなわち、これらの知識を広く容認されている宗教的真理の枠組みに組みこんだうえで、個々の知見を受け入れたのだ——その過程で、感覚によって知覚される自然の宇宙についての即物的な知識は、神聖侵すべからざる神の領域から分離された。たとえば、死体が生き返らないことは、ガレノスの医学もアリストテレスの生物学も強く示唆している。ところが、信心深いキリスト教徒は、次のように応じることができた。たしかに、これは自然の世界においては真理であるが、イエスがラザロを生き返らせたように神が稀に死者を生き返らせることも、福音書に予言されているように終末のときに神が聖人たちをその身体ごと復活させることも、やはりまぎれもない真理なのだ、と。このように科学と宗教が矛盾するように見える場合は、時に奇跡が起きて自然の規則性が破られることを認め、さらに自然の法則が成り立たない神の王国の存在を認めれば、矛盾が解決されるだろう。そうすることによって、信仰篤きキリスト教徒でいながら、「自然哲学」の疑う余地のない真理を受け入れることができるのだ。換言すれば、自然が通常はアリストテレスが叙述した諸原理にしたがって自律的に機能するようとりはからうことによって、神はその無限の力を行使している、しかしながら、神は全能であるがゆえに、その欲するところを何でも行うことができるし、実際にしばしば行っている、ということだ。

　これは実に巧妙な解決法で、さまざまな問題にきわめて効果的に適用することができた。ところが、カタリ派との論争をつうじて、ある種のきわめて重要な問題は、地上の領域と神的な領域のいずれに属するのか、科学的に決定すべき問題なのか、それとも人間の理解を超えた問題なのか、容易に分類できないことが明らかになってきた。問題によっては、自然の領域と超自然の領域のいずれに分類すべきかを決定するのがいっそう困難で、それゆえ、それを探究すれば深刻な対立を招来しかねなかった。悪の問題はまさに、世界の永遠性や、自然法則の不変性や、霊魂の本性などの問題とともに、こうした係争地域に位置していた。これらの問題を教育のあるキリスト教徒を納得させられるような仕方で扱うためには、現今のカトリックの説教者たちが束になってもかなわないほどの、高度な哲学的知識が必要だった。

これが、カタリ派との論争から得た第二の教訓だった。アリストテレス流の論証術に長けた異端者を論破したいと望むなら、カトリック側もアリストテレス流の弁証法に長けた説教師を——すなわち、相手の得意の手でカタリ派を粉砕できる論争のスペシャリストを——起用しなければならなかった。一二〇五年、そうしたスペシャリストの一人であるグスマンのドミンゴ〔一一七〇頃～一二二一〕が、教皇特使の会議に出席する司教に随伴して、ラングドック地方の中心都市モンペリエを訪れた。ドミンゴは当時三五歳のスペイン出身の神学者で、バレンシア大学の卒業生だった。この血気盛んな男はかねてから、サラセン人〔当時のヨーロッパにおけるムスリムの総称〕に説教したいと望んでいたのだが、彼とほぼ同世代の教皇インノケンティウス三世〔一一六一～一二一六、在位一一九八～没年〕から、カタリ派との論争に加わるよう命じられた。彼が最初にとった行動は、異端派と討論する説教師はすぐさま彼らの大型馬車を捨て、料理人や召使いを解雇し、立派な衣服を脱ぎ捨て、論敵たちの質素な生活様式を実践すべきだと、特使たちに助言することだった。ついで、彼は教皇に対して、ヨーロッパ全域のカタリ派と闘うために、説教者からなる修道会の創設を認可してほしいと請願した。この若きドミンゴ、ラテン名ドミニクスは、のちに望みをかなえて説教者修道会〔ドミニコ会〕を創立する。だが、インノケンティウス三世は修道会の設立を正式に認可する〔一二一六年〕以前に、対カタリ派十字軍〔フランス南部のアルビを中心としたカタリ派をアルビジョア派と呼んだことから、アルビジョア十字軍と通称される〕を唱導していた。かくして、ラングドック全域が炎上することになったのだ。

インノケンティウス三世と三つの難題

リーダーが歴史を大きく変えることはめったにないが、センニのロタリオ〔ロタリウス〕はリーダーになるべく生まれついていた。この若きローマ貴族は十二世紀後半のヨーロッパで享受しうる最高の教育を受け、パリ大学で神学の学位を、ボローニャ大学で法学の学位を取得した。二一歳という中世の基準からすれば桁外れの若さで学業を終えると、彼はローマに帰って聖職に就いた。そして、聖職位階制〔教皇を頂点とし、ピラミッド型に構成される聖職の階級制度〕の中で昇進を重ね、教会の要職を歴任した。一一九八年に教皇ケレスティヌス三世〔在位一一九一～九八〕が没すると、ロタリオは枢機卿会の事実上の全員一致で教皇に選出され、インノケンティウス三世の称号を贈られた。ケレスティヌス三世は自分の後継者として別の人物を選んでいたのだが、そんなことは問題ではなかった。ロタリオは当時有数の法学者と目されており、卓越した行政官であり、抜け目のない政治家であり、忍耐強い外交官だった。そして、ヨーロッパの諸々の分野で教皇が指導的役割を果たすことを、熱烈に擁護していた。さらに、彼は偉大な改革者グレゴリウス七世の忠実な信奉者であり、その事業を継承しようと決意していた。聖ペテロの座に就いたとき、インノケンティウス三世はまだ三七歳の若さだった。

新しい教皇と教皇庁は、三つの大きな難問に直面した。すなわち、南フランスとイタリアに根を張ったカタリ派の運動と、西ヨーロッパ全域に広まった福音伝道的な反教権運動と、ヨーロッパに誕生したばかりの大学へのアリストテレス思想の「侵入」である。博愛主義という規準以外のほとんどすべての規準に鑑みて、インノケンティウス三世の治世は大成功をおさめた。彼の政治的立場を総括するなら、先見の明をもった保守主義と称することができるだろう。長期的視野から教会を利するためとあらば、彼は——たとえ、近視眼的な伝統主義者たちから、あまりに急進的で容認しがたいものとみなされようとも——変革を断行することを厭わなかった。問題に取り組むために彼が好んで採用した方法は、(おそらく大学で法学を学んだ名残りだろうが)一線を画すというものだった。彼はその線の一方の側に、教会の霊的および政治的主導権にあからさまに異議を申し立てる者たちや、強情な異端者たちを置き、彼らには物理的に抹殺されるという運命を課した。そして、線の反対側には、たとえその思想やものの見方が胡散臭く感じられたり不穏に思えたとしても、教会の手先として使えそうな者たちを置いた。彼らの運命は、もし彼らがそれを受け入れるなら、しかるべきルールと宗規のもとにカトリック教会の聖職位階制に取りこまれる、というものだった。この一線を画すという方法はその後三〇〇年間にわたって、カトリック教会の組織と思考様式を決定するうえで、大きな役割を果たした。そして、インノケンティウス三世の時代にあっては、この方法はカタリ派の壊滅と、民衆の福音伝道運動の教会組織への吸収と、諸大学のアリストテレス受容に対する矛盾をはらんだ規制を指し示していた。

インノケンティウス三世が異端を毛嫌いしていたことを考えると、この新任教皇は頑強に抵抗するカタリ派に対して、当初はかなり穏やかに対処していたように見受けられる。カトリックの聖職者の職権濫用がカタリ派の反乱を刺激しているという見解を受けて、彼はラングドックに特使たちを派遣し、多数の腐敗した司教を停職処分にした。また、ラングドック全域で説教と討論に従事させるために、グスマンのドミンゴを送り出した。彼はまた、異端派に寛容であるとして破門されていたトゥールーズ伯レイモン六世の悔悛も受け入れ、ふたたびカトリックの正統信仰に帰依することを許した。とはいえ、インノケンティウス三世には、カタリ派がヨーロッパ南部で反カトリック教団を組織し続けるのを容認するつもりは毛頭なかった。その後、レイモン六世があいかわらずカタリ派に対して断固たる行動をとらないでいると、業を煮やした教皇はレイモン六世の従兄弟に当たるフランス王に、キリスト教徒の君主の義務を次のように伝えたのだ。

トゥールーズ伯を追放して、その領地を異端の分派の支配から解放し、貴下の慈悲深い統治のもとで誠心誠意忠実にわれらが主に奉仕するよう導きうる真のカトリックにその土地を支配させることは、貴下の責任である。[33]

この間に、教皇は南フランスにおける首席教皇特使のカステルノーのピエールに、トゥールーズ伯領内で反レイモン工作を進めるよう命じていた。カステルノーのピエールは、法的にはレイモン六世の封臣である土地の小領主たちを多数説き伏せて、カタリ派の異端者を逮捕・抹殺するための同盟を結成させた。この同盟に加わるよう要請されると、レイモン六世は（まさに予想していたとおりに）それを拒否した。その報復として、カステルノーのピエールはまたしてもレイモン六世を破門に処した。その結果、トゥールーズ伯の封臣は臣従の義務から合法的に解放された。カステルノーのピエールはさらに、トゥールーズ伯領に聖務禁止《インターディクト》の罰を科した。つまり、レイモン六世が教会と和解するまで、この地域のカトリックはミサに出席することも、聖体を拝領することもできなくなったのだ。この教皇特使はおのれの意図を隠そうともしなかった。彼はレイモン六世に対して、「そなたから奪う者は有徳とみなされるだろう。そなたを打ち殺す者は祝福されるだろう[34]」と宣言したのだ。風前の灯の権力を何とか維持するために、トゥールーズ伯はカステルノーのピエールに平伏して謝罪することを余儀なくされた。そして、教皇の命令に従い、反異端派行動に参加する旨の神聖な誓文を何枚も書かされた。サン・ジル教会で執り行われた服従の儀式は、当のレイモン六世より、彼の家臣たちにとってこのうえない屈辱だったようだ。その翌朝、カステルノーのピエールの一行がサン・ジルを発《た》とうとしていたときに、レイモン六世の家臣の一人が一行に近づくや、その剣で教皇特使に斬りつけた。

アルビジョア十字軍の猛威

もちろん、インノケンティウス三世はこの暗殺事件を想定していたわけではない。だが、これはまさに、彼が待ち望んでいた不法な戦争行為だった。いまや、教皇は晴れてカトリックの王侯すべてに対して、破門されたトゥールーズ伯から伯領を奪い、「サラセン人より悪辣な」カタリ派を（彼の言葉によれば）「絶滅させる」ために教皇のもとに参集せよ、と命じられるようになったのだ。この十字軍への呼びかけは一二〇八年の春に発せられ、ヨーロッパの諸侯に対して、サラセン人相手の十字軍に与えられる特典がすべて約束された。すなわち、借金の返済猶予や、罪の赦免や、異端者に没収されていた財産をとりもどす権利などが約束されたのだ。一二〇九年七月には、ヨーロッパ南部では前代未聞の規模の軍隊が、ローヌ渓谷を南下していた。その陣容は、シモン・ド・モンフォール〔一一五〇頃～一二一八〕のような有力領主たち、その封臣の数千人もの騎士たち、傭兵の大部隊、多数の巡礼の群れなどであった。十字軍の最初の標的となったベジエの町は、包囲されるやたちまち襲撃され、恐るべき結末を迎えた。カトリックもカタリ派も家を捨てて教会に避難したが、教会の扉も侵略者を防ぐことはできなかった。ある歴史家によれば、「教会の中にいた者は、女も病人も赤ん坊も聖職者も、ことごとく殺された。聖職者たちは聖杯を握り締め、あるいは十字架を高く掲げてことされていた」。一説によれば、教皇特使のアルノー＝アマルリックは、攻撃開始前にベジエにはカトリックも多数いると報告されると、「すべて殺せ。神は神のものを知りたもう」〔あとで神が見分けられて、カトリックの信徒だけを天国に入れてくれる、の意〕と応じたとされている。教皇特使が実際にこうした言葉を口にしたとは思えないので、これはおそらく作り話だろう。けれども、住民の虐殺後まもなく、彼が誇らしげに「年齢や性別を問わず、二万人近くの市民が殺された[35]」とインノケンティウス三世に書き送ったというのは、おそらく事実だろう〔一説によれば、ベジエ在住の二万人のうち、明らかな異端と認定されていたのは二二二人だけだった〕。

ついで、カルカソンヌが陥落した。ほとんどの市民は生きながらえるために降伏し、家や財産を十字軍に奪われるにまかせた。だが、「よそ者」の侵略に対する抵抗運動はいたるところで激発し、アルビジョア十字軍の軍事行動は長期に及ぶ消耗戦となった。いうまでもないことだが、人口が激減し、戦火によって荒廃した南フランスは、最後には降伏に追いこまれた。一二二九年、兵士も資源も使い果たしたトゥールーズ伯レイモン七世〔レイモン六世の息子、一二四八没〕は、ラングドックを実質的にフランスに譲渡するという内容の和約をフランス王と結んだ。この年、トゥールーズで開かれた教会会議で、教皇の管理のもとにトゥールーズ大学を新設することと、異端を根絶するために設けられた異端審問所に強大な権力を授けることが決定された。一二歳以上の女性と一四歳以上の男性すべてが異端に抗する旨を誓わされたうえに、誤った解釈によって惑わされることを防ぐとの理由で、旧約聖書と新約聖書を所有することが禁じられた。（一二一六年に没した）教皇インノケンティウス三世の後継者たちは、異端審問所の審問官や検察官をイタリアや北フランスやドイツに導入した。ドイツでは首席審問官のマールブルクのコンラートが、一二三三年に暗殺されるまで歴史に残る恐怖の治世を敷いた。だが、これでカタリ派の抵抗が終わったわけではない。フランスとイタリアでは、一二四四年まで散発的にカタリ派の反乱が生じていた。この年、ラングドックの反逆者の最後の砦だったモンセギュール城が攻め落とされ、城内にいた人々は一人残らず殺された。この当時ですら、カタリ派のグループは密会を重ねており、新たな改宗者を獲得しさえしていた。この信仰は西ヨーロッパではもう一世紀生き延び（最後のカタリ派がイタリアで火刑に処されたのは一三三〇年）、その発祥の地であるバルカン地方では、それよりいくぶん長く生き延びた。

カタリ派を制圧したのちの西ヨーロッパ社会は、インノケンティウス三世が登位した頃の社会とは様変わりしていた。新しい思想に対して寛容で開かれた時代は終わり、「厳格な正規化」と抑圧の時代がすでに始まっていた[36]。この変化を象徴していたのが、一二一五年にこの教皇が招集した第四回ラテラノ公会議〔異端鎮圧や第五回十字軍をはじめ、神学、典礼、教会法など、多くの議題が論議された〕である。この公会議はカタリ派の主たる教義すべてに有罪宣告を下しただけでなく、ユダヤ教徒その他の非カトリックに対して特別な服装をするよう（ほとんどの地域では黄色いバッジを身につけるよう）命じていた。その理由は、彼らとあまり親密に交わらないよう、善良なキリスト教徒に警戒を促すためとされていた。ここで問題になるのは、公認されていない福音伝道運動に従事していたカトリックの反教権派や、新設された諸大学で教鞭をとり始めていたアリストテレス主義者の学者たちにとって、こうした社会の変化はいかなる意味をもっていたかということだ。はたしてラテン・キリスト教世界は、当時世俗の哲学者を孤立させ、社会の周辺に追いやっていたイスラーム世界と同じ方向に向かおうとしていたのだろうか？　アリストテレスの書物も、いまやカタリ派の小冊子を呑み尽くしている焚火に投じられる運命にあったのだろうか？　しばらくのあいだ——実のところ、十三世紀の大半をつうじて——その答えははっきりしないままだった。

4　アリストテレス自然学への禁令

インノケンティウス三世の功績

興味深いことに、反カタリ派動員令を拡大して、そのほかの潜在的に「破壊的な」宗教運動もその対象に含めようという動きに最も頑強に抵抗したのは、インノケンティウス三世その人だった。明白な異端者や宗教上のライバルに対してはきわめて残忍であったにもかかわらず、この教皇はあくまでグレゴリウス改革の信奉者であり、急進的な教会改革に熱心に取り組んでいた。彼の業績の中で特筆すべきは、ベルナールら旧世代の保守主義者たちを脅かした民衆主体の福音伝道集団の多くを、カトリックの教会組織に組み入れたことだった。インノケンティウス三世は以前に彼らを破門したことは不問に付して、特定の集団と交渉し、妥協的な取り決めを結んだ。すなわち、カトリック教会側がそれらの集団を教会の代理人とみなし、その活動を是認する代わりに、集団側はその組織を再編成し、行き過ぎた実践行動を改め、神学的な事柄については説教しないという条件を受け入れたのだ。この最後の条件は、きわめて重大な意味をもっていた。なぜなら、この条件が認めていたこと——すなわち、自称福音伝道者が町や都市で辻説法すること——は、カタリ派が猛烈な攻撃にさらされていたにもかかわらず、いまや西ヨーロッパ中に広まりつつあり、それを阻止することはおそらく不可能だったからだ。[37]

インノケンティウス三世の最大の功績は、アッシジのフランチェスコが率いるグループを「小さき兄弟たちの修道会」〔フランシスコ会〕としてカトリック教会に組み入れたことだった。商人の息子だったフランチェスコの運動が危険視されたのは、彼のカリスマ性と徹底的に無私を貫く姿勢が脚光を浴びたことや、信奉者が驚異的な勢いで増えていたことに加えて、彼が異常なほど財産の所有を嫌悪していたからだった。大多数の福音伝道者は質素な生活を送っていたものの、生計を立てるために働いていた。ところが、フランチェスコは彼に従う者たちに、托鉢だけにすがって生きよ、みずからが居住する建物さえ所有してはならない、と厳命していたのだ。祈りと奉仕に専念する大きな組織を築こうとしている福音伝道者にとって、土地を所有したり支配せずに望みをかなえることは、とうてい不可能としか思えなかった。つまるところ、フランチェスコは——教会は清貧に甘んじよ、この世の財産と権力は世俗権力者に譲れ、と主張していた——ブレシアのアルノルドの再来なのだろうか？　インノケンティウス三世が非凡だったのは、このアッシジ出身の高潔な人物には教会の政治的覇権や教義上の主導権に挑戦する気は毛頭ない、と見て取ったことだ。実のところ、フランチェスコを駆り立てていた衝動は——すなわち、使徒的生活を送り、貧者に奉仕し、神の存在を体験し、神の言葉を説教したいという強い欲求は——ヨーロッパ中の少なからぬ数の熱心なカトリックの心もとらえていたのだ。それゆえ、この問題を解決するためには、フランチェスコの信奉者たちをカトリック教会の枠組みに取りこみさえすればよかった。その枠組みの中で、彼らは霊的な賦活剤になり、さらに長い目で見れば、政治的な安定剤になるだろう。

後世の言い伝えによれば、インノケンティウス三世はフランチェスコに初めて会う以前に、サン・ピエトロ大聖堂が崩れかけ、一人の男が両肩で聖堂を支えているという夢を見た。フランチェスコと会ったとき、教皇はこの人物こそ夢に出てきたヒーローであると気づいた、といわれている。このカリスマ的な福音伝道者とその信奉者たちを教会組織に取りこむことによって、教皇がこの弱点を抱える組織を強化し、自身の権威をも高めたことは疑問の余地がない。このように、悔悟する見こみのない強情な異端者と、御しやすい改革主義者とのあいだに一線を画すというのは、きわめて巧妙な方法だった。ところが、この方法では、ヨーロッパ各地の大学で学生たちを魅了していた新しい知識が提起した問題に、対処することができなかった。大学のカリキュラムはどのように規制すべきなのだろうか？　教会に忠実な知識人グループと、忠義が疑わしい知識人グループとを——もし、できるのであれば——どのように区別すべきなのだろうか？　教会はアリストテレスの哲学にどのように対処すべきなのだろうか？

インノケンティウス三世の在位中に、アリストテレスの著作を「消化」することに追われて久しく沈黙していた学者たちが、いよいよ声をあげはじめた。いまや、誰もが「哲学者」の著作について、とりわけ『自然学』、『形而上学』、『霊魂論』、『生成消滅論』などの「自然の書物」や、自然科学関連の論文について語りたがっていた。かかる風潮は一部には、西ヨーロッパの知識人のあいだで文学への関心が復活した現れだった。彼らは今では騎士道物語や恋愛詩、戦士を謳った叙事詩、占星術の論文や聖人の伝記などを、ラテン語でも自国語でも読んでいた。[38]けれども、このように多種多様な読み物がありながら、アリストテレスのスキエンティア（scientia）——この世の知識〔学知。信仰に基づいた教えとは異なる学問的な知識〕——に関する著作ほど、多数の熱心な読者を惹きつけたものはなかった。ヨーロッパ各地の大学に群がっていた数千人もの学生は、アリストテレスの論理学書とともに、これらの著作を貪り読んでいた。

アリストテレス哲学の牙城と化した学芸学部

大学もまた、社会の新たな発展の産物だった。そもそも大学の原型は宗教的権威と世俗的権威の利益に供するためにつくられたのだが、これら生気と活気に溢れた独立心旺盛な共同体には、公認された境界線を踏み越える危険性が常につきまとっていた。[39] 大学の主たる目的は、特権階級に属する若い男性（と、少数の女性）を宗教指導者・官僚・教師・法律家・医者となるべく訓練することであり、さらに——ローマ教会の死活問題として——宗教上のライバルや異端派と互角に戦える知的戦士を養成することだった。当時さかんに結成されていた職人の同業者組合《ギルド》と同様に、大学も一種の合法的な団体で、メンバーを入会ないし退会させたり、教師の技量の基準を定めたり、昇進制度を整備したり、独自の行動規範を決定する権限を与えられていた。最終的には教会や国家に対して責任を負いながらも、大学は日常的に高度の自治を実践し、教師団や学生たちはかなりの特権を享受していた。こうした環境は、新しい思想や研究技法の創出と練磨を可能にする知的・政治的空間を生み出した。中世の西ヨーロッパの大学は「ビザンツ帝国やイスラーム圏の高等教育機関より、はるかに大きな学問の自由」を享受し、集団への濃密な帰属意識を謳歌していた。[40] このように自由な雰囲気が非正統的な思想や規則違反の行動の発生源となるのは、まず避けられないことだった。地域住民と学生とのあいだでは暴力を伴う「町《タウン》対大学《ガウン》」

の闘争が頻発し、教師や学生の反抗は大学につきものだった。教師と学生は共同戦線を張るのが通例で、彼らを統制したり「矯正」しようとする試みは、しばしば消極的な抵抗にあった。講義が休止されたり、メンバーが集団で離脱して新しい大学を設立するという事態も、稀ではなかった。

多感な若者たちを大学の手に委ねることを権威者たちが案じたのは、もっともなことだった。学生はかなり年少のときに――しばしば一三歳や一四歳で――大学に入学した。ヨーロッパのさまざまな地方から来た学生たちは、共通語としてラテン語を用いていたが、出身地ごとに設けられた「同郷団」や、年少の学生を監督するために設けられた学寮《カレッジ》で共同生活を営んでいた。パリ大学にはフランス〔ノルマンディー以外の全フランスとイタリア、スペイン〕、ノルマンディー、ピカルディー（ベルギー）〔パリ北方からベルギーまで〕、イギリス－ドイツ〔イギリス、オランダとライン以東の全ヨーロッパ〕の四つの「同郷団」があったが、民族集団どうしの喧嘩が頻発し、それはしばしば街の通りでも繰り広げられた。パリ大学でもそのほかの大学でも、基礎教育は学芸学部で行われた。学芸学部の教師たちは自由七科、すなわち文法・修辞学・論理学〔弁証法〕・幾何学・算術・天文学・音楽を講じていたが、しだいにアリストテレスの「自然哲学」も講じるようになった。基本的な授業形式は、講義と討論（*disputatio*）だった。形式に則った討論を行うことによって、論拠を示すために各種の資料を使いこなす能力や、議論のテーマを多角的に検討する能力が明らかになった。学士号を取得した学生には、自由七科を教授する資格が自動的に与えられた。その一部は法学や医学、あるいは「諸学問の女王」たる神学の修士号や博士号を取得するために、上級コースに進んだ。現代のシステムと比べると、学位の取得にはきわめて長い年月を要した。神学の博士号を取得するには少なくとも一六年、しばしばそれ以上の年月がかかったのだ。だが、名門大学を卒業すれば、急激に組織を拡充・整備しつつあった教会や国家や大学に採用されることが、実質的に保証されていた。

一二〇〇年にフランス王から特許状を与えられたパリ大学は、たちまちヨーロッパで最高の神学研究センターとみなされるようになった。それより六〇年ほど前に創設されたボローニャ大学〔一一五八年に神聖ローマ皇帝フリードリヒ一世が法学生に対して与えた特権の特許状によって初めてその存在が公認された、とされている〕は、教会法学者という職業を生み出したともいえる法学部によって、その名を轟かせていた。サレルノ大学とモンペリエ大学は最良の医学部を擁すると広く認められており、オックスフォード大学はまもなく自然科学研究で名声を博するようになった。十三世紀の内にヨーロッパはおよそ一〇〇校の大学の存在を誇るようになり、各大学は何らかの専門分野で評判を築こうと励んでいた。とはいえ、ほとんどの大学において——そして、パリ大学では間違いなく——最も刺激的で、厄介の種にもなった学部は学芸学部だった。学芸学部には好奇心旺盛な新入生が満ち溢れ、教師陣も若手がそろっていた。教師の数は非常に多かったので、彼らはやがて「独自の組合をつくるようになった」(41)〔university の語源となった universitas は、組合を意味するラテン語である〕。教師は大学院生でもあったが、その多くは博士号の取得をめざすより、学芸学部の刺激的な雰囲気の中で教える方を選ぶようになった。哲学研究の花形だったパリ大学では、「学芸学部の教師集団は常に知的騒乱を引き起こす分子であり、知的革新の原動力だった[42]」。

こうした背景から、アリストテレス革命の衝撃を真っ先に感じとったのは学芸学部だった。「哲学者」の著作がラテン語で読めるようになると、学芸学部の教師たちはそれらを講じられるようにカリキュラムを手直しした。かくして、まもなく一流大学の学芸学部は事実上、アリストテレス哲学の牙城となったのだ。アリストテレスの論理学書をカリキュラムに組み入れたときには、たいして異論は出なかった。しかし、その「自然学書」が登場するや、一気に軋轢が表面化した。サンス大司教のコルベールのピエール〔一二二二没〕が主催する司教会議が開かれたとき、パリ大学は設立が公認されてからわずか一〇年しか経っていなかった。この会議で、「パリ大学において、アリストテレスの自然哲学書や［その］註解書を公の場であれ、私的にであれ、講義することを禁じ、禁令に背いた者は破門に処する[43]」ことが決定されたのだ。

断罪・焚書・処刑

これは不吉な驚くべき展開だった。パリ大学は教会が運営する機関ではあったが、特定の書物を学ぶことが禁じられるというのは異常な事態だった。いわんや、古代の伝説的な「哲学者」の著作が禁書扱いされるというのは、きわめて異例のことだった。それにもかかわらず、その五年後の一二一五年、教皇使節の枢機卿ロベール・ド・クールソン〔一一五五／六〇頃～一二一九〕は、この禁令の対象を拡大した。彼はパリ大学の元教授で、インノケンティウス三世の幼な馴染だった（インノケンティウス三世自身も、特許状が与えられる以前のパリ大学で神学を学んでいた）。ロベール・ド・クールソンが新たに定めた学則は、学芸学部でアリストテレスの論理学書を講じることは明確に認めていたが、その「形而上学と自然哲学関連の著作およびそれらの要約[44]」の講義を禁じていた。そのうえ、学芸学部の学生たちは、最近異端者として断罪されたディナンのダヴィド〔一二〇六／一〇没〕、異端者アマルリック〔アマルリクス、十二世紀後半～一二〇六頃〕、それにスペインのモーリスの著作を読んだり論じたりしないと誓約させられたのだ。

アリストテレスの形而上学と自然哲学の講義とともに、これら三人の著作を読むことも禁じられたのは、予想外のなりゆきではなかった。ディナンのダヴィドと異端者アマルリックことベーヌのアマルリックが実際に何を信じ、いかなることを書いていたのかについて、歴史家たちの論争はいまだに決着がついていない。というのは、こうした場合の常として、たとえ著者は火刑に処されなくても、異端の書物はことごとく焼却され、その内容を公然と論ずることはタブーとされたからだ。ダヴィドの著作の内容の一部が今日まで伝えられているのは、ドミニコ会士の碩学アルベルトゥス・マグヌス〔大アルベルトゥス、一二〇〇頃～八〇〕がダヴィドを論駁するために彼の著作を引用していることと、その断片が焚書を免れたことによる[45]。アマルリックの信条はダヴィドのそれ以上に明らかになっていないが、彼の信奉者たちの場合は、その著述の内容以外のことも問題視されていたようだ。「アマルリック派」はどうやら、彼らの異端の教義に基づいた――かなりスキャンダラスな――行動をとっていたらしく、その結果、「異端にかぶれた一群の人々、すなわち聖職者や学僧たちや近隣のグランポン出身の金細工師までが、世俗権力者に引き渡され、その一部は火刑に処され、一部は終身刑に処せられた[46]」。彼らの指導者の遺体は（アマルリックはすでに自然死していた）墓から掘り出されて、火刑に処された[47]。「スペインのモーリス」の正体は、いっそう謎に包まれている。いずれにしても、これら三人の学者が枢機卿のロベール・ド・クールソンから名指しされたのは、彼らの学説がアリストテレスの形而上学および自然哲学と結びつけられていたからだろう。そして、彼らが断罪されたのは明らかに、ほかの学者たちに対する見せしめだったのだろう。

ダヴィドもアマルリックも、アベラールが一時講義を行っていた、パリにほど近いコルベーユで教鞭をとっていた。この二人の学者はある意味で、カタリ派とは正反対の見解をもっていたようだ。というのは、カタリ派が物質世界を悪とみなし、その源泉は必然的に悪しき神であると主張したのに対して、この二人は物質世界を善とみなし、それはすなわち神である〔世界は神の外的顕現である〕と教えていたからだ[48]。ディナンのダヴィドは明らかに、アリストテレスの『自然学』と『形而上学』、そして心理学を論じた『霊魂論』を研究していた。

「哲学者」が描いた宇宙像の中で、彼が最も強い感銘を受けたのは、宇宙の統一性と単一性だった。自然の宇宙に存在するものはすべて、質料と形相から成り立っている——つまり、原始的で不完全な物質に、知性によって知ることのできる形状と目的が付与されているのだ。霊魂でさえ、肉体に生命を吹きこむ原理として、肉体と結びついている。この偉大な全体の各部分は、いずれもたがいに関連しあっている。そして、アリストテレスが純粋な形相と称する「神」は、あるいは、宇宙におけるあらゆる運動・変化の究極の原因とされる「不動の動者」は、その被造物と考えられるかぎり最も密接な関係にある。ダヴィドは論理学者として、次のように論を展開した。すなわち、質料と霊魂と神のあいだの違いは、この三つのカテゴリーがある種の根元的特性を共有していないかぎり、叙述することができない、また、この三者が根元的な何かを共有していないかぎり、霊魂は神や質料を理解することができない、と。彼が到達した結論は、アリストテレスの学説とキリスト教の教義を彼独自の仕方で融合させたもので、存在すること自体が共通の特性である、というものだった。純然たる存在である神は、自分自身から宇宙を創造した。宇宙の形相、あるいは宇宙の霊魂は神の「霊魂」であり、宇宙の質料でさえ神の「存在」を共有している。つまるところ、ダヴィドは神と質料と霊魂は「一《いつ》」であると結論づけていたのだ〔三者は実体において同一であり、万物は一つ「一（いつ）」である〕。

世《よ》の神学者たちはすぐさま、この学説を汎神論と決めつけた。ユダヤ教徒であれ、イスラーム教徒であれ、キリスト教徒であれ、大方の正統的唯一神教信者は、創造者と被造物を画然と区別すべきだという点では一歩も譲らなかった。世界は神によって創造され、人間は神の像《かたち》に似せてつくられた。だが、この被造物は神自身ではないし、「神の素材」からつくられたのでもない。キリスト教徒にとって、この区別はことのほか重要だった。なぜなら、彼らは、自然の世界は堕落した世界であり、罪と死すべき運命によって「天の王国」と隔てられていると信じていたからだ。もし、この世界がすなわち神であるなら、人間が死から復活して天国に行くという希望は、どうなってしまうのだろうか？　もし、人間がすなわち神であるなら、どうして人間が救済されたり罪を赦《ゆる》される必要があるだろうか？　そして、もし、人間が罪を負っていないのであれば、いったい何が、人間がしたい放題にふるまうことを阻止するのだろうか？　学究肌のディナンのダヴィドは、こうした問題には関心を示さなかった。たとえ示していたとしても、それを裏づけるものはまったく残されていない。けれども、ベーヌのアマルリックはこれらの難問に熱心に取り組んでいたようだ。一説によれば、彼は——まさにアリストテレスが述べているように——物質世界は不滅だが、そこに住む人間は不死ではない、と主張したとされている。アリストテレス科学の観点からすれば、人間の肉体が死後に復活するというのは問題外であり、肉体の死後も霊魂が生き延びるというのは疑わしい。しかしながら、アマルリックによれば、地上に住む男女は死後の救済を必要としない。なぜなら、彼らの霊魂は（少なくともアマルリックの弟子たちの霊魂は）生きているあいだに神の霊に与《あずか》っているので、彼らがいかなることを考えたり行おうとも、罪を犯しようがないからだ[49]。

アマルリックとその弟子たちが彼らの教説をどの程度実践していたのかは、今日なお明らかになっていない。けれども、同時代のキリスト教徒の中にはその霊魂が聖霊を体現している者がいる、という観念が当時すでに広まっていた。しばらく前に夢想家肌の修道士フィオーレのヨアキム〔一一三五頃～一二〇二〕が、父（旧約聖書）の時代はすでに終わり、子（新約聖書）の時代はいまや終わりに近づき、（人間が神の恩寵のみによって救済される）聖霊の時代があと一世紀かそこらで始まる、と宣言していた[50]〔歴史を父と子と聖霊の三つの時代に分け、子の時代を紀元一年から一二六〇年頃までとして、その後の聖霊の時代には大変革が訪れるなどと説いた〕。どうやらアマルリック派は、この第三の時代の始まりが差し迫っている、あるいはすでに始まっていると信じていたようだ――これは、ローマ・カトリック教会にとってはよい知らせではなかった。なぜなら、もし、それが本当なら、組織化された宗教など無用の長物になってしまうからだ[51]。アマルリックはその社会的地位のおかげで、大胆かつ自由に思索をめぐらせることができたのかもしれない。彼はフランス国王の跡継ぎのフィリップ・オーギュスト〔フィリップ二世、一一六五～一二二三、在位一一八〇～没年〕の家庭教師をしていたといわれている。アマルリック派の中には、フィリップ・オーギュストを終末の日に教会と国家をともに終わらせる救世主的人物とみなす者たちもいた（ドイツのフリードリヒ二世も、彼の帝国の夢想家たちによって同様の存在とみなされていた)。アマルリックが生きているあいだは、こうした人脈は彼を守る楯になってくれただろう。だが、パリ大学でアリストテレスの著作の講義が初めて禁じられた一二一〇年に、彼の遺体はパリ司教の命により掘り出され、生存中は免れていた罰を受けたのである。

こうした処罰がくだされたことから、権威者たちがいかに汎神論的な思想と、キリスト教徒がみずから罪を負っていないと宣言することを恐れていたか、その心中を垣間見ることができる。次の世紀をつうじてかなりの数の異端者が、自分は聖霊を容れる器であるゆえ、いかなる悪もなしえないと主張したために火刑に処された(52)。いうまでもないが、アマルリック派は誤った教義を奉じただけでなく性的にも不品行だったという申し立ては、カタリ派に対する同様の申し立てと同様に、根拠のない誣告《ぶこく》の類だろう。しかし、カタリ派が異端の二元論の論拠としてアリストテレスの著作を引用し、パリの哲学教師たちが異端の汎神論の論拠としてやはりアリストテレスの著作を援用したことから、「哲学者」の著作は教師と学部学生が読んだり解釈するにはあまりに危険すぎると、パリ司教とパリ大学内の司教派は結論を下したのだ。一二一〇年と一二一五年にパリ大学でアリストテレスの著作の一部が禁書扱いとされ、それと同時にダヴィドとアマルリックが断罪されたのは、二元論や汎神論のごとき明白な異端と結びつけられたからにほかならない。スペインのモーリスの著作もやはり禁止の対象となったが、この謎に包まれた人物の正体については諸説がある。その中で最も興味深いのは、ラテン語で表したMaurici Hispaniciは、実は「スペインのムーア人(the Moor of Spain)」を意味しており、著名なムスリムのアリストテレス主義者で、ヨーロッパではアヴェロエスと呼ばれるイブン・ルシュドを指している、という説である。

インノケンティウス三世が第四回ラテラノ公会議を招集した一二一五年には、アリストテレスの諸著作がやがて異端とみなされ、ヨーロッパ全域で合法的に禁止される見通しが現実味を帯びていたようだ。イスラーム世界では、アリストテレスの諸著作はすでにより非公式な形で禁書扱いになっていた。とはいえ、いかに権威者であっても、ヨーロッパで史上最高の人気を博した哲学書を、学生や教師たちが読むのを阻止することができるのだろうか? しかも、カタリ派の大敵だったグスマンのドミンゴが、彼が提唱した説教者修道会の創設を正式に認可するよう声高に要求する一方で、異端との闘争が続いている折から、キリスト教徒の知識人はアリストテレスを研究したり応用してもいいと——いや、しなくてはならないと——主張していたのだ。ドミニクスはさらに、ドミニコ会の托鉢修道士たちをパリ大学神学部の教師に採用するよう、強く要求していた。彼らはそこで、アリストテレス哲学を必修科目として講じることを目論んでいた。ドミニコ会がパリ大学へ侵入しようとしていることを察知するや、パリ大学神学部の教師連もパリ在住の大方の聖職者も、すぐさま猛烈に抵抗した。こうして、大学における新しい学問の将来を決する闘争の舞台が整ったのだ。

第5章　「ほら、ほら、犬が吠えている」——アリストテレスとパリ大学の教師たち

1　托鉢修道士、大学へ

パリ大学のストライキ

ラテン語の格言にいわく、大きな出来事は小さな原因から生ずる、と。西ヨーロッパの科学教育の将来が学生たちの馬鹿騒ぎの結末によって左右されるとは、いったい誰に予測できただろうか？

一二二九年三月の告解火曜日〔四旬節初日の灰の水曜日の前日〕、パリでは日没とともに、四旬節〔キリスト教会暦において、復活祭前の（主の日を除く）四〇日間をいう。信徒にとってキリストの受難と復活を思い、悔悛・斎戒すべき精進期〕前夜のカーニバルが始まった。教会当局はみだらなお祭り騒ぎを阻止しようと——少なくとも度を越させまいと——躍起になったが、パリ市はカーニバル最終日の太った火曜日《マルディ・グラ》恒例の乱痴気騒ぎとなった。とりわけセーヌ川左岸の、数千人もの学生が暮らす麦藁通り付近の喧騒は凄まじかった（麦藁通りの名は、近辺

に散在する学校の入り口が藁で覆われていたことに由来する）〔教室の床に麦藁を敷いていたことに由来する、という説もある〕。学生の中には貴族の称号や有力なコネを鼻にかける者もいたが、大多数の学生は貧窮の瀬戸際で生きており、世襲の富に代わりうる能力を身につけたいと望んでいた。だが、ほとんどの学生は裕福であろうと貧しかろうと、教会が運営する大学が彼らの行動に課すさまざまな制約に苛立っていた。ほんのわずかの時間とはいえ、大学当局の執拗な監視の目を逃れられるカーニバルを、彼らが待ち望んでいたのも無理はない。カーニバルの仮面の下で、学生たちは大酒を飲んだり、馬鹿騒ぎをしたり、女といちゃついたり、日頃の恨みを晴らしたり、思い思いにふるまっていた。

このカーニバルの最中に、数人の学生がサン・マルセルという郊外の一角に遊び、居酒屋でワインを飲んでいた。ところが、その勘定をめぐって、亭主と学生とのあいだでいざこざが起こった。「口論がたちまち殴りあいに発展し――耳を引っ張り、髪をむしるという事態になった[1]」。亭主が隣人たちに助太刀を頼むと、彼らは学生たちを叩きのめして通りに放り出した。その翌日、今度は学生が多数の助っ人を引き連れてやって来た。「剣や棍棒で武装した学生《ガウンズマン》たちがくだんの居酒屋に押し入り、亭主とその隣人たちに仲間のあだ討ちをした。彼らは酒樽の栓を抜きっぱなしにしてしこたま飲むと、「傲慢さと酔いにまかせて」通りに繰り出し、男女を問わず善良な市民の犠牲において楽しみをほしいままにした[2]」。それに続く乱闘で、多数の市民が負傷し、数軒の店が破壊された。人々は怒りもあらわに、パリ大学の最高管理責任者である教皇使節とパリ司教に苦情を申し立てた。大学の学生に国王の裁判権が及ばないのは周知のことだったが、教会と世俗権力が良好な関係を保っていくためには、何らかの手を打たねばならなかった。

パリ司教のオーヴェルニュのギヨーム〔一一八〇頃～一二四九、在位一二二八～没年〕は市民の苦情を深刻に受けとめ、ただちに教皇使節やチャンセラー〔シャンスリエ。本来はノートル＝ダム大聖堂の文書局長だが、パリ司教から教育の仕事を委任され、とくにパリ大学の教授資格を認可する権限を与えられた。この語はのちに大学総長ないし学長を表すようになる〕など、関係者と協議した。彼らは大学を管理・運営する法的権限を与えられていたが、この共同体が主体性と独立心に富んだ御しがたい集団であることを認識していた。彼らはまた、パリ大学の教師と学生はひとたび軋轢が生じるや、市会から教皇に至るあらゆる学外の権威に抗して一致団結することも承知していた。三〇年ほど前のことだが、当局の「不正な」決定に反対して、パリ大学の教師と学生が合同でストライキを決行した。このとき、フランス王は大学の機能停止状態が長びくのを避けるために、妥協を余儀なくされていた。ほかの大学では、同じような闘争が学内の分裂やメンバーの脱退という事態を引き起こしていた。たとえば、オックスフォードでは当局の対応に憤慨した教師と学生が離脱して、ケンブリッジに大学を創設し、ボローニャでは大量の不平分子がボローニャを去って、パドヴァ大学を創設した。通常は、大学の管理・運営に責を負う学外の関係者は賢明にも、熱烈に自治を求める部内者に譲歩していた。ところが、今回は別の方面から圧力がかかってきた。息子のルイ九世〔一二一四～

七〇、在位一二二六〜没年〕がフランス王に即位してから摂政としてフランスを統治していた母后ブランシュ・ド・カスティーユ〔一一八八〜一二五二〕が、学生を処罰せよと介入してきたのだ。それゆえ、大学当局は、パリ市の司法官とその手下の金で雇われた警官たち――「野蛮な都市の野蛮な警察」(3)――が学生の暴徒を逮捕して処罰することを承認した。

これが間違いだった。警官たちは学生の一団を襲い、そのうちの数人を殺害した。ところが、ある年代記作者によれば、このグループはくだんの暴動に何ら関与していない無実の若者たちだったのだ。この暴挙に対して、大学共同体はすぐさま行動に出た。学芸学部の教師たちは講義を停止し、パリ司教と大学当局に対して、殺人を犯した警官を処罰し、犠牲者に損害賠償するとともに、敵対的なパリ市民と警察による迫害から学生を保護する手段を講じるよう要求した。四つの「同郷団」を代表する学生たちが厳かに会議を開き、大学当局が彼らの正当な要求を認めるまで、同郷団のメンバーは講義に出席しないと宣言した。もし、講義が停止されたままであれば、彼らは学問を放棄して帰郷してしまうだろう。こうして大学の存続が脅かされる事態に至ったにもかかわらず、大学当局は教師や学生の要求を受け入れなかった。パリ司教のオーヴェルニュのギヨームは紛争を解決する努力をせず（かかる怠慢な態度は、彼を後援していた教皇グレゴリウス九世〔在位一二二七〜四一〕を激怒させた）、宮廷側も態度を軟化させようとしなかった。それどころか、彼らは〔公正な措置がとられなければ六年のあいだ大学を解散するという教師たちの決議を受けて」六年間あらゆる教育活動を停止し、何人《なんぴと》も大学に通う目的でパリに居住することを禁ずる旨の命令を発したのだ。学芸学部の学生のほとんどは荷物をまとめ、下宿代を踏み倒したままパリを引き払った。この集団脱出《エクソダス》に、かなりの数の教師と他学部の学生が合流した。

禁令の効力

パリ大学のストライキ参加者の一部は、ほかの大学に就職したり、転学した。彼らの行く先はオックスフォード、ケンブリッジ、ランス、モンペリエなどの大学や、新設されたばかりのトゥールーズやパドヴァの大学だった。ある者は帰郷して大学が正常化するのを待ち、ある者は高等教育を受けるという計画を断念してほかの進路を選択した。パリ大学の学芸学部はほとんど活動を停止した。とはいえ、一部の教師と学生たちは、学芸学部が閉鎖されて同僚や学友が散り散りになった期間中も、定期的に会合していた。法学部や神学部などの上級学部は従来どおり教育活動を続けたが、そのレベルは大幅に低下した。というのは、学芸学部から進級する学生の数が激減したうえに、上級学部の教師の一部もストライキに参加していたからだ。この間、ほかの諸大学は、パリ大学で教育を受けた学生と教師が突然大量にやって来たことで悦に入り、傲慢な競争相手がダメージを受けたことに溜飲がさがる思いを味わっていた。その中から、パリ大学におけるアリストテレスの自然哲学書の禁令を逆手にとろうとする大学も現れた。この禁令はパリ大学ではいまだに効力を有していたが、ほかの大学には当時はまだ広まっていなかった。新設されてまもないトゥールーズ大学に至っては、「自然の核心部分を徹底的に探究したいと願う者たちは、パリでは禁じられている自然学書の講義をここで受けられる[4]」と宣伝する始末だった。また、パドヴァ大学はアリストテレスの著作の講義をカリキュラムの中心に据えた。

二年間折衝を重ねたのちに、自身もパリ大学神学部の卒業生だった教皇グレゴリウス九世は、かかる状況に幕を引くことを決断した。一二三一年四月一三日、教皇は勅書『パレンス・スキエンティアルム』（*Parens Scientiarum*、「諸学の親」の意）を厳かに布告した。それ以来、この勅書はパリ大学の大憲章《マグナ・カルタ》と呼ばれている。なぜなら、この勅書は大学に広範な自治を保障し、大学を管理・運営するチャンセラーとパリ司教の権限を厳しく制限していたからだ。学芸学部は麗々しく再開され、ほとんどの教師と学生はみずからに課した追放処分に終止符を打った。彼らはさだめし、意気揚々とセーヌ左岸に帰還したことだろう。だが、彼らはじきに、自分たちがいないあいだに由々しき変化が生じていたことに気づいた。好ましい変化は、アリストテレスの「自然学関連の諸著作」に対する禁令の効果が、明らかに弱まっていることだった。（大方の教師にとって）好ましくない変化は、大学共同体のメンバーの憤慨と恐怖の的だったドミニコ会の托鉢修道士が、神学部の有力な教授ポストに就いていたことだった。しかも、ドミニコ会のライバルのフランシスコ会も教授ポストを狙っていた。当時は目に明らかでなかったが、托鉢修道士の大学への「侵入」とアリストテレス研究の復権という二つの変化は、密接に関連し合っていたのだ。

もちろん、くだんの禁令は正式にはいまだ効力を失っていなかった。一二三一年にパリ大学を再開させたとき、教皇グレゴリウス九世は一二一〇年と一二一五年の禁令を更新しただけでなく、自然哲学の問題を大衆の言語で論ずることも処罰の対象にした。自然哲学のように高度で難解な事柄に一般大衆が関心をもつことを、神は禁じているのだ！　とはいえ、新しい知識に対して大学の正面玄関を閉ざしたところで、あちらこちらの割れ目や窓から入ってくるのを防ぐことはできなかった。そもそも大学当局は当初から、アリストテレスの著作を全面的に禁書扱いすることには乗り気でなかった。それゆえ、『自然学』や『形而上学』を所有したり、自室で一人で読むことは禁令に違反する行為とはみなされておらず、これらについて講じたり、集団で議論することだけが違法とされていたのだ。さらに、この禁令の主たる標的は、ベーヌのアマルリックやディナンのダヴィドのごとき異端の温床となっていた、学芸学部の教師と学生たちだった。一二二〇年代の末頃には、パリ大学の神学者たちはアリストテレスの思想について、公然と議論していたに違いない。だからこそ、教皇は彼らに対して、神学は「諸学の女王」であることを思い出させ、女王の「侍女」たる哲学と自然学がしかるべき優先順位を覆すことのないよう、書状をもって警告しなければならない、と思ったのだろう。(5)

禁令はいまだ有効だったとはいえ、変化の気運は熟していた。オックスフォードからパリに戻った学生と教師たちによれば、オックスフォード大学の初代総長で著名な（そして、かなり保守的な）スコラ学者のロバート・グローステスト〔一一七〇頃～一二五三〕は、「哲学者」の自然哲学書を必読書に指定したという。グローステスト自身、アリストテレスの手法を用いて虹の色の起源を発見したとされており、オックスフォードのいくつかのカレッジでは、光学と数学の先端的な研究が進められていた。「諸学の親」たるパリ大学が、成り上がりのオックスフォードに遅れをとるのを座視していていいのだろうか？　教皇グレゴリウス九世はパリ大学の学芸学部を再開したときに、禁じられた書物を論じたかどで破門された教師と学生を赦免する権限を、高位の聖職者たちに授けていた。何より重要だったのは、くだんの禁令を更新するに際して、教皇が「［これらの書物］を吟味して誤謬の容疑が一掃されるまでは」[6]という、きわめて重要な文言をつけ加えたことだった。つまり、きちんと分析して「修正」しさえすれば、アリストテレスの著作は善良なキリスト教徒の学生が読んでも無害なものになりうる、と教皇はみなしたのだ。

講義が再開されると、教皇はしかるべき分析を始めるために、三人の著名な学者からなる委員会を設置した。だが、その年のうちに委員長がローマで死去したため、委員会構想は頓挫した。もし、パリ大学でアリストテレスの著作すべてを自由に論じられるようにしようとするなら、そして、トゥールーズ大学などいくつかの大学で最近課された禁令を解こうとするなら、それを主導する新しい動きが必要だった。こうした膠着状態についに突破口を開いたのは、予想に反して、科学教育を求める学生たちの声でも、学芸学部の教師たちの抵抗でもなかった。それは、常に物議をかもさずにはいない二つの托鉢修道会、すなわちドミニコ会こと「説教者修道会」と、フランシスコ会こと「小さき兄弟たちの修道会」の修道士たちがキャンパスに登場する、という劇的な出来事だった。

ドミニコ会とフランシスコ会の大学進出

グスマンのドミンゴが創設した説教者修道会は、対異端戦争における教会の知的突撃部隊として、一二一六年にローマから認可されていた。その翌年から、ドミニクスの要請と彼の信奉者たちの希望によって、同会の修道士たちがパリ大学や（パリ大学が一番人気があったものの）そのほかの大学に学生として入学し始めた。こうして、彼らは神学者としても教師としても一人前になるための道を歩み出したのだ。ドミニコ会は修道士が在籍する大学の所在地に、彼らが居住する修道院を設けた。各地の修道院で、彼らは祈り、語り合い、特別コースに出席し、集団生活の諸事を行い、好戦的な団結心を培った（パリのドミニコ会の修道院はサン＝ジャック〔聖ジャコバン〕通りにあったので、フランスのドミニコ会士はやがて「ジャコバン」と呼ばれるようになった）。ドミニコ会にわずかに遅れて（一二一九年に）、アッシジのフランチェスコ率いる托鉢修道会がパリに進出した。彼らもパリに修道院を設け、そのメンバーを学生としてパリ大学に送りこんで、大学共同体の中でその存在をアピールした。その二年後にドミニコ会士がオックスフォード大学に入学すると、じきにフランシスコ会士もその跡を追った。フランシスコ会はオックスフォードで、この後発大学の方がパリ大学よりも、彼らの学術的および霊的関心に合致していることを見出した。このとき以来、ドミニコ会とフランシスコ会はひたすら知的領土を拡大し、ついにはヨーロッパの主要大学すべてで確固たる地位を占めるに至ったのだ。

ストライキが終結して教壇に戻った学芸学部の教師たちは、思いがけない事態を知って狼狽した。なんと、パリ司教が彼らの不在につけこんで、神学部を卒業したばかりのドミニコ会士クレモナのロランドゥス〔一二五九没〕を、神学部の教授に任命していたのだ。その翌年の一二三〇年には、ロランドゥスの師のサン・ジルのヨハネス〔一二五三没〕が弟子と同じ黒衣の修道会に入会したため、ドミニコ会士が神学部の二つの教授ポストを占めることになった。学芸学部の教師たちは、托鉢修道士に教授のポストを与えることに猛反対した。普段は敵対している神学部の教師たちも、これら二人の托鉢修道士を同僚として押しつけられることに反対していたので、学芸学部の教師に同調した。当初、彼らの反対はあっさり無視された。なにしろドミニコ会の背後には、現職の教皇を筆頭に有力な後援者連が控えていたからだ。教皇はドミニコ会士を自身の代理とみなし、各地の大学で有力勢力たらんとする彼らの野心を熱烈に支持していた。けれども、たとえ彼らにこうした後ろ盾がなかったとしても、勢力拡張に熱心な新興の托鉢修道会が在校生や教師をスカウトするのを阻止することは困難だったろう。一二三六年、経験豊かで著名な神学教授のヘールズのアレクサンデル〔一一八五頃〜一二四五〕がフランシスコ会に入会し、パリ大学で最初のフランシスコ会士の神学教授となった。彼の教え子でフランシスコ会士のジョヴァンニ・ディ・フィダンツァ、のちのボナヴェントゥラ〔一二一七/二一〜七四〕も、やがてフランシスコ会の総長に任命されるとほぼ同時に、神学部で栄《は》えある教授の地位に就くことになる。

パリ大学に在職していた教師たちがこれら「部外者」の侵入に反対した理由は、理解しがたいものではない。托鉢修道会は潤沢な寄付で諸経費を賄っていたので、修道士たちは経済的に自立していた。それゆえ、彼らは在俗教師たちの生計を支えていた給料や授業料に頼る必要がなく、大半の学生を苦しめていた経済的な不安とも無縁だった。知的な面では、彼らの関心の対象は在俗教師のそれと比べてかなり範囲が狭く、伝道に益するものを志向する傾向が強かった。彼らはそれらの対象を激しい熱情をもって追究したが、その姿勢は開放的で合理的な探究精神とは相容れない、と大方の目には映った。ドミニコ会士は異端を暴き、異端と闘うために、猛々しく挺身していた。このことは、彼らがしばしば異端審問官をつとめたこととあいまって、彼らへの称賛の念のみならず恐怖心をも引き起こしていた。一方、フランシスコ会士の排他的な超俗性と、特殊な学問分野に固執する姿勢も、周囲の感情を逆撫でしていた（たとえば、彼らは〔光を神の属性ないし形而上学的存在とみなす〕光の形而上学と、光学に異常なほど強い関心を示していた）。そのうえ、ドミニコ会もフランシスコ会も、学芸学部の優秀な学生たちを熱心に勧誘していた。彼らの網にひとたび「捕らえられた」学生は、それ以後は大学より修道会に忠誠を尽くすようになった。要するに、これらの新来者たちは学外の諸権力の代理人であると――すなわち、彼らに諸々の特権を授けた教皇や、彼らを保護する国王や、彼らの行動を監督する有力な指導者たちの手先であると――みなされたのだ。当時、大学共同体のメンバーは、獲得したばかりの専門職としての自主性と、大学の自治権を守るために苦闘していた。彼らにとって、托鉢修道会所属の教師たちが脅威に思えないわけがなかった。修道会に属する教師には強力な後ろ盾があったにもかかわらず、彼らに対する闘争はその後数十年も続いたのだ。

けれども、こうした政治闘争の陰に隠れて周知されていないのだが、アリストテレスの自然哲学の禁令が解かれるに至ったプロセスにおいて、両托鉢修道会はきわめて重要な役割を果たしていた。学芸学部の教師たちは何年も前から、アリストテレスの自然哲学を理解していることは教育を受けた人間の証《あかし》であり、それを研究することは一流大学の証である、と力説していた。〔アリストテレスを研究することによって〕ベーヌのアマルリックやディナンのダヴィドが説いたごとき異端の説が生まれるのは異常な事態であり、そうした事態は避けることができる、哲学の真理が宗教に害をなさないことはいずれ明らかになる、と彼らは懇願せんばかりに主張した。いまだに異端派やムスリムとの熾烈な武力闘争に従事していた教会の指導者たちがこうした主張に疑念を抱いたであろうことは、想像に難くない。ところが、ドミニコ会士はいっさい懇願しなかった。教皇からパリ司教に至る有力者から支持されていたドミニコ会士は、まさにこの闘争がアリストテレス思想を必要不可欠なものにした、と主張した。彼らは知識のための知識を求める学究的ディレッタントではなかった。教会の知的な騎士たちは、今なお続くキリスト教の敵たちとの闘争で用いる武器として、アリストテレスの形而上学および自然学関連の著作を――もちろん、適正に解釈され「修正」されたものを――必要としていたのだ。

2 「学としての」神学へ

オーヴェルニュのギヨーム

プロの異端ハンターを新しい思考様式の唱道者、なかんずく一種の科学革命の唱道者とみなすのは、奇妙な話ではある。過去を見とおせる現代の観点からすれば、より世俗的な学芸学部の教師たちがアリストテレス主義的革新運動の最も熱心な唱道者であって、狂信的な神学者たちはこうした動きに最も頑強に反対していたように思えるだろう。だが、ドミニコ会の神学者もフランシスコ会の神学者も、今日いう意味での「原理主義者」ではなかったのだ。彼らは伝統主義の熱烈な擁護者だったが、ヨーロッパの覚醒は不可逆な現象であり、理性という道具は——たとえ異教の哲学者が発展させたものであっても——長い目で見れば正統的宗教を利するように使うことができる、と信じていた。その結果、西ヨーロッパの知の歴史がきわめて重大な転機を迎えたときに、最も戦闘的で確信に満ちた信仰の守護者たちが、新しい知識の最も熱心な擁護者となった。こうして宗教的熱情と知的能力とが強力に結びついたことが、パリ大学における自然哲学と〔諸学と並ぶ〕「学としての神学」の受容を実現させたといえるだろう。影響力の大きなパリ大学を拠点に、アリストテレスの思想と方法はヨーロッパ全域の大学に怒濤のように広まり、各地で新たな論争を巻き起こし、新たな討論に火をつけた。

「十三世紀最初の偉大な哲学者[7]」と称されたオーヴェルニュのギヨームは、熱情的な宗教家にして革新的な哲学者という新しいタイプの人間の典型だった。ギヨームはパリ司教として、最近まで教鞭をとっていたパリ大学と教皇庁の筆頭連絡係《リエゾン》をつとめていた。彼はおそらく、ドミニコ会士を除いては最も熱烈なドミニコ会の支持者だった。彼はカタリ派を嫌悪するあまり、ドミニコ会の人材が払底した折には、みずから志願して異端審問官をつとめた。また、ユダヤ教徒を敵視するあまり、教皇グレゴリウス九世を説得してタルムードの公開焚書を命じさせた[8]。しかし、この寛容ならざる教会人は、大胆不敵な神学者でもあったのだ。一二三〇年代に、彼は数編の先駆的な論文を著した。その一つの『被造的世界について』は、アリストテレスの『形而上学』を援用して、異端カタリ派を粉砕しうる根本原理を確立せんとした大胆な試みだった。

ギヨームの基本的な手法は、アリストテレスが分析の対象とした自然の世界を、聖書に記された善き創造と結びつけるというものだった（たとえば『創世記』第一章三一節には、「神はお造りになったすべてのものをご覧になった。見よ。それはきわめてよかった」とある）。ギヨームの著述に霊感を与えたのは、自然の宇宙に関するアリストテレスの学説を援用すれば――善と悪を同等の威力を有する二つの力とみなし、あらゆる悪の根幹をなす物質とあらゆる善の源泉である霊を対置させる――カタリ派の異端の教義に対して、説得力のある反論を提示できるという認識だった。[9] カタリ派の教義によれば、物質と霊はこの宇宙における二つの対立する基本原理であり、それぞれが独自の第一原因ないし神を含意している。ところが、アリストテレスは（彼の時代の二元論者に対抗して）、実体はいかなる根本的な意味でも自身と「対立する」ことはないので、宇宙を二元論的に分割しようとするのは無意味である、と論証していた。自然の宇宙（universe）はただ一つの宇宙（uni-verse）である――すなわち、単一の実体であり、二つや三つやそれ以上の実体によって構成されているのではない、と主張していたのだ。それならば、どうして自然の宇宙が二つ以上の基本原理ないし原因を有することができようか？

いうまでもなく、アリストテレスは自然の宇宙にはさまざまな対立があることを認識していた。ライオンと子羊が一緒にくつろぐことはなく、火と水が何事もなく同時に同じ場所を占めることもない。とはいえ、これらの対立は、全体として見るならみごとに統合された一つの体系のきわだった特徴なのだ。自然の各部分はすべて、それ以外のあらゆる部分と互いに依存し合っている。正反対の性質を有する事物も、ちょうど同じ平面上に黒と白が存在するように、ある根本的な実体・本質を共有している。アリストテレスによれば、この実体が存在（あるもの）であり、その反対は霊でも、物質でも、その他実在するいかなるものでもなく、非存在（あらぬもの）である。物質と霊がいかなる根本的な意味においても対立していないことは明白である。なぜなら、自然に存在する実体のほとんどは、質料〔あるいは物質〕と、知性によって理解しうる形相（あるいは霊）とが、絶妙に調和して分かちがたく結びついたものだからだ。神は純粋な形相であり、あらゆるものの中で最も完全に実現された存在である。だからといって、神のように完全でない実体が欠陥品であるとか、悪であるということにはならない。その反対に、宇宙の万物は、その真の形相ないし本性を実現するプロセスの途上にある——つまり、その構造的な限界の中で、可能なかぎり完全になろうとしているのだ。この意味で、自然の宇宙——存在の世界——は悪でないばかりか、善そのものであるといえるだろう。(10)

アリストテレスは、キリスト教徒が理解しているような文脈では、悪の問題について多くを語っていない。なぜなら、罪とは人間の意志に先天的に備わった根深い欠陥であるという考え方は、彼の人間観においていかなる役割も果たしていなかったからだ。アリストテレスが見るところでは、人間がえてして間違いを犯すのは、たとえば食べ過ぎたり、他者を充分に愛さないというように、ある種の自然な衝動を適正に制御したり調節できない場合だった。それにもかかわらず、オーヴェルニュのギヨームはアリストテレスの著作から、聖アウグスティヌスが表明した類《たぐい》の伝統的なカトリック教会の見解と一見矛盾しない結論を引き出したのだ。ギヨームの第一の結論は、やや抽象的だがアウグスティヌスの見解とよく一致するもので、悪は存在の一つの形態ではなく、存在の不在ないし「欠如」である、というものだった。つまり、悪とは、花が種子の生長・発展の所産であるという意味での自然の成長・発展の所産ではなく、本来そうあるべきように成長・発展しそこなった結果である、ということだ（現代の概念でこれといくぶん似ているのは、人格が正常に成熟するのを妨げる「固着」〔幼児期の愛の対象（たとえば母親）などにとくに愛着をもつというように、精神が未発達の段階にとどまること〕という精神分析学上の概念である）。ギヨームの第二の結論は、罪とは自然の秩序に内在する何かではなく、人間が自由意志を行使する際になす何かである、というものだった。自然の宇宙は、神や自然が意図したように用いられれば善であるが、無節操な人間や悪意ある人間が誤用すると悪に転じかねない――たとえば性欲のような――ありとあらゆる種類の事物を包摂している。つまるところ、悪は人間の業であり、神の御業ではないのだ。

世界は無から創造されたのか

現代人の多くは、こうした区別を道理に適ったものとみなすだろう。けれども、かかる罪の概念は――中世の批評家たちがすぐさま指摘したように――あまりに腐敗しているがゆえに超自然的な贖い主にすがらざるをえない人間の本性の産物であるという、伝統的なキリスト教の罪の概念から由々しき一歩を踏み出しているのだ。聖アウグスティヌスにとって、典型的な罪は強い欲望、とくに「肉欲」だった。禁じられた歓びを求める欲望は神助なしには制御できない、と彼はみなしていた。カタリ派はアウグスティヌスの見解を拡大解釈し、さらに歪曲して、好色でやみくもに繁殖し続ける物質世界はそれ自体が悪であり、それゆえ堕天使あるいは悪神の創造物であると主張した。カタリ派に対抗するためにアリストテレスを援用したことは、アウグスティヌスの見解をも貶めるという予想外の結果をもたらした。というのは、自然は本質的に善で自律しているとする「哲学者」の見解は、人間の本性がアウグスティヌスが思っていたほど脆弱でないことを示唆していたからだ。アウグスティヌスとアリストテレスの悪の見方が矛盾することについて、ギヨームは率直に論じることができなかった。それゆえ、この仕事は彼の後継者たち、とりわけドミニコ会の巨頭トマス・アクィナスに受け継がれた。しかし、このパリ司教はアリストテレスの『形而上学』に依拠したことによって生じたもう一つの問題、すなわち、中世のいわゆる「世界の永遠性」問題〔世界無始説〕にはみずから取り組んだ。(11)

アリストテレスは宇宙について、〔諸々の構成要素が〕一つに統合され、美しく、知性によって理解できるものと叙述していたが、こうした自然の善性が超自然的な創造者の超越的な善性を反映している、とは考えなかった。アリストテレスに限らずギリシアの哲学者は誰一人として、神が質料や、形相や、空間や、時間を含む万物を無からつくり、宇宙を創造したとは考えていなかった――そもそも彼らは、万物を刻一刻と存在させ、自然と歴史に能動的に介入する「創造者」というものを想定していなかったのだ。それどころか、アリストテレスは自信たっぷりに、物質的な宇宙には始まりも終わりもないと主張していた[12]。無からは何ものも創造されない――この常識的な原理は、観察と経験によって実証されているのではないだろうか？　神を工匠として叙述したプラトンでさえ、造物主《デミウルゴス》が世界をつくるのに用いた基本的な素材は、造物主と同様に永遠の存在であるとみなしていた。そして、アリストテレスの神である「不動の動者」は、プラトンの神よりはるかに受動的な存在で、自己のみを認識し、人間には関心をもっていない。実のところ、この神は人格を（いわんや三つの位格《ペルソナ》などは）もっておらず、むしろ自然の生成・変化の規則的なプロセスに与《あず》る推進力のようなものなのだ。

さて、宇宙を神が無から創造した実体とみなすか、神とともに永遠に存在する独立した体系とみなすかによって、いかなる違いが生じるのだろうか？　当時の指導的な神学者のほとんどは、とてつもなく大きな違いが生じるとみなしていた。現代のある歴史家はこう述べている。「科学〔学知〕と宗教の関係という文脈において、中世における世界の永遠性という問題は、十六世紀と十七世紀におけるコペルニクスの太陽中心説、十九世紀以降におけるダーウィンの進化理論に相当する地位を占めていた」[13]。問題なのは、世界は永遠である〔世界には始まりも終わりもない〕とする学説が、思想家たちを汎神論かセキュラリズム（secularism）〔「非宗教主義」ないし「世俗主義」と訳されるが、ここでは、宗教的なものから自由であることを意味する〕に至る道に導きかねないことだった。汎神論は創造者と被造物を混同するものであり、一方、セキュラリズムは神は宇宙に能動的にかかわっていないという立場をとる。いずれの道をとろうと、その行き着く先が正統派キリスト教徒の心魂を寒からしめるものであることは、火を見るよりも明らかだった。

いうまでもなく汎神論こそ、かつてディナンのダヴィドを苦境に追いやり、パリ大学当局をしてアリストテレスの自然学的著作に対する禁令を発せしめた元凶だった。もし、宇宙が――神と同様に――唯一の存在で、善で、永遠であると（あるいは「他の何かによって創造されたものではない」と）するなら、神は宇宙の一部であるとか、宇宙は神の一部であるとか、あるいは宇宙と神は同一のものである、と結論づける輩が現れるかもしれない。この最初の結論は、アリストテレスが引き出した結論と本質的に同じである。なぜなら、彼のいう「不動の動者」は、実際にはそれ自身が動かしている自然の体系の一部であるからだ。二つ目の結論、すなわち宇宙は神の一部であるという概念は、ディナンのダヴィドとベーヌのアマルリックが説いた異端の説だった。そして、神と宇宙を同一視する第三の結論は、純然たる自然崇拝にほかならなかった。キリスト教徒はこの自然崇拝という異端に対して、異教の部族を改宗させるべく初めて宣教師を派遣して以来、ずっと闘ってきた。これら三つの結論のどれ一つとして、オーヴェルニュのギヨームら正統派神学者が容認できるものではなかった。たとえ、創造者が宇宙にその善性をしみわたらせ、人間をその像《かたち》に似せてつくったとしても、創造者はけっして――けっして！――不完全な被造物と混同されてはならない。このように創造者と被造物を混同したからこそ、アマルリックの信奉者はおのれを聖霊の化身とみなし、それゆえ、いかなる行動をとろうと罪を犯すことにはならない、と信じこんだのだ。

神と宇宙の距離

さらに、世界は永遠であるとするアリストテレスの学説には、やはり混乱を引き起こさずにはおかない、もう一つの含意があった。それは、宇宙を構成する事物はそれら自身の本性に内在する原理や法則にしたがって変化・運動しているのであって、それらをつくった創造者の不断の介入のおかげでしかるべく変化・運動しているわけではない、という概念だった。このような考え方は宇宙を過度に神に近づける代わりに、神と宇宙を過度に遠ざけてしまう。宇宙の変化や運動を自然の因果関係だけに帰すると、奇跡が起こる可能性はいうにおよばず、いかなる形であれ神の摂理が行われる可能性がほとんど排除されてしまうのだ。創造を否定すれば、「第二のアダム」（と称されたキリスト）も、贖罪も、終末の日も否定することになる。究極的には、アリストテレスの「不動の動者」と、十八世紀の理神論者〔理神論とは、神を世界の創造者として認めるが、世界を支配する人格的存在とは考えず、啓示や奇跡を否定する合理主義的宗教観〕のいう「時計師としての神」を除いては、神の存在まで否定することになってしまうのだ。「時計師としての神」は、時間の始まりのときに宇宙という機械のねじを巻くと、あとはこの機械がゆっくりと時を刻むにまかせて、永遠に舞台から退場する。さらに、アリストテレスの宇宙がそれ自身の不変の法則によって支配されているのであれば、未来の出来事は前もって決定されているのだろうか、と中世の神学者たちは思い悩んだ。もし、そうだとすれば、意のままに行動する神の絶対的な自由はどうなるのだろうか？　そして、善悪を選択する人間の自由はどうなるのだろうか？

　宇宙と混交した神という概念も、実質的に宇宙から排除された神という概念も、ともに危険をはらんでいた。これらの概念はいずれも、ペルシア人の偉大な新プラトン主義者アヴィセンナが数世紀前に著した書物に記されていた。かくして、アヴィセンナはオーヴェルニュのギヨームの第一の標的となった。アヴィセンナによれば、神は必然によって、「流出《エマネーション》」のプロセスをつうじて宇宙を創造した。つまり、神の本性が段階的に流出することによって、純粋な知性の領域で始まり天球と地球の領域で終わる、層状の構造を有する「存在」がつくられた、というのだ。ギヨームにとって、神が被造物に組みこまれたことを示唆する流出という概念は、もってのほかだった。だが、アヴィセンナは次のように主張することによって、創造者を自然の宇宙から遠ざけてもいた。すなわち、創造者が直接創造したのは最高位の「存在」の領域だけであり、それより下位の領域がそれぞれ自身より下位の領域を順次つくっていったのだ、と。かかる図式は現代人には奇異に思われるが、古代の宇宙観とはよく一致していた。古代においては、宇宙《コスモス》は入れ子状に重なった同心天球によって構成され、それぞれの天球がそのすぐ内側の天球を動かしている、それゆえ、地上の諸々の運動・変化は天球の運動によってある程度コントロールされている、と考えられていた（占星術に絶大な関心が寄せられていたのはこのためであり、占星術は古代からかなり最近に至るまで科学の一分野とみなされていた）。ところが、アヴィセンナが示した図式は、より近代的な神の概念とも一致していた。すなわち、神は原初に宇宙全体を動かし、その後は自然がそれ自身の法則にしたがって機能するにまかせて、今では「不動の動者」という役柄に満足している、という神の概念に。

　こうした考え方すべてに対して、オーヴェルニュのギヨームは「否」と宣言した。創造は必然によってなされたのではなく、神の自由選択の結果である。また、この世界は「流出」によって生み出されたのではない。なぜなら、「泉から流れ出るものは、それ以前は泉の中にあったものでしかないからだ。いや、神が万物をつくりたもうのだ[14]」。また、神はただ一度だけ万物をつくり、それ以後は自然の営みに万物を委ねたのでもない。それどころか、創造はずっと継続するプロセスであり、意のままに何ごともなしうる全能の神の業《わざ》なのだ。しかも、神はけっして、純然たる矛盾を生じさせることはない（たとえば、神は絶対的な善であるがゆえに、けっして罪を犯さない）。「自然の書物」を正しく読み、宇宙が――宇宙に先行して存在し、その後も宇宙の外に存在し続ける――「知性」と「意志」の産物であることを理解すれば、これらはすべて明瞭になる、とギヨームは主張した。「自然の書物」とは要するに、「神ご自身の巧みな技あるいは業であり、言葉あるいは思惟であり、徴《しるし》ないし啓示であり、それを読むことによって人間がおのずと賢明になり、創造者について最大限理解することが可能になるように、人間の知性の視界のうちに置かれた書物、あるいは聖典である」[15]。自然哲学と神学は矛盾するものではないが、自然哲学は神学なくしては根本的に不完全である、とギヨームは断言した。この見方は、やがてドミニコ会の信条の基礎となった。私たちは、宇宙の内なる仕組みだけに基づいて、宇宙を理解することはできない。「自然の書物」のより深い意味は、その著者の意図を悟って初めて理解できる。そして、その意図を見出すためには、アリストテレスの自然哲学以上のものが必要である。そう、私たちには、聖書に記された神の言葉、教父たちによって解釈された神の言葉を出発点とする、神的な哲学が必要なのだ。

3　魅惑の自然哲学

自然の細部を観察する

オーヴェルニュのギヨームが自然哲学と神学について次々と自説を開陳していたとき、アリストテレスの「自然の書物」はパリ大学その他の大学で、依然として禁書扱いとされていた。ドミニコ会士のあいだでさえも、異教徒の哲学と科学に対する恐怖心はいまだに根強かった。一二二八年にドミニコ会が定めた会則は、同会の兄弟たちが「ざっと調べるのは別として、異教徒と哲学者の著作を研究すること」[16]を禁じていた。けれども、パリ司教自身がカトリックの大義を立証すべく『形而上学』を引用している状況下で、こうした禁令がいつまで効力を保てるだろうか？　ドミニコ会士がこれらの文献を研究するのをいつまでも阻止できないことは、明らかだった。なぜなら、彼らは異端派に対して理論武装するために、これらを研究する必要に迫られていたからだ。彼らはドミニコ会の修道院学校でひっそりと研究にとりかかったが、サン＝ジャック修道院で始まった議論がパリ大学神学部でも続けられるのは、避けられないことだった。一二四二年に南ドイツのシュヴァーベン出身のドミニコ会士がパリ大学にやって来たときに、この趨勢は決定的になった。この人物がのちの大アルベルトゥスことアルベルトゥス・マグヌスで、四〇代半ばでドイツ人としては初めてパリ大学の神学教授になった頃は、アルベルトゥス・テウトニクス〔ドイツ人のアルベルトゥス〕と呼ばれていた。アルベルトゥスは洞察力に富んだ神学者として名を馳せたが、闘志満々の率直な論客としても知られていた。彼は根っからの反異端派だったが、カタリ派や〔後述する〕ヨアキム派と論争するために必要とされていた範囲をはるかに超えて、アリストテレスの思想に深い関心を抱いた。精力に溢れたアルベルトゥスは、「アリストテレスの全著作を――そのまったく新奇な存在論も含めて――ラテン西方世界の人々が理解できるようにするという夢物語のような計画を構想した」。そして、当時入手できた「哲学者」の著作すべての註解書〔ないしパラフレーズ〕を著すことによって、この計画を実行した[17]。そのうえ、アルベルトゥスは広範にわたる教義上の問題について、膨大な数の神学論文を著した。けれども、瞠目すべき彼の業績の一部は、まったく別の意味でアリストテレス的だった。というのは、この率直なシュヴァーベン人は人並外れた観察者であり、蒐集家だったからだ――そう、彼は当時最もめざましい業績をあげた植物学者にして動物学者であり、経験主義的な研究方法のパイオニアだったのだ。

彼の著作を綿密に検討したある歴史家は、アルベルトゥスは「一つのリンゴを皮から芯に至るまで叙述した」と評している。

彼はヤドリギの「革のように堅い常緑の葉」を最大限の精確さをもって叙述した……彼

はいかなる種類のクモがどこに巣を張るか……いかなる種類のクモが獲物に跳びかかってしとめるか、を述べている。彼は動植物のさまざまな棘《とげ》や突起を識別した。彼はみずから口に含んで味を調べ、樹液は根の部分が一番苦いことや、ハチの腹にある透明な小さな液嚢はかすかに蜜の味がすることを発見した。ウナギは泥を食べて生きているとアリストテレスは述べているが、彼はそれが事実と異なることを指摘した……このように自身の経験に基づいて、彼はたびたびアリストテレスの説を訂正している。(18)

ドミニコ会士が自然の細部にこれほど熱烈な好奇心を抱くのは、前例のないことだった。歴史的に見れば、かかる好奇心はオーヴェルニュのギヨームら正統的信仰の擁護者たちが異端の教説を論駁したことから芽ばえた、といえるだろう。ドミニコ会士たちはカタリ派を論駁する説教に携わっているうちに、物質世界の統一性や合理性や美しさを示すためには、具体的な事例に精通していることが有用であると認識するに至った。こうした理由から、アルベルトゥスの同僚のボーヴェのヴァンサン〔ウィンケンティウス、一一九〇頃〜一二六四〕は（彼もまた、フランス王ルイ九世の子どもたちの家庭教師をしていた）、一種の百科事典を編纂した〔『大きな鏡』と称され、ヴァンサン自身の筆になる『自然の鏡』、『学識の鏡』、『歴史の鏡』と後世の付加とみられる『道徳の鏡』からなる〕。そのうちの自然学・形而上学・医学を扱った部分は『自然の鏡』と名づけられ、ドミニコ会の説教師たちの参考書としておおいに利用された。(19) けれども、アルベルトゥスを自然研究に駆り立てたのは、ドミニコ会の実利的な動機以上に、自然現象の観察をつうじて味わう喜びと、事実を正確に把握することへの執着心だった。

この博識なドイツ人はアリストテレスがそうであったように、自然のありのままの特性に魅了された。自然の事物の諸々の特性から一般的な原理を引き出す前に、その構造と機能を構成している個々の要素を正確かつ詳細に観察しなければならないというのが、アルベルトゥスの所感だった。抽象的な原理から個々の事象を演繹できると考えたり、通俗的な神話を普遍的な知識として受け売りする類の似非《えせ》科学者を、アルベルトゥスは彼独特の厳しい言葉で非難した。「不死鳥はアラビア東部の鳥であるがゆえに、われわれは自然より神話もどきの神学を熱心に研究している輩《やから》の著作から、この鳥について学んでいる[20]」と、彼は辛辣に述べている。総体としての宇宙はいうまでもなく、あらゆる原理の中で最も普遍的な原理である創造者にその起源を求められるが、個々の事物を理解しようとする場合には、「経験だけが確実性を保証する[21]」、それゆえ、自然のプロセスを研究するに際しては、筋違いの神学的な理由によって本筋をはずれてはならない、とアルベルトゥスは主張した。人間が研究する物質世界は、その細部に至るまで神が創造したものである。だが、創造とは神が被造物の一つ一つに独自の実在性ないし本性を付与することであるがゆえに、人間に課せられた宗教的義務は、事物をありのままに理解することである。しかしながら、これはスコラ学的な論法で成し遂げられることではない。「私に関するかぎり」と、アルベルトゥスはまるで近代の経験主義者のような口ぶりで、「事物に関する諸科学においては、論理的な推論に依拠することを拒否する」[22]と断言している。

二種の原因

興味深いことに、このドミニコ会士の理論家が自然は科学者として分析し、神的な事柄は神学者として分析すると決断したことが、それぞれの探究領域に固有の空間と研究手法を与えることになり、その結果、これら二つの領域がある程度分離されることになった。アルベルトゥスの見解によれば、経験主義的な研究によって見出される真理と、論理的な推論によって導かれる真理と、聖典の解釈によって明らかになる真理とのあいだには、いかなる矛盾や対立も存在するはずがなかった。彼にとって、相反する真理が多数存在するという概念は（複数の神が存在するという概念と同様に）思いもよらぬものだった。ところが、科学の方法と宗教の方法とを分かとうとする彼の試みは、時に驚くべき結果をもたらした。たとえば、アルベルトゥスはアリストテレスの『天体論』を註解したときに、天球は総体としての宇宙と同様に永遠である、とアリストテレスが確信していることに着目した。それにもかかわらず、アルベルトゥスは冷静に、別の「意見」もありうると指摘するにとどめたのだ。

別の意見とはプラトンのそれであり、プラトンは天体は無からの創造によって第一原因から生み出された、と述べている。これはまた、三つの教え、すなわちユダヤ教徒、キリスト教徒、サラセン人の教えが奉じる意見でもある。それゆえ、彼らは天体は創られたというにとどまり、何かから創られたとは述べていない。とはいえ、この意見について、ここで論及するのは適当でない(23)。

アルベルトゥスはここではプラトンの見解を誤って述べているが、それはたいして重要ではない。彼の言葉を瞠目すべきものとしているのは、彼がアリストテレスの学説およびユダヤ教・キリスト教・イスラームの教義を「意見」と称していることと、この問題に「ここで」決着をつけようとしていないことである。もちろん、彼がどちらの「意見」に与《くみ》しているのかは明白である。彼はいうまでもなく、ここで一見公平に言及したキリスト教徒の一人だった。けれども、彼は明らかに、アリストテレスの『天体論』の註解書で神学を論ずるのは不適当だ、とみなしたのだ(トマス・アクィナスもずっとのちに、「アリストテレスの著作を註解することが、信仰の教えといかなる関係があるのか、私には理解できない(24)」と、この問題をいくぶん誇張して述べている)。同様に、二つ以上の宇宙が存在しうるか否かという古来争点となっていた問題を論じたときには、アルベルトゥスはアリストテレスがそうしたように、「複数の世界が存在することは不可能である」と結論づけた。もっとも、彼はそのすぐあとで、これは自然においては起こりえないというに過ぎないと断わり、というのは、「神がその絶対的な力によってなしうることと、自然において〔あるいは自然によって〕なされうることとのあいだには、きわめて大きな違いがあるからだ」と付言している。自然学のしかるべき関心事は、もし、神がそうしようと思ったら神は何ができたかということではなく、神が実際になしてきたこと、つまり、「自然に内在する原因にしたがって」(25)この世界で生じていることなのだ。

この「二種の原因」という概念――神という原因〔第一原因〕が世界の事物をそれら自体が原因〔第二原因〕として機能するように創造したという概念――は、のちにトマス・アクィナスらドミニコ会の神学者たちが学知と信仰を調和させるために採用した主要な教理の一つとなった。それ以来、「二種の原因」という概念は久しく命脈を保っており、私たちは今日でもこの概念に遭遇する。たとえば、神を信じながらもダーウィン〔一八〇九〜八二〕の自然選択説を受け入れる人々は、創造者は生命を進化させる能力を宇宙に組みこんだ、と主張している。(26)しかしながら、別の観点から見れば、こうしたアプローチはそれが解決する以上の問題を惹起してしまう。なぜなら、二種の原因という概念は探究する人々が抱く思想を神に帰することによって、創造者を自然の宇宙から容認しがたいほど遠ざけてしまううえに、科学上の真理と対立する宗教上の真理を人間がどうやって知解するのかを説明していないからだ。これらの(さらに、それ以上の)批判が、アルベルトゥスにとって最も手強い論敵であったロジャー・ベーコン〔一二一九頃〜九二頃〕から発せられた。ベーコンはオックスフォード大学で偉大な神学者にして自然哲学者のロバート・グローステストに師事していたが、アルベルトゥスがパリに来たのと同じ頃に、パリ大学の教師となった。若きベーコンが学芸学部で教鞭をとり始めるとほどなく、その才気ばしった斬新な講義は大学中の評判となった。

ロジャー・ベーコンと光の科学

ベーコンはどうやら、三〇余年ぶりに学芸学部でアリストテレスの自然学の講義が復活する口火を切ったようだ――これもまた、アリストテレスの著作の禁令が実効を失いつつあったことを物語っている。(27)その若さにもかかわらず、このイギリス人の学者は大アルベルトゥスを凌ぐ自信家で、アルベルトゥスに劣らず率直だった。ベーコンは大胆にもアリストテレスの自然学を講じながら、アルベルトゥスはおのれがまだ学んでいないことを教えようとしている、と痛烈に批判した。(28)ベーコンは当時最大の天才ではなかったかもしれないが――この名誉はトマス・アクィナスに捧げられるのが通例である――当時のヨーロッパで最も学識があり、史上最も想像力に富んだ人物の一人だったといえるだろう。彼はアリストテレスと聖書を真に理解するためには、ギリシア語・アラビア語・スペイン語・ヘブライ語・アラム語・その他数カ国語の知識が欠かせないと確信していた。彼自身はいまだ十代のときに、これらの言語をすべてマスターしていた。彼はまた、人類はいつの日か科学的な知識によって自然を支配するようになると確信し、「漕ぎ手を必要としない船、水中を進む船、「自力で走る車」、空を飛ぶ船、魔法もどきの小型脱獄装置・(他人に使用する)魔法の足枷・水上歩行器などの機械装置が開発・利用される未来の世界」[29]を構想した。ベーコンは地図上でスペインからインド諸国〔インド・インドシナ・東インド諸島の総称的旧名〕までの航路を策定し、光学の実験を行い、幾何学の理論研究を行った。そのうえ、いわゆる魔術にも手を染めていたようだ。一二五〇年代に彼より年少のボナヴェントゥラが台頭してくるまで、ベーコンはフランシスコ会の活動を指導する代表的な知識人だった。

ロジャー・ベーコンはオックスフォード在学中に、あるいはたぶんそれ以前から、フランシスコ会の感化を受けていた(彼の幼少時代についてはほとんど知られていないが、フランシスコ会の修道院で養育されたともいわれている)。正式にフランシスコ会に入会したのはパリに来てからだが、彼は最後まで、同会の長上者たちと平穏な関係を築けなかった。その後、フランシスコ会上層部からしかるべき許可を得ずに数篇の論文を出版したため、ベーコンは著作を公表することを禁じられた。ところが、彼は教皇クレメンス四世〔在位一二六五~六八〕の要請に応じて『大著作』を執筆し、会則を犯してこれを内密に教皇に献呈した。一説によれば、ベーコンは処罰され、投獄されたとも伝えられているが、その理由は、改革を奉ずるフランシスコ会のヨアキム派に同調したためだったとされている。ヨアキム派とはのちに「聖霊派」と称されるようになる分派で、（フランシスコ会上層部も含めた）教会の世俗化と腐敗を糾弾し、聖霊の第三の時代〔第4章4節二八六頁参照〕の到来を待ち望む急進的な集団だった[30]。たぶんベーコンの歴史観と社会観は、大方のフランシスコ会士のそれより急進的だったのだろう。とはいえ、ドミニコ会士に対しては、フランシスコ会士の多くがベーコンと同じような見方をしていた。ベーコンは常々、ドミニコ会の神学があまりに思弁的かつ「非実践的《アカデミック》」に過ぎること、ドミニコ会が教会の権力中枢に近づきすぎていること、ドミニコ会士が大学と世間の現状に満足していることを非難していた。現実に埋没したドミニコ会の世俗的な姿勢に、ベーコンはいかにもフランシスコ会士らしく、超俗的な霊的価値と「ハードサイエンス」をもって立ち向かった。

もっとも、ベーコンもアルベルトゥスの自然哲学にことごとく反対していたわけではない。自然の仕組みを叙述する方途として直接的な経験に代わりうるものはないという点では、彼はこのドイツ人の碩学と同意見だった。彼はまた、自然のプロセスを理解するのに数学が有用であるという、アルベルトゥスのむしろ非アリストテレス的な主張にも同意していた。ベーコンが何より腹立たしく感じていたのは、この年長者が自然哲学をキリスト教と完全に調和させられずにいる（と彼には思える）ことだった。その理由を、ベーコンは次のように述べている。一方で、ドミニコ会士には総じて科学的な思考様式と研究方法が欠けている。必要なのは単なる叙述ではなく分析であり、単なる包括的な概論ではなく検証可能な理論であり、単なる観察ではなく実験なのだ。その一方で、アルベルトゥスのアプローチは知性を偏重するあまり、本質的に霊魂の存在を無視しているように思われる。神は諸々の第二原因をつうじて作用するというアルベルトゥスの論証は——だからこそ、彼が観察したハチや花は、生態系の中で各々の役割を果たすのに必要な機能を生得的に備えているのだ——カタリ派を論駁する際には有効かもしれないが、はたしてキリスト教徒を神に近づけることができるだろうか？　アルベルトゥスと彼の同僚のドミニコ会士たちは、傑出した知識人である。それはそれで結構なことだ。だが、アッシジのフランチェスコこそ、キリストの受難のしるしである聖痕〔手足や脇腹や額に、磔刑のキリストが受けたものと同じ傷が外的原因を伴うことなく現れること〕という恩寵を、史上初めて受けた人物なのだ。一二二六年に没する二年前に、フランチェスコは至福に満ちた幻視という形で、直接キリストを経験した。われにかえったとき、彼の両手両足には釘を刺した傷痕が残り、右腹の傷から血が流れ出ていたのだ。[31]最終的に神との合一につながらないのであれば、知的な探究にどれほどの意味があるのだろうか？

　ベーコンをはじめとするフランシスコ会士にとって、超自然と自然とを結ぶ架け橋、宗教的経験の領域と科学的実験の世界とを結ぶ架け橋は「光」だった。諸々の学問の「入り口と鍵は数学であって……聖者たちはそれを世の始めに発見した。また、聖者たちと賢者たちはあらゆる他の学問に先立って、常に数学を用いていた」[32]と、ベーコンは述べている。だが、「あらゆる哲学の精華」たる数学という鍵によって錠を開かれる宝の箱は——のちに光学と呼ばれるようになるが――ベーコンの時代には「遠近法」と呼ばれていた光の科学だったのだ。彼の師のグローステストは、宇宙に存在する物体はそれ自身の明確な像（あるいは「形象」）を光線の形で発する、と主張していた。ベーコンは師の理論に依拠しながらも、像の送り手ではなく、受け手としての目について正確な理論を発展させた[33]。ベーコンは光線は角膜に対して垂直にまっすぐ瞳孔に入るという仮説を立てるとともに、光の速度は想像を絶するほど速いとはいえ、おのずからなる限界があるはずだと推論した。彼はまた、動物の目を解剖し、自身の光学理論を証明するための実験を立案したが、その結果は今日まで伝わっていない。

　これらの業績はいずれもきわめて先端的に思われるので、ベーコンがある分野では、最初の近代的科学者と評されるようになったのも無理はない。しかも、この評価はけっして見当外れではない。というのは、十六世紀以降のヨーロッパの偉大な科学者の多くは、数学は自然の中に隠された言語であるというベーコンとグローステストの数学観や、科学をもっと分析的で実験に基づくものにしようとする彼らの姿勢や、光を研究すれば宇宙のそのほかの秘密も解明できるという彼らの確信を、踏襲してきたからだ。それでもやはり、ベーコンが科学を本質的に宗教的な営為とみなしていたことは明白である[34]。彼の信ずるところによれば、数学（という言葉で彼は幾何学を意味していた）は創造者の精神に近づく道を開き、光は聖霊が最も純粋な形で表出したものだった。ベーコンにとっても、そのほかのフランシスコ会士にとっても、これはけっして単なるメタファーではなかった。光は数多《あまた》の自然現象の一つであるにとどまらず、「神の御業《みわざ》」、すなわち神の霊的な力が目に見える形で顕現したものなのだ。光は自然に存在する物体のさまざまな運動を引き起こす力であり、人間が知解できる実体の第一の「形相」ないし源泉であり、人間の知解を可能にする神の「照明」である。[35] 光はまた、そこから善が流れ出す泉である。なぜなら、神は宇宙の森羅万象に先立って光を創造し、光を善きものと宣言したではないか。それゆえ、光を科学的に解明することは、神を直接経験するための第一歩である。ベーコンの「遠近法」は、アルヴェルノ山上で聖痕を身に受けた聖フランチェスコのように、神秘的なルートで神に近づくための知的な準備だったのだ。

フランシスコ会の神秘主義

さて、このイギリス人のものの見方は、彼のライバルたちのそれよりも進んでいたのだろうか？　それとも、（ドミニコ会士が非難していたように）アリストテレス以前の時代への危険な先祖帰りだったのだろうか？　その答えは「どちらも然《しか》り」であるように思われる。ベーコンは自然現象を説明しうる数学の公式を求めたり、実験の手法を追究しながら、未来を見つめていたようだ。しかしながら、ベーコンの時代の「実験」という言葉には、現代のそれにはない言外の意味が含まれていたのだ。

この時代の科学実験は依然として魔術や妖術と密接に絡み合っていたことを、私たちは銘記しなければならない。実験はいまだ完全にファウスト〔伝説上の主人公になった十六世紀ドイツの魔術師〕的だった。おそらく試行錯誤を繰り返していたのだろうが、それは容易に善き霊や悪しき霊の誘惑に結びついた。実験とはたぶん処方や配合の類で、魔法の薬の処方箋をつくるのがせいぜいだったろう。これはベーコンの時代のことだが、レオナルド・ダ・ヴィンチ〔一四五二〜一五一九〕の時代になっても事情はたいして変わっていなかった。ここで、ベーコンが提起した「科学的な問題」を一つ紹介しよう。「もし、シカや、ワシや、ヘビがヒキガエルと石を使って寿命を延ばせるのであれば、人間に不老不死をもたらす霊薬が発見される可能性を否定できるだろうか？」[36]

ドミニコ会から見てもっと重大な問題点は、フランシスコ会士による光の霊化がはなはだしく時代に逆行していることだった。この点で、フランシスコ会はアリストテレスから大きく後退していた。アリストテレスは光をある種の実体の特性とみなすにとどまり、純粋な形相とか霊とはみなしていなかった。ましてや光を、光ほど霊的でない自然の事物を動かす力とはみなしていなかった。アルベルトゥスとその若き盟友のトマス・アクィナスの見るところでは、光を普遍的な原因とみなす理論は——しょせん実験や観察によって立証できない神秘主義的な信念に過ぎないがゆえに——科学的営為を個々の原因を探究するものから、超自然的な相互関係を思索するものへと変容させてしまった。彼らはまた、人間の知解は神の「照明」によってもたらされるという説にも同意せず、それはむしろ、創造者が人間に天賦の能力として授けた理性によってもたらされると主張した。ロジャー・ベーコンらフランシスコ会に属する教師たちは、アリストテレスの著作を講義し、アリストテレスの用語によって彼らの理論を構築した。けれども、彼らがよって立つ基盤は新プラトン主義的な神秘主義であり、それは物質と霊という時代遅れの区別を復活させた。ベーコンは彼に反対する者たちを、科学を宗教から分離し、神を宇宙への能動的な関与から排除したとして非難した。これに対して、彼らがベーコンを、科学を神秘化し、神の無限の創造力に制限を加えたとして非難したとしても、それはもっともなことだったろう。自然の一部に神性を付与すれば、必然的にそのほかの部分の価値を貶めることになる。キリスト教徒にとって最も価値のあるアリストテレスの学説は（そして、あらゆる種類の二元論に対して最も効果的な反論は）、自然の万物に神の刻印が押されており、それゆえ自然の万物は人間が研究するに値する、というものだった。たとえ、それが——アリストテレスがいっていたように——動物の内臓であろうとも。

　時の経過とともに争点は次々と変わったものの、ドミニコ会とフランシスコ会の神学者たちの論争はその後数十年間も続いた。一二七〇年代には論争が尖鋭化し、十四世紀のはじめにはさらに激化した。しかしながら、この闘争の最も驚くべき特徴の一つは、これが「科学〔学知〕」と「宗教」の闘いではなかったということだ。いずれの陣営も、キリスト教の信仰の根本原理に疑義を唱えることはなかった。一二六〇年代に急進的アリストテレス主義者のグループがパリ大学に登場するまで、おもだった当事者の誰一人として、反宗教的であると非難されることはありえなかった。さらに、いずれの陣営も――現代のある種の「原理主義」と結びつけられるような――科学的探究は本質的に宗教的信条に敵対する、という見解をとっていなかった。実際、この論争にかかわったグループはみな、いかなる犠牲を払っても信仰を守らなくてはならないと主張し――そして、心からそう信じていたのだ。それぞれのグループが提唱したのは、敬虔なキリスト教徒が物質世界および不可避的な科学の進歩と折り合いをつける方法だった。とりわけトマス・アクィナスがドミニコ会の指導的神学者となったのちは、この説教者修道会はアリストテレスの自然哲学を積極的に受け入れた。もっとも、彼らはあくまでこれを、修正を施したキリスト教神学のより大きな文脈の中に位置づけようとしたのだが。アリストテレス主義者になる自由をもっていたことが、トマス・アクィナスを「それ以上に神学者、それ以上に正統派神学者とさせた。そして、アリストテレスをつうじてあらゆる教義の中で最も挑戦的なもの、つまり神と人間の結婚、ひいては神と物質の統合という教義を再発見したことが彼をして、アリストテレス主義者である以上にキリスト教教義の擁護者とならしめたのだ[37]」。フランシスコ会はアリストテレス（と物質）に対して、ドミニコ会ほど寛容な見解をとっていなかった。とはいえ彼らも、自然についてアリストテレスが設けた諸々の仮定を修正すれば、その自然哲学を容認することは可能だと主張していた。

中世の学者たちはほぼ例外なく、信仰と理性が対立した場合は信仰が勝つと信じていた。こうした信念は明らかに、科学的探究を制限するという結果をもたらした。たとえば、十四世紀のあるスコラ学者は、地球がその軸のまわりを自転しているとみごとに論証したものの、伝統的な聖書の解釈と矛盾する概念をあえて言明しようとはしなかった（『詩篇』九三篇一節に「〔主によって〕世界は固く据えられ、決して揺らぐことはない」とある）。しかしながら、カトリックの知識人は概して、科学的な研究を驚くほど楽天的に受けとめていた。彼らは――ドミニコ会士にせよフランシスコ会士にせよ、修道会所属の教師にせよ在俗教師にせよ――いかなる犠牲を払っても信仰を守るべきだと確信していたにもかかわらず、研究者たちがみずからの感覚と理性を駆使して発見しているものは真実であり、宗教はそれを甘受しなくてはならないとみなしていた。つまり、重要な問題は、自然の仕組みを探究することの是非を云々することではなく――それは善いことであるに決まっている、なぜなら理性も自然も神に由来するものだからだ――宗教的な探究方法と科学的（「哲学的」）な探究方法の対象領域と境界を、いかに適切に設定するか、そして、それらのあいだにいかに健全な関係を築くか、ということだったのだ。それはすなわち、のちにトマス・アクィナスが述べているように、知識の二つの領域を一つの調和した枠組みの中に、いかに完璧に取りこむかという問題だった。それゆえ、大学内の論争がいかに白熱しようと——そして、論争はまさに白熱しようとしていたのだが——自然の探究が放棄されるという事態にはついに至らなかった。こうして、「自然哲学」は命脈を保ったのである。

4 トマス・アクィナスとパリ大学

若かりし日のトマス・アクィナス

一二四八年、大アルベルトゥスはパリを発ってケルンに向かった。ドミニコ会の命により、ケルンに神学学院を新設するのが彼の任務だった。彼はその旅に、教え子のトマス・アクィナスを同行させた。トマスは当時はまだドミニコ会の修道院で修行中の身だったが、アリストテレス思想に驚くほど造詣が深く、神学的な思弁でも早熟の才能を発揮していた。もっとも、トマスの才能は誰の目にも明らかなわけではなかった。ある言い伝えによれば、この長身でがっしりした体格の若者は教室ではほとんど口をきかなかったので、級友たちから「黙り牛」とあだ名をつけられた。アルベルトゥスは教え子たちがこのあだ名を使っているのを聞くと、こう一喝したという。「諸君は彼を黙り牛と呼んでいるが、いいかね、この黙り牛の鳴き声が、今に世界中に響きわたるだろう」[38]。

このエピソードからうかがわれるように、アルベルトゥスはこの図体の大きな神童を、まるで実の父親のように暖かく見守っていた。その理由の一端は、トマスの生い立ちが波瀾万丈だったことにあったのかもしれない。彼の父のアクィノ伯ランドルフォはイタリアの貴族で、領地がナポリ〔皇帝領〕とローマ〔教皇領〕のほぼ中間の丘陵地帯に位置していたため、一族は絶えず紛争に巻きこまれていた。彼はこの賢い末息子に教育を受けさせるために、近傍のモンテカッシノにあったベネディクト会の修道院に入れ、ついで、ドイツ皇帝（でシチリア王でもあった）フリードリヒ二世が一二二四年に創設したナポリ大学に入学させた。ナポリ大学では自由闊達な雰囲気の中でさまざまな思想が主張され、百家争鳴の観があった。この大学はボローニャ、パリ、オックスフォードの諸大学の影響のみならず、アラブ世界から流入してくる文化的な潮流にもさらされていた。しかも、ナポリ大学では、アリストテレスの著作を公然と研究することができたのだ。トマスの父親は皇帝と教皇の政治闘争に絶えず巻きこまれていたので、息子が教会の位階制の梯子をすみやかにのぼって――大修道院長か司教になって――社会でひとかどの人物になることを期待していた。それゆえ、早熟の息子がいまだ十代でナポリのドミニコ会士たちに「誘惑」され、この托鉢修道会に入るつもりでいることを知ったとき、トマスの父が怒り狂ったことは容易に想像できるだろう。

こともあろうに自分の息子が、よりによって無一文で放浪する黒衣の狂信者になるというのか？　そんなことは許さん！　封建領主として当然とみなしていた諸々の権利と、ローマ法に基づく家長権を振りかざして、ランドルフォはトマスに即刻帰宅することを命じた。トマスから帰りたくないと訴えられたドミニコ会士のサン＝ジュリアノのヨハネスは、ともかく馬に鞍を置いてローマのドミニコ会修道院に行くように、とトマスに助言した。そうすれば、ドミニコ会総長が彼をパリに送る手筈を整えてくれるだろう、と。ところが、この計画はどういうわけか事前に洩れ、トマスの両親にひそかに通報された。言い伝えによれば、母の伯爵夫人テオドラが、ローマに着く前にトマスをつかまえて正気に帰らせるために、（いずれも帝国士官だった）トマスの兄二人を遣わした。兄たちはトマスを追跡して捕らえると、一族が所有する城の一つに幽閉した。両親は二年近くもトマスを幽閉したまま、彼が折れるのをひたすら待った。のちにトマスが回想しているところによれば、両親は彼の意志をくじくために、彼のもとに一人の「美女」を寄こしたという。神の助けによって、トマスはこの女の誘惑を退けることができた。暖炉から火のついた薪をつかんで、彼女を追い払ったのだ。彼にとっては、姉がこっそり差し入れてくれた書物の方がはるかに魅力的だった。その中には聖書や、ペトルス・ロンバルドゥス（一一〇〇頃～六〇頃）の『命題集』や、アリストテレスの『形而上学』が含まれていた。トマスの雄牛のごとく頑強な意志（と教会上層部からの圧力）についに家族が屈服し、彼を解放すると、トマスはまっすぐパリのドミニコ会士たちのもとに向かった。サン＝ジャック修道院の修道士たちは、トマスは幽閉中に彼らが修道院学校で学んだ以上のことを学んだ、と請け合ってくれた。

その後まもなく、アルベルトゥスとの出会いがあった。このドイツ人教師はトマスの才能を見抜いて——たぶん、この無口な若者は信頼できる保護者を必要としていることも察知して——彼をその庇護のもとに置いた。トマスは最初はパリで、ついでケルンで、都合八年間アルベルトゥスに師事した。一二五二年、トマスは師の強い勧めにしたがって、学業をまっとうするためにパリに戻り、教師および著述家としての道を歩み始めた。もちろん彼は、パリ大学ではフランシスコ会士ら錚々たる論敵たちとの知的な闘争に巻きこまれるであろうことを、承知していた。当時フランシスコ会を率いていたのは、トマスと同じイタリア人で、彼より四歳ほど年長のボナヴェントゥラだった。ボナヴェントゥラは多彩な才能に恵まれた侮りがたい人物だった。だが、当時のトマスには、やがて共通の敵たちに対してフランシスコ会とドミニコ会を結びつけることになる激しい闘争に、自分が足を踏み入れようとしているとは知る由もなかった。

「神の恩寵は自然本性を廃棄せずに完成する」

トマスはたぶん、ケルンに行く前にパリ大学でボナヴェントゥラと知り合っていたのだろう。このフランシスコ会士がロジャー・ベーコンよりずっと洗練された優れた神学者であること、フランシスコ会の神秘主義と大学で行われている哲学論議とのギャップを埋めたいと望んでいることを、トマスは理解した。ボナヴェントゥラとその同僚たちはとりわけ、神は存在する万物の第一原因であるが、自然の事物は神の介在ないし介入なしに機能する独自の原因と結果を有しているという、アリストテレスの学説に困惑していた。この説を推し進めると、宇宙には神が存在しないことになってしまう、と彼らには思われたのだ。この学説を否定するために、ボナヴェントゥラはアリストテレス思想の中核をなすいくつかの概念を、新プラトン主義や、聖アウグスティヌスや、アヴィセンナに由来する諸々の概念で置き換えた。もちろんボナヴェントゥラは、アリストテレスの説く世界の永遠性を否定し、かかる学説は論理的に不合理であると断言した（トマスもこの学説を否定したが、不合理とはみなさなかった）。ボナヴェントゥラはそれと同時に、形相や、質料や、実体や、神をして自然界のあらゆる事象に直接関与させる原因――個々の自然の原因の背後で能動的に作用する神的な原因――の定義に、一連の「修正」を施すことを提唱した。たとえば、大方のアリストテレス主義者が生物の生成・変化を――たとえば木の葉が褐変するという事象を――その生物の自然の形相に帰すのに対して、ボナヴェントゥラはそれを、神が個々の木の質料に（発達の可能性をもった）「種子的」な傾向を植えつけた結果であると主張した。彼はさらに、神は天使や人間の霊魂のような実体の素材となる純粋に霊的な質料を創造したと断言し、光は視覚のみならず知識も媒介する特殊な実体であると主張した[39]。

ボナヴェントゥラとその弟子でイギリス人のジョン・ペッカム〔一二二〇／二五～九二〕は、フランシスコ会の信条を哲学的に理解することをつうじて、アリストテレスをより慎重に研究し、宗教と自然哲学の分離という危険な事態を回避するという穏健な合意を形成できる、と確信していた。ところが、トマス・アクィナスには、この二人のフランシスコ会士が提唱した方法は、悪しき宗教と悪しき自然哲学を助長するものとしか思えなかった。アリストテレスの自然観は自然に関するかぎり完全に理に適っているので、質料を霊化したり、自然の原因に超自然的要素を付加したり、何であれその類のことをして下手に手を加えるべきでない、とトマスは主張した。「哲学者」の力が――はなはだしく――及ばなかった点は、あらゆる被造物は、その本性にしたがって運動・変化するという生得的に組みこまれた傾向もろとも、その全存在を神に負っているという事実を認識できなかったことだ。神は太古の昔に万物を創造し、あとは自然に任せて身を引いたのではない。創造は神の不断の御業である。ボエティウスやアウグスティヌス、それにボナヴェントゥラ自身も認めているように、創造はけっして時間の中で行われるのではない。神が全宇宙を永遠に支配することと、自然の原因が時間の中で力を発揮することとのあいだには、矛盾のかけらもない。だからこそ、私たちはキリスト教の伝統の内にしっかりとどまりながら、「純粋な」科学者として自然を研究することができるのだ。

トマス・アクィナスの画期的な業績を貫いている主要なテーマは、「神の恩寵は自然本性を廃棄せずに完成する」[40]という思想だった。宗教と自然哲学とのあいだには、すなわち、創造主を愛することと創造主がつくったものを理解することとのあいだには――これら二つの思考領域を正確に定義し、はっきりと区別しているかぎりは――いかなる矛盾も生じるはずがない。トマスは理性の領域を神学の守備範囲の奥深くまで拡大し、彼のいわゆる「自然神学」を創始することによって、同時代人の度肝を抜いた。ここに至って、トマスは危険な急進主義者であるという評判が立ち始めた。トマスによれば、自然の理性を用いて証明できない教義は三つしかない。すなわち、無からの宇宙の創造と、三位一体としての神の本性と、人間の救済におけるイエス・キリストの役割である。これら三つの真理は信仰のみに依拠しており、経験から論理的に導き出すことはできない。だが、このほかの神学上の教義は――創造者の非物質性や、完全性や、善性や、全知性などの属性だけでなく、神の存在そのものさえもが――観察されたデータを理性を用いて分析・総合することによって導き出すことができる[41]。人間は啓示だけでなく理性をつうじても、この世で道徳的な生活を送るために神から求められている規準や、来世のために神を知らねばならないことを会得できるのだ[42]。ボナヴェントゥラの意図しているところはよいのだが、彼が理解していないのは、自然の自律的な営みを過小評価すれば、人間に自然に備わった理性が自律的に働くことをも過小評価してしまうということだ。トマスによればこれこそ、ボナヴエントゥラとペッカムが提示した類の折衷案が、悪しき自然哲学のみならず悪しき宗教をも生み出してしまう原因なのだ。

托鉢修道会への敵意

トマスは内気な性格で、人前で話すのが苦手だった。彼がそれを克服して、ボナヴェントゥラを公開討論に引きこもうと行動を起こしたとき、パリ大学の状況は以前とはすっかり様変わりしていた。アリストテレスの自然哲学研究の禁止に終止符が打たれたことが、変化の第一歩だった。これは幸先のよいスタートだった。トマスがケルンに赴くためにパリを去った頃ですら、この禁令は神学部ではすでに空文と化していたが、いまや学芸学部でも明らかに効力を失いつつあった。彼がサン゠ジャック修道院に戻った年に、イギリス「同郷団」の教師と学生たちが学芸学部のカリキュラムを新たに編成し、以前は禁書扱いされていた数点の書物を修士号取得の必修図書に指定した。その中には、物議をかもした『霊魂論』も含まれていた。その三年後、学芸学部は「哲学者」の現存する著作すべてを大学院生のみならず学部学生の必読書とすることを、満場一致で可決した。新たに翻訳されたアリストテレスの註解書も、ムスリムの学者アヴェロエスの手になるものを中心に、熱心な学生たちが読むべき書物に加えられた。ある著名な歴史家によれば、「いまや、アリストテレスは学芸学部の支配者となった」。

由緒正しい自由七科の学部〔学芸学部〕は長きにわたって、きわめて活発な弁証法と文法の研究センターだった。これ以後、学芸学部はその語の最も広い意味において、哲学の研究センターとなった。あまりに長いあいだ、自然哲学と形而上学の研究からしめだされていたので、学芸学部のメンバーは失われた時間を取り戻すために、いっそう熱心に仕事に取り組んだ。(43)

それまでドミニコ会とフランシスコ会の神学者が支配していた分野に新手の教師集団が進出したことは、一〇年も経たないうちに予想外の不穏な結果をもたらした。だが、こうした変化の影響がそれと感知できるようになる以前から、新しい論争が――いや、むしろ生まれ変わった古い論争が――パリ大学を根底から揺るがしていた。すでに述べたように、「在俗の」（つまり、修道会に所属していない）教師たちの側には、修道会に所属する教師を侵入者、すなわち教皇や、国王や、その他大学の独立に干渉しようとする学外の権威の手先とみなす傾向があった。学生と教師にとって、生活の細部まで規制する修道会に所属するということは、独自の後援者と計画と財源を有する、大学とは別個の共同体の一員となることを意味していた。ここには、一種の階級的な敵対関係が存在した。というのは、大多数の学生と教師は貧乏で、大学にとどまるために艱難《かんなん》辛苦を味わっており、とくに寒い冬には生活の厳しさもひとしおだった。そんな彼らにとって、潤沢な資金に恵まれて衣食足りた修道士たちが学問の世界で出世するのを目の当たりにするのは、癪の種であったに違いない。けれども、経済的困難に苦しみ、それを托鉢修道士たちのせいにしていたのは、在俗教師と学生だけではなかった。実のところ、大学の外の世界でも、人々は経済的困難に苦しんでいた。社会の中核をなす諸集団が貧困に喘いでいたことは、権威者たちがひたすら恐れ、それを避けるために常日頃あらゆる努力を惜しまなかった状況を――大学内部の対立が一般社会の対立と結びつくという状況を――生み出すのに一役買った。

一時は、托鉢修道士は英雄だった。彼らは教皇や王侯たちから支持されていただけでなく、彼らの助言を求め、彼らに施しをするあらゆる社会階層の人々からも支持されていた。なんといっても、托鉢修道士は私有財産と世間的な栄達の夢を投げ捨て、（ドミニコ会士の場合は）異端と闘うために、あるいは（フランシスコ会士の場合は）貧者と心貧しき者たちを助けるために、使徒的生活を実践しているのだ。ところが、ドミニクスとフランチェスコが没したのちは、彼らの人気は早くも衰えていた。一人一人の托鉢修道士は貧しいままであっても、その多くは無力というにはほど遠く、ドミニコ会とフランシスコ会は裕福になる一方だった。ドミニコ会の富と政治的影響力が増すことに対して、ドミニコ会士の多くは何ら当惑を覚えていなかった。なぜなら、彼らはそうした状況を、カトリック教義の教育と異端の根絶に挺身する一大勢力になるという、ドミニコ会の使命が成就しつつある証拠とみなしていたからだ。しかしながら、ドミニコ会の部外者の多くは、この説教者修道会の権勢を異端審問所や教皇権と結びつけた。異端審問はすでにヨーロッパの広範な地域で、嫌悪と怨嗟の的となっていた。一方、教皇と世俗領主との長年の係争地では、教皇の政治的策謀が猛烈な反発を引き起こしていた（とくにフランス王は、たびたびローマ教皇庁と争っていた）。フランシスコ会は貧者に奉仕していたので、民衆からドミニコ会よりは好意的に見られていた。けれども、彼らが富を蓄積し、官僚的な仕組みを築いたことは、フランシスコ会の分裂を引き起こし、今では清貧を厳格に解釈する「聖霊派」(Spiritual)〔「厳格派」とも訳される〕と、緩く解釈する「穏和派」(Relaxed)〔「修院派」とも訳される〕が熾烈な内部抗争を繰り広げていた。のちにフランシスコ会の第八代総長になったボナヴェントゥラは、この抗争の解決に腐心したのだ。

ところがフランシスコ会でさえ、托鉢修道会が新たな財源を得たために、ある方面では憎しみの的となった。つまり、以前は「在俗」聖職者が独占していた金になる特権を、托鉢修道会も与えられたのだ。教皇庁は托鉢修道士が説教することを認可したうえに、地元の司教の支配に服する義務を免除した。さらに、信徒の告解〔カトリック教会で、洗礼を受けたのちに犯した罪を司祭をとおして神に述べる行為〕を聴くことばかりか、死者の埋葬に携わることまで認可した。死者の埋葬は聖職者に多額の報酬をもたらしていたので、これは寒村の司祭から有力な司教に至るまでのすべての在俗聖職者にとって、貴重な収入源を托鉢修道会に奪われることを意味していた。しかも、この時期の西ヨーロッパは――ゆるやかに生活水準が上昇していたとはいえ――人口爆発や作物の不作、物価の高騰や増税や負債の増加によって、絶えず生存を脅かされていたのだ。[44] それはまるで、パウロ〔キリスト教をローマ帝国に普及するのに最も功の多かった伝道者〕に貢《みつ》ぐために、ペテロ〔カトリック教会ではペテロをローマの最初の司教とみなし、各教皇がキリストからペテロに授けられた天国の鍵を受け継いでいるとする〕が収奪されるようなものだ、とみなされた。そのうえ、托鉢修道士たちはこれらの特権を授けられたことを謙虚に感謝するどころか、傲慢で貪欲であると（間違いなく彼らの敵たちによって）喧伝されていた。以下に紹介する俗謡は、こうした押しの強い「乞食ども」が人々の心に吹きこんだ軽蔑の念をみごとにとらえている。

ほら、ほら、犬が吠えている。
乞食どもが町にやって来る。
ぼろを着た乞食もいれば、
ビロードの僧服を着た乞食もいる。[45]

教師組合 対 修道会

托鉢修道会所属の教師と在俗教師が敵意を剝き出しにするようになった直接のきっかけは、当時は日常茶飯事の「タウン対ガウン」の闘争だった。修道会所属の教師の入会を認めない教師組合とドミニコ会は、以前からたがいに敵意を募らせていた。一二五二年、怒りに堪えかねた手ごわい論客（で神学部教師）のサンタムールのギヨーム〔一二〇〇頃～七二〕率いる在俗教師団が、ドミニコ会が神学部にもっていた二つの教授枠のうちの一つを引き渡せと要求した。フランシスコ会は一つの教授ポストしか占めていなかったにもかかわらず、この要求を彼らの地位をも脅かすものとみなし、ドミニコ会と手を結んだ。かくして、フランシスコ会もサンタムールのギヨームの怒りの標的になった〔一二五二年、神学部の講座は一つの修道会についてただ一つに限られるべきことが、学則で定められた〕。次の学期には、この闘争はますます過熱した。この期間中に街で起きた喧嘩沙汰で、パリ市の保安に与る警官の手で学生一人が殺され、数人が負傷した。学芸学部の教師組合は市に賠償を求めるとともに、〔要求が認められない場合は〕一二二九年のように大学を閉鎖すると決議し、市当局を威嚇した。彼らは全学の教員に対して、たとえストライキを打つ事態になってもこの決議を守るという、忠誠と団結の誓約書に署名するよう要請した。托鉢修道会所属の教師は講義をすることを義務と考えていたので、彼らが署名を拒むことは、在俗教師たちもお見通しだったろう……案の定、彼らは拒んだのだ。托鉢修道会所属の教師たちに対する抗議の声が沸き起こり、繰り返しデモがかけられた。学外の反修道会教師派も、学内の反対勢力に合流した。大学はストライキを断行し、荒れ狂う群衆は力ずくで修道会所属の教師たちにも講義を中止させた。

事態が収拾不能になりつつあると見てとった教皇インノケンティウス四世〔在位一二四

三～五四〕は、学外の反托鉢修道会勢力をなだめようと、托鉢修道会から説教・告解の聴聞・埋葬の特権を取り上げる旨の勅書を布告した。ところが、この教皇がまもなく没すると、跡を継いだアレクサンデル四世〔在位一二五四～六一〕は即位するやいなや、この勅書の執行を停止した。そして、大学関係者に対して托鉢修道士への敵対行為を禁じるとともに、当事者すべての言い分を徹底的に調査すると約束した。この時点でドミニコ会とフランシスコ会に属する教師たちが講義を再開できたか否かは明らかになっていないが、両修道会の指導者たちは安堵の吐息を漏らしたに違いない。大学内の敵と教会内の敵との闘いにおいて、われわれは何より貴重な教皇の支持をいまだ頼りにできるのだ、と。とはいえ、彼らは必ずしもみずからの兄弟たちを統制できてはいなかった。とくにフランシスコ会はその「左翼」分子、つまりヨアキム派の行動に手を焼いていた。ヨアキム派は在俗聖職者は腐敗しているとみなしており、来るべき第三の聖霊の時代にはより純粋な聖職者、すなわちヨアキム派修道士が彼らにとって代わると確信していた。

一二五四年にフランシスコ会士のジェラールという教師が、ヨアキム派の見解を著した本を出版した。サンタムールのギヨームは彼を支持するおびただしい数の聴衆に向かって、ジェラールの本と、これほど高慢で不敬な見解を培った（と彼には思える）傲慢な托鉢修道会を猛烈に非難した。ギヨームはこの説教の余勢を駆って『現今の危険思想について』と題する小冊子を著し、聖パウロがテモテへの第二の手紙で予言したとおり、悪しき人間どもが各地の大学と社会に出現したと告発した。

〔しかし、終わりの時には困難な時期が来ることを悟りなさい。そのとき、〕人々は自分自身を愛し、金銭を愛し、ほらを吹き、高慢になり、神をあざけり、両親に従わず、恩を知らず、神を畏れなくなります。また、情けを知らず、和解せず、中傷し、節度がなく、残忍になり、善を好まず、人を裏切り、軽率になり、思い上がり、神よりも快楽を愛し、信心を装いながら、その実、信心の力を否定するようになります。こういう人々を避けなさい。(46)

要するにギヨームは、ドミニコ会とフランシスコ会を名指しこそしなかったものの、托鉢修道士は反《アンチ》キリストの先鋒であると告発したのだ。彼は托鉢修道士の似非知識人ぶりを愚弄し、彼らの排他主義を痛烈に批判し、彼らのモラルを手厳しく非難し、彼らの「富裕な乞食」という境遇を偽善的かつ反キリスト教的であると断言した。この過激な小冊子は群衆を焚きつけて、修道会所属の教師たちの講義をまたしても中止に追いこみかねなかった。だが、その効果は長続きしなかった。(今ではボナヴェントゥラその他のフランシスコ会士たちと共同歩調をとっていた)トマス・アクィナスが、自著をもってこの小冊子に応酬し、両托鉢修道会の正統性を冷静に弁護したからだ。一二五五年、アレクサンデル四世は、托鉢修道会の利益に反する学則を無効にし、托鉢修道会への敵対行動をやめるよう大学関係者に命じ、この命令に従わない場合は破門に処すると言明した。大学側は永久に解散すると回答したが、これはジェスチャーに過ぎなかった。その翌年、教皇はギヨームの小冊子を断罪し、この怒れる神学者をフランスから追放するよう、フランス王に迫った。

教皇が介入しても、闘争はすぐには終結しなかった。その後、サンタムールのギヨームがいっそう過激な小冊子を著すと、トマスとボナヴェントゥラがそれぞれ小論をもって対抗した。けれども、大学はついに、教皇の意志に屈せざるをえなくなった〔一二五七年にギヨームはパリを追放された〕。一二五七年、トマスとボナヴェントゥラは教師組合に入会を認められ、（言い伝えによれば同じ日に）神学教授に就任した。その後の数年のあいだに、教皇の斡旋によって大学とフランシスコ会、ついで大学とドミニコ会とのあいだに妥協が成立した。その結果、大学は修道会所属の教師を教師組合のメンバーとして受け入れたが、彼らが学芸学部で教えることはいっさい認めず、大学の意思決定に彼らが参加することにも制限を設けた。在俗司祭や司教たちが托鉢修道会に授与することに反対していた諸々の特権は、一三〇〇年に教皇ボニファティウス八世〔在位一二九四～一三〇三〕によって剥奪された。そして、ついに一三一八年、修道会所属の教師たちは大学側が要求していた服従の誓いを受け入れた。

一二五〇年代の危機が過ぎると、パリ大学には比較的穏やかな時期が訪れた。むろんトマス・アクィナスは自分が長生きできないことを知る由もなかったが、まるで時間が逃げ去るとでもいうかのように、ひたすら著述と講義に専心し、一連の偉大な著作を生み出した。これらの著作によって、彼はやがて「天使的博士」と称されるようになり、さらに教会の枠を越えて、聖アウグスティヌス以後、アイザック・ニュートン卿以前の時代に最も大きな影響力を及ぼした西洋の思想家という名声を博したのだ。ボナヴェントゥラはパリ大学の教授団に加わる直前にフランシスコ会の総長に選ばれたため、一二五七年にパリ大学を去った。その後も彼とトマスは鋭い論争を続けたが、その論調は深い友情と尊敬の念を基調としていた。ある言い伝えによれば、後年トマスら数人の友人がボナヴェントゥラを訪問すると、未来の「熾《し》天使博士」〔天使セラフィムのごとき博士〕は書斎で聖フランチェスコの伝記を執筆しているところだった。敬愛する友が忘我の境で黙想しているのを見ると、トマスは同行者たちを振り返って、訪問を延期しようと身振りで示した。「一人の聖人がもう一人の聖人について書いているのを、邪魔するのはやめましょう」と。

一二六〇年代初期には、パリ大学は表面的には正常な状態に戻っていた。トマス・アクィナスとその僚友たちは、ボナヴェントゥラの後継の神学部教授でのちのカンタベリー大司教ジョン・ペッカムと、アリストテレスをめぐる論争を続けていたが、トマスはパリ大学の任期が終わった一二五九年に、ドミニコ会の要請に応じてイタリアに帰っていた。だが、正常な状態という見かけは、人の目を欺くものだった。学芸学部の教師の大半はボナヴェントゥラにもトマスにもたいして関心をもっておらず、独自の観点でアリストテレスを読み、ムスリムの思想家アヴェロエスの註解をとくに重視していた。ちょうどトマスが正式に神学部教授に就任しようとしていた頃、北海沿岸の低地地方出身の学生たちで構成されるピカルディー「同郷団」に新たに加わった一人の若者が、フランス「同郷団」とのあいだで続いている縄張り争いのリーダーを自負し始めていた。この学生がブラバンのシゲルス〔シジェ・ド・ブラバン、一二四〇頃〜八一／八四頃〕だった。けれども、彼はじきに学生の抗争よりはるかに重要な問題に、すなわち、アリストテレスの急進的な新解釈をめぐる、激しさを増す一方の論争に関心を転じた。突如として、大学人のすべてが敵味方に分かれて、托鉢修道士がらみの論争よりはるかに熾烈な論争に巻き込まれた。この論争にシゲルスが参戦したことが、その後ほどなくしてトマス・アクィナスを生涯最悪の闘争に投げこむことになったのだ。

第6章「この人物が知解する」——パリ大学における大論争

1　急進派と保守派

ブラバンのシゲルス

聖トマス・アクィナスの名前は、誰でも聞いたことがあるだろう。また、トマスの偉大なライバルにして友人だった聖ボナヴェントゥラの名前も、多くの人は聞いた覚えがあるだろう。だが、ブラバンのシゲルスを知っている人は、ほとんどいないのではないだろうか。けれども、信仰と理性に対する西ヨーロッパ人の姿勢を決定づけた闘争において、ブラバンのシゲルスはこれら二人の聖人と同じくらい重要な役割を果たしたのだ。

ある著名な歴史家によれば、シゲルスは「きわめて優れた知的能力に恵まれていた。学識豊かな思想家であり、折紙つきの論法家であり、哲学書の熱心な読者だった。そして、彼は明晰さと正確さを愛していた……ソルボンヌ学寮に残された写本は、シゲルスを

Sigerus Magnus〔大シゲルス〕と称している。また、ダンテはシゲルスを、天国に住む一二人の賢人の一員として、聖トマスの隣に置いている[1]。むろん、シゲルスは聖人ではないので――それどころか、ヨーロッパ史上最も危険な異端者と広くみなされていたので――古来『神曲』を読む者は、ダンテがこれほど高くシゲルスを評価していることに当惑してきた。『神曲』の天国篇で、ダンテは聖トマスから一一人の偉大な霊魂を紹介される。その中には、大アルベルトゥスことアルベルトゥス・マグヌス、賢王ソロモン〔紀元前十世紀のイスラエルの王〕、ボエティウス、聖イシドルス〔イシドール、五六〇頃～六三六〕……そして、ブラバンのシゲルスが含まれていた。シゲルスについて、ダンテはこう謳っている。

さて君の視線が私に戻る前にひとり残されている光は
深刻な想いの中で死の到来の
遅さを感じた魂の光だ、
それはシジェール〔シゲルス〕の永遠の光だ。
彼はフヮール街《がい》〔麦藁通り〕で講義中に
三段論法で真理を証《あか》し、嫉《ねた》みを買った[2]。

〔平川祐弘訳、河出書房新社〕

この一節についてある者は、自由に理性を働かせることをこよなく愛し、ローマ教会の検閲を腹立たしく思っていたダンテの急進的傾向を反映している、と解釈した。また、ある者はダンテがシゲルスを讃えたことを、シゲルスが繰り返しキリスト教の信仰告白をしていたこと（ダンテの描く天国には異端者は一人もいない）や、聖トマスと和解したと言い伝えられていることや、さらには若くして悲劇的な死をとげたことと結びつけた。ダンテが何を意図していたのかはいまだに明らかになっていないが、アリストテレスの学知とキリスト教の正統信仰との関係を明らかにしようと苦闘していた世界にあって、ダンテがシゲルスの思想と人間性をきわめて重く見ていたことは疑問の余地がない。

だが、私たちの前に最初に現れるシゲルスは、天国に住む哲学者ではなく、パリ大学の学生たちのリーダーで、いくぶん乱暴な若者である。この将来の論争家は一二四〇年に、現在はベルギーに含まれるリエージュ近傍のフランス語地域〔ブラバン公領〕で生まれた。彼はリエージュで初歩的な教育を受け、のちにはリエージュの司教座聖堂参事会員になる。シゲルスは一二六〇年頃にパリ大学に入学し、ピカルディー同郷団に入った。この同郷団に所属する学生と教師は、北海沿岸の低地地方出身者と、フランス、ノルマンディー、イギリス－ドイツの各同郷団〔第4章4節二 七九頁参照〕に該当しない地域の出身者だった。同郷団は学寮、社交クラブ、街のギャング団の要素を併せもった組織で、そのメンバーに行動指針を与え、仲間意識と相互扶助の精神を育む場でもあった。さらに、大都市で暮らしていくうえで無視できない諸々の危険から、メンバーを守る防護壁となっていた。四つの同郷団の関係は常に緊張状態にあり、暴力沙汰に発展することも珍しくなかった。同郷団相互の関係は一二六〇年代に急激に悪化したようで、それはおそらく、托鉢修道会との対立が緩和されたために、学芸学部の学生たちの共通の敵がいなくなったことに起因していたのだろう。

フランス同郷団は四つの同郷団の中で最も規模が大きく、最もよく組織化されており、「よそ者の同郷団」の格好の標的となっていた。一二六六年、フランス同郷団はある学生を入団させたが、ピカルディー同郷団はこの学生は本来自分たちのメンバーだと主張した。フランス同郷団の行動に激昂したピカルディー同郷団の無法者たちは、フランス人居住区を襲撃し、くだんの学生を誘拐し、彼のホストとなるつもりだったフランス同郷団の面々を手ひどく痛めつけた。それまでにもこうした事件は度々起きていたが、フランス同郷団にとってはもはや我慢の限界だった。彼らはほかの同郷団と絶交すると、大学共同体から「脱退」し、フランス同郷団独自のチャンセラーを選出しようと企てた。この事態に驚きあわてた教皇は、当事者すべての言い分を聴取し、この抗争を和解に導くために特使を派遣した。事情聴取の記録から、シゲルスがピカルディー同郷団のリーダーの一人で、事件の発端となった誘拐沙汰に加わり、(フランス同郷団主催の追悼会を粉砕するなど)そのほかの破壊行為にも関与していたことがわかっている。けれども、彼は訓戒されただけで特段の処罰を受けることもなく、キャンパスにも秩序が回復した。このエピソードから、シゲルスを誹謗する者たちの一部が主張するように、シゲルスが悪人だったと決めつけることはできない。パリの学生生活は荒っぽいもので、同郷団どうしの果てしない「闘争」にかかわらずにいられる若者は稀《まれ》だったのだ。とはいえ、このエピソードはシゲルスの人となりの一端を——その後の論争で発揮される情熱的な闘争心や、権威に威圧されることを嫌う性向や、多数の同志や支持者を惹きつける人間的魅力をもっていたことを——雄弁に物語っている。

その後、シゲルスは学芸学部の教師になり、彼と見解を同じくしていたと見受けられる若手教師たちとともに、一二六〇年代後半から著作を公《おおやけ》にし始めた。「シゲリスト」としてその名がよくあげられるのは、ダキアのボエティウス〔一二七七以前に活動〕、ラ・シャペルのゴスヴァン、ニヴェイユのベルニエである。興味深いことに、これらの強硬で不屈な合理主義者の多くは、オランダや北ドイツ、スカンジナビアから輩出した。それはまるで、アリストテレス解釈の中心地が古代ギリシア、アラブ、キリスト教の思想が混交した文化を育んだ気候温和な地中海地方から、荒涼とした北方の地に移ったかのようだった。北方の土地に住む人々のモットーは、六世紀のちの禁欲的なデンマーク人セーレン・キェルケゴール〔一八一三～五五〕の言葉を借りるなら、「あれか、これか」だったのかもしれない。シゲルスには思想を同じくする仲間が多数いたが、明らかに彼はそのリーダー格だった。シゲルスの講義の顕著な特徴は、自然と人間の本性に関するアリストテレスの思想をそのままの形で、つまり、伝統的なキリスト教の教義とすり合わせずに提示することだった。実のところ、シゲルスには、アリストテレスの「スキエンティア（学知）」と、キリスト教の信仰との隔たりを面白がっていた節《ふし》さえうかがえる。シゲルスと彼の僚友たちは、「哲学者」とアラブ人の註解者アヴェロエスの学説を重点的に教授した。すなわち、世界と人類は永遠である、自然の事物の運動は自然に内在する法則によって支配されている、人間の自由意志は必然性によって限定されている、そして、人類はただ一つの能動的な知的原理を共有しており、それは個々人の肉体とは別個に存在する独立した実体である、等々と。

急進的なアリストテレス主義者たち

これら急進主義者たちの講義は概して巧妙で、筋が通っていた。彼らはしばしば――一見したところではいかにも誠実そうに――哲学が導いた結論が信仰のそれと矛盾する場合は、教会の教義を優先すべきである、と言明していた。(3) シゲルスはこう書いている。

理性を超越した事柄を理性を用いて探究しようとしたり、自分のそれとは反対の立場を支持する論拠を論駁しようとしてはならない。いかに偉大な哲学者であろうとも、哲学者は多くの点で誤りを犯しかねないものであるがゆえに、たとえ、それ以外に論駁する方法を知らなくとも、何らかの哲学的な論拠に基づいてカトリックの信仰を否定してはならない(4)。

ダキアのボエティウスも同じ趣旨のことを述べている。いわく、「私たちは手に入れることが能《あた》わぬ証拠を求めて愚かな考えを招き、あるいは、信仰に基づいて保持すべきものを信じようとせずに異端を招いている(5)」と。もちろん、哲学者は議論の余地のあるいかなる問題についても、自由に哲学的な思索をめぐらせなければならない。なぜなら、哲学者の仕事は「事物の本性」を教えることだからだ。もっとも、自然哲学の探究様式と宗教の探究様式はそれぞれ固有の源泉と方法を有しているので、自然哲学が宗教と矛盾するケースはそれほど多くない。「というのは、哲学者たちの学説は彼らが論じている事柄を能《あた》うかぎりたしかな論拠に基づいて論証することに依拠しているのに対して、信仰は論証ではなく何らかの奇跡に依拠しているからだ(6)」。

現代人には、こうした考え方は理に適っていると思えるかもしれない。だが、当時の保守主義者たちにとっては、これこそ悪夢の実現にほかならなかった。シゲルスとその同志たちは、キリスト教の根本教理と矛盾するとしか思えない数多《あまた》の学説を教えている……しかるのちに、彼らはそれをやめたのだ。異教徒の哲学を教授し、しかるのちにそれをやめるとは、シゲリストらはいったい何を目論んでいるのか、とフランシスコ会神学者のバリオーネのグリエルモ（William of Baglione）やジョン・ペッカムは憤慨してこう問いかけた。もし、宇宙が――そこに存在する万物も含めて――永遠であるなら、「創造」も生じず、アダムとイヴも存在しなかったことになるばかりか、「最後の審判」も起こりえないことになる。もし、あらゆる自然の運動がもっぱら自然の法則ないし傾向によって支配されているのであれば、神の摂理が働く余地や、「聖体祭儀」のような、いわば日常的な奇跡が生じる余地はない。いわんや、キリストの受肉や贖罪や復活という、ただ一回かぎりの奇跡が生じる余地はまったくないではないか。全人類がただ一つの知性を共有しているとする学説は（これはアヴェロエスと結びつけられ、「知性単一説」と呼ばれていた）、個々人の霊魂の不滅性を明らかに否定していると思われた。そして、もし、自由意志という概念が幻想であるなら、罪や、恩寵や、死後の生で受ける報いはどうなってしまうのか？「哲学者」の絶大な権威に裏打ちされたこれらの学説が、学芸学部の教師によって合理的真理として教えられ、その一方で、信仰の真理は非合理的な信念の領域に追いやられている――こう考えただけで、保守主義者たちは恐怖に駆られた。彼らがトマス・アクィナスを横目で見ながら、首を振りつつ呟く姿が目に見えるようだ。そう、「アリストテレスの諸々の学説はそれが言及している範囲では完全に正しい、とトマスが論じたときに、こうなることはわかっていたのだ。だが、それらが正しいと誰もが認めるようになったら、どうなるのだろうか？　その暁には、キリスト教はどうなってしまうのだろうか」と。

シゲルスとダキアのボエティウスのまわりに集まった急進的アリストテレス主義者は、たぶん学芸学部の教師団の中では少数派だったろう。とはいえ、ある歴史家によれば、彼らは学芸学部の中で「最もきわだった著名人や最も注目すべき思想家たち」の支持を得ていた。[7] 神学者たちの攻撃に対して彼らが示した反応は、保守主義者たちの恐怖心を和らげるものではなかった。学芸学部の急進的アリストテレス主義者たちは、自分たちは神学部の教授ではなく、いまやカリキュラムにアリストテレス全典を採り入れている学芸学部の教師である、と（たしかに一理あるのだが）応酬した。いわく、われわれは神学上の問題を裁定する資格を有しておらず、それを許されてもいない、それゆえ、われわれはアリストテレスの諸著作と――その多くがたまたまムスリムやユダヤ教徒である――主だった著述家の手になるアリストテレスの自然哲学と倫理学の註解書を講じているに過ぎない、神学者が彼らの学説をどのように受けとめようと勝手だが、学芸学部の教師の仕事はこれらをそのまま提示することなのだ、と。

二重真理説の危険性

案の定というべきか、かかる逃げ口上は彼らの批判者の怒りに油を注いだ。これらの学説が真理であることを立証できないというのなら、なぜ学芸学部の教師たちはそれを教授しているのか？　実際には、これらの学説は真理であ**る**と、彼らは一再ならず断言していたのではなかったか？　シゲルスはある小論の中で、「もし人間が一人もいなくなったら、「人間は動物である」という叙述は真であるか」といういかにもスコラ的な質問に答えて、人類はそのほかの宇宙の万物と同様に永遠であるがゆえに、この質問は不合理であると断言した。そして、「この結論を銘記していなければならない。というのは、この手の問題をあれこれ考えているときには、知性は沈黙してしまうからだ。理解を妨げられないように、この手の問題に空虚な言辞を弄するなかれ！[8]」と言い放ったのだ。急進主義者たちは、ひとたび死んだ肉体が生き返ることや、たとえ霊魂自体は不滅であるとしても、肉体の死後に霊魂が苦痛や喜びを感じることを裏づける証拠を、自然哲学はまったく提供していないと指摘した。かかる主張はキリスト教の根本教理を否定するものだという非難に対しては、彼らは繰り返し、アリストテレスの世界観は自然の営みを正確に叙述しているが、それを教えている教師たちにはより高次の信仰の真理を否定するつもりは毛頭ない、と主張した。ダキアのボエティウスは次のように述べている。

> 信仰の領域には、理性によって論証できない事柄が多数存在する。たとえば、死体がそのまま生き返るとか、生成されたものが生成によらずに復活するという類《たぐい》の事柄である［これは、世界の終末のときに死者が復活するというキリスト教の教義を指している］。一方で、この教義を信じない者は異端者であり、他方、これを理性によって理解しよう

とする者は愚か者である……そして、これらの事柄には、信仰によって措定され、人間の理性では探究しえない点が多々あるので、理性が及ばないところでは信仰がその埋め合わせをするのである。(9)

現代の学者の大半はかかる言明に照らし合わせて（これはピエール・アベラールが熱をこめて述べた「もし、それが私をキリストから切り離すことになるのであれば、私は……アリストテレスの徒であることを欲しない」という言葉を想起させる）、シゲルスとダキアのボエティウスが二重真理説〔自然的と超自然的、すなわち理性的と啓示的との二種類の真理が並び存するという説〕というけしからぬ学説を教えたという見方を否定している。しかし、シゲルスとダキアのボエティウスに反対する者たちは、必ずしもそのように受けとめていなかった。二重真理説は、ある命題が科学的には真だが神学的には偽である場合、あるいはその逆の場合がありうることを意味するとともに、一方の真理を用いて他方の真理の誤りを立証するのは不可能であることを意味していた。この第二の点は決定的に重要だった。なぜなら、理性の使徒のトマス・アクィナスでさえ、神の子が人間（肉）として生まれたという受肉の教義のような、信仰上揺るがしえない二、三の教義は科学的に証明できない、と認めていたからだ。彼はその一方で、世界の永遠性のような一見合理的と思われる二、三の学説は、信仰によってその誤りを立証できると主張した。けれども、もし、いずれの種類の真理も等しく真であるならば――つまり、二種類の真理が対立した場合に、いずれの真理も他方を反証できないならば――キリスト教の思想は危機に直面するだろう。二重真理説は論理的矛盾を生み出すばかりか(同じ論述が同時に真でも偽でもありうることになる)、実際問題として人々に信仰と理性のいずれかを選択するよう迫るという事態を招くだろう。たとえ理性の裏づけを失っても、伝統的な宗教教義は無学な大衆や、聖職者や、少数の保守的知識人の忠誠を得られるだろう。だが、理性を用い、理性が導いた結論を信頼すべく訓練された教育のあるキリスト教徒の大多数は、信仰を捨てるか、その内容を大幅に修正してしまうだろう。

二重真理説は一方で、考えるだにおぞましいセキュラリズム〔第5章2節三一一〇頁参照〕を生み出したり、宗教を曖昧模糊とした理神論〔第5章2節三一一二頁参照〕に貶めてしまう恐れがあった。二重真理説は他方では、かつて熱烈な護教家のテルトゥリアヌスが唱えた「不合理ゆえにわれ信ず」という信条を踏襲する、正統派宗教の立場を含意していた。これに類する信仰と理性の分離が、ここで述べている闘争が終結してから数世紀のちにヨーロッパ社会で生じることになる。(10) シゲルスの同時代人の一部は、彼らの時代にこうした分離が生じることを恐れて、二重真理説を唱道しているとしてシゲルスを告発した。現代の著述家の中には、信仰と理性の分離がついに生じたことをよしとして、シゲルスを賞賛せんがために彼を二重真理説の唱道者とみなす者たちもいる。そうした歴史家の一人にとって、シゲルスは「理性の自律のために闘った紛れもない闘士」であり、「宗教は大衆には必要だが、教育のある人々には不要である。諸々の教義は信仰の役には立つが、理性はしばしば教義とは正反対のことを指し示す[11]」と説いた人物だった。しかしながら、フランスの傑出した中世哲学史家のエチエンヌ・ジルソン〔一八八四〜一九七八〕によれば、急進主義者たちは実際にはその類のことをいっさい説いていなかったのだ。「これらの人々〔シゲルスとその仲間たち〕のうちの誰一人として、かたや哲学上の結論、かたや神学上の結論からなる二とおりの結論が絶対的に矛盾すると同時に、どちらも絶対的に真でありうるなどとは、けっして認めなかっただろう[12]」。

よくよく考えてみると、これら二人の権威の見解は、どちらも正しいように思えてくる。たしかに、急進的な教師たちは二重真理説を教えはしなかった。だが、彼らの思想には、二重真理説の方に向かう傾向があった。そして、その傾向に導かれて、シゲルスあるいは彼の信奉者の一人は、少なくとも一度は禁じられた一線を越えてしまったのだ。一二七〇年、トマス・アクィナスが『知性の単一性について——アヴェロエス主義者たちに対する論駁』と題する論文を引っさげてこの論争に参戦し、シゲルスの霊魂説を攻撃した。トマスはこの論文の末尾近くで、その名前は明記せずに、ある急進主義者の著述から、「私は理性によって知性が数的に一であることを結論するが、信仰によって、断固としてその反対のことを支持する」という文章を引用した。かかる言い分は、この普段は冷静なドミニコ会士を激怒させた。軽蔑の念もあらわに、トマスはこう論評している。「それゆえ、この人たちは、信仰が成り立つのは、それの反対のことが必然的に帰結しうる［すなわち立証される］事柄についてである、と考えていることになる。しかし、必然的に結論されうる事柄とは、必然的に真であることにほかならないのである。したがって、それに対立するものとは虚偽であって不可能な事柄である。この人たちの言うことから帰結するのは、信仰とは虚偽であって、不可能なことについて、すなわち神にもなしえないことについて成り立つ、ということである。しかし、これは信仰ある者にとって聞くに堪えないことである」[13]。哲学は理性に依拠しているが信仰は奇跡に依拠しているというダキアのボエティウスの言葉にも、トマスは苛立ちを覚えていたことだろう。そもそも神学という学問は、信仰はけっして「盲目」ではなく、学知と理性によって——少なくとも、ほとんどの場合は——支持されうることを示すためのものではなかったか？

一二七〇年の非難宣言

急進主義者たちは二重真理説の危険性を認識し、それゆえ、通常は二重真理説に触れないように自制していたとするジルソンの見解は、疑問の余地なく正しい。けれども、まさに彼らがこうした曖昧な態度をとったことが——彼らの性急で青臭い行動様式が彼らの意図に対する強烈な不信感を引き起こしていたことと、思考様式におけるアリストテレス革命に対して保守主義者たちが懸念を募らせていたこととあいまって——教会人たちをトマスほどの思慮分別のない行動に駆り立てた。彼らはついに、シゲルスはその学説が内包する最も有害な傾向を実際に唱道しているとして、シゲルスを告発するに至ったのだ。ここで、現代史における似たような状況を思い出す。第二次世界大戦が終結して冷戦がまだ始まらない頃、西側のリベラリストの一部は世界の平和と地球規模の公正の実現に資するとの信念に基づいて、一連の「進歩的な」政策を提唱した。たとえば、核兵器と核物質を国際連合の管理に委ねるとか、ソヴィエト連邦に経済援助を行うとか、中国革命の当事者に対して中立的な立場をとるという類の政策を提言したのだ。保守主義者の一部は当初から、リベラリストの提案は「共産主義かぶれ」ないし「共産主義的傾向」を示すものとみなしていた。ところが、いざ冷戦が始まると、かつての進歩主義者たちを――たとえ彼らに背信的な意図はなかったにしても――客観的に見て親共産主義的な諸政策を唱導したとして非難するのが一般的な風潮となった。自分はスターリン体制を強化しようとしたのではなく、戦争を引き起こす諸々の原因を排除しようとしただけだと進歩主義者たちが抗弁すると、彼らはみずからが掲げた政策の破壊的な意味合いに故意に目を瞑っていたと非難された。つまり、彼らは「共産主義に対して寛容」だったのであり、そうした姿勢は冷戦下の今では「親共産主義者」と同義とみなされるのだ、と。[14]

これと同じ論法で、シゲルスとその仲間たちは――そして、リベラルな反シゲルス派さえも――「セキュラリズムに対して寛容」であるとみなされた。いうまでもなく、十三世紀にはセキュラリズムはまだ首尾一貫した主義となってはおらず、ましてや、キリスト教世界に対する差し迫った脅威となってはいなかった。〔少なくとも、カタリ派が粉砕されたのちの〕ヨーロッパには、カトリック教会に敵対しうる勢力は存在しておらず、ほんの一握りの急進的アリストテレス主義者たちが——たとえ彼らはそうしたいと望んでいたとしても——確立された教義に抗して大規模な反乱を引き起こす恐れもなきに等しかったのだ。こうした実情であっても、高位聖職者たちは新しい知識が潜在的に内包している破壊的な意味合いを極端に警戒した。とりわけ、彼らがその影響力を保持するために依存の度を強めていた知識人階級の聖職者たちが、異端の教えに対して無防備に思えたり、教義の解釈の違いによって分裂しそうな場合には。カタリ派との抗争はいまだ記憶に新しかった。フランシスコ会の改革運動には、急進派と保守派の抗争によって深い亀裂が生じていた。在俗教師たちはあいかわらず托鉢修道会に敵意を抱いていた。そしていまや、〔少数派とはいえ実力者の集団である〕学芸学部の教師たちが、神学者には受け入れがたい諸々の思想を発展させているのだ。それゆえ、パリ司教のステファヌス〔エチエンヌ〕・タンピエ〔在位一二六八～七九〕のような高位聖職者が——ほとんど恐慌《パニック》を来《きた》して——学芸学部における急進的な思潮の盛り上がりに激烈な反応を示したことは、何ら驚くには当たらない。

　アリストテレスの自然学的著作に対する禁令は、もはや死文化していた。この禁令を復活させようとしても、大学内の反抗を招いて軋轢を激化させるだけだろう。だが、シゲルスとその「アヴェロエス主義者」の仲間たちの著作に基づく特定の学説を禁止するには、まだ遅すぎはしないだろう。たぶん、トマス・アクィナスに対しても穏当な非難を加えられるだろう。なにしろ、彼はあまりにも純然たるアリストテレス主義に深入りしてしまったために、少なからぬ者たちからこの偽りの学説の父と目されている始末だ。パリ司教のタンピエは（今日判定できるかぎりでは）これらの考えを念頭に置いて、保守派の神学者からなる委員会を招集し、急進主義者たちの脅威に対処する方策を話し合った。一二七〇年一二月、彼は不穏な情勢に決着をつけるべく、決定的な行動に出た。実に五〇余年ぶりに、ヨーロッパ最大の大学でアリストテレスとアヴェロエスの特定の学説を講じることを、パリ司教が禁じたのだ。

この一二七〇年の非難宣言は、ブラバンのシゲルスら学芸部の急進的な教師たちに対する挑戦状だった。タンピエは一三の命題を誤謬にして異端であると断罪し、これらの命題を「意図的に」教授したり、真なりと「主張した」者は誰であれ、その事実だけで破門に処すると宣言した[15]。禁じられた命題をあくまで擁護しようとすれば、異端審問にかけられて処罰されるのは論を俟《ま》たなかった。これらの命題は、保守的な神学者の神経をことのほか刺激した学説がどのようなものだったのかを物語っている[16]。その一部は、アヴェロエスの霊魂説と知性単一説に関連していた。たとえば、「すべての人間の知性は数的に一である」とか、「「人間が知解する」という［述べ方］は誤りであり、不適当である」という命題である。「死後に［肉体から］分離した霊魂は物体的な火に苦しめられることはない」とか、「神は、消滅しうるもの、あるいは死すべきものに対して、不滅性あるいは不死性を与えることはできない」と主張することも禁じられた。(17) 断罪の対象には、神を受動的な「不動の動者」とするアリストテレスの学説も含まれていた。つまり、「神は個別者を認識しない」、「神は自分以外のものを認識しない」、「人間の行為は神の摂理に支配されない」という命題も断罪されたのだ。断罪された命題の一部は、人間の自由意志は天体の運動や人間の心理に由来する必然性によって制限される、という学説に関連していた。(18) そして、「世界は永遠である」という命題と、「最初の人間というものはけっして存在しなかった」という命題は、世界の永遠性という学説に関連していた。

さて、これらの命題のいずれが、パリ大学の教師たちによって「意図的に教授され」たり、「［真なりと］主張され」ていたのだろうか？　この問いに答えるのは不可能である。たしかに急進派の教師たちは、アリストテレスは議論の余地のある数多の命題を──たとえば、世界は永遠であるという類の学説を──自明のこととして主張した、と教えていた。そして、彼らはおそらく断罪された命題の一部について、少なくとも自然哲学の基準からすれば真である、と論じていただろう。霊魂の不滅性や自由意志が意味するものといった問題が大学で議論されたであろうことは、想像に難くない。けれども、シゲルスにせよ、そのほかのいかなる教師にせよ、神の摂理を否定したり、「神は自分以外のものを認識しない」と主張したなどというのは、思いもよらないことだ。パリ大学でアリストテレスの「不動の動者」を真の神と唱えるような教師は、失業の憂き目にあうにとどまらず、おそらくは異端審問の火を燃やす燃料とされたことだろう。

それ以上にはっきりしていないのは、タンピエの非難宣言の法的効力である。アリストテレスの諸著作は依然として学芸学部のカリキュラムの中核をなしていたので、教師たちは彼の思想を「意図的に」――少なくとも「「哲学者」によれば、これこれは真理である」という形で――教えることを要求されていただろう。それゆえ、実際に禁じられたのはたぶん、しかるべき修正を加えずに前述した諸命題を真なりと断言することだったのだろう。たとえば、最後の審判における死者の復活について、教師は「死体を生き返らすことはできない」という命題を、現世の自然哲学の問題としては真であると教えることができた。だが、教師はそれと同時に、カトリック教会の教義がより高次の真理を示していることも教えなければならなかった。すなわち、来《きた》るべき審判の日には、(数ある法則の中でもとくに)この自然の法則は効力を失うのだ、と。しかしながら、教師にこの類の言明をさせることによって、学芸学部の教師を神学の領域にかかわらせることになるという問題と、かかる陳腐な決まり文句は確立された教義に対するリップ・サービスとしか受けとめられないという問題が生じてきた。意味のない決まり文句をつけ加えさえすれば、以前のようにアリストテレスやその註解者たちの著作を講じることができた。ただし、こうした決まり文句は権威筋の怒りを買わないための方便であって、まともに受けとめるべきものではないと、教師も学生も了解していたのだ。

ここでもう一つ、現代史の事例を引いて説明するなら、学芸学部教師の一部は、一九七〇年代から八〇年代に共産主義国家の学者たちの多くが民主主義や人権を論ずることを禁じられた状況に対処したのと同じようなやり方で、タンピエの非難宣言に対処していたといえるだろう。すなわち、彼らはうわべは唯々諾々とマルクス－レーニン主義に忠誠を誓いながら、同僚教師や学生たちにはその反体制的な含意が明白なメッセージを送り続けていたのだ。シゲルスとその信奉者たちが一二七〇年の非難宣言に実際にどのように対処したのかについては、ほとんどわかっていない。だが、その後も論争が続いたことが、彼らが従来の信念を完全には捨てなかったことを何より雄弁に物語っている。それどころか、この論争は一二七〇年代に最高潮に達し、さまざまな問題が新たな争点と化し、さまざまな人間集団が新たに論争に参入した。そして、トマス・アクィナスがふたたびパリ大学に戻ってきたときに、この論争の新しい章が始まったのだ。

2　アリストテレス主義者としてのトマス・アクィナス

ふたたびパリ大学へ

一二六〇年代半ばにブラバンのシゲルスの思想が激しい論争の的になったとき、トマス・アクィナスはもうパリ大学にはいなかった。一二五九年に教授の任期が終わると、トマスはドミニコ会の仕事をするためにイタリアに帰り、ローマにドミニコ会の神学学院を新設したり、『対異教徒大全』全四巻を書き上げたり、『神学大全』の執筆にとりかかるなど、多忙な日々を送っていた。ところが一二六八年の末頃、彼は至急パリに戻ってふたたび神学教授の職に就くようにと、ドミニコ会総長から命じられた。こうした思いがけない（そして、たぶん彼にとってはありがたくない）変化が訪れたのには、いくつかの原因があった。一つには、在俗教師の攻撃に共同で立ち向かうべくフランシスコ会とドミニコ会が結んだ協力関係が、いまや決裂しようとしていた。もう一つには、フランシスコ会士ばかりか、在俗教師や少数のドミニコ会士まで含む大学の有力者たちが、ブラバンのシゲルスはトマスの神学の非正統的な要素を詳細に述べているに過ぎない、と主張するようになっていたのだ。これら保守的な人々の見るところでは、学芸学部教師のあいだに急進主義が爆発的に広まったことは、アリストテレスの自然哲学をあまり熱心に奉じるとキリスト教の正統信仰に深刻な脅威をもたらすという懸念を裏づけるものだった。彼らはシゲルスを集中攻撃しながらも、しだいにその矛先を、急進派の行きすぎた行動に究極的な責任を負っていると広くみなされていた人物、そう、リベラルなアリストテレス主義者の指導者たるトマス・アクィナスに転じていたのだ。

トマスがパリに戻ったのは、彼自身の評判を守るためだけでなく、彼をドミニコ会神学の闘士《チャンピオン》とみなしていた同修道会の名声も守るためだった。不運なことに、トマスは神学者としては一流だったが、学内政治家としての力量には欠けていた。彼は熟達した理論家であり、議論の場で彼と対等に渡り合える人物は皆無だった。だが、学芸学部の教師と神学部の教師、托鉢修道会所属の教師と在俗教師、「同郷団」と「同郷団」、さらには托鉢修道会どうしまでが対抗しあい、権謀術数が渦巻く大学政治の場で立ち回るには、彼の政治的手腕には何かが欠けていた。トマスのような性格と信念をもった人物が、一時しのぎの策を講じたり悪賢く立ちまわれるとは、誰も思わないだろう。彼はどうやら、自分の行動がもたらすであろう結果にはほとんど頓着せずに、猪突猛進したようだ。その一例を紹介しよう。トマスがパリ大学に復職してまもなく、学芸学部の在俗教師〔一説には、神学部在俗教師団の首領とされている〕アヴェヴィユのジェラール〔一二七二没〕がフランシスコ会に対して、彼らが共有財産の所有を拒むのは聖書の教えに反しており、「いやに聖人ぶった」愚かな行為だという理由で、激しい攻撃を開始した。ボナヴェントゥラと新任の神学教授ジョン・ペッカムはフランシスコ会の見解を精力的に弁護したが、トマスは彼らの見解にほとんど共感を覚えず、思ったとおりのことを発言した。実践的な徳は中庸にありとするアリストテレスの説を採用して、トマスはフランシスコ会が共有財産の所有を嫌悪するのは度を越して禁欲的であると批判した。貧困が人を神聖にするのではない、富は道徳的に中立であり、その使い方にすべてがかかっている、と彼は主張したのだ[19]。

ジョン・ペッカムのような保守的な修道士たちにとって、トマスの批判は二重の意味で腹立たしいものだった。なぜなら、これは兄弟である托鉢修道士の結束を乱して大学の反托鉢修道会勢力を利するばかりか、保守主義者の多くがかなり前からトマスについて喧伝していたことを――すなわち、トマスは聖アウグスティヌスの道徳原理よりアリストテレスの世俗的な徳論を重く見るがゆえに、何より重要な聖と俗の境界を曖昧にしているという噂を――裏づけていたからだ。これでは、ブラバンのシゲルスのごとき急進派が、彼らの学説が信仰に及ぼす影響を何ら案じることなく、自然について思いのままに哲学的な思弁を弄してもかまわないと考えるのも、無理はないではないか！

トマスは地上の幸福に対して「キリスト教徒らしからぬ」見方をしていると一部で評されており、こうしたトマスの姿勢をめぐっても議論が渦巻いた。教会は伝統的に、人間は現世では苦しむように生まれついており、真の幸福への唯一の希望は天国にある、と説いてきた。ところがアリストテレスは、地上の生活は喜びを得るさまざまな機会を提供しており、数ある喜びの中でも最も長続きして信頼に値するのは理性を働かせて学び、理解する喜びであると主張していた[20]。トマスによれば、この説の問題点は、それが誤っていることではなく不完全なことにあった。人間の視野には限りがあるので、私たちは知るべき事柄のほんの一部を学ぶ以上のことは望むべくもない。しかも、そのわずかな知識でさえ、

「ガラス越しに、ぼんやりと」しか理解できないのだ。人間は理解したいという根元的な欲求を抱いている。ところが、より多く、より完全に知ることによってその欲求を満たす能力をもっていないために、私たちは落胆し不幸に感じる。それゆえ、地上の幸福は現実に存在するとはいえ、相対的なものでしかない。アリストテレスが異教徒ゆえに理解できなかった純然たる幸福とは、神を、すなわちあらゆる存在の根底を知ることであり、それによって事物をありのままに見ることにほかならない。これこそ、私たちが求めてやまない究極の知識である。この世でそれを得ることはできないが、信仰篤き人々はついには天国で到達するだろう(21)。

トマスがこうした世俗的なルートを経て、彼らが聖書に基づいて導いたのと同じ結論に達したことは、伝統主義者たちをさぞ面食らわせたことだろう。地上での苦しみを慰めるものとして天国への希望を説く代わりに、トマスは死後の生を、地上で享受できる相対的な幸福によって人間がすでに曲がりなりにも経験しているものとして描き出したのだ。禁欲主義的なキリスト教徒にとって、こうしたイメージはあたかもムスリムの唱える「アラーの庭」(天国)のように、胡散臭く感じられたに違いない。だが、トマスにとっては、人間の本性も自然全般と同様に、生来備わっている発達原理にしたがって神に向かっているとみなすことこそ、キリスト教思想の核心にほかならなかった。人間の宿命(トマスなら人間の「目的因」と称するだろうが)は天国をめざすことだが、その地上の住処も、アウグスティヌス流の悲観論者が説くような、涙や堕落した肉体や知的幻想の領域ではない。自然の世界はいかなる意味においても悪ではなく、究極的には不完全ですらない。なぜなら、あらゆる事物の本性は、神における完成に向かって不断に、そしてたがいに調和しながら進むことであるからだ。[21]

霊魂をめぐって

トマスはこれと同じ（キリスト教によってアリストテレスを修正し、アリストテレスによってアウグスティヌスを修正するという）論法を、当時さかんに議論されていた道徳と自由意志との関係という問題にも適用した。アダムが堕落したにもかかわらず、人間本来の理性と自由意志は——神の助けを借りて——人間をして道徳的に行動させている、とトマスは主張した。[22]アウグスティヌスが『神の国』で絶望視していた社会的な諸制度でさえ、人間の霊にふさわしい立派な制度となりうる。なぜなら、アリストテレスもいっているように、「人間は本質的に政治的な動物である」[23]からだ。そして、トマスは次のように主張して、シゲルスとフランシスコ会双方との闘いの火蓋を切ったのだ。すなわち、人間は腐敗した卑しむべき肉体に霊魂が一時的に宿ったという存在ではない、人間は霊魂と肉体が結合した存在であり、その霊魂は肉体の死後も生き続けるのだ、と。

人間の霊魂がこの一〇年間で最も白熱した議論の争点になったことは、驚くに当たらない。なぜなら、霊魂の問題は科学（ないし自然哲学）と宗教との境界線上に位置していたからだ。アリストテレスと中世のその読者たちにとって、霊魂は科学的探究の対象たるに申し分なくふさわしいテーマだった。というのは、「哲学者」のいうアニマとは、エーテル〔古人が想像した、天空上層の空間に満ちる精気〕のようなある種の「霊」を意味するだけではなく、今日では生理学、心理学、認知科学の研究対象とされる身体的・精神的能力のすべてを包含していたからだ。つまり、栄養物を摂取したり成長したり生殖する能力や、感覚的印象を記憶したり処理する能力や、事物を理解したり意図的に行動するという人間独特の能力をも意味していたのだ[24]。アリストテレスが『デ・アニマ』（霊魂論）と〔後世に〕題されたきわめて難解な論文によって成し遂げようとしたのは、自然哲学のそのほかのテーマに応用するのと同じ諸原理に基づいて、人間の霊魂を論理的に説明することだった。ブラバンのシゲルスや、トマス・アクィナスや、ボナヴェントゥラも含めて、アリストテレスの『デ・アニマ』を註解した人々は「哲学者」と同じことを目論んでいた。だが、この著作の解釈や、それをキリスト教の教義と調和させる方法に関して、彼らの見解には大きな隔たりがあった[25]。爆発的な議論を呼んだシゲルスの『霊魂論註解』は、一二六九年ないし一二七〇年始めに公刊された。これに対して、トマスは前述したように、綿密な論証と時に厳しい筆致で急進派の理論を反駁した『知性の単一性について[26]』と題する論文を発表した。そして、この年に、ジョン・ペッカムはトマスに対して、パリ大学の多数の学生と教師たちの前でトマス自身の霊魂説を弁護するよう挑んだのだ。

この三者間の論争の争点は、人類は不滅の霊魂をもつか否かという問題ではなかった。アニマの機能の一部はあまりに強く感覚と結びついているので肉体の死後は存続できないが、人間の「合理的霊魂」つまり知性は肉体の死後も生き続けるという点に関しては、三者とも異論はなかった。興味深いことに、彼らはかかる見解を宗教上の教義にかかわる事柄として主張したのではなく、理性によって確証されたという認識のもとに主張していたのだ。キリスト教以前の時代の人であったアリストテレスですら、「知性は一種の独立した実体であって、私たちのうちに生じ、かつ消滅しないものと思われる」[27]と述べている。知性には五感を超越し、破壊されえない何かがあるという「哲学者」の確信は、中世の事実上すべての神学者によって共有されていた。そして、彼らはアリストテレスと同じくらい、理性に魅了されていた。問題は、こうした確信をどうやって科学的に説明するかということだった。というのは、私たちが思考することも、他者がそれによって影響を受けることも、また、それを観察することも、常に生きている個々の人間の活動であるからだ。知性と、それを行使する人間との関係は、どのようなものなのだろうか？　そして、もし、知性が個々の人間に属しているのであれば、知性の不滅性の本質とはどのようなものなのだろうか？

霊魂はそれとは異質の存在である肉体に捕らわれた不滅の実体であるという概念や、物質と精神、肉体と霊魂は常に対立しているという概念を、アリストテレスは痛烈に批判した。彼はこうした見方とは反対に、霊魂は人間の「形相」、つまり人間に生命を吹きこむ原理であると主張した。これは要するに、肉体と霊魂が結合して一つの統合された実体を形成するということだ。アリストテレスは、霊魂〔心〕が人間を介して思考するのではなく、人間が霊魂を介して思考する、と断言していた(28)〔「心が哀れむ」とか、「心が学習する」とか、「心が思考する」とはいわない方がよいのであって、「人が心でそのようにする」という方がよい〕。それでも、人間は死に、霊魂は滅びない。この一見不合理な事実を、どのように説明したらよいのだろうか？　この問題に、ブラバンのシゲルスはアヴェロエスの学説から多くを借用して、急進的な解答を提示した。一言でいえば、シゲルスは不滅性という概念を個人ではなく人間という集団の属性であると再定義することによって、人間の肉体と霊魂の一体性を救ったのだ。シゲルスの主張するところによれば、人間が死んでも知性が生き続けるのは、知性が――個々人においてはあたかもその個人に属しているかのように働くにもかかわらず――個々人の霊魂の必要不可欠な構成要素ではなく、個々人とは独立して別個に存在する能力であるからだ。通常、質料は個物の形をとっているにもかかわらず、私たちは「質料」というものが存在することをきわめて容易に理解できる。そうであるなら、個人に属さない「知性」というものが存在することも、認められないわけがあろうか。個々人はその生存中は人類共通の能力である知性を独自に行使する。だが、個々人が死んだのちも、その人物に属していた知性はただ一つの「〔人間という〕種に属する知性」の一部として、永遠に生き続けるのだ。[29]

知性・肉体・霊魂

ほかの何にもまして保守的な神学者たちを激昂させたのは、この知性単一説だった。なぜなら、この学説が個人の霊魂の不滅性を否定し、それゆえ個人が死後に賞罰を受けるという伝統的な教えも否定していることは、一目瞭然だったからだ。[30] ところが、ここで突如としてトマスが論戦に参戦した。彼が参戦に踏み切ったのは、ただ一つの集合的知性が――個々人に属していないにもかかわらず――個々人をつうじて思考するという概念に、我慢がならなかったからにほかならない。かかる概念は私たちの最も基本的な直観にも、経験にも、常識にも反するがゆえに、たわごとに過ぎない、とトマスは断言した。シゲルスの説は誤謬であるに違いない――いや、彼の説にとどまらず、それが個人からおのおのの知性を奪い、「この人物が知解する」[31] というのを妨げるものであるなら、いかなる説も誤謬であるに違いないのだ。

トマスは『知性の単一性について』において、肉体と霊魂が結合して一人の個人を形成するというアリストテレスの原理を擁護した。彼は急進派に対してはアニマは集合的知性ではないと主張する一方で、保守派に対しては、アニマは人間の肉体に一時的に宿る肉体とは異質の存在ではないと主張した。もし、知性の唯一の機能が特定の肉体に生命を吹きこむことであるなら、肉体の死とともに知性も消滅することは理の当然だろう。だが、とトマスは続けている。霊魂を肉体から完全に分離しなくても、個別性という概念と不滅性という概念を調和させることは可能である。その鍵は、知性を質料と結合してのみ存在する通常の形相としてではなく、質料とは独立して存在しうる実体的な形相と認識することだ。この意味においては、実体的形相である知性は、アリストテレス主義者が天球を動かすものと想定している「叡知体」(intelligences)に似ている。霊魂は独力で生き続けることができるが、あたかも「機械の中の幽霊」[32]のように肉体に仮住まいしているわけではない。それとは反対に、霊魂が一個の独立した存在となり、肉体の死後も存続するアイデンティティを獲得するのは、ひとえに人間の肉体と合一することによってなのだ。これを比喩を用いて説明しよう。金属を溶かして鋳型に流しこみ、鋳像をつくるところを思い描いてほしい。この鋳型を壊しても、金属はそのまま残る。だが、この金属が鋳像という永続的な形状を得たのは、鋳型に入れられたからにほかならない。人間の場合に永遠に生き続けるのは、抽象的で没個性化された霊魂のごときものではなく、実在した個人の形相なのだ。[33]

どうやらブラバンのシゲルスは、トマスの分析には説得力があると認めたようだ。この急進派のリーダーはまもなくおのれの知性単一説を撤回し、トマスが『知性の単一性について』によってその概要を示した見解を受け入れた。[34] ところが、ジョン・ペッカムら保守派神学者たちは、このドミニコ会士の見解は危険なまでに非キリスト教的であるとの確信をいっそう深めた。ありていにいえば、「肉体は人間の本性の重要な部分であるという概念を、トマスは主張し、ペッカムは否定した」[35]のだ。トマスにすれば、肉体の神聖さを強調することは、ことのほかキリスト教的な意義を有していた。なんといっても、神は人間となったキリストの肉体を神聖なものとしたのだから。[36]けれども、アウグスティヌス的伝統が染みついた保守派神学者たちは、かかる見解をキリスト教的というよりギリシア的であると受けとめた——これもまた、トマスが急進派と同様、アリストテレスというワインを飲みすぎたことを裏づける証拠だ、と。いうまでもなく、霊魂と肉体は闘っているのだ！　この事実を忘れたら、千年有余の歴史を有するキリスト教の禁欲主義に背を向けることになる。トマスの思想は正統派宗教に対する脅威であるとする保守主義者の確信は、パリ大学で新たな論争が噴出し、トマスが彼らには容認できぬほど急進的な立場をとったときに、ますます深まった。

「もう書けないのだ」

新たな論争の争点は、物質世界の永遠性だった。この論争を総括するなら、トマスはこの論争で不覚にも、彼の信奉者を除く事実上すべての関係者を敵にまわしてしまったといえるだろう。シゲルスら急進主義者たちは理性の観点から、宇宙には始まりも終わりもないと主張した。合理的に考えれば世界が常に存在していたことは明白である、なぜなら、あらゆる結果には原因があり、その原因はそれに先行する原因の結果であることを学知が証明しているからだ、とシゲルスは論証した。[37] もちろん、とシゲルスは以下のようにつけ加えた。もし、アダムとイヴの話や、無からの世界の創造を信ぜよと信仰が要求するなら、われわれはそれを受け入れなければならない。それは、こうした言い伝えや教義が理に適っているからでも証明できるからでもなく――「なぜなら、信仰は学知でも意見でもないのだ」――それらが神聖な権威に基づいているからにほかならない。[38] シゲルスの見解に対して保守派はさまざまな反応を示したが、その中にはかなり微妙な反応もあった。[39] つまり、シゲルスの理論は科学的かつ合理的な論拠によって反証できるので、盲目的な信仰に基づいて何かが〔原因なしに〕創造されることを信じる必要はない、と主張する者もいたのだ。トマスは、この論争のいずれの陣営の見解も、科学的な根拠によって証明することはできないという立場をとった。[40] 世界は永遠であるとみなす方が理に適っているとする点で、シゲルスは明らかに誤っている、だが、キリスト教の創造の教義は信仰の問題であって理性によって証明される類のものではないとする点では、シゲルスは正しい、とトマスは主張したのだ。

パリ司教のステファヌス・タンピエとパリ大学神学部のタンピエ派にとって、こうしたトマスの主張はまさに危険信号だった。トマスは表面的には自分たちと同じくらい熱心にシゲルス一党に反対しているが、一皮剝けば、実際には急進派と同じことをいっているのではないだろうか？　すなわち、自然は神の介入なしに働く自然の法則によって支配されているとか、男も女も――その堕落したありさまにもかかわらず――現世で幸福になれるとか、霊魂は肉体と結合することによって個別性を獲得する等々と、トマスは主張しているのではあるまいか？　そして彼はいまや、少なくとも理論的には可能であるとして、物質世界は永遠に神と共存すると主張しているのではあるまいか？　トマスも近頃はシゲルスのように、学芸学部の教師のあいだに多数の信奉者を獲得している。そればかりか、アウグスティヌス隠修士会の実力者ローマのジャイルズ〔アエギディウス・ロマヌス、一二四三頃～一三一六〕のような、修道会所属の学者たちまでその旗印のもとに引きつけている――こうした情勢もまた、トマスの正体は危険な敵であると保守派神学者たちが確信する要因となった。[41]ある中世哲学史の権威はトマスが置かれた立場を、冷戦時代に共産党シンパと非難された西側のリベラリストたちのそれになぞらえている。[42]だが、トマスをめぐる情況は、彼らのそれより危険だった。というのは、大方のリベラリストは世論に合わせてみずからの政治的見解を調整していたのに対して、トマスは大胆にも、アリストテレス思想の濫用や誤用を防ぐためには、アリストテレス思想をよりよく理解し、より積極的に応用することが有効だと主張していたからだ。穏和な気性であったにもかかわらず、トマスはあたかも革命家のように理を説き、平和を好んでいたにもかかわらず、論争を激しく燃えあがらせたのだ㊸。

パリは嵐の前夜だった。だが、嵐がパリを襲ったときに、トマスはもはやパリにはいなかった。いまだ明らかになっていない理由で、彼は一二七二年に、宗教家としてのキャリアの一歩を踏み出したナポリの小修道院に戻っていた。ナポリでは、新たにドミニコ会の神学学院を設立する任務を与えられた。おそらく彼は、パリ大学における果てしない論争に疲労困憊していたのだろう。おそらくドミニコ会の上層部は、彼がパリ大学で果たすべき役割は終わったと感じていたのだろう。あるいは、トマス自身が『神学大全』を完成させなければならないと焦燥に駆られていたのかもしれないし――あるいは、ひょっとすると――神は学問上の論争で彼が手腕を発揮することより、彼自身を求めていると察知したのかもしれない。言い伝えによれば、パリを去る以前から、彼は尋常ならざる経験をするようになっていた。忘我の境ないし「恍惚」状態で教会にいるところを、一再ならず目撃されていた。ある日、同僚教師たちから要請されていた聖体に関する難解な論文を書き終えると、トマスはその原稿を祭壇の上に置いた。すると、十字架上の像が祭壇に降り立って原稿の傍らに立ち、「トマスよ、汝は私の身体の秘跡についてよくぞ書いた」と語りかけた。トマスは床から六〇センチメートルほども空中に浮かび、そのまま数分間とどまっていた、とその場に居合わせた修道士たちが述べている。ナポリに帰ってからは、次のような出来事が伝えられている。ある夜、トマスが聖ドメニコ教会にいると、彼の業績を讃え、何でも望みのものをつかわそうという声が十字架から聞こえてきた。すると、彼は「主よ、御身《おんみ》のみを」と答えたという。

しかしながら、これらの経験ですら、一二七三年に聖ドメニコ教会でミサを執行しているときにトマスを襲った不可解な出来事の序曲に過ぎなかった。それがどのような経験だったのか、私たちには推測することしかできない。ミサが終わると、トマスはレギナルドゥス〔一二九〇頃没〕という親しい修道士に「私はこれ以上著述はしない」といった。のちにレギナルドゥスが著述活動を続けるよう懇願すると、トマスは「もう書けないのだ。私に新たに啓示されたことに比べると、これまで書いたものはどれも藁くずのように思えるからだ」と応えたという。トマスは筆を折り、もはや旅に出ようともしなかった。ところが、リヨンで開かれる公会議に出席するよう、教皇が要請してきた。この会議では、東方正教会とローマ教会との関係修復が議題にあがっており、トマスはこの問題に造詣が深かったからだ。リヨンへの途上、姉を訪問するために立ち寄ったナポリ北部の村で、彼は卒倒した。意識を取り戻したトマスは、神は自分が平信徒たちといるより修道士仲間といることを望むだろうから、どこか近くの修道院に連れて行ってほしいと頼んだ。彼が最後に行ったのは、修道士たちに『雅歌』〔旧約聖書の一書。伝統的にソロモンの作とされる〕を朗誦してもらい、最後の力を振り絞ってその講解をすることだった。彼は『神学大全』を未完のまま残して、四九歳でこの世を去った。

トマスが没したとき、彼の旧友のボナヴェントゥラも病んでいた。このフランシスコ会総長はリヨンの公会議に出席できたものの、会議が進行中の夏に世を去った。それゆえ、パリで彼らが深くかかわっていた論争が予期せぬクライマックスを迎えたときには、彼らのいずれもこの世にいなかったのだ。

3　断罪と復権

保守派の勝利？

パリ大学では保守派がしだいに勢力を強めていた。ブラバンのシゲルスと急進派教師の出現は、神学部のみならず学芸学部をも恐慌に陥れていた。トマス・アクィナスが介入しても、トマスの信奉者たちは一皮剝けば急進派であるという疑念を払拭することはできなかった。一二七二年、パリ大学では学芸学部長の選挙が行われた。学芸学部長は有力なポストだったので、選挙運動は対立する陣営間の大々的な闘争に発展した。いまだピカルディー同郷団の指導者だったシゲルスも立候補したと推測されており、ランスのアルベリックというフランス人教師がアンチ・シゲルス勢力を代表する候補者だったようだ。選挙戦の実態はほとんどわかっていないが、稀に見る熾烈な選挙戦だったことと、アルベリックが過半数の票を獲得したことはわかっている。(44)ところが、シゲルスの支持者たちは違法行為があったと訴え、このフランス人の勝利を受け入れずに独自の学部長を選出した。

彼らがこれほど思いきった行動に出た理由は容易に推察できる。学芸学部長は、全学の教師に対して拘束力をもつ規約を制定する権限を有していた。一二六〇年代以降、托鉢修道会士以外の教師はすべて、この規約に従い、従わない場合は学芸学部長から「偽誓・反逆の罪」を宣告されるという旨の宣誓を行っていた[45]。それゆえ、規約に違反することは、少なくとも大学教師の地位を失うことを意味していた。選挙が終わるとすぐに、アルベリック率いる学部当局は新たな規約を制定し、学芸学部の教師が講義中に神学上の結論を導くことも、哲学的な事柄を講じる際に「信仰に背く事柄を教える」ことも禁止した。この二つ目の禁令はおおまかな内容だったので、個々の事例ごとに解釈を必要とした。それが急進派に不利になるよう解釈されるのは必定で、この規約に違反したとみなされれば大学から追放されることは目に見えていた。窮地に追いこまれた反体制派は、この規約の合法性をあくまで認めようとしなかった。その後の三年間というもの、学芸学部は事実上、独自の運営組織と教師と学生と規約を擁する二つの学部に分裂することになった。

だが、こうした状態はそれ以上長くは続かなかった。紛争を調停するための試みがいろいろとなされたのちに、一二七五年に教皇特使ブリオーニのシモン〔のちの教皇マルティヌス四世、在位一二八一〜八五〕がパリ大学を訪れ、何度か聴聞会を開いた。そして、特使は保守派に有利な裁定を下して、それに従うよう全学芸学部に命じたのだ。学部が分裂していた期間中、急進派の教師たちは物議をかもすテーマを論じる場合は、議論の場を公的な場所から私的な場所に移していたようだ。というのは、この翌年に大学当局が新たに定めた学則は、いかなる教師も論理学と文法以外の事柄を私的にも教えてはならない、と命じているからだ。[46] かくして、急進派の指導者たちにとって、ゲームは終わった。シゲルス、ラ・シャペルのゴスヴァン、ニヴェイユのベルニエは故郷のリエージュに帰り、サン゠パウロ聖堂とサン゠マルタン教会の聖堂参事会員になった。一二七六年一一月二三日、リエージュの彼らのもとに、フランスの異端審問官でドミニコ会士の枢機卿シモン・ド・ヴァルから召喚状が届いた。〔フランス北部の〕サンカンタンにいる彼のもとに出頭して、書状には明記されていない異端の容疑について答弁せよというのだ。

従来の歴史学の所説では、異端審問所が行動を起こしたときにシゲルス一行はパリにおり、出頭を拒否して教皇庁の法廷に上訴するためにイタリアに逃れた、とされていた。[47] だが、最近の研究は、彼らが召喚に応じてサンカンタンに赴き、しかるのちに無罪放免になったことを示唆している。彼らが異端の容疑を免れた理由は、彼らに不利な証拠が不充分であったか、リエージュ司教が彼らのために異端審問官に圧力をかけたかのいずれかだったようだ。ニヴェイユのベルニエは一二八〇年代にパリに戻り、ソルボンヌ学寮で神学を教えている。もし、彼が異端のかどで有罪を宣告されていたら、こんなことはとうてい不可能だったろう。[48] シゲルスとラ・シャペルのゴスヴァンはしばらくリエージュにとどまっていたようだが、数年後にイタリアに赴いた――のちに見るように、この旅は数奇な結末を迎えることになる。

かくして、保守派が勝利をおさめた……だが、彼らは本当に勝ったのだろうか？　こうした状況下で「勝利」という言葉が何を意味するのかという問題は、当時はまだ認識されていなかった。教皇インノケンティウス三世が登位して以来、教会はアリストテレス思想が各地の大学に浸透することに対して――ちょうど、アッシジのフランチェスコが率いた類の民衆の福音伝道運動を受け入れたのと同様に――寛容な姿勢をとってきた。いうまでもなく、こうした寛容さには限度があった。教会を分裂させるような動きや、明らかに異端の学説には、教会はあくまで厳しく対処した。けれども、急激に変化する時代にあって、かかる柔軟な方針は、教会の統一と文化的優越性を危うくする状況をいつしか招いていた。自然哲学に魅せられた学者たちがアリストテレスを研究し、自然の世界に関する事柄について思索することを認めたばかりに、彼らが新たに得た知識が伝統的な教会の教義に疑念を投げかけるという恐れが生じてきた。イスラームの権力者はまさにこうした危険な事態を避けるために、ムスリムのアリストテレス研究者を隔離するとともに、彼らがイスラーム圏の諸大学で教えることを禁じていたのだ。もし、カトリック教会が運営する大学から追放されたら、ヨーロッパの自然哲学者たちはどうするだろうか？　もし、教会制度の枠組みの中で行われていた信仰と理性の対話に終止符が打たれて、宗教的な桎梏《しっこく》のない知識人が世俗の統治者の援助のもとで台頭したら、これまでとは違った種類の危険な事態が生じてくるだろう。

パリ司教のステファヌス・タンピエとその盟友は、この問題をそれほど重視していなかった。彼らがとりわけ懸念していたのは、急進派が異端の学説をおおっぴらに説いていることではなく（そもそも、彼らは概してそうした行動はとっていなかった）、急進派の講義や著述が、いまや伝統的なキリスト教的価値を脅かしつつある風潮を反映していることだった。急進派は異端者ではなかったが、「人間の理性が新たな知識と洞察を獲得するという実に驚嘆すべき可能性」に心を奪われていた。「自然の世界に関する新しい知識の洪水を前にした」彼らにとって、「神学は何ら興味を引かないものになっていたのだ」。[49]

こうした風潮の変化は、急進派が一二七二年の学部長選挙に敗れ、そのリーダーたちがパリを去ったのちですら、急進的アリストテレス主義者に対する保守派の攻撃が激化した理由の一端を物語っているだろう。シゲリストたちはあいかわらず、アリストテレスの自然哲学が提示する真理は、旧来のキリスト教教義のそれと少なくとも同じくらい説得力があると――はっきりとはいわないまでも――ほのめかしていた。彼らは学芸学部の教師だったので、神学を講じることを求められておらず、彼ら自身にもその気はなかった。けれども、それが信仰に対してもつ意味を考慮することなく、ひたすら自然哲学の研究に取り組むことによって、彼らは神学上の真理の影を薄くしてしまったのだ。こうしたなりゆきに、彼らに反対する人々は憤懣やるかたなかったに違いない。なぜなら、シゲリストたちはあからさまに攻撃的な言辞を弄したり、異端の説を述べていたわけではなかったので、彼らを攻撃する口実がほとんど見つからなかったからだ。だが、学者たちに興味深いテーマを発見するよう強制したり、あるいは、彼らが強い関心を抱いている事物を探究させないようにすることが、いったい誰にできようか。インノケンティウス三世のような人物なら、これは勝ち目のない闘いだと悟ったことだろう。つまり、キリスト教の神学者が——かつてトマス・アクィナスやボナヴェントゥラがそうしたように——自然哲学者たちと積極的に議論しなくなったら、（人間の本性も含めた）自然の研究と、神的な事柄の研究は別々の道を進むようになってしまうだろう、と。しかし、ステファヌス・タンピエはインノケンティウス三世のような人物ではなかった。リーダーを失った急進派が弱体化するにつれて、このパリ司教一派は、急進派の息の根を止めたい、さらに、この機会に乗じてトマス主義者《トミスト》〔トミズムないしトマス主義とは、トマス・アクィナスの思想体系、および、トマスを祖として十三世紀に始まったその解釈と展開、さらにはトマスの教説を奉じる学派をいう〕の評判も落としたい、という誘惑に抗しきれなくなった。

一二七七年の断罪

一二七七年一月一八日、かつてパリ大学神学部で教鞭をとっていた教皇ヨハネス二一世〔在位一二七六〜七七〕がステファヌス・タンピエに書簡を送り、パリ大学で「信仰を損なう」説が教授されているという報告を受けたので、この申し立てを調査してほしいと要請した。どうやらパリ司教はすでに独自に調査を進めていたらしく、教皇の書簡もタンピエの依頼に応じて書かれたというのが真相のようだ。[50] それはともかく、タンピエはすぐさま、一六人の神学者と彼を補佐する「賢人たち」からなる調査委員会を招集した。今日、委員の中で名前がわかっているのは在俗教師のガン〔ヘント〕のヘンリクス〔一二九三没〕だけだが、タンピエは委員の顔ぶれを自分に都合のよい保守派の人物で固めたようだ。その中には、パリ大学のチャンセラーも名を連ねていたと推測されている。[51] 調査委員会は迅速に仕事をした。このパリ司教は七年前に、急進派の学説の中でも目にある一三の命題を講じることを禁じたが、この目論見は不発に終わっていた。この経験から教訓を得たタンピエは、今回は不敬にして世俗主義的なものの見方を禁ずることに狙いを定めた。つまり、急進派教師たちが提示したものだけでなく、彼らの学説が暗に示していると思われたり、将来の学者がアヴェロエスその他の註解者の著作に基づいて教授しかねない、アリストテレス的な胡散臭い命題をことごとく禁じようとしたのだ。彼は広く網を張った。今回はたった一三箇条ではなく、実に二一九箇条の命題を禁止リストに載せたのだ。

断罪された命題リストを伝達するタンピエの書状は、名指しこそしていないものの、パリ大学の学芸学部の教師たちが付属文書に列挙された「明白な呪われるべき誤謬」を教授し、議論していると難じていた。そして、彼らは「あたかも対立する二つの真理があるとでもいうように、また、あたかも神聖な聖書の真理が呪われた異教徒たちの言葉の内にある真理によって否定されるかのように、これこれの事柄は哲学上は真であるが、カトリックの信仰に即していえば真ではない、と教えている」[52]と告発していた。タンピエはこの書状の文末で、これら誤謬の命題を教えたり擁護する者すべてを破門に処し、さらに聴講者たちも、七日以内にパリ司教区庁かパリ大学のチャンセラーに報告しないかぎり処罰する、と宣告した。

一二七〇年に断罪された命題と同様に、今回断罪された命題の場合も、タンピエが述べたような形で教授されたり、唱道されたものはほとんどなかったようだ。急進派の教師たちが二重真理説を公然とは唱道していなかったことは確実である——たとえ、彼らを批判する者たちが、彼らの学説の論理的帰結は二重真理説であるとみなしていたとしても。一二七七年の禁令は七年前に断罪された命題に、多数の新たなカテゴリーを加えていた。とくに問題視されていたのは、最良の生活は哲学的観想の生活であるとするアリストテレスの学説だった。これは、自然哲学を神学より重く見るものと解釈できたからだ。もはや、「哲学的な生活以上に高尚な生活はない」とか、「神学者の論説は神話に基づいている」とか、「世界の中で知恵ある者は哲学者のみである」とか、「キリスト教の啓示は学問の妨げになる」と教えることは禁じられてしまった[53]。もっとも、かかる命題をあえて公然と支持する大学関係者はいなかっただろうから、これらを禁止リストに載せた目的は、人々が私的な場で論じるのを阻止すること、あるいは（結局は同じことになるのだが）これらについて考えないようにさせることだったのだろう。禁止リストに載せられた命題の中には、急進派の学説をはなはだしく歪曲したものが含まれていた――歪曲の度があまりに激しいので、まるでこれらの命題は計画的な「中傷キャンペーン」の一環であるかのように思えるほどだ。世界の永遠性に関連した命題について、現代のある歴史家はこう述べている。

ここで明らかになってくるのは……有能で敬虔なキリスト教徒の哲学者や神学者たちが、彼らの学説とはほとんど関係のない理由で攻撃され、復讐心に燃えた悪辣な神学者の委員会によって断罪されている、という図式である……委員たちは恐怖に駆られた保守的な司教をつうじて、きわめて愚かしい見解を吹きこまれていたのだ。(54)

この告発にはもっともな点が多い。しかも、タンピエが断罪した諸命題の少なくとも一部は、急進派教師たちがあくまで学問上の真理として、あるいは、吟味すべき仮説として提示したものだったのだ。まことに興味深いことに、最も厄介な論点は、神の能力と自然の規則性との関係に関するものだった。神が自然の通常の営みを一時的に停止させる力をもっていることについては、誰も疑問を投げかけていなかった。実際のところ、この原理を受け入れないかぎり、いかなるキリスト教徒であれ、処女懐胎や福音書に記された出来事をことごとく事実と信じるのは難しいだろう。ここで問題とされたのは、神は自然の法則を一時停止させることを欲しておらず——とりわけ、くだんの法則が宇宙《コスモス》の構造と機能にとって根本的に重要である場合には——けっして一時停止させないと知識人たちが確信するようになるにつれて、この原理がしだいに抽象的な概念になりつつあることだった。はたして神は、朝に太陽が昇るのを止められるのだろうか？　理論的には、確実にできる。はたして神は、これまでにそうしたことがあったのだろうか？　否、である。神が太陽の運行に干渉した唯一の事例は、『ヨシュア記』（第一〇章一二〜一五節）に記されている。このとき、神はヨシュアを戦いに勝たせるために、「まる一日近く」日没を遅らせたのだ。はたして神は、これからもそうするのだろうか？　おそらく、終末の時にはそうするだろう。けれども、その時までは、私たちは安心して朝には日が昇るものと思っていられるし、自然現象として日の出や日の入りを研究することもできるのだ。

自然のさまざまな営みはトマスのいわゆる「第二原因」のみに基づいて叙述することができ、さらに予測することもできるとみなす傾向は、一連の有罪判決を招来した。これは実際には、自然法則を絶対視し、それに伴って自然を神にとって代わらせようとする風潮への警告だった。一二七七年の禁令で断罪された命題の中には、アリストテレスの『自然学』に基づくものがいくつかあった。たとえば、「神〔第一原因〕は多数の世界ないし宇宙を創造することはできない」、「神は直線運動によって天球を動かすことはできない。その理由は、直線的に動かすとすると、〔動かしたあとに〕空虚〔真空〕を残すことになるからである」、「神は実体なしに偶有性を存在せしめることはできないし、二つの物体が同時に同じ場所を占めるようにつくることもできない」という類の命題が、それに該当する。[55] これらの命題を断罪したことは、周知のようにはなはだ皮肉な結果をもたらした。すなわち、神はアリストテレスが理解していた類の自然法則を破ることができるという見解に固執したことが、後世の自然哲学者たちによる数多の非アリストテレス的な自然法則の発見を促した、ということだ（たとえば、自然は「空虚を嫌って」いないことが証明された）。とはいえ、科学的な思索を刺激することは、パリ司教タンピエの意図するところではなかった。彼の目的は、伝統的なキリスト教の教義とものの見方の自然哲学に対する優越性を、重ねて主張することだった――こうした目論見は必然的に、トマス・アクィナスの「自然神学」への攻撃に発展した。

トマス・アクィナスの断罪

トマス神学に対するタンピエの攻撃の第一歩は、いくぶん曖昧な形でなされた。一二七七年に彼が断罪した二一九箇条の命題のうち、明らかにトミズムに基づくものはそれほど多くはなかった。それでもやはり、保守的な人々は（現代の一部の学者と同様に）、そのうちのいくつかはこのドミニコ会士の教説を標的にしていると確信していた。[56] いずれにしても、タンピエが禁令を布告してから二週間も経たないうちに、オックスフォード大学では当時のカンタベリー大司教（でドミニコ会士の）ロバート・キルウォードビー〔一二一五頃～七九〕によって、二〇箇条以上の急進的な命題とともに、トマスの霊魂に関する教説が明確に断罪された。(57) フランシスコ会士の神学者ジョン・ペッカムが一二八〇年代にカンタベリー大司教に就任すると、これらの命題の有罪判決は更新され、さらなる命題が禁止リストに追加された。一方、タンピエはこの間に別件の調査を短兵急に進めていた。今回の標的は、神学部におけるトマスの一番弟子のローマのジャイルズだった。三月末、タンピエがジャイルズの著作から引いた五一箇条の命題を断罪したため、このアウグスティヌス隠修会士はパリ大学で教鞭をとれなくなった。それから数週間後、パリ司教はトマスの教説を断罪することを目論んで、神学部で誤謬の説が講じられていないか、新たな調査に乗り出した。ことここに至って、トミストたちも急進派についで、教会の視野の外に追いやられるかと思われた。ところが不思議なことに、この調査は突然打ち切られた。これはローマの有力なドミニコ会ロビーが影響力を行使して調査を中止させたからだ、とジョン・ペッカムは主張しているが、たぶん彼の言い分は当たっているのだろう。

急進派がすっかり鳴りをひそめたために、トマスの教説をめぐる論争は、フランシスコ会とドミニコ会の宗派《セクト》闘争と化した。この闘争では、フランシスコ会はもはや圧倒的に優位な立場を享受することができなくなった。キルウォードビーがトマスを攻撃したことに衝撃を受けたドミニコ会は、すぐさま行動を開始した。そして、このイギリスの大司教のようにトマスの見解を公然と批判したドミニコ会士は例外なく処罰する、という内規を制定した。やがて、論文による戦争が勃発し、ドミニコ会とフランシスコ会双方の一線級の神学者が、非難の応酬を繰り広げた。ペッカムのあとを継いでパリ大学のフランシスコ会枠の神学部教授に就任したギヨーム・ド・ラ・マール〔一二三〇頃~八二以降〕は、一二七九年にトマスを容赦なく批判した『兄弟トマスに対する修正』と題する著作を発表した。これは正統信仰から逸脱しているとみなしたトミストの命題を集めて批判を加えたもので、フランシスコ会はただちにこの著作を同修道会付属学校のカリキュラムに採り入れた。ドミニコ会士の神学者パリのヨハネス〔一三〇六没〕は『歪曲の訂正』と題する著作をもって、ド・ラ・マールに強烈な反撃を加えた。オックスフォード大学におけるフランシスコ会の影響力は、一二八〇年代半ばに頂点に達した。この時期には、カンタベリー大司教のペッカムがある神学教師をトマスの霊魂説を講じたとして糾弾し、フランシスコ会出身の教皇ニコラウス四世〔在位一二八八~九二〕がそれを支持した。トマス神学を修道会付属学校のカリキュラムの基礎に据えたドミニコ会は、一時はこうして敗北を喫したが、その後失地を回復し、着実に地歩を築いた。一三二三年、オックスフォードでその思想が断罪されてから五〇年も経たないうちに、この常に物議をかもしたイタリア人はローマ教会によって列聖された。その二年後、当時のパリ司教はきわめて異例の文書をもって、「祝福されたトマスの教説にかかわり、あるいはかかわると思われるかぎりで」パリ司教タンピエの断罪に対して無効の宣言を行った。こうして、トミストはあらゆる異端の容疑を解かれたのだ。(58)

謎に包まれた最期

一二七七年当時においては、くだんの禁令は大陸全域で猛烈な議論を引き起こした。その法的効力はパリ大学（と、キルウォードビーの断罪に関してはオックスフォード大学）に限られていたものの、一二七七年の禁令が提起した問題はヨーロッパ中の大学で議論の的となった。歴史家の中には、この禁令が抑圧的な雰囲気をもたらしたために、パリ大学では数十年間にわたって自然哲学の自由な議論が阻まれた、と主張する者たちもいる。(59)だが、注目すべき事実は、この禁令がトミズムの神学や、合理主義的な思考様式や、自然科学に対する学究的な関心の発展に——短期的に見てさえも——ほとんど影響を及ぼさなかったということだ。抑圧が最高潮に達した時期ですら、アリストテレスの著作に関する禁令を復活させようとする動きはなかった。「哲学者」の自然哲学は、アヴェロエスやアヴィセンナその他の物議をかもした註解者たちの著作とともに、ヨーロッパの学芸学部のカリキュラムの中核であり続けた。神学者たちも、第二原因という概念から世界の永遠性や霊魂の本性に至るまで、アリストテレスの世界観が提起した主要な問題を依然として論じ続けた。そして、かつて「軽い一撃」を受けたトミズムは、哲学と神学がみごとに総合された尊重すべき思想体系という地位を回復した。(60) 数世紀後には、トマスの哲学はローマ・カトリック教会内部で特別の権威が付与されることになる。

おそらく、もっと驚くべきことは、シゲルスとその同志たちの流れを汲む急進的な思潮が、しばらくは地下に潜ることを余儀なくされたものの、すみやかに勢いを盛り返したことだろう。一三二〇年代には、著名な急進主義者のジャンダンのヨハネス〔ヨハネス・ヤンドゥヌス、ジャンダンのジャン、一二八五頃～一三二八〕が信仰と理性、教会と国家の分離を説き、さらに教皇の優越性を公然と攻撃した『平和の擁護者』と題する論文をパドヴァのマルシリウス〔一二八〇頃～一三四三頃〕と共同で著したことによって、パリ大学で多数の信奉者を獲得した(61)〔マルシリウスが『平和の擁護者』を執筆するに際して旧友のヨハネスの支援を受けたことは推察できるが、ヨハネスがこの著作の共著者であるとする旧説は現在では根拠がないとして斥けられている〕。急進主義はついにパリ大学を征服できなかったが、ボローニャ大学では一大勢力となり、パドヴァ大学では支配勢力となった。自然哲学の真理は神学上の真理と同等の関心と信頼を寄せるに値するという見方がひとたびヨーロッパ社会に放たれると、これを抑圧することはもはや不可能だった。一連の断罪がもたらした最も予想外の結末は、アリストテレスの基本的前提のあるものを否定したことが経験科学の発展を促した、ということだろう。ある傑出した歴史家によれば、保守派が神の無限の創造力を主張したことが「誘因となって、十四世紀には数多の純理論的ないし仮説的な自然哲学が生まれ、その過程でアリストテレス自然哲学の諸々の原理が明晰にされ、批判され、あるいは否定されたのだ」[62]。結局、パリ司教タンピエの粛正によって最も大きな影響を被ったのは、教会自身だった。教会は以前は新しい自然哲学を熱心に擁護していたにもかかわらず、いまやきわめて批判的かつ懐疑的な立場をとるようになった。一二七七年以後は、急進主義者以外の誰もが阻止しようとしていた信仰と理性の分離が、内発的な力によって進んだように思われる。エチエンヌ・ジルソンの言葉を借りれば、「神学と哲学の蜜月が……終わった[63]」のだ。

　そして、ブラバンのシゲルスはどうなったのだろうか？　その刺激的な思想と著作によって、この知的爆発の導火線に火をつけた張本人は？　彼のリベラル・サイドの敵であったトマス・アクィナスは、死後ほどなくして列聖された。彼の保守派サイドの敵であったボナヴェントゥラは、フランシスコ会の内部抗争によって遅れたものの、一四八二年にやはり聖人の位に列せられた。けれども、シゲルスに与えられた聖なる称号の類はただ一つ、一部の歴史好きな左派が捧げた「神聖なる理性の大義の殉教者」という評価だけなのだ。シゲルスの最後の日々は謎に包まれている。今日（あるイタリアの詩から）わかっているのは、シゲルスが一二八〇年代初期にオルヴィエトにいたということだけだ。彼はおそらく、オルヴィエトにほど近いヴィテルボに設けられていた教皇庁の法廷で、汚名を晴らそうとしていたのだろう。シゲルスには「秘書」が同行していたが、それは同僚の聖職者で、一部ではラ・シャペルのゴスヴァンとみなされている。はたしてシゲルスは、その容疑を晴らしてふたたび教授特権を得るために、教皇庁に働きかけていたのだろうか？　はたして彼は、オルヴィエトで軟禁されていたのだろうか？　さまざまな風説が飛び交う中で、一つの事実だけは充分に立証されている。すなわち、一二八一年から八四年のあいだのある日、言い伝えによれば発狂した秘書によって、ブラバンのシゲルスが刺し殺されたという事実だけは[64]。

今日であれば、論争に明け暮れた人物がこのように謎に包まれた最期を遂げた場合、たとえ公式の調査委員会が設けられなくとも、法医学的な調査が慎重に行われるに違いない。そして、「シゲルスの暗殺」をめぐって、好奇心をそそる書物が次々と書かれるに違いない。けれども、この急進派リーダーの友人たちは、好機を待って鳴りを潜めていた。一方、彼の敵たちは一様に彼の死を喜び、安堵の吐息を漏らしていたようだ。破滅させられた生涯の残り火をあえて掻き立てようとする者は、一人もいなかった。「発狂した秘書」のストーリーが真実であったにせよ、そうでなかったにせよ、新たな証拠が見出されるまでは、私たちはこのストーリーを甘受しなければならないのだろう。

第7章 「オッカムの剃刀」——信仰と理性の分離

1 終わりゆく中世

一三〇〇年の聖年祭

教皇ボニファティウス八世は西暦一三〇〇年を聖年と定め、ローマでともに聖年祭を祝おうと全キリスト教世界に呼びかけた〔ローマ人なら三〇日、外国人なら一五日にわたって聖ペテロと聖パウロの大聖堂に毎日参詣することによって、全贖宥が得られると宣言した〕。驚異的な数の巡礼や見物人が古代の帝都に押し寄せた——その数の多さときたら、溢れんばかりの群衆を市内に入れるために、市壁に新たに出入り口を設けなければならないほどだった。ヨーロッパのあらゆる地域から、キリスト教会の聖職者やあらゆる社会階層の平信徒がローマにやって来た。その中には、ヨーロッパ各国の首脳のほとんどが含まれていた。当時、ローマ市の通常の人口は一〇万人に遠く及ばなかったのだが、聖年祭の期間中は常に二〇万人がローマにいた、ともいわれている。祭礼と式典は事実上昼夜を分かたず続き、市内には肉を焙り焼く煙と、儀式で用いる香の芳しい香りが漂っていた。歴代の皇帝が君臨し、その軍団の勝利を祝う「凱旋式《トライアンフ》」が執り行われていた時代が終わってからというもの、ローマでは絶えて見られなかった光景だった。けれども、この聖年祭は人の目を欺くものだった。教皇庁の相次ぐ失態から人々の関心を逸らす手段としては、聖年祭は大成功《トライアンフ》をおさめたとはいえなかった。教皇の威厳と宗教的統一という外見の下で、社会はしだいに分裂し、混乱の度を深め、暴力的になっていたのだ。

　ボニファティウス八世はまるでローマ皇帝が再来したかのように、聖年祭をとり仕切った。教皇は広大な教会領と膨大な数の聖職者を擁するカトリック教会の首長であるにとどまらず、ヨーロッパの道徳と政治における至高の権威でもあった。ある歴史家によれば、この聖年祭は「おそらく、政治的な目的で行われた大衆操作の最初の事例であり、この場合の目的は、教皇による神権政治の威力と、全キリスト教徒に君臨する教皇の権威を誇示することだった[1]」。ボニファティウス八世は大胆にも、教皇は王侯の争いを裁決する全権を付与されており、大衆にとっては正義の源泉である——つまり、教皇は地上におけるキリストの代理であるがゆえに、紛争の当事者はすべからく教皇の意志に従うべし——と宣言した。もちろん、これは目新しい考え方ではなく、その起源は、ボニファティウス八世の偉大な先達であるグレゴリウス七世とインノケンティウス三世に求められる。だが、時代は——ボニファティウス八世は認めたくなかっただろうが——大きく変化していた。ボニファティウス八世はおろかにも、教皇の至高性という観念を築いた偉大な先達に倣おうとした。その姿は、歴史が繰り返すとき、「最初は悲劇として、二回目は笑劇として」[2]繰り返す、というカール・マルクス〔一八一八〜八三〕の言葉を思い出させる。

ボニファティウス八世の治世は、控えめにいっても不吉な雰囲気の中で始まった。一二九二年に教皇ニコラウス四世が没してから、教会内部の対立によって空位状態が二年も続いていた。一二九四年、枢機卿会はローマ教会の指導力に対する大衆の信頼を取り戻すべく、ピエトロ・ダ・モローネという高徳のベネディクト会修道士を教皇に選出した。モローネは長い禁欲生活を送ったイタリアの山奥の修道院から、ヴァチカンの豪華な教皇庁に身を移し、一躍教皇ケレスティヌス五世〔一二一五頃〜九六、在位一二九四〕となった。けれども、この不運な人物は穏和で超俗的な性質のゆえに、キリスト教世界の中で最も御しがたい行政組織の長たる適性を欠いていた。枢機卿のベネデット・カエターニ、のちのボニファティウス八世は当初、モローネに選挙の結果を受諾しないようにと助言していた。その五カ月後、カエターニは聖ペテロの座を退くという元隠修士の前代未聞の決意を支持し、ほどなく彼自身が教皇に選出された。すると、彼の顧問たちは、八〇歳になる前教皇を拘束するようにと進言した。当時教会の腐敗と世俗化を声高に非難していたフランシスコ会の「聖霊派」が、既成秩序に対する反対運動を煽るために、退位した教皇を利用するかもしれない、と。この老人は新教皇の手先によって二度にわたって逮捕・拘禁され、二度にわたって脱走した。だが、海路をとった二度目の脱出行は、船が難破したために失敗した。モローネはイタリアの海岸で捕らえられ、フェレンティーノのフモーネ城の独房に監禁された。この湿っぽく狭い独房で、モローネは一〇カ月におよんだ苦悶ののちに、みじめな死を遂げたのだ。

聖と俗の対立

おのれの行動に対して何といわれようと、ボニファティウス八世は批判を受け流した。結局のところ、自分はあの隠修士あがりの教皇とは別の世界に住んでいるのだ――裕福な貴族であり、法律と財政の専門家であり、秘密と策謀が渦巻くヴァチカンの政治の舞台で成功した策士なのだ。自分なら確実に、あの単純な隠修士には理解すらできなかった諸々の問題を解決できるだろう。最も深刻な問題は、ヨーロッパの王侯のあいだの暴力的な闘争が激化の一途をたどっていることだった。ヨーロッパの貴族は過去数世紀にわたって、政略結婚や宮廷風マナーや十字軍などの紐帯によって結束を強めてきた。その結束がいまやヨーロッパ大陸全域で、かつてないほど強大かつ無制限の権力を求める闘争に道を譲ろうとしていた。シチリアからスコットランドに至るまで、策謀とそれに対抗する策謀、戦争と反乱が、時代の風潮となっていた。長いあいだ学問と洗練されたマナーの母国であったフランスは、フィリップ端麗王〔四世、一二六八～一三一四、在位一二八五～没年〕の指揮のもとに、ヨーロッパで最も中央集権化が進んだ強力な君主国として頭角を現していた。エドワード一世〔一二三九～一三〇七、在位一二七二～没年〕治下のイギリスも、大貴族の手中に権力が集中する途上にあった。ボニファティウス八世が聖座に就いた頃には、フランスとイギリスは百年戦争〔一三三七～一四五三〕への道をたどっていた。ヨーロッパの覇権をめぐる熾烈な闘争の実行部隊は、ほとんどが傭兵で占められていた。それゆえ、いずれの国王も戦費を調達するために、〔従来は非課税の特権を授けていた〕教会に課税せざるをえなくなった。

　ことここに至って、闘争の当事者ではないカトリック教会の指導者たちも窮地に陥った。彼らは彼らの国王に奉仕するか（フランスの司教たちにはこの傾向が強かった）、あるいは教会の権益を守って世俗君主の激怒を買うか、という二者択一の選択を迫られた。かかる困難な状況は、教皇も封建領主の一員であるという事実によって、いっそう厄介なものとなった。つまり、教皇の権益に忠誠を示せば、地元の領主に対して裏切り行為を働いているとみなされかねなかったのだ。けれども、ボニファティウス八世はこうした複雑な状況をものともせず、教皇庁の権力とおのれの威信をふりかざして、闘争を治めるべく次々と手を打った。このままでは、ヨーロッパは反目し合う国王たちが割拠する地域に成り果ててしまう、と。平和を取り戻し、教会の権益を守るために、教皇はイタリア、スペイン、スコットランド、ハンガリー、ポーランド……そして、もちろんイギリスとフランスに介入した。けれども事実上すべてのケースにおいて、彼の行動は実を結ばず、あるいは逆効果に終わった。ボニファティウス八世は、破門や退位を命ずる教皇権に裏打ちされた教令を発しさえすれば、反抗的な王侯におのれの意志を押しつけられると思っていた。しかし、過去にこうした手段が功を奏したのは、世俗君主たちが教皇に畏敬の念を抱き、なおかつ、彼らの権威に対する反乱が地元で起きるのを恐れている場合だけだった。エドワード一世やフィリップ端麗王のように実力と人気を兼ね備えた無節操な君主に対しては、教皇の恫《どう》喝《かつ》は何の役にも立たなかった。

「わが君《きみ》の剣は鋼《はがね》でできているが、教皇のそれは饒舌でできている」(3)と、フィリップ端麗王の重臣の一人は語っていた。言葉はボニファティウス八世の商売道具だったが、それはまた破滅の元凶でもあった。この教皇の人となりについては、「相手の感情を察知する能力に乏しく、おのれの言辞を慎む気配りもなかった。鈍感な行動と辛辣な言葉によって、多くの敵をつくった」(4)と評されている。パリ大学の学者たちの回想によれば、枢機卿のカエターニは在俗教師がドミニコ会士とフランシスコ会士の特権に異議を唱えることを禁じるに際して、横柄な書状をものしていたという。いわく、「パリ大学の教師は、その学識と学説のすべてを物笑いの種にしてきた。われわれにとって、大学教師の名声などは愚劣で煙のようなものでしかない……この特権［托鉢修道士が告解を聴聞する権利］を廃止するくらいなら、ローマ教皇庁はパリ大学を抹殺するだろう。神がわれわれに命じているのは、知識を身につけたり大衆を惑わせることではなく、われわれの霊魂を救うことなのだ」[5]と。ボニファティウス八世は明らかに、インノケンティウス三世のような教皇たちが有していた成熟した判断力と外交的手腕を欠いていた。もっとも、ヨーロッパ社会に生じていた変化を考えるなら、たとえインノケンティウス三世のように有能な教皇でも、キリスト教共同体に平和をもたらすことは不可能だったろうが。

衰退に向かう西欧社会

だが、ボニファティウス八世が憂慮していた政治的な抗争は、根の深い社会的危機の徴候の一つに過ぎなかった。中世盛期には楽天的かつ開放的で融和に向かっていた西ヨーロッパ共同体は、いまや「自然災害と社会的混乱」[6]に対して無防備な社会に変貌しようとしていた。二〇〇年以上にわたって続いた経済成長は不景気と停滞のうちに終わりを告げ、それとともに領主と農奴、大貴族と小貴族、傭兵と市民、都市の住人と農村の住人のあいだの衝突が激化した。爆発的な人口増加も終わり、人口増加率はゼロ近くにまで減少していた。[7]気候までもが悪化し、ヨーロッパは冬の寒さが厳しく、植物が生育する季節の短い「小氷河期」に入った。黒死病と恐れられた腺ペストがヨーロッパ大陸を荒廃させるのを目の当たりにするまで、ボニファティウス八世は生きてはいなかった。それでも彼は、自分が青年時代を送った比較的平和で秩序ある社会が失われようとしていることを、肌で感じていた。一般庶民は社会の諸相により直接的に身をさらしていたので、社会のありようが変わりつつあるのをより痛切に感じていたが、その意味するところを理解してはいなかった。十四世紀初頭には、黙示録的な予言と終末の到来を期待する風潮が急激に蔓延し、「熱狂的な」霊的運動がさかんになるとともに（その一部は異端の説を弄していた）、聖職者ばかりか平信徒も巻きこんで神秘主義が復活した。インノケンティウス三世の在位中に教会の権威に挑戦したのと同じ勢力が、復讐の念を抱いてふたたび登場したのだ。だが、今回の背景にあるのは、衰退に向かう社会だった。

大胆な政治的野心を抱いていたにもかかわらず、ボニファティウス八世がこれらの敵に対して無力であることがじきに露呈した。ヨーロッパをふたたび統合し、聖地エルサレムをムスリムから取り返すために、新たな十字軍の結成を勧説しても、教皇の布告はあっさりと無視された。エドワード一世にスコットランドから手を引けと命じると、イギリス王はそれに対抗して、イギリス在住の聖職者が得ていた定期収入のかなりの部分を没収した。教皇はフィリップ端麗王を服従させるためにさまざまな策を講じたが、これはいっそう悲惨な結果をもたらした。というのは、フランスの官僚たちは教皇をほとんど恐れておらず、教皇の権威を傷つけるためにフランスの潤沢な資源を使うことに、いささかのためらいも覚えなかったからだ。フランス王は戦費を賄うためにフランス在住の聖職者に課税していたが、教皇は教令をもって、聖職者非課税の特権を認めるようフランス王に迫った。すると、フィリップ端麗王はフランス国内の教会税を凍結し、ローマへ送金させないという挙に出た。ボニファティウス八世がフランスの体制の改革を命ずる大勅書を布告すると、フィリップの重臣たちはそれを伝える書状を焼いて、教皇の名で汚い言葉をつらねた文書を偽造した。こうした一連の行動に抗議するために教皇が特使を派遣すると、この特使はフランスの内務大臣に捕らえられ、投獄される始末だった。ついに一三〇二年、四面楚歌となった教皇は有名な大勅書「ウナム・サンクタム(Unam Sanctum)」〔唯一の聖なる〕を発し、教皇は不従順な王を退位させる権限を有すると主張するとともに、「ローマ教皇に対する服従は全人類の救済のために絶対的に必要であると、われわれは断言し、主張し、明確に定める」(8)と宣言した。これに対抗して、フィリップ端麗王は彼に忠実なフランス在住の聖職者を招集して、パリで会議を開いた。この会議は即座にボニファティウス八世に異端者、強奪者、聖職売買者、黒魔術の使い手の烙印を押し、ケレスティヌス五世殺害のかどで教皇を告発した。

ボニファティウス八世は、彼が自由に使える唯一の武器で反撃した。すなわち、フランスの聖職者に対する教皇の絶対的な権力を主張し、フランス王を破門する旨の教令を発したのだ。だが、この反撃は遅きに失した。この教令が公《おおやけ》の知るところとなる前に、フィリップの顧問官で辣腕の大臣ギヨーム・ド・ノガレ〔一二六〇~一三一三〕がイタリアに到着し、教皇一門の代々の敵であるコロンナ家の援助のもとに二〇〇〇人の傭兵からなる部隊を召集し、生地のアナーニの別邸に滞在していた教皇を襲撃したのだ。抵抗もむなしく、随行していた枢機卿たちにも見捨てられて、教皇はただ一人——教皇の正装に身を包み、別邸の教皇聖座に座っているところを——捕らえられた。言い伝えによれば、コロンナ家の家長が教皇を殺そうとしたが、見世物裁判にかけるべく教皇をフランスに連れ帰るよう命じられていたノガレが、危ういところで阻止したとされている。酔っぱらった傭兵たちが別邸を略奪しているあいだ、ノガレは教皇を地下牢に監禁して、食べ物も水も与えなかった。この試練は三日後にようやく終わった。教皇に友好的な町の住人たちがこの囚われ人を救出し、居残った傭兵部隊を追い散らして、ノガレをフランスに追い返したのだ。その後、彼らはボニファティウス八世をローマに送り、この教皇を出した家柄でコロンナ家と代々敵対していたオルシーニ家の保護に委ねた。その数カ月後、健康も気力も挫かれて、ボニファティウス八世は永遠の都ローマで永眠した。それは、聖年の偽りの夜明けからわずか三年後のことだった。

「偉大な世紀」の終焉

在位中の教皇に対してかかる前代未聞の残忍な仕打ちが加えられたことは、ヨーロッパにおける聖俗の力の均衡が根底から崩れつつある徴候だった。ボニファティウス八世の後を継いだフランス人のクレメンス五世〔在位一三〇五〜一四〕が教皇座をアヴィニョンに移し、フランス王が教会の財政と政治を実質的に支配することを認めたときに、こうした趨勢は明白になった。フィリップ端麗王がローマ教会の財政に最大の寄与をしていたテンプル騎士団を解散させ、その莫大な財産と所領を没収する一方で、教皇は多数のフランス人を枢機卿に任命した。その間にイギリスも、最終的にローマ教会の勢力圏からの離脱へと至る道をゆっくりと歩み始めていた。一三〇〇年代後半から、カトリック教会は「教会大分裂《シスマ》」〔大離教、一三七八～一四一七〕という不名誉な事態に陥った。一三〇九年以来、教皇庁はアヴィニョンに置かれていたが、一三七八年にアヴィニョンとローマがそれぞれ教皇を擁立し、相手側の教皇を詐称者ないし「対立教皇」と称するに至ったのだ。その正当性を物理的な力や権力よりも畏敬と尊敬の念にはるかに大きく依拠している組織にとって、かかる事態は致命的な結末を招きかねなかった。大離教が解決されてわずか一世紀のちに、マルティン・ルターというドイツ人修道士が教皇制度に心底幻滅し、これよりはるかに大きな教会分裂の引き金を引くことになる――それによってキリスト教会の一体性は終わりを告げ、ヨーロッパ大陸は宗教戦争の世紀に突入したのだ。

教会組織が未曾有の混乱と無秩序に陥る時代が迫ってくるにつれて、多くの歴史家が哀調に満ちた口調で「中世の終わり」を語るようになるのは驚くに当たらない。改革を志す教皇と学究的な聖人を輩出した十三世紀は、〔カトリック教会にとってだけではなかったものの〕(9) とりわけカトリック教会にとっては「偉大な世紀」であり、それとは対照的に、十四世紀は暴力的な出来事と悪しき前兆に満ちた世紀だった。だが、物語はこれで完結するわけではない。実をいえば、十四世紀には中世のコンセンサスそのものが崩壊し始めていたのだ。その結末が痛みと流血を伴うことは、予言者ならずとも予見できただろう。ところが、キリスト教会の一体性を根底から揺るがしたのと同じ目に見えない力が、根本的に新しい思想の地平を開こうとしていたのだ。いうまでもなく、西ヨーロッパの知識人は今でもほとんどすべてがキリスト教徒であり、今でも例外なくアリストテレス主義者だった。しかし、アリストテレスの子どもたちはいまや、独立心に満ちた子孫を生み出していた——アリストテレスの思想を予想外の新しい方向に導く大胆な革新者たちを。

アリストテレスの「洗礼」

対立が新しい思想を生み出す例は、史上枚挙にいとまがない。十四世紀が始まる頃、フランシスコ会の修道士たちは二つの前線で闘争に巻きこまれていた。修道会の内部では、ヨーロッパを席巻しつつあった宗教的熱狂の新たな高まりを反映して、急進的な「聖霊派」と、より保守的な「穏和派」の対立が激化した。[10] 「聖霊派」は、フランシスコ会は聖フランチェスコの理想から乖離してしまったとみなしていた。ナルボンヌで教育と司牧活動を始めたカリスマ的な修道士ペトルス・ヨハニス・オリヴィ〔一二四七／四八～九八〕ら聖霊派のスポークスマンによれば、フランシスコ会は共有財産の所有を禁じた創立者の戒律を緩和し、カトリック教会のそのほかのメンバーとともに物質万能主義・律法主義・権力政治に向かって漂流していた。聖霊派はこうした現状に対する解毒剤として、一人一人が清貧を奉じるだけでなく、修道会全体が原点に帰って清貧に徹し、自発的に内省を深めるべきことを主張した。聖霊派の中には、ヨアキム派の思想を弄び、来るべき聖霊の第三世代には宗教組織は不要になると主張する者たちもいた。また、ローマ教会がヨーロッパの政治に介入することを憂える者や、教義に関する事柄についての教皇の無謬性を疑問視する者や、世俗の王侯の権力が増大することを望む者たちもいた。カトリック教会上層部はオリヴィの著作を断罪し、そのほかのトラブルメーカーに対してもしだいに抑圧の度を強めていた(11)。けれども急進派のあいだでは、こうした抑圧こそ、教会上層部の腐敗と不当性を如実に示すものとみなす不穏な傾向が強まった。

フランシスコ会の内部分裂が進む一方で、対外的には仇敵のドミニコ会との新たな哲学論争が勃発した。一二七七年のパリ司教による断罪以来、ローマ教会の雰囲気は大きく変わっていた。ドミニコ会が総力をあげて同会の闘士《チャンピオン》たるトマス・アクィナスを擁護したことが功を奏して、また、ヨーロッパの政治思潮の変化もあずかって、ローマ教会上層部はトマスの思想をかつて恐れていたほど急進的でも脅威でもないとみなすようになった。聖パウロも「情欲に身を焦がすよりは結婚した方がましだ」〔『コリントの信徒への手紙一』第七章九節〕と断言しているではないか。知識への欲望が肉体の欲望と同じくらい抑えがたいものであることが明らかになった今、トマスがいかに巧妙に、知識に対する欲望をカトリック教会の神聖な教義および教会制度と結びつけていたか、教会の権威者たちは真に理解できるようになったのだ。このドミニコ会士の神学者が列聖に値したのは、その霊的才能のゆえだけでなく、彼がアリストテレスに「洗礼」を施したことにもよっていた。アリストテレスに「洗礼」を施したことは明らかに、二つの大きな恩恵をローマ教会にもたらした。まず、自然哲学の分野において、かつてインノケンティウス三世が大衆の福音伝道運動に対してなしたのと同じことを成し遂げた——つまり、潜在的な敵対勢力を教会が運営する大学に取りこんで、彼らを監視し、統制し、より偉大な神の栄光のために利用できるようにした。そして、アリストテレスの「洗礼」は「自然神学」の創出をつうじて、神聖な教義に学知に基づく真理という威信と説得力を付与したのだ。

アリストテレス主義的キリスト教に基づくトマスのものの見方は、カトリック共同体の中でその後獲得したような優越的な地位をいまだ得ていなかったが、明らかにきわめて尊重すべきものとなっていた。とはいえ、トマスのものの見方はフランシスコ会士、とりわけ聖霊派には感銘を与えなかった。彼らにとってトミズムとは、現世で安穏を貪り、宗教的経験という核心からあまりにもかけ離れ、神の意志を理解し地上でそれを実践できると過信した現在のローマ教会を、神学的に表現したものに過ぎなかった。そもそも異端審問所の有力メンバーたるドミニコ会が、あらゆる知識を手際よくまとめたと称する神学〔自然神学〕を奉ずることができようか？　ボナヴェントゥラやジョン・ペッカムのような初期フランシスコ会学派に属する批判者たちは、信仰を犠牲にして理性に栄光を与えたとしてトマスを非難し、その中和剤としてプラトンという強力な薬を処方した。だが、ヨハネス・ドゥンス・スコトゥス〔一二六五頃～一三〇八〕や、その非凡な弟子のウィリアム・オッカムら後期フランシスコ会学派の有力な思想家に代表される新たな批判者たちは、トミズムの中和剤としてははるかに過激な薬を処方したのだ。

フランシスコ会の革新者たちは、理性に栄光を与えたり、その反対に理性を貶めることには、ほとんど関心をもっていなかった。彼らが問題とみなしていたのは、ドミニコ会士にせよ、フランシスコ会士にせよ、旧世代の神学者たちが人間が理解していることとそれを理解する方法を正しく認識できず、その結果、信仰と理性のあいだに不適切な境界線を引いてしまったことだった。彼らの見解によれば、緊急になすべきは単にトミズムを修正することではなく、まったく新しい知識の地図を描くことだった。そして、その地図を描く方法は、アリストテレスを彼自身から背かせるというものだった。つまり、アリストテレスの合理的な推論の方法を用いて、一般にアリストテレス的とみなされていた諸々の結論を吟味し、批判することだったのだ。[12]　まもなくヨーロッパの学者たちはこの方法を、トマスとボナヴェントゥラに代表される「古い道」(*via antiqua*)に対して、「新しい道」(*via moderna*)と呼ぶようになった。友人にして好敵手だった二人が生きていたら、神学の領域と学知の領域とを分離しようとする「近代主義者的」傾向に愕然としたに違いない。けれども、大学では彼らの影響力は弱まる一方だった。そう、中世社会の危機の中から、新しい思考様式が生まれようとしていたのだ。

2 「新しい道」へ

トマス・アクィナスからドゥンス・スコトゥスへ

ヨハネス・ドゥンス・スコトゥスは反逆者という性質《たち》ではなかったが、その短い一生は革命的な業績で満たされている。彼は一二六五年頃にイングランドと国境を接するスコットランドの村で生まれ、一二八〇年代後半にはオックスフォード大学で教鞭をとっていた。[13] そして、世紀が変わるとまもなく、フランシスコ会からパリ大学に派遣されて神学を講じた。ところが、フィリップ端麗王とボニファティウス八世との闘争に巻きこまれ、一三〇三年にほかの教皇派の修道士たちとともに大学を追放された。だが、ドゥンス・スコトゥスはその翌年にパリ大学に戻り、一三〇五年にはフランシスコ会枠の神学部教授に任命された。その二年後にケルンに移り、フランシスコ会の神学学院で主任教員をつとめたが、一三〇八年に当地で客死した。死因は明らかになっていない。ケルンのフランシスコ会教会にある彼の墓には、「スコットランドは私を生み、イングランドは私を育て、フランスは私を教え、ケルンは私をしっかりと抱きしめた」(14)という感動的な墓銘が刻まれている。フランシスコ会の「聖霊派」とかかわっていたウィリアム・オッカムとは異なり、ドゥンス・スコトゥスは修道会内部の政治抗争から距離を置いていたようだ。彼の神学に関する著作も、大胆かつ革新的であるにもかかわらず、異端とみなされる一歩手前で踏みとどまっている(オッカムは何につけても、一歩手前で踏みとどまることはめったになかった)。

ドゥンス・スコトゥスもトマス・アクィナスと同様にアリストテレス主義者であり、とりわけ自然の世界の営みを叙述したり分析する際には、アリストテレスの用語と方法をおおいに活用した。けれども、アリストテレスから一足飛びにキリストに到達しようとしたトマスの試みに対しては——たしかに、これは英雄的な試みだったが——ドゥンス・スコトゥスは強く異議を唱えた。自然を支配している諸々の法則を理解すれば、たとえぼんやりとではあっても、創造に際しての神の意図を理解できる、とトマスは確信していた。ところがドゥンス・スコトゥスにすれば、これは看過できない誤りだった。人間の知性は、トマスが認識していなかった能力をも有している。たとえば、知性は感覚的知覚から一般的な特性を機械的に「抽象」することなく、個物の形相を直観的に理解することができる。(15)けれども、人間は「自然の鏡」を覗きこむだけで、神の意図や願望や計画についての妥当な結論に到達することはできない。また、自然の宇宙を観察して得た知見に基づいて、宗教の真理を導き出すこともできない。自然のデータに基づいて論理的に推論すれば、神の万能性や、善と悪の相違や、霊魂の不滅性という類《たぐい》の教義を証明できる、とトマスは考えていたが、これもまた誤りである。この類の知識は信仰をつうじてのみ獲得できる、とこのフランシスコ会士は主張したのだ。

ドゥンス・スコトゥスの見解によれば、トミズムの根元的な誤りは、その必然性についての学説にあった。アリストテレスは「必然的な」存在（絶対的に存在しなければならないもの）と、「偶然的な」存在（その存在がほかの要因に依存しているもの）とを区別した。トマスはこの区別に基づいて、神は必然的な存在であると論証していた(16)。厳密にいえば、神以外のものはすべて、その存在を神と、おそらくはそのほかの諸要因にも依存しているがゆえに、偶然的な存在である。だが、神は宇宙の創造者でありながら、通常は第二原因をつうじて機能することを選択し、神自身の必然性の一部を自然の世界に分有させた。たとえば、人間の胎児が馬や魚や花にはならないのは、神が人間の胎児を――順調に発育すれば――必然的に人間に成長するように創造したからにほかならない、とトマスは論証したのだ。この論証のスリリングな点は、たとえ限られた形であっても、人間は神の意図や意志を見出すことができる、と示唆していることだ。なぜなら、私たちが自然の中に見出すさまざまなパターンは――とりわけ、トマスのいわゆる「可知的形象」は――創造者の意図《デザイン》を体現しており、私たちが「能動知性」をつうじてそれらのパターンについて何らかの知識を得るのも、ひとえに創造者の意志によっているからだ。

ドゥンス・スコトゥスはある程度まで、トマスの論証を受け入れることができた。神が必然的な存在であることは、ドゥンス・スコトゥスも（神を無限の存在と称する方を好んでいたとはいえ）認めていた。彼はまた、人間がある種の事物を確実に理解できることも認めていた。もっとも、ドゥンス・スコトゥスのいう確実な知識の基準は（円を定義するがごとき）数学的な概念に依拠していたので、それを満たすのはトマスの基準を満たすより難しかったのだが[17]。けれども、トマスが神は自然においては人間が知覚しうる諸々の「第二原因」をつうじて機能するとみなし、それゆえ神の力にはおのずからなる制約があると示唆したことは、ドゥンス・スコトゥスにはとうてい容認できなかった。ドゥンス・スコトゥスは、神は思いのままに行動する絶対的な自由をもっているがゆえに、神がなすことはすべて偶然であって必然ではない、そして、神は人間が発見しうる自然の法則によっていささかの制約も受けない、と主張した。自然の規則性はいついかなる瞬間も神の自発的な意志に依存しており、それらが発揮される時間と空間そのものも神の意志に依存している。神はそう望みさえすれば、過去に遡って自身がつくったものをつくり直すことも、人間の胎児を魚や花に成長させることもできるのだ（これはもちろん、純粋に理論の上だけの話ではない。なぜなら、神は無から宇宙を創造したのに加えて、さまざまな奇跡を実際に起こしてきたからだ）。神そのものを除いては、必然的に存在するものは何一つない。だが、もしこれが真実であるなら、科学が発見するものはすべて仮定的なものということになる。神の絶対的な自由は自然の諸法則を真に確かなものではなく、確からしく思われるものにしているのだ。

全能の神は思いのままに行動する自由をもっていると主張することによって、フランシスコ会士の哲学者にして神学者が科学的な思考に欠くことのできない結論に到達したのは、何と驚くべきことだろう。後知恵を働かせるなら、科学的世界観が発展した道筋を次のように説明できるだろう。まずトマス・アクィナスが、構成要素がたがいに依存し合い一つに統合された自然の宇宙に可知的な因果関係のパターンが存在することを強調して、科学的世界観の第一の要素を提供した。ついでドゥンス・スコトゥスが、これらの原因が作用するメカニズムを人間が理解しえたとしても、それは常に仮定的なものであるに違いないという認識を示して、第二の要素を提供した。そして、宇宙の形而上学的単純化とも称すべき第三の要素を提供したのが、ウィリアム・オッカムだった。もっとも、この方向への発展を促したのはドゥンス・スコトゥスだったのだが。

オッカムの剃刀

ドゥンス・スコトゥスと同様に、オッカムも最初はオックスフォード大学で、ついでパリ大学で教鞭をとった。[18] オッカムはドゥンス・スコトゥスより二〇歳ほど年少で、この著名な先輩フランシスコ会士よりずっと気性が激しかった。彼は「旧世代」の神学の誤謬を容赦なく、完膚なきまで批判したことで知られている。それらの誤謬の中で彼をとりわけ苛立たせたのは、トマスを始めとする「古い道」の代表的神学者たちが、アリストテレスに由来する形而上学的「実体」の存在をむやみに仮定することだった。その例として、人間が情報を受け取って記憶することを可能にする「可能知性」や、人間がそれらの情報を分析することを可能にする「能動知性」があげられる。だが、情報を受け取ることと、その情報について論理的に思考することは、一つの知性の二つの機能である、とオッカムは主張した。なぜ、それぞれの機能に対して、別個の知的実体を想定する必要があるのだろうか。[19] 同様に、オッカムは「人間」や「動物」のような仮説上の実体がそれぞれ別個に存在するという考え方も、断固として否定した。これらの「可知的形象」は、知識の一義的な対象である実在する個物から、人間が抽象した知的概念ないし用語であるに過ぎない。[20] 神は万物の目的因だが、(宇宙に存在するあらゆる実体にそれぞれ別個の「目的因」を想定するがごとき) 必要なしに行われる形而上学的複雑化は自然の世界を理解する役に立たないどころか、明快な理解を得る妨げになる、とこのフランシスコ会士は断言したのだ。

このように事物を単純化する傾向は「オッカムの剃刀」、すなわち、概念上の実体を必要なしに多数化してはならない、という有名な原理で頂点に達した。[21] しかしながら、この原理をめぐる真の見解の相違は、「必要なしに」という言葉の解釈にあった。トマスにとって、能動知性・可知的形象・目的因という類の実体は、自然の営みを神の創造性に明示的に結びつける思想体系を構築するために必要だった。他方、オッカムの剃刀は、トマスが取り組んだ仕事——すなわち、自然の事物と神的な事柄をともに説明できる統一的な思想体系を構築しようとする試み——は成就しえないことを暗に示していた。換言すれば、単純を旨とすべしとするオッカムの主張の背後には、自然科学と神学は別個の道を進むべきであるという信念が隠されていたのだ。科学の道には、経験から導かれ、理性によって処理される概念と方法が存在し、これらは人間が自然の世界および人間の社会を理解する役に立つ。これに対して神学の道には、聖書や教会によって啓示された教義が存在し、これらは人間が神および神が人間に求めていることを知る役に立つ。オッカムの見地からすれば、トマスはこれら二つの理解の領域を混同したために、いっさいを台無しにしてしまった。トマスの思想体系は自然を神秘化した。もっと悪いことに、人間は合理的推論をつうじて神の属性と意図を理解できると主張したばかりに、トマスの思想体系は神から神秘性を奪ってしまった。新世代の哲学者にして神学者がなすべきことは、この過ちを逆転させることであると——つまり、自然から神秘性を取り除き、神にふたたび神秘性を付与することであると——オッカムは見てとったのだ。

ドゥンス・スコトゥスとウィリアム・オッカムの業績によって、アリストテレス革命は根本的な方向転換をした。これら二人のフランシスコ会の革新者たちは、アリストテレスの才能をおおいに賞賛していた。だが、彼らはトマスがその思想体系の構築に不可欠とみなしたアリストテレスの学説を退けて、トマスが軽視ないし無視した学説を重視した。中世のキリスト教徒の思想家たちが一人のアリストテレスを位置づけていたところに、いまや二人のアリストテレスが存在するようになったのだ。その結果、アリストテレス主義の思想運動は分裂し、信仰と理性、宗教的経験と科学的営為とのあいだに大きな亀裂が生じてしまった。

近代経験科学の胎動

トマスを強く惹きつけたアリストテレスは、自然の中に理性を見出した哲学者だった。トマスのヒーローは、天球の運動を観察して、そこから第一動者を導き出した宇宙論者であり、生物のパターン化された発生や成長のプロセスに目的が内在していることを発見した生物学者であり、人間の理性と人間が理解する対象とのあいだの根元的調和を見出した心理学者だった。トマスから見れば、アリストテレスのレンズをとおして解釈された宇宙は、それ自体が神の存在や、神の善性や、創造の意図を明白に物語っていた。ところが、こうした見方こそ、くだんのフランシスコ会士たちが否定したものだったのだ。なぜなら、神聖な書物をつうじて神が啓示したものを理解する以外に、人間がおのれが生み出した概念を用いて神の意志を理解することなど、できるはずがないからだ。ドゥンス・スコトゥスとウィリアム・オッカムに霊感を与えたアリストテレスは、人間が自然について真に理解するのは普遍的な概念ではなく、個々の事物である、と説いた哲学者だった。[22] 私たちは「原因」とか「種」という類の普遍概念を用いて個々の事物の関係を叙述するが、それらのあいだの関係については、個々の事物の存在を証明するのと同じ仕方では証明できない。[23] 被造物について人間が合理的推論と抽象によって発見する諸々のパターンは、人間の知的営為の産物であって、宇宙を創造した神の意図を明らかにするものではない、とオッカムは主張した。理性は神のはかり知れない意志に従う自然に内在しているのではなく、人間の精神に内在しているのだ、と。

この青天の霹靂ともいうべき言葉とともに、近代の経験科学が誕生した――あるいは、少なくとも受胎した。なぜなら、人間が観察力と推理力を用いて叙述しうる自然の諸関係は、それが錯覚であるとか無意味であるという意味で実在しないものではないからだ。断じて、そうではない。ただし、それらの関係は確かなものというより、確からしいものであり、必然的なものというより「偶然的」なものであり、神を説明しうるものというより、自然のプロセスを説明するにとどまっている。トマスは人間の知性と神のそれを結びつける絆が存在すると仮定したが、ウィリアム・オッカムはその絆を断ち切った。「オッカムにとって、人間を神に結びつける絆は信仰をつうじてのみ得られるものだった。というのは、人間を神に結びつけている唯一の絆は、この宇宙にとどまらず、いかなる宇宙でも創造しうる神の力であるからだ[24]」。しかも、こうした限界を認識することは、必ずしも人間を意気消沈させることにはならず、むしろ人間を解放するという結果をもたらした。科学的な発見を神学的に解釈しなければならないという重圧から解放されることによって、「私たちは新しい楽観主義、新しい力、新しい技術をもって自然にアプローチできるのだ」。

創造は人間への贈り物として現れる。しかしながら、この贈り物は――贈り物は誰かから贈られなければならないという同義反復的な意味を除けば――その贈り主といかなる関係も有していない。それゆえ、被造物としての自然は詳細な分析の対象となりうる。そして、私たちは信仰の行為を除いては神から切り離されているので、この贈り物を詳細に分析することができるし、それに精通することもできるだろう。[25]

自然科学に関心を抱いたキリスト教思想家たちは、この結論から心の平安を得たことだろう。パリ大学の「オッカム主義者」たちは自然哲学者として独創的な科学研究に取り組み、華々しい成果をあげた。だが、もっぱら神を理解したいという思いに衝き動かされていた人々は、どうしていたのだろうか？　オッカムの批判的な思考様式が経験科学への道を切り開きつつあったときに、ヨーロッパでは霊的欲求の高まりが怒濤のように広まり、キリストとの個人的な交わりをひたすら求める新たな大衆運動を生み出していた。これらの信徒にとって、神は理性ではなく信仰をつうじてのみ理解できるという言葉は、どのような意味をもっていたのだろうか？

剃刀の傷あと

神を知るには啓示と、理性と、しばしば「神秘的な」と称される類の経験という三つの道がある、と古来みなされていた。すなわち、聖書その他の聖なる書物を読み、神について記された事柄を信じることによって神を知る。また、（聖アンセルムスが試みたように）[26] 論理学の諸原理から、あるいは（トマスが追究した）「自然の本性」から、神の存在と諸属性を合理的に推論する。さらに、めったに起こらないことだが、聖書の登場人物や神秘家といわれる人々のように、神の声を聞いたり、それ以外の何らかの方法で神をじかに経験するのだ、と。しかしながら、神の無限の卓越性と超越性のゆえに、いずれの道を採ろうとも、人間が神について理解できることはきわめて限られている、と広く信じられていた。十二世紀のユダヤ教徒の神学者モーセス・マイモニデスは、人間は神を否定的にしか知りえないという極端な立場を表明した——つまり、人間は神がそうではないところのもの、神の本質ではないものしか知りえないというのだ[27]〔神の本質に関しては、人間は肯定的な知識（〜である）をもつことができず、否定的な道（〜ではない）によってのみ認識できるという意味〕。いうまでもなく、諸々の聖典は善・公正・知恵・全能・慈悲など、さまざまな言葉で神を叙述しているが、このことはさらなる疑問を惹起する。神の善性や公正性は、〔同じ言葉で表現される〕人間の属性とどのような関係があるのだろうか、と。マイモニデスによれば、これらの属性についての人間の基準を神に適用するのは、一種の偶像崇拝にほかならなかった。そして、中世のキリスト教思想家の多くは、この見解に同意していたのだ[28]。

マイモニデスの見解は、看過できない問題を生み出した。もし、神が完全な「他者」であるなら、人間には神を理解する術《すべ》がまったくない。神が存在することですら、（マイモニデスが認識していたように）問われることになるだろう。というのは、神は人間が存在するのと同じ意味では「存在」しない、と主張することもできるからだ[29]。他方、聖なる書物が神を叙述している言葉を文字どおりに受けとめるなら――つまり、神は人間にも理解できる意味で慈悲深かったり公正であったり、あるいは怒ったり復讐心に燃えていると受けとめるなら――至高の存在の超越性を否定することになる。これはディレンマをもたらした。「神はあたかもギリシア神話の神や超人《スーパーマン》のように、人間よりはるかに優れてはいるがあくまで人間に似た存在であるのか、それとも、あまりに人間からかけ離れているので、人間がそれについて何一つ語れないような存在であるのか[30]」というディレンマである。トマスの神学の顕著な特徴の一つは、こうしたディレンマを逃れるために類推《アナロギア》を用いたことにある〔人間は神についての否定的な知と並行して、アナロギア的な知をもつ、とトマスは主張した〕。創造者と被造物とのあいだには、太陽と太陽によって暖められる物体との関係にいくぶん「類似」した関係が認められる、とトマスは論証した。太陽は熱の源泉であり、太陽が暖める物体は太陽から熱を受け取るに過ぎない。だが、そこには、両者が共有している何か（熱）が存在する。これと同様に、（善とか知恵という類の）神に付与される「名声」は文字どおりの意味で神に当てはまるのではなく、「アナロギアとメタファーを媒介にして」[31]当てはまるのだ。

アナロギアというアプローチの有用性については今日なお議論されているが、オッカムはけっして認めようとしなかった。オッカムによれば、たとえば「善」という類の言葉は、異なる文脈でも基本的に同じことを意味するか、あるいは、異なる事物を意味するかのどちらかでしかない。神は人間的な意味で善であるか、あるいは、人間には理解できない意味で善であるかのいずれかなのだ。この二者択一の問題に「アナロギアが入りこむ余地はない」[32]。ここでふたたび、オッカムの剃刀が振るわれた。その結果、神についての知識の源泉は二つに絞られた。すなわち、（神学者によって解釈された）聖なる書物と、神秘的な経験とである。このフランシスコ会士にとって、この結論は疑問の余地なく正統的であると思われた。オッカムが導いた結論は、一二七七年のパリ司教による禁令においても、聖アウグスティヌスにまでさかのぼる保守主義者によるアリストテレスへの攻撃においても、暗に示されていたのではないだろうか？　ところが、人間は自然や純然たる理性をつうじては神をまったく理解できないという主張は、カトリック教会上層部を戦慄させた。というのは、この主張を認めれば、思索することと信ずることを離反させてしまうと思われたからだ。そして、ついには、教会のなすべき仕事は、祈禱と神学的思弁と秘跡の執行だけになってしまうだろう、と。

オッカムの剃刀は、自然科学や社会思想や哲学のそのほかの分野すべてを、それらが拠りどころとしているキリスト教から断ち切ってしまいかねなかった。のみならず、神学を骨抜きにする恐れすらあった。なぜなら、ボエティウスの時代以来、神学の目的は常に「信仰と理性を調和させる」ことだったからだ。オッカムの剃刀は教会を申し分なく霊化するだろう。だが、それはまた、教会から知性を奪うとともに、教会を世間から孤立させてしまうだろう。その一方で、すでに大量の官僚と法律家を採用している世俗の統治者が、ヨーロッパにおける学問の大パトロンとなるだろう。その擁護者が伝統と権威だけでなく、自然の理性にも訴えることができなくなったら、どうしてカトリックの信仰が栄え、広まることができようか？　もし、オッカムがもっと穏やかに彼の見解を表明していたなら、そして、教会政治から距離を置いていたなら、オッカムの思想が内包する危険性は気づかれずにいたかもしれない。もし、オッカムが違う時代にその思想を表明したのであれば、高位聖職者の敵たちをこれほど刺激しなかっただろう。だが、オッカムは根っからの論争家で活動家であり、一方、彼の思想を判定する立場にある人々は、彼が無遠慮に批判していたトミズムの思想に強く影響されていたのだ。この哲学者にとっても、彼が属するカトリック教会にとっても、前途は荒れ模様になりそうだった。

3　オッカムの破門

オッカムが落ちた穴

一三二三年、トマス・アクィナスが列聖された年に、ウィリアム・オッカムは異端の嫌疑について審理を受けるべく、アヴィニョンの教皇庁に設けられた委員会に召喚された。彼を告発したのは、オックスフォード大学前総長のヨハネス・ルッテレル〔総長在任一三一七～二二〕だった。ルッテレルは戦闘的なトミストで、かつてフランシスコ会士がドミニコ会士を扱ったのと同じくらい厳しく、フランシスコ会の神学者を処遇したことで名を轟かせていた。彼はオッカムの著作から抜粋した五六箇条の命題を教皇ヨハネス二二世〔在位一三一六～三四〕に報告し、これらを断罪するよう進言した。教皇はただちにこの告発を審理する委員会を設置するとともに、オッカムに対しては、アヴィニョンに出頭して委員会の準備が整うまで同地で待機するようにと命じた。

この召喚の背後には、いかなる事情があったのだろうか？　その答えの少なくとも一部は、政治という一言で表現できる。フランシスコ会はほぼ五〇年間にわたって、トマスの信奉者の評判を落とすべく画策してきたが、その標的の多くはドミニコ会士だった。今ではトミストが勢力を伸ばしており、ルッテレルのような男たちは報復の機会が到来したと見てとった（オックスフォードの教授団が彼を総長の職から解いたのは、フランシスコ会所属の学者たちに対して不寛容な仕打ちをしたことが原因だった）。さらに悪いことに、フランシスコ会の改革運動は聖霊派という有力な急進派を生み出しており、この勢力はいまやキリスト教会の指導者の多くから、シゲリストの分派を凌ぐ脅威とみなされていた。ところが、オッカムは急進派への共感を隠そうともしなかった。彼も聖霊派と同様に、ローマ教皇が富や政治権力にかかわることを嫌悪し、カトリック教会の高位聖職者が封建領主や豪商のようにふるまうことを非難していた。ある意味で、オッカムの見解はブレシアのアルノルドのそれに似ていた。というのは、教会を（世俗的な面で）弱体化すれば、その当然の帰結として、日の出の勢いの野心的な世俗君主の権力を強化することになるからだ。オッカムはアルノルドのような反乱煽動者ではなかったし、この時点ではまだ、キリスト教の教義に関する教皇の無謬性に異を唱えてはいなかった。けれども、彼は自立心の強すぎる危険人物とみなされており、アヴィニョンでの行動はこうした印象を和らげるものではなかった。アヴィニョンで審理が始まるのを待っているあいだに――この待機は四年も続いた――彼はフランシスコ会総長のチェゼーナのミカエル（一三四二没、在任一三一六～一二八）と親交を結んだ。ミカエルも、聖霊派が異端の告発を受けた件で、審理されるのを待っているところだった。彼らの交友は教皇のスパイの関心を引かずにはいなかった。

けれども、オッカムの召喚の背後には別の要因も働いていた。今日でさえ、ウィリアム・オッカムの著作を読むと、安全ネットを張らずに綱渡りをしているのを目の当たりにしているような気持ちにさせられる。哲学に関する文脈でいえば、彼の足元に広がる深い淵は、信仰と理性の永遠の分離だった。政治に関する文脈でいえば、彼を呑みこもうと待ちかまえている深い穴は、その思想を尖鋭化させてしまった優れた理論家たちを投げこむために、異端審問所が用意したものだった。というのは、オッカムはドゥンス・スコトゥスや同時代の神学者の誰にも劣らぬほど敬虔なキリスト教徒であったにもかかわらず、彼の思想が志向していたものが、一二七七年にブラバンのシゲルスとその一党が断罪されるに至った原因と、奇妙なほどよく似ていたからだ。シゲルスと同様に、オッカムも二重真理説に固執しなかった。神が啓示した諸々の真理を否定できないことを、彼は疑ってもいなかった。けれども、やはりシゲルスの場合と同様に、彼の思想の行き着く先は二種類の真理、つまり自然の探究者にとっての真理と、神学者および神を崇拝する者にとっての真理とが並存するという結論であるとみなされた。しかも、オッカムがおのれの思想を表現する仕方には、告発を招かずにはおかないような何かがあった。現代の精神分析医なら、彼はみずから危機的な状況をつくり出し、既存の教会制度と神の民としての教会のいずれかを選ばざるをえない立場に自分を追いこもうとしていた、と分析するかもしれない。

このフランシスコ会士の著作が挑発的な性格を帯びたのは、彼が思想の明断さを厳しく追求した結果でもあったのだろう。つまり、オッカムは——ドゥンス・スコトゥスの著述を台無しにした元凶と彼がみなしていた類の——著者にとって都合のよい曖昧な表現を避けようと決意していたのだ[33]。だが、彼はそれと同時に、彼を支持する者たちと彼に反対する者たちとを激しく対立させ、刺激することによって、彼の読者や聴衆に新しい思考様式をとらせようと意図していたのではないだろうか（こうした戦略をとった革新的な思想家の例として、マルクスやフロイト〔一八五六～一九三九〕を想起する人もいるだろう）。その一例を紹介しよう。オッカムはドゥンス・スコトゥスと同様に、神の絶対的な自由はいわゆる自然の法則によっても、さらには神が過去になした行為によっても制限されない、と強硬に主張した。神の行動はすべて自由に自発的になされるもので、そのどれ一つとして強制や必然性によってなされるものはないのだ、と。これをわかりやすく説明するために、オッカムは人々を仰天させるような例をあげた。神は私たちの罪を贖うために人間になったが、これは神にとって必然的な行為ではなかった。もし、神がそうしようと思えば、神は何かほかの方法で——たとえば石や木やロバになることによって——私たちの罪を贖うことができただろう、とオッカムは断言したのだ[34]。

オッカム以前の神学者たちは、地上における神の諸々の行為はたとえ必然によってなされたものではないとしても、人間の観点から見て不合理なものではない、とわざわざ論証していた。明晰さを求める立場から、そして、おそらく人々に与える衝撃の度合いも鑑みて、オッカムはこの種の論証を試みようとしなかった。彼はむしろ、神はそうしようと思えば、無実の者を断罪することも罪人に褒賞を与えることもできるとか、二つの物体を同時に同じ場所に置くこともできるという類の論証を試みた。その要点は、神の絶対的な自由と力は人間の正義の観念や常識によって何ら制限されない、と示すことだった。神はそれが善いという理由で、ある事物を善しと宣《のたま》うのではない。ある事物が善しとされるのは、神がそれを善しと宣うたからにほかならない。そして、神はそれが法則であるという理由で、自然の法則に従うのではない。それが法則であるのは、神がそれに従うことを選択したかぎりにおいてなのだ。状況が異なれば、オッカムのかかる論証は各地の大学で興味深い議論を巻き起こしたことだろう。だが、教皇がアヴィニョンに設けた委員会は、学究的な議論を主宰するための機関ではなかった。委員たちが招集されたのは、贖い主はイエス・キリストであってもロバであってもかまわないと書いた男を裁くためだった。

　たぶん、衝撃的な学説を提示することは必ずしも異端とみなせなかったためだろう。教皇の委員会はオッカムの異端容疑を審理するのに四年近くを費やした。その間、オッカムは『論理学大全』を執筆し、チェゼーナのミカエルと政治を語り合っていた。ついに一三二七年、委員会は五一箇条の命題に有罪判決を下し、オッカムの思想を[35]（審査した論文の文脈に基づいて）「異端」、「偽り」、「危険」、「誤謬」、「軽率」あるいは「矛盾」であると論評した。通常ならばオッカムが次に採るべき道は、断罪された命題を撤回したうえで、今後は罪を犯さないと誓うことだった。これは、教会の権威と衝突した学者の常套手段となっていた。この道を選んだ場合、学者としてのキャリアを断たれることから、それよりは軽い懲戒処分ないし処罰に至るまでの、さまざまな量刑判決が予想された[36]。もう一つの可能性はいうまでもなく、自説の撤回を拒否して、断罪された見解をあくまで堅持すると宣言することだった。この道をたどれば、最終的には火刑柱に行き着く可能性があった。オッカムはこれら二つの選択肢のどちらも採らなかった。友人になったばかりのミカエルも、すでに教皇委員会から有罪を宣告されていた。ミカエルの罪状は、聖霊派が財産の共同所有を拒否するのは異端であると断じた教令の受諾を拒否したことだった（いかなる形態の財産の所有も明確な徳である、とヨハネス二二世は断言していた）。オッカムはミカエルとともに、教皇と世俗君主との熾烈な闘争がもたらした第三の選択肢を採ることを決断した。つまり、自分を歓迎してくれる反教皇派の君主の領土に逃亡する道を選んだのだ。

ミュンヘンへの逃亡

バイエルン大公のルートヴィヒ〔四世、一二八七頃～一三四七、神聖ローマ皇帝在位一三二八～没年〕は、まさにそうした世俗統治者だった――敵を破門する教皇の権力を歯牙にもかけない、新しいタイプの君主の一人だったのだ。ルートヴィヒとオーストリア公〔ハプスブルク家〕のフリードリヒ三世〔美王、在位一三一四～三〇〕は、ドイツ王の称号をめぐって一〇年近くも激しく戦っていた。この戦争は、一三二二年のミュールドルフの戦いにおけるルートヴィヒの勝利で決着がついた。だが、この勝利によって、バイエルン大公ははるかに無慈悲な敵、かのヨハネス二二世と敵対することになった。歴代のドイツ王と同様に、ルートヴィヒも北イタリアのかなり広大な領土を支配していた。彼は神聖ローマ皇帝の帝冠を戴くにとどまらず、フリードリヒ二世が果たせなかった夢を実現するという野望を抱いた。つまり、教皇領もおのれの支配下に置こうと目論んだのだ。ルートヴィヒの野望を挫くために、教皇はオーストリア公フリードリヒを合法的なドイツ王と認め、ルートヴィヒに対してはアヴィニョンに出頭して王冠を引き渡すようにと命じた。

驚くには当たらないが、ルートヴィヒはこの命令に服さなかった。それどころか、彼はドイツの司教たちの総会を招集して、司教たちにおのれの言い分を支持させた。こうして、いまや世俗統治者が領土内の聖職者に権力を振るっているという現実を誇示したのだ。ヨハネス二二世が〔一三二四年に〕ルートヴィヒを破門すると、ドイツ王はこれに対抗して、「彼の」司教たちに教皇自身が異端者であり退位すべきであると宣言させた〔実をいうと、教皇ヨハネス二二世は教義に関してきわめて奇矯な発言を繰り返していたので、こうした反撃にさらされることになったのだ〕。ルートヴィヒは以前は敵だったオーストリア公フリードリヒと同盟を結び、ローマに赴いて、かつて教皇ボニファティウス八世を誘拐した貴族たちの手から神聖ローマ皇帝の帝冠を戴いた。
一三二八年四月、ルートヴィヒに忠誠を誓う枢機卿たちが独自の教皇〔対立教皇ニコラウス五世、在位一三二八～一三三〇〕を選出し、バチカンの教皇座に座らせた。またしても、教会は言語道断にも、アヴィニョンとローマに二人の教皇を戴くことになったのだ〔対立教皇の選出によりカトリック教会の統一が破られるという事態そのものは、これまでにも何度か生じていた〕。ルートヴィヒはピサに向かい、ここでオッカムはルートヴィヒに謁見した。オッカムとチェゼーナのミカエル、それに異端の嫌疑で告発されたもう一人のフランシスコ会士は、量刑の判決が下されるのを待たずにアヴィニョンを逃れていた。彼らの脱出を手配したのは、たぶんルートヴィヒだったのだろう。反教皇派の著名な学者を宮廷に迎え入れることに、彼は大乗り気だったのだ。ルートヴィヒはオッカムたちを歓迎し、彼らを首都のミュンヘンにかくまって、激怒した教皇の手から守ると約束した。オッカムもルートヴィヒに劣らず、この新しい同盟を熱烈に歓迎した。言い伝えによれば、彼は大胆にも「皇帝よ、剣をもって私を守りたまえ。私はペンをもって皇帝を守りましょう」と応じたという。

これが誓いの言葉だったとすれば、オッカムはこの誓いを忠実に守った。ミュンヘンはすでに、亡命した哲学者たちが進んで身を寄せる場所になっていた。彼らは教皇ヨハネス二二世とドイツ王との闘争に対して、ドイツ王を支持することを二つ返事で応諾した。オッカムら三人のフランシスコ会士は、敵の陣営に逃亡したかどで、まもなく破門された。

ミュンヘンには学者たちのコミュニティがあったが、そのメンバーの思想や見解には大きな隔たりがあった。それにもかかわらず、教義にかかわる事柄においては教皇の無謬性を、教会法と教会政治にかかわる事柄においては教皇への絶対服従を主張する教皇庁に対して、彼らは一致団結して反対した。急進的なアヴェロエス主義者のジャンダンのヨハネスとパドヴァのマルシリウスは、この都市に滞在して、教皇の権威を糾弾する『平和の擁護者』を執筆していた〔第6章3節四〇〇頁参照〕。ミュンヘンでは、半修道会的な信仰結社であるベガルド会のドイツ方面の指導者たちや、物議をかもしたドミニコ会士の神秘主義者マイスター・エックハルト〔一二六〇頃～一三二七頃〕の信奉者たちも見出された。オッカムは思弁神学を捨てて、政治や教会制度を論じた著作に精力的に取り組んだ。彼は死に至るまでの一〇年間ミュンヘンにとどまって、清貧と教会の自由についての聖霊派の立場を擁護する著述を続けた。オッカムは一三四九年に当地で没したが、彼の命を奪ったのはその惨害によって一つの時代を終わらせた疫病、すなわち黒死病であったと推測されている〔最近、ペストが流行する以前の一三四七年死亡説が提出され、有力となっている〕。

地上の教会についてのウィリアム・オッカムの見解は、彼の神学と同様に、かなり急進的なものだった。彼は清貧の聖職者というフランシスコ会の理想を支持し、教権が王権を支配することを否定した。そして、宗教的権威の究極の源泉は教会の支配層ではなく、教会の信徒たちにあると主張した。教皇も枢機卿も所詮は人間であり、罪を犯すことも、誤りを犯すことも、異端に陥ることもありうるのだ（そして、実際に罪を犯し、誤りを犯し、異端に陥っていた）。こうした理由から、オッカムは「異端の」教皇によるオッカムの破門は無効であるとみなしていた。オッカムを最初のプロテスタントと称する者もいるが、彼はあくまで敬虔なカトリックであり続けた。パドヴァのマルシリウスとは異なり、オッカムは教会を世俗の専制君主に服従させることにも、教皇が神の掟に従って行動しているかぎり、全カトリック教会の長としての教皇の正当性を否定することにも、いささかの関心ももっていなかった。また、マルティン・ルターやその次の世紀のプロテスタントとは異なり、オッカムは教会は聖書とともに啓示された真理の源泉であり、けっして分裂してはならないと確信していた。いいえて妙だが、オッカムは「不思議なほど近代的でありながら、あくまで中世的な人物(37)」だった。政治においても神学においても、彼は同じ程度に未来と過去に属していたのである。

4　かくして寛容の門は閉ざされた

オッカムとエックハルト

これと同じことが、オッカムの同時代人で、やはり狭量の度を増す教会の犠牲となった人物についてもいえるだろう。教皇の委員会がオッカムの五一箇条の命題に有罪宣告を下した年に、ドイツの偉大な神秘主義者マイスター・エックハルトがアヴィニョンに現れた。それは、彼の著作や説教の中から一〇〇余りの命題が異端の嫌疑をかけられたことに対して、みずから弁明するためだった。

一見したところでは、エックハルトとオッカムは対極に位置するように思えるだろう。そもそもエックハルトはドミニコ会士だった――そして、同修道会の中で、最初に異端裁判を受けた最高位のメンバーだった。教皇に対する彼の忠誠心には疑問の余地がなく、論争を好むタイプの理論家でもなく、それまで異端の説を擁護したとして非難されたことも絶えてなかった。アヴィニョンに召喚されるまで、エックハルトは説教者修道会〔ドミニコ会〕の北ドイツ管区長であり、ボヘミアのドミニコ会総長代理も兼任していた。彼はパリ大学の神学教授を二度にわたってつとめ、ケルンのドミニコ会神学学院で学頭をつとめてもいた。六十代も半ばを過ぎた今、彼はドイツで最も敬愛されている説教師の一人であり、母国語で行う説教はドイツ語の傑作とみなされていた。エックハルトは多数の優れた論文を著したスコラ学者だったが、オッカムが有していたごとき卓越した論理的思考能力はもちあわせていなかった（実際、このずばずばものをいうフランシスコ会士はアヴィニョンでのエックハルトの噂を聞いて、彼の学説を不条理と評したといわれている）[38]。エックハルトが熱烈な関心を寄せていたのは、超越者たる神の存在だった。彼がとくに熱心に追究したテーマは、いかにすればキリスト教徒は神をじかに知ることができるかという問題だった。そして、この神秘的なテーマを神学の言葉で探究すべく苦闘したことが彼をして、その傑出した生涯の終わり近くになって、アヴィニョンの被告席に着くという苦境に陥らせたのだ。

このようにオッカムとエックハルトの違いは目に明らかだったが、二人が対極にあるというのは真実からほど遠かった。二人はともに「アリストテレスの孫」だった――つまり、人間は自然の中に神の意図を見出すことによって、理性の行使をつうじて神に到達できるという考え方を否定した、ポスト・トミズムの思想家だったのだ。二人はともに、抽象的な思考によって導かれる知的概念と、直観ないし信仰によって知りうる真実在の実体あるいは関係とを峻別していた。そして、二人はともに、人間が学ぶ過程で経験が重要な役割を果たすことを、先人の誰よりもドラマチックに強調していた。とはいえ、「経験」をいかに定義し、いかに活かすかという点に関しては、二人のあいだに大きな隔たりがあった。オッカムを惹きつけた「経験」とは、感覚と知性を用いて自然の事物をじかに知ることだった。つまり、合理的に分析すれば――神についての真理は望むべくもないが――自然の宇宙に関する確からしい真理をもたらしてくれるような、具体的な諸々のデータを意味していた。他方、エックハルトにとっての「経験」とはつまるところ、直観によって神をじかに知ることにほかならなかった。つまり、自然科学におけるデータ〔一般に、科学研究などの出発点として議論の余地のないものとみなされている事実ないし原理〕に相当するような、確立された教義を検証し再解釈するために用いうる一種の「所与《ディタム》」〔思惟によって加工されない直接的な意識内容〕を意味していたのだ(39)。エックハルトは理性によって知りうる事物と、信仰をつうじて知りうる事物との区別を受け入れていた。だが、彼は宗教的経験も包含するように信仰を再定義することによって、理性の重要性を大幅に低下させた。流儀こそ異なれ、無謀な点ではオッカムに引けをとらず、エックハルトは三位一体の教義は単なる知的概念に過ぎず、神秘家が経験するより根本的な神性の単一性を表現していない、とまでほのめかしていたようだ。「誰であれ、神ご自身のうちに二数性〔つまり二の数〕や差異性を見る者は神を見ない者である(40)」と、エックハルトは言明した――かかる見解は神秘主義に精通した者なら理解できようが、分析的思考に長《た》けた神学者たちを怒らせるのは必定だった。

エックハルトの弁明

この偉大な説教師の災難は、一三二五年にヴェネツィアで開かれたドミニコ会の総会から始まったといえるだろう。この会議において、「一部のドイツ人ドミニコ会士たちの説教は聴衆を迷わせる恐れがある(41)」との告発がなされたのだ。一三二六年、ケルン大司教のフィルネブルクのハインリヒ〔在位一三〇五～一三三二〕は、異端のかどでエックハルトを教皇ヨハネス二二世に提訴した。教皇から調査を託されたドミニコ会が審理した結果、エックハルトの嫌疑は晴らされた。しかし、この執行猶予は短期間で終わりを告げた(42)。エックハルトはじきに、自分がケルン大司教の執拗な敵意にさらされていることを思い知った。ハインリヒは司教区の異端者を積極的に火刑に処すことで、悪名を馳せていた。エックハルトのシンパたちはハインリヒを、冷酷で腹黒い教会政治家であり、ドミニコ会指導者のエックハルトがその学識と霊性ゆえに勝ち得た名声を妬《ねた》んでいる、とみなしていた。この人物評価は的を射ていたのだろう。たしかに、ハインリヒは、いかなる手段を弄してもエックハルトを破滅させると決意していたようだ。けれども、彼はそれと同時に、当時のドイツの騒然とした雰囲気の中で、このドミニコ会士の教説が及ぼす影響を恐れてもいたのだろう。北ヨーロッパの諸都市では、ベガルド会（男子）とベギン会（女子）と呼ばれる敬虔な信徒の結社が急速に発展していた。これは在俗信徒の共同体的な組織で、メンバーは清貧を理想とする使徒的生活を実践し、霊的完成の福音を伝道し、時としてさまざまな形態の神秘主義的な異端に陥っていた。教会の上層部が何より恐れていたのは――この恐れは後年、イギリスのジョン・ウィクリフ〔一三三〇頃～八四〕、ボヘミアのヤン・フス〔一三六九頃～一四一五〕、そして、最終的にドイツのマルティン・ルターによって現実のものとなった――教育を受けたエリート層の中から、エックハルトのようなカリスマ的な「部内者《インサイダー》」が民衆の自発的な宗教運動の指導者として台頭することだった。

ハインリヒの動機がいかなるものであったにせよ、彼はエックハルトの無実を証明したドミニコ会の調査報告を受け入れようとしなかった。それどころか、彼はエックハルトの教説の正統性をさらに調査する委員会をケルンに設置した。この委員会はエックハルトの論述に含まれる一〇八箇条もの命題を、異端ないし正統性が疑わしいと判定した。一三二六年の秋、エックハルトはこの委員会に数回出頭し、自身の教説を熱心に、時には激しい口調で弁護した。告発された命題のほとんどは完璧に正統である、と彼は主張した。誤って解釈された場合は異端とみなされるものがいくつかあるとしても、それらを表現した文章は彼が説教の対象としている教育を受けた聖職者たちを想定して書いたものであり、誤り導かれる可能性のある無学な人々を想定したものではない（エックハルトの説教の主たる聴講者は修道女たちだった）〔ドミニコ会の修道女を導くことが、彼の任務の一つだった〕。いずれにしても、自分は教義上の誤謬を犯すつもりは毛頭ないし、誤謬に気づいた場合はそれを修正しよう、と彼はつけ加えた。「彼らは自分が理解できないものは何でも誤謬と決めつける」と、エックハルトは告発者たちを評している。「そして、誤謬をすべて異端と決めつける。ところが実際には、頑迷に誤謬を重ねることだけが、異端と異端者を生み出すのだ[43]」

委員たちはエックハルトの熱弁にも心を動かされなかった。結論が出ぬまま数カ月が過ぎ、エックハルトはついに教皇に直訴した。ドミニコ会のために、この問題にみずから決着をつけようと決意したのだ。この間にケルンのドミニコ会の教会で説教をしたエックハルトは、自分は異端を嫌悪しており、いかなる言説であれ、誤謬と裁定された場合は撤回する、と厳かに断言した。だが、寛容の扉は閉ざされようとしていた。エックハルトの調書はアヴィニョンの教皇庁に送られ、彼は健康を害していたにもかかわらず、教皇が設置した委員会でみずから弁護するためにアヴィニョンに赴いた。

神と一つになる、ということ

この不運な人物はいったい何を書いたり言ったりして、これほど強硬な反応を引き起こしてしまったのだろうか？　問題とされた彼の説教の一節を読めば、エックハルトの言葉の美しさとともに、それが危険をはらんでいることがよくわかる。それは、『どれほど愛してくださるか考えなさい』と題された説教で、この中でエックハルトは聖ヨハネの「御《おん》父《ちち》がどれほど私たちを愛してくださるか、考えなさい。それは、私たちが神の子と呼ばれるほどで、事実また、そのとおりです〔私たちは神の子である、の意〕」（『ヨハネの手紙一』第三章一節）という言葉を註解している。

> さて、何によって私たちが「神の子」であるのか注目しなさい。それは、私たちが御子がもつのと同じ存在をもつからである。が、いかにして神の子であり、そうであることをどのようにして知るのだろうか。なぜなら、神は誰にも似ていないのだから。これは〔もちろん〕真実である。イザヤは「あなたがたは神を誰に似せたのか。どのような像に彼を仕立てたのか」（『イザヤ書』第四〇章一八節）と述べている。なぜなら、神は誰

にも似ないのがその本性であるから、私たちが神御自身であるままの同じ存在に移されるためには、無〔の状態〕にある域にどうしても達しなければならない。
そこで、もし、私がいかなる像の中にも私を想像しないで、また、私のうちにもいかなる像も想像しないで、私のうちにある〔一切のものを〕外にもちだし、外に投げ出し、ここに達すると、私は神のあらわの存在に移される。これが霊の純粋な存在である。そこで、私は神のうちに移され、神と一つになる。つまり、一つの実体、一つの存在、一つの本性、神の子になるために、類似のものは一切外に追い出さなければならない。これが行なわれるならば、明らかに示されないで、私のものにならないようなものは、神のうちに「隠され」てはいないのである。そのとき、私は彼と同じように賢くなり、力強くなり、一切のものになり、神と同一のものになるであろう。(44)

〔『キリスト教神秘主義著作集六』植田兼義訳、教文館〕

この一節のテーマは、霊的な天分に恵まれた人々が長きにわたって大切にしてきた経験、そして、エックハルトの時代には平信徒の多くが貪欲に求めていた経験、すなわち神と個人的・直接的に交わるという神秘的な経験である。この説教師の言葉を感動的であるとともに危険なものにしているのは、この言葉が同時に三つのレベルで機能している、という事実である。三つのレベルとは、第一に聖ヨハネの言葉を解釈する聖書釈義のレベルであり、第二に我《エゴ》を「なくす」あるいは「消滅させる」ことを詩的に表現するレベルである。霊的に優れた人々の多くは、我性からの脱却こそ、自己が聖霊で「満たされる」状態に先行し、また、それを可能にするプロセスであると信じている。そして、第三のレベルは――これが災厄の大本だったのだが――詩作のような芸術ではなく、科学の一部門とみなされていたスコラ学のレベルである。

エックハルトは神秘的な復活と合一の経験を、聖トマスやドゥンス・スコトゥスその他の神学者たちが創造された宇宙と創造者との関係を説明するために用いたのと同じ、アリストテレスの(「存在」、「実体」等々の)用語を用いて分析した。かつてマイモニデスは、超越的な「他者」である神をはたして人間は理解できるのか、と問うていた。エックハルトはこの問いに対して、たとえ知性によっては理解できなくても、人間は経験をつうじて神を理解できる、と主張した。こうした考え方自体は必ずしも非正統的なものではない。慎重かつアカデミックに述べられさえすれば――たとえ、この考え方そのものには同意しない人々でも――謹んで拝聴したことだろう。だが、エックハルトが「私たちが神ご自身であるままの同じ存在に移されるためには、無〔の状態〕にある域にどうしても達しなければならない」と主張するや、彼に批判的な学者たちはただちに異端の匂いを嗅ぎつけた。「私たちが無の域に達する」という言葉は、神が唯一の実在であり、被造物は幻想にすぎないことを暗に意味している――これは、往古の謬見ではないか。そして、人間がこの世で神と同一のものになれるという考え方はすぐさま教皇の委員会のメンバーたちに、ベガルド会のそれのような、当時大衆の人気を博していた異端の説を思い起こさせた。世間との交渉を断った修道女が、神と一つになるとき、「私は神と同じように賢くなり、力強くなり、一切のものになり、神と同一のものになるであろう」というのと、どこの誰ともわからぬ在俗の説教師が、神秘的合一を経験した者は人間の通常の限界を超えて罪を犯しえぬ存在になると主張するのとは、まったく別の問題だった。

エックハルトはアヴィニョンの委員会に出頭してみずからを弁護し、この類の言説は文字どおりに受け取れば疑わしく思えるかもしれないが、自分が意図したように詩的に解釈すべき性質のものであると主張した。彼はおそらく、それ以上のことを述べるのは控えたのだろう。ところが、エックハルトが大学教授という経歴を有する学識豊かな神学者であることから、教皇が任命した委員たちは彼を一スコラ学者として遇するのが適当であるとみなし、彼の言説を文字どおりに受け取ったのだ。いうまでもないが、エックハルトの説教を読めば、それらがまったくアカデミックでないことは一目瞭然である。この偉大な説教師はおのれの説教を純然たるスコラ学でも詩でもない、その中間に位置するもの——ずっとのちのウィリアム・ブレイク〔一七五七〜一八二七〕やニーチェ〔一八四四〜一九〇〇〕らの著述に認められる、詩の趣きのある哲学と称すべきもの——にしようとしていたかのように見受けられる。しかしながら、十四世紀においては、神が神自身を知るのと同じくらい正確に神を知る「創造されたものではない」何かを魂の「火花」と表現したり、[45]聖体の秘跡においてパンがキリストの身体に変化するのと同じように義《ただ》しい人間は神と同一のものになると主張することは、[46]命取りになりかねなかった。一三二八年、教皇の委員会はエックハルトの教説から取りあげたこのほかの二六の命題とともに、これら二つの命題を「述べられたとして」断罪した。ひたすら神に奉仕した輝かしい経歴は、悲劇的な最期を迎えようとしていたのだ。

この翌年に布告した教皇勅書において、ヨハネス二二世はこの判決の内容をいくぶん緩和した。すなわち、断罪された命題のうち一七箇条は異端であるが、残りの一一箇条は──軽率な輩を誤り導く恐れがあるとはいえ──正統と解釈することもできる、と修正したのだ。教皇はたぶん、このドミニコ会指導者に対する仕打ちは厳しすぎた、と感じていたのだろう。ひょっとすると、エックハルトのような偉大な霊魂の損失は、ウィリアム・オッカムのような偉大な知性の損失とともに、教会の将来のためにならないと案じていたのかもしれない（まず、そんなことはなかっただろうが）。いずれにしても、被告はこの勅書を読むまで生きながらえていなかった。教皇の委員会で証言してからまもなく、エックハルトは──アヴィニョンから帰る途中か、あるいはドイツに帰国してから──亡くなった。彼が被った不名誉のために、その死や葬儀の詳細は記録から消し去られてしまった。死亡した日付も、場所も伝えられていないのだ。

信仰と理性の亀裂

マイスター・エックハルトがいずこともわからぬ死処に向かってアヴィニョンを発った頃、ウィリアム・オッカムはこの教皇庁所在地を脱出し、ミュンヘンのルートヴィヒ王の宮廷で亡命者の群れに加わっていた。この二人の被告は、友人でも敵でもなかった。今日わかっているかぎりでは、彼らは会ったこともなかった。もし、会っていたら、彼らはどんなことを語り合っただろうか。この二人が感受性、才能、関心のいずれの面でもまったく異なる世界に住んでいたことを考えると、その内容を想像するのは難しい。ドミニコ会士の説教師とフランシスコ会士の論理学者という、これら二人のスコラ学者の存在は、その後西欧文化を二つの潮流に分かつ亀裂が生じつつあったことを示している。二つの潮流とは、いわば心の文化と頭の文化であり、換言すれば、宗教的経験によって正当化される個人的な信仰と、その説得力によって正当化される非人格的な科学である。ドイツ在住のエックハルトの弟子たちは、ライン川流域地方における神秘主義的な福音伝道運動のめざましい発展に貢献した(47)。「神の友」と総称される敬虔なドイツ人たちの宗教運動は、内省的な姿勢、福音伝道に対する情熱、「聖人」たちの共同生活、絶対的な聖書の重視、そして、論理的な推論にはほとんど関心を示さない等の特徴を有しており、来るべきプロテスタント運動の強力な前触れとなった。これとほぼ時を同じくして、パリ大学ではオッカムの後継者たちが巧みな手法で自然哲学を復活させ、後世のコペルニクス、ガリレイ、ニュートンなどの科学者による諸々の発見への道を切り拓いた。[48]

かくして、信仰と理性の離婚のプロセスが始まった——これは実のところ、かつて中世の学者と教会人を日夜悩ませた二重真理説の実現にほかならなかった。八世紀前にボエティウスは友人の教皇ヨハネス一世に対して、できることなら信仰と理性を調和させてほしいと懇願していた。問題は常に、自律的で自足した宇宙という見方と、人格をもった神に依存している宇宙という見方を、どの程度まで純粋に調和させられるか、ということだった。アリストテレス主義的キリスト教はこれら二つの宇宙観の対立を解決することはできなかったが、両者のあいだに創造的な緊張をもたらした。アリストテレスの伝統が廃れるにつれて、西ヨーロッパの文化——と、それを生み出した個々人——はいつしか、論理的に思考する頭という理想と、情熱的に追求する心という理想とに、しだいに引き裂かれていったのだ。

第8章　「もはや神が天球を動かす必要はない」――アリストテレスと現代の世界

1　信仰と理性の緊張関係

中世は暗黒時代か？

子どもの頃、学校で教わった歴史の中で、クリストファー・コロンブスの新大陸発見の話は今でもよく覚えている。大昔の人は世界は平らだと信じていたんだ、と先生は教えてくれた。だから、ヨーロッパの船乗りは世界の端から落ちないように、大西洋の海岸からあまり離れないようにしていたんだ、と。ところが、好奇心旺盛なコロンブスは、地球は丸いと考えた。科学の人であるとともに行動の人でもあったコロンブスは、スペインの女王イサベル〔一四五一～一五〇四、カスティリャ女王在位一四七四～没年〕に大胆不敵な航海計画をもちこんで、資金援助を求めた。ひたすら西に向かって航海すれば必ず豊かな東方の地に行き着く、投資してくれた資金はインドの財宝で返済するから、と。金銭的な面からいえば、この冒険はまったくの期待はずれに終わった。イサベルが手に入れたのは東インドの黄金ではなく、西インド諸島のパンノキの実《み》だった。だが、科学的な面からいえば、この冒険は大成功だった。地球は丸いという仮説を実証することによって、コロンブスは中世という無知の時代に幕を引いたのだ。

ここにもう一人、科学の人がいた。この人物は地球の形状について著述し、船で地球を一周する可能性を示唆していた。

> 五感から得られる証拠も［地球は球状であるという仮説を］さらに確かなものとする。もし、そうでなかったら、月食のときに月の欠け方が現に見られるように観察されるはずがない。周知のように、月は毎月あらゆる形状をとるが……月食の際には、月に映る地球の影の輪郭は常に円弧を描いている。そして、月食が生じるのは、地球が太陽と月のあいだに来るためであるから、この曲線の形は地球の表面の形によって決まるのだろう。それゆえ、地球は球状ということになる。……それゆえ、ヘラクレスの柱［ジブラルタル海峡］周辺の地域とインド周辺の地域はつながっており、その意味で大洋は一つであると考える人々の見解を、頭から疑ってかかるのは適当でない。[1]

これを書いたのは、もちろんアリストテレスである。この文章は『天体論』の一節だが、この書物はコロンブスがサンタマリア号でスペイン南西部のカディスを出航する一八〇〇年以上も前に書かれたのだ。『天体論』は十二世紀にクレモナのゲラルドが初めてアラビア語からラテン語に翻訳して以来、新しい知識としてさかんに引用された。数多《あまた》のスコラ学者が註解に取り組んだが、その中には十五世紀の神学者にして哲学者のピエール・ダイイ〔ペトルス・デ・アリアコ、一三五〇～一四二〇〕も含まれていた。メモを書きこんだダイイの『世界像《イマゴ・ムンディ》』が、コロンブスの蔵書の中から見つかっている。[2] 中世をつうじて、一般庶民は地球は平らだと信じていたかもしれない。だが、教育を受けたヨーロッパ人はほぼ例外なく、地球が平らだとは思っていなかったのだ。

　いったいどうして、中世は無知の時代だったという謬説が信じられるようになったのだろうか？　ローマ帝国崩壊後の六世紀間にわたって西ヨーロッパから失われていたアリストテレスの思想が、またしても歴史の視野から消えてしまったのはなぜなのだろうか？ 中世を「暗黒時代」とする観念は、近代科学の起源神話が生み出した副産物である。つまり、尊重に値する生産的な活動としての科学研究は、教条的で権威主義的な信仰の桎梏がなくなって初めて出現する、という観念なのだ。このテーマは、「合理性」対「宗教」というドラマチックな図式で描かれる。ここでは、宗教は抑圧的な検閲官や迫害者の役割を演じ、卓越した科学者や自由思想家〔宗教の問題を合理的な仕方で考察し、教会の権威を無視する宗教上の自由思想家〕がヒーローや殉教者の役割を演じる。コペルニクスの著作がローマ・カトリック教会の禁書目録に載せられ、ジヨルダーノ・ブルーノが火刑に処され、ガリレイが異端審問官に迫害され、英国国教会の主教たちがダーウィンの自然選択説を嘲笑し、あらゆる宗派の聖職者がフロイトの「いやしむべき」精神分析理論を非難したことを、誰もが想起するだろう。[3]これらはいうまでもなく本当にあった話だが、この種の対立が一掃されたとはいえないのが現状である。[4]信仰と理性は常に不倶戴天の敵だったという観念は、すでに神話と化している。そして、かかる観念は、信仰と理性とのあいだにはこれ以外の関係は成り立ちえないと、暗に意味しているのだ。

中世は無知に覆われた時代だったという神話の誤りを暴くには、ジャン・ビュリダン〔ヨハネス・ブリダヌス、一三〇〇頃〜五八以後〕とニコル・オレーム〔一三二五頃〜八二〕の例を引くだけで充分だろう。この二人はいずれも一三〇〇年代半ばにパリ大学で教鞭をとっていたが、この時期はオッカム派がヨーロッパの自然哲学を支配していた。[5]ビュリダンは学芸学部の教授となり、ピカルディー同郷団の指導者をつとめ、パリ大学の学長に三回選ばれた。[6]神学者のオレームはビュリダンの教え子で、リジュー司教として、またフランス王シャルル五世〔一三三七〜八〇、在位一三六四〜没年〕の顧問として生涯を終えた。近代科学の起源神話の観点からすれば、ビュリダンとオレームのようなスコラ学者は、科学を飛躍的に進歩させるような業績はあげられなかったはずだ。ところが実際には、彼らは後世の大胆な科学者たちと同様に、既存のパラダイム（アリストテレスの運動理論）を出

発点としながら、最後にはそれを根本から変革したのだ。(7)

ビュリダンのインペトゥス理論

ビュリダンは哲学や論理学から倫理学や政治学に至るまで、目も眩むほど広範なテーマについて著述を行った。だが、彼が今日その名を知られているのは、主として新しい運動理論を発明したことによっている。当時の哲学者の例に洩れず、ビュリダンも天体は入れ子状に重なった天球に貼りついており、これらの天球は不動の地球のまわりを東から西に回転しているという古代の宇宙観を受け入れていた。問題は、これらの天球がどのように動いているのか、いや、むしろ、何が天球を動かしているのか、ということだった。というのは、アリストテレスの学説によれば、何らかの力が絶えず作用しないかぎり、いかなる事物も運動・変化することはない、とされていたからだ。天球の運動の場合、それぞれの天球はみずからは動かない「不動の動者」によって動かされている、あるいは、一部の哲学者たちが「叡知体（intelligence）」と称するものと、宇宙の全体系を動かす原理としての神、すなわち「第一動者」によって動かされている、とアリストテレスは考えていた。(8)ビュリダンの洞察の瞠目すべき点は、ひとたび動かされた物体は抵抗にあわないかぎり動き続けると仮定すれば、上述した「叡知体」を想定する必要がなくなると気づいたことだった。彼は運動している物体を動かし続けようとする傾向ないし力を、インペトゥスと名づけた。
インペトゥスの概念は、それが与える印象よりははるかに驚くべき意味を有していた。なぜなら、この概念は、過去何世紀にもわたって結果（物体になされた何か）とみなされてきたものを、原因（物体それ自体が自然に行う何か）に変えてしまったからだ。それはまるで、これまでずっと子どもたちに読み書きを教えてきたあげく、子どもの前に本を置きさえすれば子どもは一人で読み書きをマスターできることに気づかされる、というようなものだった。ビュリダンは明らかに、彼が開いた突破口が正統的見解と矛盾する意味を内包していることを気にかけていた。アリストテレスの運動理論は、運動はある種の（「叡知体」のような）神的実体に依存すると仮定していたので、キリスト教の伝統的見解と矛盾しないとみなされていた。しかるに、ビュリダンのポスト・アリストテレス的な運動理論は……そう……神が何ら関与していないように思われたのだ。それゆえ、このパリ学派の学者はすぐさま、聖書は不動の動者や叡知体にまったく言及していないので、そうしたものを想定する宗教的必然性はないと指摘した。彼はこう続けている。

むしろ、神は世界を創造したときに、その意のままにおのおのの天球に運動を分け与えた、と考えられるだろう。つまり、神はおのおのの天球にインペトゥスを授け、それ以後は——神はあらゆる運動を絶えず支援しているという一般的な意味合いは別にして

——もはや神が天球をみずから動かさずにすむような形で、インペトゥスが天球を動かしてきたのだ[9]。

インペトゥス理論をきわめて危険なものとしたもう一つの要因は、その普遍性にあった。古来、天球はその構造においても機能においても、地球の（すなわち月下の）領域とは根本的に異なる存在であるとみなされていた。ところが、ビュリダンはインペトゥス理論を天球の運動に応用するにとどまらず、地上の運動にも適用したのだ。地上で物体を投げたときに、その物体が投げた人の手を完全に離れたのちも飛び続けるのは、その後方の空気が〔第一の空気は投射体を第二の空気のところまで動かし、第二の空気は第三の空気のところまで動かすというように〕順次置き換わって物体を前方に押すからであると、アリストテレスは論証していた。この空気の力がしだいに弱まるために、ついに物体は地上に落下するのだ、と。だが、ビュリダンはわかりやすい実例をあげて、アリストテレスの理論を論駁した。独楽《こま》は同じ場所で回り続けるので、後方の空気が置き換わって独楽を押しているとは認められず、また、磁石は鉄を含んだ物体をそれ自身の力で引きつけている、と。

川の流れに逆らって速やかに曳かれる船は、曳くことをやめたのちも、素早くは静止することができず、かなり長いあいだ動き続ける。だが、甲板にいる船乗りは、後ろから

空気が押しているとは感じず、前方の空気の抵抗を感じるのである。(10)

要するに、天体と地球は必ずしも、それぞれ根本的に異なる法則に従っているわけではないのだ。インペトゥスは天球の領域でも地球の領域でも、物体を動かす力として作用する。そして、インペトゥスの大きさは、運動している物体の速度にその質量を乗じることによって、数値で表すこともできる――なんと、この公式は、現代の運動量の公式と同じではないか。(11)

オレームと地球の自転

この大胆な理論はジャン・ビュリダンの名前をヨーロッパ中に知らしめた。だが、ニコル・オレームはこの師以上に、その名を轟かせた。オレームの数学上の業績は幾何学的な表現方法を発達させ、グラフを用いる近代的な図示技法と解析幾何学が発展する下地となった。(12) これらの技法を運動の研究に応用して、オレームは「平均速度理論」〔いわゆる「マートン規則」で、「等加速度運動における通過距離は、初速度と終速度の平均速度をもつ等速度運動が同じ時間に通過する距離に等しい」というもの〕に幾何学的証明を与えたが、これは十七世紀にガリレイが用いた証明方法と実質的に同じものだった。(13) だが、彼の業績の中でもきわだって意義深いものは、一三七七年にフランス王シャルル五世の要請によって著した『天体・地体論』の中に求められるだろう。

そのテーマは地球の自転である。オレームもビュリダンもすでにこの問題について著述しており、いずれも独創的な推論を展開したのちに、伝統的な見解が正しいと、つまり、地球は不動で宇宙の中心に位置している、と結論づけていた。しかしながら、オレームは晩年にこの見解を改めた。地球が自転している一方で天体〔恒星〕は静止していると言明こそしなかったものの、彼は驚くほど冷静に、地球が自転するという理論は地球は動かないという理論に優るとも劣らず理に適っている、と断言したのだ。この主張は一種の思考実験から導かれたもので、この思考実験はまた、あらゆる運動は観察者の位置によって相対的である、というオレームの結論を支持するものだった。彼は次のように書いている。

いかなる［思考実験］によっても、天界が日周運動をしていることを証明できないのは明らかである。というのは、事実はどうであれ、地球ではなく天界が動くとしても、あるいは天界ではなく地球が動くとしても、天界に眼があり、それが地球を明瞭に見るとすれば、その眼には地球が動いているように見えるし、さらに眼が地球にあれば、その眼には天界が動いているように見えるからだ。(14)

ジャン・ビュリダンも同様の「天界の眼」を想定した思考実験を行っており、運動の相対性のゆえに、地球から天界を観察しても、この問題に決着をつけることはできない、と述べていた。だが、このオレームの旧師は、地球が静止していることを裏づける証拠はほかにもある、と論じていた。たとえば、風のない日に矢を真上に射ると矢は発射地点に落ちてくるが、これは地球が自転している場合にはありえない、というように。だが、オレームはビュリダンの論証に反論した。なぜなら、もし、地球全体が自転しているとすれば、放たれた矢は垂直方向の運動と空気の水平方向の運動を合成して、その結果、発射地点に戻ってくるだろう、と。この状況は動いている船の上の状況とまったく等しい、とオレームは論証した。すなわち、「船の上では——水平方向や斜めの方向、上方や下方などあらゆる方向への——ありとあらゆる種類の運動が起こりうるが、それらの運動は船が停止しているときとまったく同じであるように見える」[15]。さらに、地球が自転するという概念は、回転する天球をいくつも必要とするアリストテレスのパラダイムよりはるかにエレガントで経済的である、とオレームは主張した。オッカムの剃刀をこの問題に適用すれば、より単純ですっきりした説明に同意せざるをえないだろう。

オレームが司教であったこと、そして、聖書に地球が静止していることを示唆する記述があることを考えると、これは向こう見ずな主張だった。たとえそうであっても、オレームはカトリックの神学者として、聖書の章句の多くは文字どおりに受け取るべきではなく、「民衆の言葉の慣習的用法」[16]に合わせて書かれているとみなすべきだと主張した。もし、地球は自転するという論証の方が地球は不動であるとする論証より明らかに説得力があると考えたなら、オレームはおそらく、『詩篇』九三篇一節(「神〔ヤハウェ〕は大地をも据え、それは揺るがされない」)のような聖書の記述を比喩的表現であるか、あるいは一般大衆に理解させるための方便とみなしたことだろう。だが、この問題はそうしたケースに当てはまらなかった。入手可能な証拠に基づいて考えるかぎり、どちらの仮説も甲乙つけがたかったからだ。地球が自転するというパラダイムを支持する唯一の理由は、それが単純であるということだった。この問題に関しては聖書を文字どおりに解釈すべきである、とオレームは判定した。こうした条件下では、不動の地球という伝統的な見方を受け入れるのが最良の選択である、と。

世の歴史家たちは、ある著名な学者のいわゆる「オレームの明白な転向[17]」を重視してきたが、これは的外れな見方である。世界的に有名な哲学者が地球は自転するという仮説を科学的に容認できるレベルにまで引き上げたことは、まさに革命的な行為だった。地球が不動であることは理性によっては証明できないと主張して、オレームがアリストテレスと袂を分かつや、この秘密は周知の事実となった。たちまちのうちに、不動の地球という概念もまた、後世の証拠によって証明ないし反証されうる仮説の一つとなったのだ。しかも、のちに(オレームの著作に親しんでいた)コペルニクスが気づいたように、地球が自転するという見解を支持するために用いられた諸々の原理は、地球やそのほかの惑星が不動の太陽のまわりを公転するという見解を支持するためにも用いることができた。そして、さらなる証拠が発見されれば、太陽自体も運動する天体であることが証明されるかもしれないのだ。そう、広大でみずからも動いている宇宙に数多存在する星々の一つに過ぎないことが。

換言すれば、オレームが開いた突破口は科学的な分野における突破口であると同時に、心理的および文化的な意味での突破口でもあったのだ。不動の地球という概念は、アリストテレス科学の全体系が拠りどころとしていた常識的な観察の類《たぐい》によって、証明済みとみなされていた。だが、オレームとビュリダンはすでに、動いている系の中のある場所にいる観察者にとっての常識は、ほかの場所にいる観察者には非常識になりうることを論証していた。彼らは地球を宇宙の中心に据えたままにしたとはいえ、彼らの見解は「〔地球を〕中心からはずす」という結果をもたらした。とりわけ、地球が自転している可能性が明白に認められるようになると、宇宙の「中心」としての地球の地位は危うくなった。まるで両親の家に思いをめぐらす子どもたちのように、人々は地球という故郷をあらゆる意味の中心とみなすことに慣れていた――数多ある場所の中の一つとしてではなく、そこから宇宙のそのほかの部分を客観的に観察できる比類ない場所とみなすことに、そして、宇宙の中でめまぐるしく回転する巨大なコマのような物体としてではなく、心地よく静止している場所とみなすことに、慣れきっていたのだ。地球が自転している可能性を認めたことは、こうした思いのこもった諸々の仮定への挑戦を意味するにとどまらなかった。それはまた、地球が（そして、のちには天体までもが）アリストテレスの宇宙論における生命体ではなく、生命をもたない「物体」とみなされるに至るプロセスをスタートさせた。オレームが地球が自転している可能性を認めたときに、地球が公転していることを誰かが認めるようになるのは、単なる時間（と、さらなる文化的変化）の問題となったのだ。

「これも、あれも」

パリ大学のオッカム派のめざましい業績によって、アリストテレス革命はその限界に達し、それ以後は自己崩壊――より正確にいうなら、自己変容が始まった。十二世紀のスペインとシチリアの学者たちは、物質的な宇宙を理解したいという強い欲求に駆り立てられて、古代の知識を復活させた。かかる欲求は今でも息づいていた――いや、かつてないほど強まっていた。けれども、アリストテレス流の現世志向的な探究精神がもたらした数々の発見は、彼の基本的な概念を用いてなされたにもかかわらず、いまや彼が下した結論の多くを根底から覆そうとしていた。その中には、宇宙の中心に不動の地球が存在するという説、運動の完全性に関する説〔アリストテレスは等速円運動を完全な運動とみなした〕、形相と質料の区別に関する説、「四原因」説などが含まれていたが、とくに重要だったのは、自然の宇宙は目的をもった生命体であるという概念だった。アリストテレスの科学と、キリスト教の教義と、ヨーロッパ社会における新たな展開の相互作用から、何か新しいものが生まれようとしていた。それは、一つには、しだいに宗教から遠ざかってゆく科学であり、一つには、「生命をもたない物質と、局所的な運動と、〔原子の〕ランダムな衝突によって構成される機械的な世界[18]」に足場を求める信仰だった。

アリストテレスの思想とキリスト教との関係は、中世をつうじて不安定だった。[19] ヨーロッパ社会のはなはだしい変化は、人々の現世への関心を強め、地上の生で得られる喜びを重視する傾向を助長することによって、アリストテレスの世界観とキリスト教の世界観をたがいに近づけた。けれども、これら二つの世界観は融合する代わりに、あるいは一方が他方を排除する代わりに、十二世紀以来創造的な緊張状態の内に共存していたのだ。その距離は、それぞれの世界観が他方のそれを「読んで」理解したり、その思想の一部を受け入れることを可能にする程度には近かった。その一方で、二つの世界観のあいだの継続的な対話と〔それについての〕内省を可能にする程度には離れていた。アリストテレスの世界観には、自然および人間の営為の自律性を常に強調する傾向があった。それに対して、キリスト教の世界観には、この世における神の実在と行為を強調する傾向があった。けれども、これら二つの傾向は――たとえばボナヴェントゥラやトマス・アクィナス、ドゥンス・スコトゥスやウィリアム・オッカム、ジャン・ビュリダンやニコル・オレームのような――人々の心の中に、ともに存在していたのだ。これらの偉大なスコラ学者たちは、二つの傾向が共存する状態を「これか、あれか」という二者択一の問題とはみなさなかった。

彼らは「これも、あれも」熱心に求めたのだ。

中世ルネサンスのキリスト教思想家たちは、世界は神が糸を操る人形芝居であるという考え方にも、世界は神が存在しない機械であるという考え方にも、とうてい満足できなかった。彼らはまた、人間の本性はすっかり堕落しており、人間は神の恣意的な意志に全面的に依存しているという見方と、人間は完全に自由で自己決定できるという見方の、いずれかを選択することもできなかった。彼らはこうした矛盾を解決しようとしたが、そうした試みは不安定なものとならざるをえず、さらなる議論と批判と修正を招くことになった。だが、この不安定さこそが、さらなる進歩の鍵だったのだ。スコラ学者たちは大きな意見の相違を抱えながらも、アリストテレスの思想から導き出した宇宙観、すなわち、統合され、説明することが可能で、興味深い存在としての宇宙という観念をもち続けた。彼らはまた、意のままに宇宙をつくり直すことのできる、創造的で慈悲深い万能の神というユダヤ・キリスト教の神の観念も肯定した。この二つの観念を結びつけたことが――すなわち、至高の神はみずからが創造したものに意味と自律性を付与するとみなしたことが――新しい科学思想と宗教思想が発展する肥沃な土壌を提供した。その結果、一つだけにとどまらない数多の神学が誕生した。ボナヴェントゥラの「種子的理性」も、トマスの「第二原因」も、オッカムの知識の理論も、ビュリダンのインペトゥス理論もみな、唯一にして全能の人格神を、(だいたいにおいて)それ自身の内的論理に従って機能する宇宙と調和させるための試みだったのだ。

こうした見地から考えると、かの有名な一二七七年の禁令は、アリストテレス革命を粉砕しようとする試みであったというより、信仰と理性が別々の軌道に跳び出すのを阻止せんがための努力であったように思われる。少なくとも、現在から過去を振り返ってみるかぎりでは、この目論見は失敗する運命にあったとしか思えない。[20] 大学で行われていた学問は、教会によって形成され育まれた知識階級の関心と強い欲求を反映していた。教会が彼らを育てたのは、ヨーロッパ社会が劇的な変化に見舞われていた時代に、教会の知的および道徳的な主導権を維持するためにほかならなかった。だが、いまや、中世ルネサンスよりはるかに重大かつ破壊的な変化の時代が始まろうとしていた。その後の二世紀のあいだに、都市人口は爆発的に増加し、資本主義的生産様式が広まり、活版印刷術の発明によって書物の流通が激増し、芸術活動はかつてないほどさかんになり、多種多様な火器の発明によって新しい戦争形態が発達し、国民国家が興隆し、史上初めて大規模な探検航海が行われ、コペルニクスの業績が契機となって科学分野の革命が起こり、かつてアウグスティヌス会修道士だったマルティン・ルター率いる反カトリックの宗教運動が勃発した。[21] これら社会を根底から変えずにはおかない変化の圧力にさらされて、キリスト教知識階級の一体性は粉砕された。大学のスコラ学はしだいに偏狭な教条主義に陥り、新しい世代の哲学者や科学者たちの嘲笑と厳しい批判の的と化したのだ。

アリストテレス主義的キリスト教は、信仰と理性のあいだの激しくも生産的な対話を支えてきた。けれども、緊張をはらんだ信仰と理性の対話に終止符が打たれたら、世界はどうなってしまうのだろうか？　合理主義的な思想家たちと、信仰に生きる人々の思想を特徴づけている方法や、関心や、基本的な概念が完全に切り離され――いずれの側も殻に閉じこもることによって――それぞれの陣営が相手の世界観は間違っているとみなすようになったら、いったい世界はどうなってしまうのだろうか？　そのとき、合理主義者のグループと信仰に生きる人々のグループは、知的な事柄をめぐる意見の対立が衝突を不可避にする場合を除いては、心置きなく他方の見解と関心を無視するようになるだろう。近代になると、信仰と理性は新しい関係に移行した。すなわち、波瀾万丈の結婚を解消して、不平たらたらの別居状態に入ったのだ。別居によって、いずれのグループも著しく変貌した。疎遠になったとはいえ、彼らは定期的に会合して離婚の条件を話し合った。ごく稀《まれ》には、相手からインスピレーションを得ることもあった。信仰と理性が離婚に至った原因を理解することは、将来復縁する可能性にいささかの光を投げかけることだろう。

2　アリストテレス革命の忘却

アリストテレスの権威の失墜

オレームやビュリダンのようなスコラ学者たちが行った研究が「真の」科学か否かをめぐる――今となっては愚かしいとしか思えない――論争が、今日まで延々と続いている[22]。二十世紀初頭にこの論争の火蓋を切ったのはあるフランスの歴史家で、彼は当時優勢だった見解に抗して、中世の科学と近代の科学のあいだには明確な連続性が認められると主張したのだ[23]。これに対して、スコラ学者の研究は近代科学とは似ても似つかない、スコラ学者の方法と諸々の形而上学的な仮定は現代のそれとは非常に異なっていると主張して、真っ向から反対する声があがった。私がこの論争を愚かしいと称するのは、スコラ学者のスキエンティア（scientia）〔第4章4節（二）七七頁参照〕と近代科学とがたがいにどの程度似ているかを見定めようとするのが誤っているからではなく、これらが本質的に等しいか異なっているかという設問自体がきわめて「中世的」で、そのほかの重要な問題を覆い隠してしまうからだ。世代から世代へと絶えず発展し、根本的に変化するというのは、科学の本質的な特性である。アルバート・アインシュタインの相対性理論における時空間〔三次元の空間に、第四次元として時間を加えた四次元の時間・空間的連続体〕とアイザック・ニュートンが構想した宇宙との違いは、ニュートンの宇宙像とビュリダンやオレームのそれとの違いより、劇的に大きいといえるだろう。ところが、アインシュタインの(「思考実験」を重視する)方法と全般的な科学観はある意味で、彼のすぐ前の世代の科学者たちのそれより、スコラ学者たちのそれに近いのだ。以下に引用するアインシュタインの言葉ほど、その精神においてアリストテレス的なものがあるだろうか?

人間の感覚的経験の全体が思考というプロセスによって秩序だてられるということは、まぎれもない事実である。この事実に対して人間は畏敬の念を抱かずにはいられないが、この事実を完全に理解することはけっしてできないだろう。科学研究は物事を原因と結果の観点から考えたり検討するよう人々に促すことによって、迷信の類を減らすことができる。あらゆる高次の科学研究の背後には確実に、この世界の合理性ないし理解可能性に対する宗教的な感情にも似た確信が存在しているのだ。(24)

中世以後に科学革命の名に値する数多の業績が成し遂げられたことは、誰も疑わない。それなのに、スコラ学者が成し遂げたことも科学の名に値することを、人々はなぜ疑うのだろうか? アイザック・ニュートンが絶対空間と絶対時間の存在を信じるきわめて宗教的な人間だったという理由で、ニュートンは科学者ではなかった、とアインシュタインが断言することを想像してほしい! 歴史家のエドワード・グラントはいみじくも、「世界についての無数の疑問を解決するために理性を用いたり、常に新たな疑問を提起するという習慣」は、「ラテン中世世界から現代世界への贈り物である」と述べている。彼はまた正当にも、この贈り物は過去四世紀にわたって「最もよく保たれた西洋文明の秘密[25]」だったと付け加えている。なぜ、この贈り物が秘密にされなければならなかったのか――なぜ、科学分野の思想家たちでさえ、中世から受け継いだ遺産を歴史から抹殺したのか――という謎を解くことは、近代以降に生じた信仰と理性の分離を理解する一助となるだろう。

ある意味では、近代初期の学者たちがアリストテレスの権威を否定したことは驚くに当たらない。「哲学者」ほど、西ヨーロッパの知の領域をこれほどまで完全に、そして、これほどまで長期にわたって支配した思想家はいなかった。もっとも、中世の学者はあらゆる点でアリストテレスに同意することを求められてはいなかった――それどころか、キリスト教徒はいくつかの点で同意しないのが当然とみなされていた。それにもかかわらず、ほぼ四世紀間にわたって、アリストテレスの見解に言及し、それらをうやうやしく扱わないかぎり、誰も形而上学、自然科学、論理学、神学、倫理学、美学あるいは政治学の議論を始められなかったのだ。新しい社会のさまざまな問題に直面した革新的な思想家たちが、ローマ・カトリック教会の知識階級の関心と価値観を反映していたアリストテレスの絶大な権威をわずらわしく感じるようになった理由は、容易に理解できる。さらに、科学的な観点からいえば、アリストテレスとその信奉者たちはいくつかの由々しき誤りを犯していた。スコラ学者自身も、光学理論や運動理論や知識の理論を含むアリストテレスの基本的概念の多くに異議を唱えていた。十七世紀には、フランシス・ベーコンのようにアリストテレスに対して批判的な人々は、攻撃の範囲をアリストテレスの形而上学と方法にまで広げた（とくに、科学的真理を発見する手段として、アリストテレスが形式論理学〔思考の内容を捨象し、もっぱらその形式的原理、すなわち概念・判断・推理の諸形式を考究する論理学〕を重視したことが批判された）。彼らはいまや、アリストテレスの科学を時代遅れと宣言する準備を終えていたのだ(26)。

前にも述べたことだが、新世代の哲学者たちがアリストテレスの権威からみずからを解放したいと欲したのも無理はない。激しい変化によってヨーロッパ社会があらゆるレベルで再構築されている状況下では、いかなる古代哲学も普遍的な知識への鍵を提供できないと認識した点で、彼らは正しかった。それにしても、ベーコンのような思想家たちはなぜ、常軌を逸した激しさでスコラ学者の思想を否定したのだろうか。あまりに激しく否定したために、彼らはついに、アリストテレスの思想も、中世のアリストテレス註解者の思想も、人間の知の歴史において進歩的な役割をいささかも果たさなかったとみなすまでになった。それは――たとえば、現代の民主的思想家が独裁政治の擁護者を批判するように――単にアリストテレス主義者を猛烈に批判するという次元の問題ではなかった。それはむしろ――私たちがソ連のスターリン主義を連想するような――歴史の書き替えに類する行為だった。つまり、現体制を困惑させるような人物や出来事をエアブラシで消すのに相当する行為だったのだ。近代初期の指導的な哲学者たちはアリストテレス主義的キリスト教を攻撃するにとどまらず、それを歴史から抹殺した。たとえば、フランシス・ベーコンは科学の進歩についてこう述べている。

人間の記憶と知識が及ぶおよそ二五〇〇年のうち、学問を育み、その進歩に貢献したといえるのは、わずか六〇〇年足らずだろう。というのは、土地においてと同じように、時においても砂漠や荒野が存在するからだ。すなわち、学問における革命と画期的な時代は三つを数えるにすぎない。その第一はギリシア人の時代、第二はローマ人の時代、第三はわれわれ西ヨーロッパ人の時代であって……アラブの哲学にもスコラ哲学にも言及する必要はない。この手の哲学はその絶頂期には、筆者たちの体重を上まわる大量の論文によって、諸科学を押しつぶしていたのだ。(27)

この見解によれば、中世ルネサンスは「砂漠や荒野」ということになる。いうまでもなく、ベーコンがこれを書いた頃には、スコラ学者たちは信仰の問題について似非科学的な推論を行ったり、アリストテレスの結論と矛盾する新たな発見にことごとく異を唱えることによって、みずからの評判を落としていた。たとえば、ガリレイの望遠鏡で観察した結果、太陽が惑星系の中心に存在することが示唆されたというなら、その望遠鏡に欠陥があるに違いない、なぜなら「哲学者」は、地球が宇宙の中心に存在すると確信していたからだ、と反駁するというように。もっともガリレイ自身は、彼を告発した教会の権威者たちがこの類のナンセンスなことをまくし立てたにもかかわらず、健全なスコラ学と頽廃的な教条主義とを明瞭に識別していた。ガリレイはこう述べている。

もし、天空に関する新たな発見をアリストテレスが知ったなら、彼は自説を撤回して自著を修正し、最も理に適った学説を受け入れたことだろう。そして、心が弱いばかりに彼がかつて語ったことすべてに哀れなほど固執している人々を、排斥したことだろう。(28)

しかしながら、度量の大きなガリレイとは異なり、ベーコンと彼と見解を同じくする思想家たちは、アリストテレス自身のそれをも含むアリストテレス主義的な思想の一切を非難した。彼らにとって、それは悪い科学というのではなく、そもそも科学の名に値しないものだったのだ。

ホッブズのアリストテレス嫌い

ヨーロッパの知の領域でアリストテレス思想が創造的な役割を果たしたことを否定するのは、自然哲学者にとどまらなかった。近代初期のアリストテレス嫌いの双璧をなすのは、当時の最も偉大な宗教指導者と、彼に劣らず華々しい業績をあげた無神論者の哲学者だった。マルティン・ルターはスコラ学全般を嫌悪し、とりわけアリストテレスを毛嫌いしていた。彼はその思いを「一言でいうなら、アリストテレスと神の関係は、闇と光の関係に等しい[29]」と簡潔に述べ、さらに、「アリストテレスぬきでは神学者になれないというのは、誤りである。それどころか、アリストテレスぬきではなれないのであれば、誰も神学者にはなれないのだ」と断じている[30]。一方、世俗的な政治哲学者のトマス・ホッブズ〔一五八八～一六七九〕の態度は、むしろそっけない。

> そして、私が思うに、自然哲学においては、現在アリストテレスの形而上学と呼ばれているものほど馬鹿げた言説はめったにないし、また、統治術に関しては、彼がその『政治学』の中で多弁を弄したことほど不愉快な言説はめったにない。さらに、彼の『倫理学』の大部分は、他に例を見ないほど無知な言説で埋め尽くされている[31]。

いったい何がホッブズをして、これほど激しい敵意を抱かしめたのだろうか？　本書の序章で述べたように、自文化中心主義者というものはそのタイプを問わず、おのれが属している文明は、その一部たりとも「ほかの文明」の思想の産物ではなく、完全に独力で創造されたと信じたがるものだ。アリストテレス革命を歴史から抹殺することは、西欧文明がより進んだイスラーム文明から非常に大きな恩恵を受けたという事実を隠しおおす役に立つ(32)。だが、過去を抹殺することは、そのほかにもさまざまな形で、ヨーロッパの新しい時代のリーダーたちを利していたのだ。アリストテレス主義的キリスト教は、カトリック教会の権力を粉砕し、教会による教育資源の独占を終わらせたいと願う者たちすべてにとって――すなわち、国民国家の世俗統治者や、改革派教会〔ここでは、プロテスタント諸教会の総称〕の指導者や、新興の実業家階層や、科学を重視する知識階級にとって――大きな障害だった。だが――ここが当惑を禁じえないところなのだが――これらのエリートたちが排除しようとしていたのは、カトリック教会の政治的・組織的権威そのものではなく、カトリック教会が自然法や「正義の戦争」という類の概念を用いて繰り返し人々に教えこみ、押しつけようとしてきた道徳的な束縛だったのだ。新しいヨーロッパの商人や貿易業者は、「公正な価格」についての中世的観念や、利子を伴う投資への制限等々の束縛から解放されたいと欲していた。改革派の諸教会や宗派の指導者たちは、国家の枠を越えた道徳共同体を維持するために情熱に裏づけられた彼らの信条を修正する気は毛頭なかった。そして、新興の世俗統治者たちは、彼らの法的権威と軍事力に対するいかなる制約からも自由になりたいと切望していたのだ。

これら新しい支配階層の最も傑出した代弁者が、トマス・ホッブズだった。彼は主著の『リヴァイアサン』において、人間の最も基本的な権利は自己保存の権利であると主張した。[33] 人民はみずからの安全保障のために、自己保存の権利以外のすべての権利を国家に譲渡し、それによって国家に権力を独占させ、臣民に対する無制限の法的権限を与えなければならない。国家の法律が唯一の法である、とホッブズは宣言した。そのほかの法はすべて——たとえば、教会が主張して定めたところの自然法や、道徳律や、国際法などは——名目だけの法に過ぎず、主権国家の臣民に対する拘束力を有していない、と。[34] これらすべての見解において、ホッブズの最大の敵となる哲学者は、国家の法は自然法や道徳律とは異なり何ら拘束力を有さないと主張したトマス・アクィナスと、[35] 自著の『政治学』において、政治は道徳の一部門であり、国家の目的は単なる安全保障ではなく、正義の実現であるという原理を擁護したアリストテレスだった。[36]

ホッブズの政治観は、必ずしも説得力に欠けるものではなかった。彼が『リヴァイアサン』を執筆した頃には、教会がヨーロッパの人々に安全や正義の実現を保証する力を失って久しかった。そして、彼らの多くが、市民社会を守るためには主権国家に権力を譲渡せざるをえないと思いこんでいたのだ。とはいえ、『リヴァイアサン』がどの程度まで、原理からの権力の分離、道徳からの法律の分離、価値の領域からの事実の領域の分離を主張しているのかについて、注目せずにはいられない。ホッブズは極端な「現実主義者」であり、現代の「国家理由」〔不当な行為を正当化する公益上の理由〕や「正しかろうと誤っていようと、わが祖国」というメンタリティの擁護者に連なる思想家の長い系譜の嚆矢だった。アリストテレスとトマスは、法の目的は本質的に社会的動物である人間が善良になるのを助けることだ、と確信していた。ホッブズは彼らとは対極的に、人間は利己的な意志に衝き動かされて行動するものであり、それゆえ、脅かして服従させせなければならない、と決めこんでいた(「人間は人間に対して狼である」というホッブズの言葉はあまりにも有名である)。これと同様に、いかなる形態の統治組織であれ、その正当性は正しい理性と一致していることにかかっているとアリストテレスが主張したのに対して、ホッブズは君主の意志を高く評価し、君主の意志だけに基づいて実効のある法を定めることができると主張した。意志と権力だけが現実であり、理性や道徳は危険な幻想である、と近代国家の予言者は断じていたのだ。

宗教改革と原理主義

ホッブズの政治哲学の著しい特徴は、アリストテレス主義者にとって最も手ごわい論敵となった、マルティン・ルターの思想と共通する点が非常に多いことである。もちろん、私はホッブズとルターを同一視しようとしているのではない。ホッブズより一世紀前の時代に生きたルターがこのイギリス人の道徳規準を欠いた政治観を知ったら、さぞかし恐れおののいたことだろう。一方、ホッブズは彼の時代の反抗的な清教徒たちを、公共の秩序に対する脅威と決めつけていた。それにもかかわらず、カトリック教会が主張する政治的権力や道徳的権威から世俗国家を解放するためにホッブズが戦ったのと同じように、ルターは浄化された信徒集団の自治を確立するために奮闘した。この宗教改革者にとって、人間の理性についてのアリストテレスの楽観的な見方は——ホッブズにとってそうであったのと同じように——危険な錯覚だった。人間は救いがたいほど利己的で不従順であるがゆえに、彼らをはるかに偉大な意志、つまり至高の神の意志に服従させることしか打つ手はない、とルターは確信していた。教会が主権国家の君主に対して世俗的な権力をふるおうとすることに、ホッブズは異議を唱えたが、ルターもホッブズと同様に考えていた。より重要だったのは、教会が罪人と裁き主〔神〕を調停することによって神の絶対的な力に制限を加えようとする（とルターはみなした）のを、ルターが猛烈に非難したことだ。ルターから見れば、カトリック教会の「救いの経綸」は十分の一税制度や悔悛の秘跡やその他諸々の慈善行為とともに、暗愚な信徒を現世の慣例に盲従させておくための詐欺行為に過ぎなかった。男であれ、女であれ、もし神が彼らを救おうと決めたのであれば、法の類によってではなく信仰のみによって救済される。[37] 法律的な事柄は国家に任せよう。教会は信徒の永遠の救済だけを心にかけるべきなのだ。

ルターの神学革命によって、ウィリアム・オッカムの哲学とエックハルトの宗教実践が予示していた信仰と理性の分離が実現した。[38] ルターとジャン・カルヴァン〔一五〇九～六四〕がコペルニクスの太陽中心説に対して、カトリック教会の異端審問所に劣らず激しく反対したことは、驚くに当たらない。プロテスタントの指導者たちはすでに、個人と神の結びつきは教皇や聖職者の仲介を必要としない、ローマ教会の解釈や教義によって権威づけられていない「聖書のみ」が神の不変の言葉を表している、教皇は法的な事柄における権威でもなく、教義に関する事柄について無謬でもない、と結論を下していた。彼らがローマ教会の「使徒的ならざる」習慣と教義をすっかり剝ぎ取ったのちには、公的な制度としての教会に残されるものはほとんどないだろう。さらに、彼らのスコラ学批判はややもすると、信仰上の問題を合理的な論証の範囲から逸脱させる傾向があった。ルターは、人間が信仰のみによって義とされることを「知って」いた。というのは、彼は『ローマの信徒への手紙』を読んでいたときに、パウロが『ハバクク書』〔旧約聖書の『十二小預言者』に属する預言書〕から「正しい者は信仰によって生きる」という章句を引用しているのを見出して、蒙を啓《ひら》かれていたからだ[39]。このとき突然、彼は救済における信仰の意義を理解したのだ。この経験によって、彼の説教は新たな性格を帯びるようになった。定評のあるルターの伝記はこう述べている。

> 説教しているのは修辞法に長けた雄弁家でも、学問をひけらかすスコラ学者でもなかった。それは、啓示された真理の力を感得し、聖書からそれらの真理を引き出し、彼の心に秘めた財宝からそれらの真理を溢れさせ、驚嘆している聴衆にそれらの真理を心をこめて語る一人のキリスト教徒だった。その説教は人間の教えではなく、まさに神の教え

だった。(40)

『ローマの信徒への手紙』の一節についてルターの解釈に同意するのであれば、何の問題もなかった。だが、キリスト教徒の多くは(ほとんどのカトリックも含めて)、この解釈に同意しなかった。このような場合には、どちらの解釈が正しいのかを、どうやって決めればよいのだろうか? 唯一の権威ある聖書解釈者の座から教会を引きおろしたことは、聖書への原理主義的なアプローチに道を開いた。このアプローチを採る者は、これこれのことは聖書の章句の文字どおりの意味であり、けっして解釈などではないとか、ある特定の解釈は神から啓示されたものなので疑問の余地がない、などと主張する。ルターの時代以降、解釈者の先入観を反映した聖書の空想的・寓意的な解釈に食傷したキリスト教徒たちは、しだいにこのタイプの直解主義〔または字義主義〕を受け入れるようになった。とくに、直解主義にルター自身が経験した類の啓示が結びついた場合には、その傾向が強かった。換言すれば、原理主義的な直解主義は、近代の合理主義者がそこから「解放」されなければならなかった、中世の世界観に属するものではなかったのだ。原理主義的な直解主義は、アリストテレス主義的キリスト教思想が攻撃を浴びた結果、この世界に登場したものだった。この攻撃は一方で、世俗的な科学を生み出していた。この経緯は、いわば知的な核分裂とみなせるだろう。つまり、初期近代主義者たちの攻撃という粒子の衝撃を受けて、アリストテレス哲学という原子核が分裂し、冷静で客観主義的な科学という原子核と、熱烈で主観主義的な宗教という原子核を、新たに生み出したのだ、と。

いうまでもないが、原理主義的な直解主義は、聖書およびそのほかの権威ある書物を解釈する唯一の方法ではない。けれども、権威ある聖書解釈者や、教義上の論争にかかわる「信頼できる」調停者が存在しない場合、教義をめぐる深刻な意見の対立は、教会内部に分派（ないし分派内の分派）が生じるのを容認するか、あるいは、何らかの「公認された」信条体系を、それを信じない者たちに暴力をもって押しつけるか、のいずれかの手段で決着をつけざるをえないだろう。暴力が——すなわち一世紀以上に及ぶ残虐な宗教戦争が——新たに芽生えた主観主義に対するヨーロッパの最初の反応だった。もっとも、野心的な世俗統治者たちがこの危機を、彼ら自身と彼らの国家を強化する好機とみなさなかったら、暴力はこれほど広範に広まることも、激しくなることもなかっただろうが。力によって宗教的統一を押しつけようとする無益な試みに続いて、分派や、分派の中の分派が生まれるという、宗教的寛容の倫理に支えられた状況が現出した。けれども、今日ほとんどの西洋人がその中で生きている宗教的寛容の制度的枠組みは、宗教団体は人々に改宗を求めたり公共政策に（一定の限度内で）影響力を行使する自由をもつが、信仰は本質的に個人と神との関係にかかわる個人的な事柄であるという一般的な合意を前提にしている。

アリストテレスの評価が地に堕ちた理由の一端は、ヨーロッパにおける文化的覇権を保つために、カトリック教会が彼の思想を利用してきたことにあった——つまり、西ヨーロッパの多くの人々が抑圧的とみなしていたカトリック教会の覇権が完全に失われたことに起因していたのだ。[41] だが、アリストテレス革命が「忘れ去られた」理由は、このほかにもいろいろと考えられる。大方の現代人は——たとえできるとしても——中世の秩序体系を再現したいとは思わないだろうが、この時代の理想と業績は、現代文化の欠陥に絶えず非難を投げかけている。しばらくのあいだ、西ヨーロッパ社会は、西ヨーロッパ以外の文化圏や町の通りで繰り広げられる熱烈な大衆運動から流入する、革命的な新思想に対して門戸を開いていた。しばらくのあいだ、合理主義的な思想家と敬虔な信徒が真剣な対話を重ね、この対話から双方が新たな洞察を得ていた。しばらくのあいだ、宗教的原理主義と権力政治は、国家や民族を超えた共同体の一員として行動すべく人々を促すような、普遍的な道徳を追求する立場に従属させられていた。過去のこの部分を歴史から抹殺するのは、現在を永遠に続くものと思わせ、未来の選択肢を消し去ることにほかならない。このことを認識するために中世を懐かしがる必要はないのだ。

私の見るところでは、西洋社会の運命は明らかに、多様でありながらも統合されたグローバルな文明の一部になることにかかっている。主権を有する国民国家、「価値から自由な」科学、「理性から自由な」宗教など、かつて近代主義の証《あかし》とみなされていた制度や思想の多くは、今日ではグローバルな共同体を実現する障害となっているように見受けられる。異民族間や異文化間の交流がますます緊密になるにつれて、真理や善や公正についてのより包括的な規範を探究することが、新たな緊急性を帯びている。「哲学者」の思想はこれまで常に、貿易が拡大し、異文化間の交流が増し、人類の発展に対する期待が高まる時代に生きる人々に最も適していたように思われる。アリストテレスの思想体系は政治的・宗教的に分裂している時代にはそぐわなかったようだが、人類の歴史の次の段階では、創造的で全体を調和させる思考様式を育くむものとして機能するに違いない。

3　アリストテレスの遺産

近代科学の起源神話

今日絶え間なく私たちに浴びせられる文化的プロパガンダのテーマの一つは、私たちは科学の時代に生きている、というメッセージである。ここでいう科学の時代とは、「ハード」サイエンティストが用いる探究の方法や、論証の様式や、証明の基準が事実上普遍的なものとなった時代であり、客観的な知識はすべて（単なる主観的な信念とは異なり）理性の審判に依拠しているという時代である。近代科学の起源神話によれば、科学の時代は教条主義的かつ蒙昧主義的な宗教に対する科学者たちの闘争から生まれ、その結果、少なくとも公的な議論の領域では、理性が信仰に取って代わった。ある歴史家が述べているように、「科学は傑出した知的権威として、そして、文化的な世界観を定義し、裁定し、守る者として、宗教に取って代わった」[42]のだ。

その後の筋書きは、人口に膾炙《かいしゃ》しているように、理性の重要度が着実に増す一方で、信仰はますます社会の周辺的な地位に追いやられた、というものである。合理主義的な方法と概念が社会科学や法律や政治、さらには倫理学の基盤まで提供するようになるにつれて、信仰はしだいに自然と社会を科学的に理解するという営為から切り離され、個人的な行為の一つとなった――つまり、知識の源泉というより、個人の感情的欲求を満たすものとなったのだ。

宗教と形而上学の領域はしだいに細分化されるとともに、私的で主観的で思弁的なもの、経験世界の普遍的かつ客観的な知識とは根本的に異なるものとみなされるようになった。信仰と理性はいまや、完全に切り離されたのだ。[43]

だが、近代科学の起源神話はここで終わらない。近代化は現在も進行中のプロセスであり、理性はその領土を拡大し続け、以前は発見されていなかった（心理学と倫理学の分野も含めた）領域にまで進入している。その一方で、信仰の領土は縮小の一途にある。神はいわゆる「隙間を埋める神」――つまり、科学がいまだ解明できずにいる不可解な事象を説明するために用いる原理――に変容している。[44] この科学の勝利の物語は未来のある時点で、世俗的な合理主義の最終的な勝利と「神の死」をもって幕を閉じるのだ。

明らかに、この物語にはどこかおかしなところがある。本書が印刷されていたときに、敬虔なキリスト教徒であり、さまざまな宗教の信者たちと緊密に同盟しているアメリカ大統領が、イラクに対する戦争にアメリカ国民を投入した。それ以前から、アメリカ大統領は一再ならずイラクを――アウグスティヌス的な宗教用語を用いて――「悪」と名指ししていた。[45] この「悪」という言葉は、もっと「合理的な」関心を隠蔽するための単なるレトリックとみなすこともできるが、もしそれが本当なら、大統領を支持する多数の有権者はレトリックに強く共鳴していることになる。近代科学の起源神話の根底にある謬見――と私には思えるもの――は、科学的合理主義が特定の知的領域で卓越した地位を得たという理由で、科学的合理主義が文化全般において覇権を握るべきだとする考え方である。もし、人間の頭をその心から分離させることができるなら、もし、推論する主体をその推論の対象と明確に区別できるなら、そして、もし、道徳や政治や社会関係に関する純然たる科学が存在するなら、この考え方は正しいといえるだろう。近代初期の思想家たちはこれらの「もし」はいずれも事実であると、少なくとも実現する傾向にある、とみなしていた。[46] だが、これらの「もし」の一つとしてこれまで実現していないし、予見できる将来に実現する見こみもない。その結果、単なる主観的かつ個人的な信仰が、広く流布した近代主義の物語が見落としている生命力と影響力とさらに勢力を伸ばす潜在的な能力を、いまだに失わずにいるのだ。

はたして科学が勝利をおさめたのか?

現代の政治指導者のほとんどは、科学技術に関する問題を解決するために、宗教的権威の助言を求めようとは思わないだろう。ところが、アメリカの大統領はエイブラハム・リンカーン〔一八〇九~六五〕からジョージ・W・ブッシュ〔一九四六~〕に至るまで、国民を戦争に投入する前に霊的助言者に——そして、時には神に——相談してきた。科学が勝利をおさめたという観念によって覆い隠されているが、現実には信仰は現代社会においても生き続けている。それも、社会の周辺に追いやられたささやかな営為としてではなく、西洋社会の精髄を示すものとして、そして、理性の従順なジュニア・パートナーとしてではなく、合理主義的な見解にさまざまな形で敵対する思考様式として、信仰は今なお生きているのだ。科学の勝利の物語は、宗教の「私生活中心主義的傾向」を弱点とみなし、これが信仰の領域がしだいに理性に蚕食される元凶であるとみなしている。だが、私には、こうした見方は由々しき誤りであると思われる。信仰を私的なものとしたことは、信仰を衰退させたどころか、信仰を保護する役割を果たしてきたのではないだろうか。社会の近代化に伴って、科学は着々と宗教の伝統的な「縄張り」に侵入した。たとえば、種の起源に関するダーウィンの理論によって、多数の唯一神教信徒は『創世記』に記された創造物語の解釈の見直しを余儀なくされた。けれども、個人の生活にしっかりと根を下ろし、個人の基本的な精神的・霊的欲求を満たすものとして機能する信仰は、理性が信仰の領域に侵入するのと同じ程度に――たぶんもっと広範にわたって――理性がその縄張りと主張する領域に侵入してきたのだ。

こうした展開は、アリストテレス的なコンセンサスが崩壊したことに根ざしている。宗教改革者や世俗的な政治家や自然科学者たちがスコラ学を解体したときに、宗教は公的な事柄や営利活動に関する事柄を論ずるための用語を支配・統制する権利を放棄した。実のところ、宗教には、そのほかの選択肢はほとんど残されていなかった。なぜなら、軍事力は世俗の王侯の手に、経済力は新興の資本家階級の手に集中しつつあったからだ。だが、近代科学もまた、広く認識されていない形で、みずからを定義しなおすことを余儀なくされていたのだ。科学的な合理主義は、技術的には洗練・強化されたとはいえ、極端に視野の狭くなったスコラ学の残骸の中から出現した。スコラ学はもはや、アリストテレスがかつてそうしたように形而上学や倫理学や政治学の分野を支配することも、彼の「目的因」説が提起した宇宙についての「なぜ」という質問に答えることも、宇宙の永遠性や理解可能性という類の哲学的な問題を解決することもできなくなっていた。これらの学問分野の一部は――とりわけ形而上学と神学は――個々人がその能力の範囲内で私的に探究すべきものと位置づけられた。それに対して、倫理学や政治学や社会関係論その他の学問分野は、両陣営が支配権を主張する〔敵味方の〕中間地帯《ノーマンズランド》に位置づけられた。その結果、科学の「卓越」を祝福した人々が予見できなかった類の闘争が、今日まで続くことになったのだ。

現在繰り広げられている闘争の主たる争点は、科学の起源神話が劇的な形で提示したものではない。実のところ、自然科学の発見や理論をめぐる科学者と宗教的権威の論争は、神学の見地からすれば、ほとんどの場合必要のないものだった。[47] 物質世界に関して聖典の記述と自然科学の学説とに矛盾が認められるような場合、その問題はたいてい、（とくにユダヤ教徒とカトリック教会の権威者たちが過去何世紀にもわたってしてきたように）聖典の解釈を見直すか、科学者たちに彼らの知識は確実でないと認めさせることによって、解決することができるのだ。カトリック教会はコペルニクスの宇宙論に反対するよう強いられていたわけではないし、プロテスタントの諸教会も、ダーウィンの進化理論に反対するよう迫られていたわけではない。聖書のさまざまな解釈が認められていることを考えると、こうした反対がなされるのは往々にして聖書そのものよりも、宗教組織の社会や政治へのかかわり方に起因していると思わざるをえない。歴史家のジョン・ヘドリー・ブルックが指摘しているように、科学と宗教の対立と称されるものの多くは、実際には対立する科学理論のあいだの衝突であったり、相容れない宗教観のあいだの衝突である場合がほとんどなのだ。[48] 今日でさえ、神学者と科学者はむしろ穏やかな態度で、宇宙の起源に関するビッグバン理論の神学的意味や、遺伝子地図の作成の倫理的意味といった問題について話し合っている。

けれども、宗教思想と科学思想との境界線上に位置する領域、いわゆる「人間科学」の分野に関しては、どのように考えればよいのだろうか？　人間の動機や、道徳や、社会関係や、政治に関する問題について、私たちはどうすれば神学的真理と科学的真理とを調和させられるのだろうか？　どうすれば、私たちは深い文化的断絶を乗り越えられるような、探究と行動の規範を導き出せるのだろうか？　これこそまさに、私的で情緒的な宗教と公的で合理主義的な科学という近代主義的な区別が、著しく意味を失いつつあることが判明した領域であり、その一方で、アリストテレスの遺産がおおいに役に立つかもしれない領域なのだ。

アリストテレス的思考様式の可能性

同性愛・中絶・離婚・男女同権などの論点をめぐる対立はしばしば、進歩的・世俗的・合理主義的と称される勢力と、伝統主義的・宗教的・原理主義的と称される勢力とのあいだの「文化戦争」の形をとる(49)。だが、こうしたレッテルはめったに役に立たず、ややもすると議論を誤った方向に誘導してしまう。いずれの論争においても、両陣営の当事者の中には、宗教信条に由来する何らかの原理や、基本的な道徳信条に基づく見解を奉ずる人々が見出される。いずれの陣営の人々も、人間の本性やその行動が社会に及ぼすであろう影響について、理性的に議論する。両陣営のあいだの論争は信仰と理性のあいだの論争ではなく、二つの思考様式に根ざした、善き人間と善き社会についての二つのヴィジョンのあいだの論争なのだ。こうした論争を潜在的に破壊的なものとするのは、(いろいろある中でもなかんずく)一方のものの見方は純粋に合理的かつ科学的であるのに対して、他方のそれは純然たる信仰に基づいている、と主張することにほかならない。かかる一方的な主張は、対話の可能性を排除してしまう。というのは、近代主義的な考え方によれば、合理性は帰納的な論理と客観的な証拠に依拠しているのに対して、信仰はそれらとはまったく異なる方法によって正当化されるものだからだ。

ゲイとレズビアンの権利を擁護する人々の中には、「同性愛は遺伝的に決定されたものであって、宗教や道徳はこの問題にいかなる関係もない」と主張する者たちがいる。だが、遺伝学を標榜する論証は(その科学的妥当性はまだ評価が定まっていない)、異性婚を奨励する政策や慣習よりも、同意に基づく成人どうしの愛により大きな価値を置く道徳信条を覆い隠してしまう。ゲイとレズビアンの権利に反対する人々の中には、「聖書は同性愛を断罪している。この問題はそれに尽きる」と応酬する「原理主義者」たちもいる。だが、聖書の直解主義に基づく論証は(この立場は、ある掟を強要する一方で、ほかの掟は無視するという選択を伴っている)、異性婚を基盤とする伝統的な家族制度を維持するとか、乱交やそれに起因する疾病を避けるという類の、聖書とは無縁の問題意識を覆い隠してしまう。同様に中絶に関しては、胎児はどの時点で――かかる時点があるとすれば――新生児と同等の保護を受ける資格を得るのかという問題について、科学は解答を示していない。一方、この問題は、「霊魂の起源」と自然法に言及した聖トマス・アクィナスの言葉を引用するだけでは、決着をつけられない。同性愛や中絶という類の問題について、一方の側が正しいと確信する人々のあいだで合意に達することは不可能かもしれない。けれども、かつてのアリストテレス主義者たちのように、倫理的であると同時に合理的な規範の探究に挺身している人々のあいだでは、相手の立場を尊重し合う対話が実現可能であるに違いない。

人間関係という領域にかかわる論争はえてして激しい衝突を引き起こすので、西欧社会はすでに数世紀前から、この種の問題は司法によって解決しようとしてきた。ある種の問題は（とりわけ信仰と道徳にかかわる問題は）、個人の能力の範囲内で個々人の決定に委ねられているが、いわゆる「公的な問題」は、科学分野や政治分野の権威の決定に従わなければならない。だが、前述したように激しい衝突が現に生じているという事実は、個人的な宗教的関心事と公的な政策とのあいだに明確な境界を画すという試みが成功しえないことを示している。中絶や離婚は私的な問題であり、当事者自身の利害と道徳規準に基づいて個々人が決定すればよいというのは、素晴らしい考えである――もし、中絶は一種の殺人であるとか、離婚は配偶者と子どもたちに対する一種の虐待であると、考えないのであれば。平和と戦争にかかわる問題は政治的権威に委ねるべきだという考え方も、やはり理に適っているように思われる——自分が不正な戦争と確信しているものを支持するよう求められるまでは。この類の論争の争点は司法の手で裁定することはできない。なぜなら、これらの問題を私的領域と公的領域のいずれに属すとみなすかは、個々人の道徳信条および合理的信念の視野と強さにかかっているからだ。このことは、「公的な問題」がしばしば、それと対置される「私的な問題」がかかわっているのと同様に、宗教信条や道徳観念や合理精神が入りまじった感情にかかわっていることを認識したときに、いっそう明確になるだろう。どのようなときに、戦争や暴力革命は正当化されるのだろうか？　極端な貧富の格差に直面したときに、私たちが果たすべき道徳的および政治的義務とはいかなるものなのだろうか？　人権の剝奪に対して、私たちはどのように対処すべきなのだろうか？　多種多様な文化的習慣に対して、私たちは——たとえ、それが反自由主義的ないし「野蛮」なものと思える場合でも——寛容であらねばならないのだろうか？

これらの疑問のどれ一つとして、聖書の章句を引用したり道徳的な原則をもち出すだけで解決することはできない。また、これらの疑問が公的な性格を帯びているとはいえ、科学研究の成果を引き合いに出したり、司法制度をつうじて権力政治の領域に委ねても、しかるべき解答は得られない。理に適った解答を得るためには、数世紀前に中世の大学で行われていたような、理性に感化された信仰と、道徳に関心をもった理性のあいだの対話が必要不可欠である。とりわけ、急速にグローバル化が進み、地上のどこでも人々が生存・アイデンティティ・安全・尊厳・公正・目的に対する人間としての基本的欲求を満たすために暗中模索している世界にあっては、中世盛期以降のいかなる時代にもまして、アリストテレス的な思考様式が有用であると思われる。

信仰と理性の調和へ

スコラ学者は目的をもった宇宙というアリストテレスの概念から霊感を得ていたが、彼らの活動をうながした根本的な推進力は、「信仰と理性を調和させる」ことだった。特定の宗教信条や倫理的価値に傾倒した理知的な人々は、伝統やカリスマ的な指導者の命令に従いながらも、自分がこれらに傾倒する理由を知りたがった。なぜ、自分はこれ以外の宗教信条や倫理的価値ではなく、この宗教信条や道徳的価値に傾倒しているのか、そして、自分が傾倒している宗教信条や道徳的価値は、自然と社会の発展にどのように反映され、あるいは、自然と社会の発展によってどのように支持されているのか、と。それと同時に、自然や社会の研究に従事する学者たちは、彼らが発見した諸々の事実やパターンと、信条や価値の領域との関係を理解したがった。すなわち、彼らはおのれの発見がもたらした影響を評価するとともに、それらの発見を人間社会の改善のために役立てる術《すべ》を見出さねばならなかったのだ。アリストテレスの時代が終わったとき、人々はこれらの差し迫った欲求を満たすことができないままで取り残された。科学は宗教信条との結びつきを奪われ、しだいに技術的で価値から自由なものとなった。一方、宗教への挺身はその自然主義的なよりどころから切り離され、しだいに恣意的な「本能」ないし趣味の問題になりつつあるように思われる。さらに悪いことに、世界の経済力と軍事力が前例のない速度で少数の有力エリートの手に集中するにつれて、信仰も理性も、自己の権力を露骨に拡大強化しようとする勢力の道具と化そうとしている。

こうした情勢のもとでは、信仰と理性というかつての配偶者たちは、彼らの結婚生活が波瀾万丈だったにもかかわらず、復縁する可能性を夢見ずにはいられない。理性はきっと地球を変容させられるだろう――もし、科学と技術が新しいグローバルな道徳によって鼓舞され、導かれさえするならば。信仰はきっと世界に広まり、成熟するだろう――もし、世界の諸々の宗教が社会と自然の長期的な動向に真摯に立ち向かい、グローバルな道徳の創造に一役買いさえすれば。そして――信仰と理性の分離は一人一人の人間も分断させているがゆえに――私たちは他者に対してもっと愛情深く有用な存在になり、自分自身にももっと満足するようになれるだろう――もし、私たちが信仰と理性という人間の根本的側面を統合させることができさえすれば。

統合させるのであって、「融合」させるのではない。なぜなら、私たちが復活させたいと夢見ているのは、信仰と理性のあいだの創造的な緊張であり、偽りのアイデンティティの類ではないからだ。アリストテレス的なコンセンサスを粉砕したことが、科学と宗教の双方を根本的に変えてしまった。それと同じように、新しいポストモダンのコンセンサスが創り出されれば、科学と宗教はふたたび変わるに違いない。科学と宗教が変わることは、これまで常にそうであったように、困難をきわめるだろう。だが、一体になることを渇望している世界は、科学と宗教が変身することを心から願っているのである。

謝辞

多くの友人や同僚たちが助けてくれたおかげで、私は未知の土地への旅を無事に終えることができた。テリー・ベイツェルは初期の草稿を読んで、多数の有益な指摘をしてくださった。マーチン・ド・ニは完成間近の草稿に対して、哲学者らしい洞察と精確さをもって、徹底的かつ貴重な批評をしてくださった。ディーン・プルーイットは中世の知識人の社会心理学と彼らの知識論について、専門的な話を語ってくださった。ジョナサン・メイシーとラビのブルース・アフトは、宗教と紛争に関する資料と思考の糧《かて》を提供してくださった。エルハム・アタシ、ヴィクトリア・J・バーネット、ジョン・ハマング、タルハ・コース、マナル・ラドワン、アレックス・シャインマン、そしてZheng Wangは、私の研究をおおいに助けてくださった。ジョージ・メイソン大学フェニック図書館のモーリーン・コナーズはこれまでにもまして、技術的な支援と精神的な支えを与えてくださった。同大学の紛争分析解決研究所の学生、教師、職員たち、同研究所の宗教と紛争に関するワーキング・グループのメンバーに深く感謝します。彼らは私が本書で論じた考えを発表することを許してくださったうえに、長時間にわたってそれらについて私と論じ合ってくださった。同研究所所長のサラ・コップ博士は、組織的な支援と個人的な励ましを与えてくださるとともに、すべての著者が必要としているがめったに得ることのできない、官僚制度に起因する艱難《かんなん》辛苦から身を守る手段を講じてくださった。

わたしは、さまざまな価値ある仕方で本書を自身のものとされた人々に、特別な恩義を感じています。ハーコート社の編集長ジェーン・アイセイは、本書の執筆に取り組むよう私を励まし、困難なときに私の心を支えてくださり、編集者としての実に刺激的なアドヴァイスをくださり、いつも変わらず忍耐強く、洞察に富み、熱心で、私を常に助けてくださった。ジェーンのような編集者が、彼女の同僚や友人の仲間入りをするという僥倖《ぎょうこう》に恵まれた著者とのあいだに築く類のパートナーシップを表現するには、新しい言葉を創造しなくてはならないだろう。私はまた、本書の出版にきわめて創造的かつ精力的な関心をもってくださったことに対して、ハーコート社の営業部長デイヴィッド・ハフと、私の有能で献身的な出版エージェントのゲイル・ロスに感謝します。

シャナとハンナ・ルーベンスタインは、今は亡き多数の哲学者たちに父親がこれほど長い時間を費やすのを許してくれたことに対して、特別な感謝に値する。愛しい娘たち、辛抱強くお父さんを助けてくれてありがとう。息子のマシューとアレック・ルーベンスタインにも感謝している。現代のきわめて重要な問題の解決にアリストテレス思想が有益であると、はるか彼方でわめく父親の声に、彼らは耳を傾けてくれた。私は本書をスーザン・

ライアソンに捧げる。この愛情深い同志が支えてくれたおかげで、きわめて困難な企てが実現したのだ。

訳者あとがき

本書は Richard E. Rubenstein, *Aristotle's Children: How Christians, Muslims, and Jews Rediscovered Ancient Wisdom and Illuminated the Dark Ages*〔アリストテレスの子どもたち――キリスト教徒、イスラーム教徒、ユダヤ教徒はいかにして古代の知恵を再発見し、暗黒の時代を照らしたか〕(Harcourt Inc., 2003) の全訳である〔副題の *the Dark Ages* は、二〇〇四年のペーパーバック版では *the Middle Ages* に変更されている〕。ただし、巻末の索引は人名索引のみとした。原註はすべて記載し、訳註は〔 〕で本文中に示した。原文中の( )、[ ] はそのまま記載し、〝 〟による強調は傍点を付して示した。

著者のリチャード・E・ルーベンスタイン氏はヴァージニア州のジョージ・メイソン大学で、紛争解決と公共問題の研究に従事している。政治や宗教、それらにまつわる紛争について著述を行っているが、邦訳されるのは本書が初めてのようである。

著者が「はじめに」で述べているように、本書は十二世紀のスペインでアリストテレスをはじめとする古代ギリシアの哲学者や科学者の著作が再発見されたことが一つの契機となって、西ヨーロッパの人々が超越的な存在である神や、自然の宇宙や、神と被造世界との関係について、理解を深めてゆくさまを描いたものである。これらの古代の知的遺産は後述するような経緯で、さまざまな文化的背景を有する人々の手によって翻訳され、註解を施され、時には修正さえされていた。一方、現象界を超越したイデアの世界を重視するプラトンの思想に共鳴していたキリスト教徒は、広範な領域にわたるアリストテレスの著作が内包する現世主義的・人間中心主義的・経験主義的な世界観に驚愕し、ある者は不安を募らせ、ある者は理解を渇望するようになった。こうした事情を背景に、アリストテレスの自然科学や形而上学、それらの神学への適用をめぐって、敬虔なキリスト教徒のあいだで激しい論争が次々と繰り広げられた。その際に、アリストテレスの論理学が駆使されたことはいうまでもない。

著者はさらに、社会情勢や教会のありようや人々の知的欲求の対象が激しく変化するにつれて、アリストテレスの思想やものの見方を援用して信仰と理性の調和をはかるという姿勢がしだいに失われ、ついには信仰と理性が分離するに至った経緯を述べている。信仰と理性が分離した状態は今日まで続いており、現代の世界は信仰と理性が全地球的規模で鋭く対立するという様相を呈している。かかる現状から脱却し、より統合され調和された未来を築く可能性を探るために、中世ヨーロッパのアリストテレス革命から学ぼうと——緊張をはらみながらも創造的な、信仰と理性の対話を回復させようと——著者は主張しているのだ。

かつてカトリック教会から禁書とされていたミシュレの『魔女』は、いわゆる「暗黒の中世」に久しく埋もれていた西ヨーロッパ人が、スペインで「イスラーム教徒たち、このサタンの息子たちが努力を傾けているいたるところで、すべてが繁栄し、泉は湧き出し、大地は花々で被われている」という驚嘆すべき現実を見出したさまを描いている。この地では経済や技術のみならず、学芸も華々しく発展していた……その源泉は古代ギリシアの学術だった。イスラーム世界はまず、医学や天文学といった物質的・具体的なものを受容し、やがて哲学という抽象的・形而上的なものを受容した。シリア語を介してギリシア原典のアラビア語への翻訳がなされたが、その過程では、西方で異端とされて逃げのびてきたネストリウス派や単性論派のキリスト教徒や、ユダヤ教徒なども大きな役割を果たしていた。ムスリム帝国が国家をあげて取り組んだ翻訳事業のおかげで、イスラーム世界の人々はギリシアの遺産だけでなくインドやペルシア由来の諸々の学問をアラビア語で論じるようになり、アラビア語は知的言語・共通言語としての力を高めた。こうして、古代ギリシアからヘレニズムの科学や哲学の伝統が、イスラーム世界に本格的に移植・紹介され、独自の発展をたどったのだ。

科学史の分野では、二十世紀初頭にピエール・デュエムがラテン中世を科学の宝庫としてとらえ、「暗黒の中世」観を正す出発点をつくった。『科学の名著5 中世科学論集』(朝日出版社)所収の横山雅彦氏の解説によれば、デュエムはレオナルド・ダ・ヴィンチに影響を与えた中世の思想的源流を掘り起こしていく作業の中で、近代の慣性力学の先駆的形態ともいうべきインペトゥス理論をビュリダンの著作の中から探り出し、この理論がガリレイやデカルトの時代にまで伝達かつ展開されていった過程を詳《つまび》らかにしたのだ。デュエムはパリ学派の歴史的意義について、「近代科学はけっして無からの創造なのではない……ガリレイやその同時代の人々は、古代の幾何学者たちとの知的交流をとおして獲得した数学的熟達を用いて、一つの力学的科学を精密化して発展させたが、この力学的科学は、キリスト教的な中世がその諸原理を提示するとともに、その最も本質的な命題を定式化したものなのだ」と述べている。一方、哲学や思想の分野でも、西ヨーロッパの中世はキリスト教とともにギリシア以来の哲学を発展させ、ヨーロッパ全体の文化基盤を整えた時代であり、近代の礎となった時代であると、近年は再評価されている。

前述したように、デュエムは西ヨーロッパの中世と近代の連続性を実証しながらも、アラビア科学はギリシア科学の模倣に過ぎず、「一片のオリジナリティーもない」と主張していた。本書の著者は「自文化中心主義」に再三言及しているが、こうした姿勢は単なる無知ばかりではなく、意識的あるいは無意識のうちに行われるある種の情報操作にも起因しているのだろう。グローバル化が急激に進む現代にあって、「自文化中心主義」の弊害がこれまで以上に大きいことは論を俟たないだろう。

著者は数多の文献を渉猟し、同時代のイスラーム世界やユダヤ教世界の動向にも目配りしながら、さらに折に触れて近代史や現代史のひとコマと類比させつつ、中世ヨーロッパの知的革命をダイナミックに描き出し、その覚醒の歴史から今日的課題をあぶり出している。読者は本書を読み進むうちに、敬虔なキリスト教徒でありながら数奇な運命をたどったボエティウスやアベラール、ブラバンのシゲルスやマイスター・エックハルトの物語に魅せられることだろう。世俗権力者でも、まるでフィクションの中の人物のように魅力的なテオドリックやフリードリヒ二世が登場する。堀田善衛が『路上の人』で描いた異端カタリ派をめぐる史実は、宗教の正統性あるいは宗教と権力という観点から、その現代的意味がもっと問われてもよいのではないだろうか。

何かにつけて山川草木に神が宿っていると感じてしまうメンタリティーを有し、仏教の教えに久しく憧憬の念を抱いてきた訳者にとって、プラトンの哲学や唯一神教の教義は理解を超えている部分が多い。引用文献にも極力当たり、正確を期して訳出したつもりだが、訳者の非力のために十全とは言いがたい。読者からのご教示をお願いするしだいである。大方の日本人にとって難解きわまりない三位一体の教義や、キリスト教世界ではなぜ、あえて神の存在を証明しなければならなかったのか、という類の問題について、訳者は八木雄二著『中世哲学への招待——「ヨーロッパ的思考」のはじまりを知るために』（平凡社新書）から多くを学ぶことができた。聖書の章句の翻訳は日本聖書協会の『新共同訳聖書』に準拠し、参考資料として上智大学中世思想研究所編訳『中世思想原典集成』（全二十一巻、平凡社）をおおいに活用させていただいた。知の革命の歴史を翻訳しながら、諸大学の教養課程が縮減され、世界史の履修「偽装」が組織ぐるみで行われるという現代日本の精神風土に思いをいたし、暗澹たる思いに駆られることもあった。知育偏重の弊を説きながら、そもそも健全な「知」を育むためのしかるべき努力がなされているのだろうか？

最後に、本書を紹介してくださり、翻訳に際しては貴重な助言と激励を惜しまず与えてくださった紀伊國屋書店出版部の藤﨑寛之さんに心から感謝いたします。

二〇〇八年二月

小沢千重子

文庫版訳者あとがき

本書は二〇〇八年に紀伊國屋書店から単行本として発刊されたが、このたび筑摩書房のご厚意でちくま学芸文庫の一冊に加えられた。本書からは、さまざまなレベルで分断が進む社会にあって、理性と信仰の調和を願う原著者の思いが強く伝わってくる。その思いを少しでも多くの読者に伝えられたら幸いである。

原書がまさに公刊されようとしていたときに、敬虔なキリスト教徒であるアメリカ大統領はイラク戦争に踏み切った。この戦争は「イスラーム国」の成立など、今日もなお続く混乱を世界中で引き起こした。その後、アメリカではキリスト教右派を強固な支持基盤とするトランプ政権が誕生し、その親イスラエル的政策がアラブ諸国の激しい反発を招いている。一方、世界各地でイスラームのシーア派とスンナ派の対立が激化し、イエメンではイランとサウジアラビアの代理戦争が進行している。本書が今日的意味を失っていない所以である。

文庫再刊に当たっては多くの修正を施したが、さらなる修正の必要性について読者のご教示をお願いするしだいである。非常に有益な解説を著してくださったうえに、専門家の観点から貴重なご助言を賜った山本芳久先生に心から感謝するとともに、本書をふたたび世に出してくださった、ちくま学芸文庫編集長・北村善洋氏に深謝いたします。

二〇一八年九月

小沢千重子

解説 「信仰」と「理性」の「紛争解決」

山本　芳久

『中世の覚醒――アリストテレス再発見から知の革命へ』と題されたこの訳書の原題は、*Aristotle's Children: How Christians, Muslims, and Jews Rediscovered Ancient Wisdom and Illuminated the Dark Ages*〔アリストテレスの子どもたち――キリスト教徒、イスラム教徒、ユダヤ教徒はいかにして古代の知恵を再発見し、暗黒の時代を照らしたか〕というものである。

本書の主要な登場人物は、西洋中世のスコラ学の代表的な神学者・哲学者であるペトルス・アベラルドゥス（一〇七九―一一四二）、アルベルトゥス・マグヌス（一二〇〇頃―八〇）、トマス・アクィナス（一二二四／二五―七四）、ボナベントゥラ（一二一七／二一―七四）、ドゥンス・スコトゥス（一二六五頃―一三〇八）、ウィリアム・オッカム（一二八五頃―一三四七頃）などである。単なる無味乾燥な事実の羅列ではなく、魅力的なストーリーのなかにこれらの一般には馴染みの薄い人物の思想を縦横無尽に位置づけながら紹介し、その現代的意義にまで説き及ぶ著者の筆致は類稀《たぐいまれ》なものである。

著者であるリチャード・E・ルーベンスタインは、米国ジョージ・メイソン大学の教授であり、「紛争解決」を専門としている。ルーベンスタインが専門としている「紛争解決」とは、国際紛争の解決のことであるが、本書は当然ながらこうした問題を取り扱ったものではない。専門領域の異なる著者が中世スコラ学というかなり特殊な分野に関心をもつようになった経緯については、「はじめに」において次のように語られている。

私がアリストテレス革命の物語に遭遇したのは、宗教間の衝突が生じる原因を研究していたときのことだった。そのときに私は初めて、十二世紀にキリスト教の聖職者たちがムスリムの支配を脱したばかりのスペインの都市で、過去一〇〇〇年近くも西ヨーロッパから姿を消していたアリストテレスの一連の著作を再発見したことを知ったのだ。新たに発見された古代の知識は、西ヨーロッパの知の歴史上、他に例を見ない衝撃を社会に与えた。これらの著作は、さまざまな文化を担う学者たちのチームによってラテン語に翻訳され、ヨーロッパ各地に続々と誕生していた大学に広まるや、一世紀におよぶ激しい論争の引き金を引いた。この論争によって、西ヨーロッパの人々が自然や、社会や、さらには神について考える思考の枠組みが、永久に変わってしまったのだ。(一三―一四頁)

ルーベンスタインが中世スコラ学に関心を持つようになったのは、「紛争解決」という専門の一環として宗教間の衝突が生じる原因を研究していたときのことだった。そこで彼は、全く思いがけない仕方で、いわゆる「紛争解決」すなわち国際紛争の解決とは全く次元を異にするもう一つの「紛争解決」に出会う。「信仰」と「理性」との紛争の解決、すなわち、中世スコラ学における「信仰」と「理性」の緊張と調和の一大叙事詩にルーベンスタインは出会ったのである。

ラテン・キリスト教世界に対するアリストテレスの流入

十二世紀半ば以降、古代ギリシアの哲学者であるアリストテレスのテクスト群が、イスラム世界から、ラテン・キリスト教世界（現在の西ヨーロッパ）に流入した。イスラム世界では、既に長らくアリストテレスの諸々の著作がアラビア語に翻訳され、アヴィセンナ（九八〇―一〇三七）やアヴェロエス（一一二六―九八）のような優れた哲学者たちによって註釈され、活用されていたのである。他方、ラテン・キリスト教世界では、単にアリストテレスが読まれていなかっただけではない。そもそもアリストテレスの残したテクスト自体がほとんど伝わっていなかった。

「万学の祖」と呼ばれるアリストテレス（前三八四―前三二二）は、動物学・自然学から倫理学・政治学を経て形而上学・天体論にまで及ぶ壮大な体系を築き上げた偉大な哲学者である。このような壮大な哲学体系を表現したテクスト群の流入が、何の問題もなく歓迎されたかと言えば、そうではなかった。従来は、この世界を全体として説明し、人生に意義を与えてくれるような世界観は、キリスト教的な世界観しか存在しないと考えられていた。だが、アリストテレスの哲学体系がその全貌を現し始めると、それは、伝統的なキリスト教的世界観に対する挑戦を含んだものとして受け止められるようになっていった。「信仰」に基づいたキリスト教的世界観のほかに、「理性」に基づいたアリストテレスの哲学的な世界観が妥当性を有するものとして立ち現れてくると、それは、キリスト教的世界観の絶対性を揺るがしかねないものとして当時の知識人たちに脅威を与えるものともなっていったのである。

しかも、アリストテレスのテクストのうちには、キリスト教信仰と明確に対立するように思われるいくつかの問題点があった。ルーベンスタインは次のようにまとめている。

もし、宇宙が――そこに存在する万物も含めて――永遠であるなら、「創造」も生じず、アダムとイヴも存在しなかったことになるばかりか、「最後の審判」も起こりえないことになる。〔……〕全人類がただ一つの知性を共有しているとする学説は（これはアヴェロエスと結びつけられ、「知性単一説」と呼ばれていた）、個々人の霊魂の不滅性を明らかに否定していると思われた。そして、もし、自由意志という概念が幻想であるなら、

罪や、恩寵や、死後の生で受ける報いはどうなってしまうのか？（三五八頁）

このテクストにおいて的確に紹介されているように、「世界の永遠性」と「知性の単一性」という二つの教説が、キリスト教の教えと正面から対立する二つのアリストテレスの見解であると広く考えられていたのであり、そのことが大きな論争を呼び起こしていくこととなったのである。

三つの立場

こうした状況に直面したラテン・キリスト教世界の知識人たちのうちには、大きく分けて三つの立場があった。第一は、「保守的アウグスティヌス主義」である。この立場に属する人々は、キリスト教成立以前に活動した異教の哲学者であるアリストテレスの教説の流入を警戒し、キリスト教の教えの基礎を築いた教父アウグスティヌス（三五四―四三〇）以來の伝統的な立場を墨守しようとした。

第二の立場は、「ラテン・アヴェロエス主義」と呼ばれる。この立場に属する人々は、イスラーム世界の哲学者であるアヴェロエスが解釈したような仕方におけるアリストテレスの解釈を、たとえそれが「知性の単一性」の教説のようにキリスト教の教えと明確に対立していようとも、哲学的に探究するかぎりそうならざるをえない「真理」として受容しようとした。神学的な真理は神学的真理として認めつつも、それとは異なる哲学的真理も真理として認めようとする彼らの姿勢は、「二重真理説」と呼ばれることもあった。

第三の立場は、「中道的アリストテレス主義」である。「中道的」と言われると、我々は、生ぬるい立場を想像しがちであるが、実はこの立場が最も革新的な立場であった。アルベルトゥス・マグヌスやトマス・アクィナスに代表されるこの立場に属する人々は、アヴェロエス以来受け継がれてきた従来のアリストテレス解釈を革新し、アリストテレスの理性的世界観がキリスト教信仰の立場と矛盾しないことを示し、そのことを通じて、キリスト教神学自体を革新しようとしたのである。「信仰」と「理性」の絶妙な調和的統合を目指したこの立場こそ、「アリストテレス革命」の主要な担い手であった。

「信仰」と「理性」の問題の現代性

「信仰」と「理性」の問題は、たしかに中世においては重要であったのかもしれないが、過去の問題に過ぎないのであって、現代においてはたいした意義を持っていないと思う読者も多いかもしれない。だが、事態はそれほど単純ではない。

教皇ヨハネ・パウロ二世（教皇在位一九七八―二〇〇五年）は、一九九八年に回勅『信仰と理性』（久保守訳、カトリック中央協議会、二〇〇二年）を発布した。回勅とは、信仰や倫理に関して指針を与えるために教皇が全カトリック教会に向けて送付する公式書簡のことである。二十世紀末に公表された教会の最重要文書の一つが扱っているテーマが、中世以来の「信仰」と「理性」という問題なのである。また、教皇ベネディクト十六世(教皇在位二〇〇五―一三年)もまた、「信仰、理性、大学――回顧と考察」という大変有名な講演のなかで次のように述べている。

理性と信仰を新たなしかたで総合しなければなりません。人が自らに命じた、経験的に反証可能な領域への理性の限定を克服し、理性を広い空間に向けて再び開放しなければなりません。〔……〕西洋世界では、実証的な理性と、実証的な理性に基づく哲学のみが普遍性をもつという考えが、ずっと支配してきました。しかし、世界の深い宗教的諸文化は、このように理性の普遍性から神的なものを排除することを、彼らのもっとも深い確信に対する攻撃とみなしています。〔……〕理性を広げる勇気をもつこと。理性の偉大さを拒絶しないこと。これが、聖書の信仰に基づく神学が、現代の議論に加わるための計画なのです。(教皇ベネディクト十六世『霊的講話集2006』所収、ペトロ文庫、二〇〇七年、二七五―二七七頁)

このテクストにおいてベネディクト十六世が提案しているのは、「理性」というものの持っている可能性を新たな仕方で再構築することである。現代においては、「理性」といえば、「実証的な理性」が思い浮かべられがちで、実証することの困難な「神的なもの」は、「理性」の領域から排除されることが多い。そして、「宗教」や「信仰」は、非合理なものとして、「知」や「学問」の領域には属さないものとして取り扱われがちである。このような状況のなかで教皇は、「理性」と「神的なもの」とを新たな仕方で接続することを試みている。それは、単に、「信仰」を「理性」によって正当化したり、「信仰」に対する批判や攻撃に対する護教的な態度のなかで「理性」を一つの武器として利用しようとしたりすることではない。そうではなく、理性的存在である人間が本来有している、自己を超えたもの――「神的なもの」――に対する探究をあらためて活性化することによって、「理性」を「開放」すること、「理性」に新たな可能性を開いていくことが目指されている。「神的なもの」は「理性」を超えてはいるが、「理性」に反しているわけではない。「理性」を超えた「神的なもの」を、可能なかぎり探究していこうとする模索のなかでこそ、「理性」は鍛え上げられ、自らの新たな可能性を見出していくことができるのである。

三大一神教の「紛争解決」へ向けて

「信仰」と「理性」との新たな仕方における生産的な関係構築を探究しようとするこうした見解は、カトリック教会という一つの宗教団体の長による特殊な見解であって、その枠を超えた広がりや意義は持たないと感じる読者もいるかも知れない。

ここで思い出すべきなのは、『アリストテレスの子どもたち――キリスト教徒、イスラム教徒、ユダヤ教徒はいかにして古代の知恵を再発見し、暗黒の時代を照らしたか』という、ルーベンスタインの原著のタイトルである。

中世においてアリストテレスの「知恵」を発見し、それを活用することによって、「信仰」と「理性」との調和的関係を構築しようとしたのは、キリスト教徒のみではなかった。アヴィセンナやアヴェロエスのようなイスラム教徒、そしてモーセス・マイモニデス（一一三五―一二〇四）のようなユダヤ教徒もまた、類似した試みに従事していた。中世の偉大な神学者・哲学的たちは、宗教の相違を超えて、「アリストテレスの子どもたち」と呼べるような兄弟的類似性を有していたのであり、そこにおいて鍵となるのが、「理性」と「信仰」との関係という問題であったのである。

しかも、これらの哲学者たちは、単に同時進行的に類似した営みに従事していたのではない。トマスは、アヴィセンナ、アヴェロエス、マイモニデスから、宗教の相違を超えて、実に多くの洞察を学び取っている。ときに彼らを批判することがあるとしても、それは彼らが自らとは異なる宗教に属する人物であったからではない。理性的な哲学という共通の営みに従事しているということを前提にしたうえで、あくまでも哲学的な考察の誤りという点において彼らを批判している。宗教の相違・確執を超えた「哲学者の共同体」が知的レベルにおいて存在していたとさえ言うことができるかもしれない。

ユダヤ教、キリスト教、イスラム教という三つの一神教が類似した在り方を有するようになったのは、単に、その聖典である旧約聖書（ユダヤ教では「タナク」と呼ばれる）、新約聖書、クルアーンが共通の物語や人物を含んでいたからのみではない。三つの一神教のすべてが、理性的なアリストテレス哲学の体系と出会い、それと格闘するなかで、多くの神学的な共通点を有するようになったのである。

「紛争解決」を専門とするルーベンスタインは、宗教間の衝突が生じる原因を研究して西洋中世の歴史へと分け入っていくなかで、「十字軍」や「異端審問」といった、「暗黒時代」の中世における異質なものに対する不寛容な在り方のみではなく、「信仰」と「理性」との調和的関係という肯定的な在り方を見出した。しかも、こうした肯定的な在り方が西洋社会において実現していく大きなきっかけが、現代において西洋と確執を有するものとして捉えられがちなイスラム世界から与えられたものであることをも見出していったのである。

こうした経緯は、西洋中世史や西洋思想史を専門とする研究者のあいだにおいてはつとに知られたものである。だが、我が国においては、中世というものが知的に暗黒の時代であったという誤解がいまだに広く流布しているし、「信仰」と「理性」とを絶妙な仕方で統合することによって「信仰」にも「理性」にも新たな可能性を切り開いていくような知の在り方が中世において実現していたということも、さほど知られているとは言えない。

このような状況のなかにおいて、ルーベンスタインの訳書の果たしうる意義には多大なものがあると言えよう。現代において、キリスト教とイスラム教、イスラム教とユダヤ教、そしてイスラム教のなかにおける諸宗派の対立が背景となっている国際紛争は、毎日のように新聞やテレビニュースを賑わせているからである。

中世の思想史を学ぶこと、「信仰」と「理性」を調和的な仕方で接続することによって、諸々の「信仰」を理性的な対話の場に持ちきたらせること、そのことは、こうした紛争を直接的・短期的に解決することにはつながらないだろう。だが、現代において分断されがちな「信仰」と「理性」との関係を調和的な関係へと導くこと、三大一神教に共通する「知」の土俵が存在することに多くの人が目を開いていくことが、諸々の「信仰」同士の対話関係へと肯定的な役割を長期的に果たしうることもまた間違いないであろう。

ルーベンスタインの書籍は、その原題が与える印象とは異なり、イスラム世界やユダヤ世界の知の在り方については、さほど多くの紙幅を割いてはいない。ルーベンスタインの魅力的で分かりやすい語り口と、小沢千重子氏の明快な訳文によって、この分野に目が開かれた読者が、井筒俊彦『イスラーム思想史』（中公文庫）やユリウス・グットマン『ユダヤ哲学』（みすず書房）といった優れた関連書籍へと読み進めていくことによって更なる洞察を深めていくことを祈念しつつ、擱筆したい。

（やまもと・よしひさ　東京大学大学院総合文化研究科教授　哲学・倫理学）

(40) d'Aubigné, 前掲書, p. 46.

(41) 冷戦後におけるマルキシズムの信用失墜は，これに類似した興味深い事例を提供している。カール・マルクスの思想はかつてのソ連と中国による共産主義の実践と同一視されてしまったので，大半の人々はそれらをあえて分離して考えようとしなくなったのだ。

(42) Richard Tarnas, *The Passion of the Western Mind: Understanding the Ideas That Have Shaped Our World View* (New York: Ballantine Books, 1991), p. 286.

(43) 同上。

(44) John Hedley Brooke, 前掲書, p. 29 を参照。〔前掲『科学と宗教』〕

(45)「イラクでの戦争が現実味を帯びてくるにつれ，そして世界の多くの人々が彼の見解に反対を表明するようになるにつれて，大統領はここ数週間のあいだにきわめて信心深い口調で語るようになった。一連の演説において……ブッシュはあからさまにキリスト教神学を奉じていた」。*The Washington Post*, February 11, 2003, A2.

(46) たとえば，René Descartes, *Discourse on Method and Meditation* (New York: Liberal Arts Press, 1976) を参照。〔デカルト『方法序説』谷川多佳子訳，岩波文庫〕

(47) これはもちろん，こうした衝突は起こりえないという意味ではない。Kenneth W. Kemp, "The Possibility of Conflict between Science and Christian Theology," in Jitse M. van der Meer, ed., *Facets of Faith and Science*, Vol. 1: *Historiography and Modes of Interaction* (Lanham, Md.; New York; and London: University Press of America, 1996), pp. 247–65 を参照。

(48) 同上，pp. 275–309.

(49) 総括的な考察については，James Davison Hunter, *Culture Wars: The Struggle to Define America* (New York: Basic Books, 1992) を参照。

(27) Francis Bacon, *The Advancement of Learning*, B. W. Kitchin, ed. (London: Dent, 1965), 1. 4. 2, 24.〔引用部分は，前掲『ノヴム・オルガヌム』第1巻78章〕

(28) Galileo Galilei, *Dialogue Concerning the Two Chief World Systems —— Ptolemaic & Copernican*, Stillman Drake, trans. (Los Angeles: University of California Press, 1962), p. 110.〔前掲『天文対話』〕

(29) Martin Luther, *Against Pelagianism*, quoted in J. H. Merle d'Aubigné, *The Life and Times of Martin Luther*, H. White, trans. (Chicago: Moody Press, 1953), p. 85.

(30) Martin Luther, "Against Scholastic Theology," in *Luther's Works*, Vol. 31: *Career of the Reformer: I*, Harold J. Grimm, ed. (Philadelphia: Muhlenberg Press, 1957), p. 12.〔ルター『「スコラ神学反駁」討論』(山内宣訳，聖文舎『ルター著作集第1集1巻』所収)〕

(31) Thomas Hobbes, *Leviathan*, J. C. A. Gaskin, ed. (New York: Oxford University Press, 1998), p. 445.〔ホッブズ『リヴァイアサン〈国家論〉』(水田洋・田中浩訳，河出書房新社『世界の大思想13』所収)〕

(32) 同上，pp. 6-7の考察を参照。〔前掲『リヴァイアサン』〕

(33) Hobbes, 前掲書，p. 86 ex. seq.〔前掲『リヴァイアサン』〕

(34) 同上，pp. 183, 189-90, 192-93, 235.〔前掲『リヴァイアサン』〕

(35) Thomas Aquinas, "On Law," in *Basic Writings of Saint Thomas Aquinas*, Anton C. Pegis, ed. (New York: Random House, 1945), p. 362を参照。〔トマス・アクィナス『法について』稲垣良典訳，有斐閣〕

(36) Aristotle, *Politics*, Benjamin Jowett, trans., in *Works*, Vol. 2 (Chicago: Encyclopedia Britannica, Inc., 1952).〔前掲『政治学』〕また，ホッブズとアリストテレスの対立に関しては，Pierre Manent, *The City of Man*, Marc A. LePain, trans. (Princeton: Princeton University Press, 1998), pp. 169-77の考察を参照。

(37) *Against Pelagianism* (d'Aubigné，前掲書，p. 85に引用)の中で，ルターはこう断言している。「法の営みはことごとく表面的には善であるように見えるが，内面的には罪である。神の恩寵を欠いた法に向かうとき，法の営みは自身の利益のみにおいて行われる。法の営みを実践する者はすべて呪われる。神の恩寵の営みをなす者はすべて祝福される」

(38) 実のところ，ルターはドイツ中部エルフルトにあったオッカム派の大学を卒業していた。

(39) ローマの信徒への手紙：第1章17節。ハバクク書(第2章4節)からの引用は「信仰による義人(ぎじん)は生きる」とも訳されている。

「経験（experience）」と記しているが，これはフランス語の「expérience」の誤訳であろう（オレームの著作はフランス語で書かれている）。

（15）Lindberg，前掲書，p. 260 に引用。

（16）同上。

（17）同上，p. 261.

（18）同上，pp. 361–62.

（19）「厳密にいえば，キリスト教とアリストテレスが融合しえないことは，トマス・アクィナスにもわかっていた」。John Hedley Brooke, *Science and Religion: Some Historical Perspectives* (Cambridge: Cambridge University Press, 1991), pp. 60–61. それゆえトマスは形而上学における力点を，アリストテレスの運動と生成理論から「存在の問題」に移した，と Brooke は指摘している。〔前掲『科学と宗教』〕

（20）「神の全知と創造的思考力より，創造に際しての神の意志に注意を向けるよう」要求することによって，この禁令はおそらく，物質宇宙を理解する方法と，神と交流する方法の分離を加速させてしまったのだろう。Richard A. Lee, Jr., *Science, the Singular, and the Question of Theology* (New York: Palgrave, 2002). pp. 59–60 を参照。

（21）この時期を簡潔に要約した優れた資料として，Eugene F. Rice, Jr., *The Foundations of Early Modern Europe, 1460–1559* (New York: W. W. Norton, 1970) を参照。

（22）Lindberg，前掲書，pp. 355–68 に，「延々と続く論争」がみごとに要約されている。

（23）Pierre Duhem, *To Save the Phenomena: An Essay on the Idea of Physical Theory from Plato to Galileo*, Edmund Doland and Chaninah Maschler, trans. (Chicago: University of Chicago Press, 1969) を参照。

（24）Albert Einstein, "Physics and Reality," in *Ideas and Opinions*, Sonja Bargmann, trans. (New York: Dell, 1954), p. 286.〔アインシュタイン『物理学と実在』（井上健訳，中央公論社『中公バックス 世界の名著 80』所収）〕

（25）Grant，前掲書，p. 364.

（26）Francis Bacon, *The Physical and Metaphysical Works of Lord Bacon, Including "The Advancement of Learning" and "Novum Organum,"* Joseph Devey, ed. (London: George Bell and Sons, 1904), pp. 384–414.〔ベーコン『学問の進歩』（服部英次郎・多田英次訳），『ノヴム・オルガヌム』（服部英次郎訳），いずれも河出書房新社『世界の大思想 6』所収〕

の一例である。

（5）「オッカム派」と称されていても，パリ学派〔ジャン・ビュリダン，ニコル・オレーム，ザクセンのアルベルトなど，パリ大学の学芸学部で活躍したスコラ学者たちが築いた学統で，とりわけ自然哲学と論理学の分野で第一級の卓越した業績を残した〕のメンバーの多くは，神学的な事柄に関してはウィリアム・オッカムと見解を異にしていた。後年の「オッカム派」の中には，その神学論文がパリ大学当局によって非難された者もいる。

（6）ビュリダンの哲学上の業績は，とくに「ビュリダンのロバ」という命題によって知られている。この命題は，人間の自由意志は動機の強さによって規定される，というビュリダンの思想が喚起したイメージを表現したものである。つまり，知性がある選択肢をほかの選択肢より好ましいものとして提示した場合，その判断が人々の選択を規定するが，あらゆる選択肢が等しく好ましいとみなされる場合は，人々はいずれも選択することができない，と彼は主張したのだ。「ビュリダンのロバ」（ビュリダンの哲学上の敵がでっちあげた詭弁）とは，同質同量の2束の乾草の真ん中に飢えたロバを置くと，双方からの刺激が等しいため，ロバは一方を選ぶことができず哀れにも餓死する，という命題を指す。

（7）Thomas S. Kuhn は *The Structure of Scientific Revolutions* (Chicago: University of Chicago Press, 1962) において，科学は一連のパラダイムの「革命」であると述べている。〔クーン『科学革命の構造』中山茂訳，みすず書房〕

（8）アリストテレスや古代の人々は天体を知的存在とみなしており，天体が「運動する」のは何かに押されるからではなく，あたかも恋する者が恋する相手と結びつきたいと駆り立てられるように，運動・変化に駆り立てられるからだ，と考えていた。Jonathan Barnes, ed., *The Cambridge Companion to Aristotle* (Cambridge: Cambridge University Press, 1995), pp. 104-5 の考察を参照。

（9）Harold P. Nebelsick, *The Renaissance, the Reformation, and the Rise of Science* (Edinburgh: T & T Clark, 1992), p. 63 に引用。

（10）Grant，前掲書，p. 167.

（11）David C. Lindberg, *The Beginnings of Western Science* (Chicago and London: University of Chicago Press, 1992), p. 304.

（12）Lindberg，前掲書，pp. 296-301; Grant，前掲書，pp. 172-74.

（13）Pierre Duhem, "Nicole Oresme," in *The New Advent Catholic Encyclopedia*, http://www.newadvent.org/cathen/11296a.htm (From Vol. 11 of 1911 *Catholic Encyclopedia*).

（14）Grant，前掲書，p. 200 に引用。Grant は「実験 (experiment)」ではなく

(43) Ancelet-Hustache, 前掲書, p. 125.
(44) Meister Eckhart, "See What Love," は Reiner Schurmann, *Meister Eckhart: Mystic and Philosopher* (Bloomington, Ind., and London: University of Indiana Press, 1978), pp. 133-34 に引用されている。また, pp. 137-71 に記されたこの説教についての Schurmann の論評も参照。
(45) Tobin, 前掲書, pp. 129-30.
(46) 同上, p. 92. また, Ancelet-Hustache, 前掲書, p. 128 も参照。
(47) Ancelet-Hustache, 前掲書, pp. 139-71. この著者は, 神秘主義的な福音伝道運動が復活したのは, 1340 年代に始まった黒死病の流行も一因だった可能性を指摘している。
(48) 下記の p. 273 et seq. を参照。「オッカム派」という言葉は, 自然哲学に対するウィリアム・オッカムのアプローチから大なり小なり刺激を受けた学者たちを表す総称として用いられた。パリ大学の学芸学部でオッカムの神学を講じることは, 1340 年代に教師たちが議決した一連の学則によって制限された。また, 後世の「オッカム派」の中には, 著作が断罪された者たちもいた。だが, パリ大学では「定着したオッカム派の見解に対する無差別攻撃」はついに実行されなかった。David A. Luscombe, *Medieval Thought* (Oxford: Oxford University Press, 1997), p. 161 を参照。

第 8 章
(1) Aristotle, *On the Heavens* (*De Caelo*), J. L. Stocks, trans., in *Works*, Vol. 1 (Chicago: Encyclopedia Britannica, Inc., 1952), 2. 14, 297b24-298a20. 〔前掲『天体論』〕
(2) Edward Grant, *God & Reason in the Middle Ages* (Cambridge: Cambridge University Press, 2001), pp. 339-40. また, Jeffrey Burton Russell, *Inventing the Flat Earth: Columbus and Modern Historians* (New York: Praeger, 1991) も参照。
(3) ユダヤ教のラビで, アメリカの改革派ユダヤ教徒の指導者だったスティーヴン・S. ワイズによれば, フロイトの精神分析理論は「むら気, 本能的欲望, 夢, 激情といった汚水への転落である」。Peter Gay, *Freud: A Life for Our Time* (New York and London: W. W. Norton, 1988), p. 451. 〔ゲイ『フロイト』鈴木晶訳, みすず書房〕
(4)「生命の権利 (Right to Life)」を主張する活動家たちと, 胚性幹細胞の研究を推進しようとする科学者たちとの闘争は, 今日におけるこのジャンルの闘争

versity of Notre Dame Press, 1975), p. 96.〔前掲『異教徒に与ふる大要』〕

(29) Oliver Leaman, *Moses Maimonides*, 前掲書, p. 26. ウィリアム・オッカムも同様の結論に到達した（Leff, 前掲書, p. 370 et seq. を参照)。

(30) 同上, p. 19.

(31) 同上, pp. 29 (2) and 30 (2).

(32) Leff, 前掲書, p. 159. また, pp. 159-63 の考察も参照。

(33) その一例がドゥンス・スコトゥスの「形相的区別」の概念であり, 彼は個物と普遍の問題に関して明確に唯名論の立場をとることを避けるために, この概念を用いていた。Leff, 前掲書, pp. 111-20 を参照。

(34) Pieper, 前掲書, pp. 148-49 に引用され, 考察されている。

(35) Leff, 前掲書, xvi.

(36) J. M. M. H. Thijssen, *Censure and Heresy at the University of Paris, 1200–1400* (Philadelphia: University of Pennsylvania Press, 1998) で考察されている事例を参照。

(37) Richard Tarnas, *The Passion of the Western Mind: Understanding the Ideas That Have Shaped Our World View* (New York: Ballantine Books, 1991), p. 201.

(38) Frank Tobin, *Meister Eckhart: Thought and Language* (Philadelphia: University of Pennsylvania Press, 1986), p. 11.

(39) 神秘的な経験が感覚的な理解を超えて「存在の根元」に到達することは, いうまでもない。けれども, 感覚的な理解と同様に, 神秘的な経験は理性による推論を必要としない。Colish はエックハルトを「キリスト教徒のアリストテレスであり……本質的に経験的事実認識に依拠する分析的な神秘主義者」と評している（前掲書, p. 240)。

(40) Tobin, 前掲書, p. 70.

(41) Jeanne Ancelet-Hustache, *Master Eckhart and the Rhineland Mystics*, Hilda Graef, trans. (New York and London: Harper Torchbooks and Longmans, 1957), p. 121. さらに, Ancelet-Hustache が pp. 120-38 に記した審理の状況を参照。

(42) ドミニコ会による審理は, より敵対的な調査官が登場する前に嫌疑を晴らすべく, エックハルトの要請で行われたとみなされている。Tobin, 前掲書, p. 9 を参照。エックハルトはのちに, 自分は教皇に任命された調査官によって異端の疑いを解かれたので, 同じ訴因でふたたび審理することはできないと主張した（が, 効果はなかった)。

オックスフォードやパリで直接ドゥンス・スコトゥスの教えを受けたことはなかっただろう。たとえば，Gordon Leff, *William of Ockham: The Metamorphosis of Scholastic Discourse* (Manchester: Manchester University Press, and Totawa, N.J.: Rowman and Littlefield, 1975), pp. xvi-xvii や，William Courtenay, *Schools and Scholars in Fourteenth-Century England* (Princeton, N.J.: Princeton University Press, 1987), pp. 193-96 を参照。

(19) Gordon Leff，前掲書，pp. 42-44.

(20) オッカムの「唯名論」を簡潔に論じた優れた資料として，Marcia L. Colish, *Medieval Foundations of the Western Intellectual Tradition, 400-1400* (New Haven and London: Yale University Press, 1997), pp. 311-15 を参照。普遍の実在という問題に関するアリストテレス自身の見解がいくぶん曖昧であることは，注目に値する。アリストテレスによれば，普遍は実在するが，その存在は純粋に派生的である。Jonathan Barnes, ed., *The Cambridge Companion to Aristotle* (Cambridge: Cambridge University Press, 1995), pp. 96-98 の考察を参照。

(21) Leff（前掲書，p. 35, n. 141）は，この原理はオッカムよりずっと古く，アリストテレスにまでさかのぼれるということと，ドゥンス・スコトゥスもオッカムほど徹底的にではなかったが，この原理を採用したことを指摘している。

(22) ドゥンス・スコトゥスの個体化の理論については，Wolter，前掲書，pp. 68-97 を参照。オッカムの見解については，Leff，前掲書，pp. 62-77 を参照。現代哲学の観点から見た中世の論争の興味深い考察が，Richard A. Lee, Jr., *Science, the Singular, and the Question of Theology* (New York: Palgrave, 2002) に記されている。

(23) オッカムの見解については，Leff，前掲書，pp. 62-77 を参照。

(24) Lee，前掲書，p. 104.

(25) 同上。

(26) 同上，pp. 116-18 の考察を参照。

(27) Oliver Leaman, *Moses Maimonides* (Richmond, Surrey: Curzon Press, 1997), pp. 18-38 を参照。

(28) トマス・アクィナスはこの見解を彼の神学の出発点とした。「というのは，神的な実体はその無限の大きさゆえに，人間の知性が考えうるいかなる形相をも超越しているからだ。それゆえ，人間はそれが何であるかを知ることによって，神を理解することはできない。しかるに，それが何でないかを知ることによって，いささかの知識を得ることができるのだ」。Thomas Aquinas, *Summa Contra Gentiles; Book One: God*, Anton C. Pegis, trans. (Notre Dame and London: Uni-

(6) Cantor, 前掲書, p. 481.

(7) Colin McEvedy, *The New Penguin Atlas of Medieval History* (London: Penguin Books, 1992), p. 86.

(8) Cantor, 前掲書, p. 495.

(9) たとえば, Barbara Tuchman, *A Distant Mirror: The Calamitous Fourteenth Century* (New York: Ballantine Books, 1987) を参照。

(10) たとえば, Lambert, 前掲書, pp. 189-214 を参照。

(11) David Burr, "The Persecution of Peter Olivi," in *Transactions of the American Philosophical Society* 66 (1976), pp. 3-98.

(12) 近代でこれに匹敵するのは, 〔「弁証法はヘーゲルでは逆立ちしている」と主張した〕マルクスのヘーゲル批判である。エンゲルスはこれを「ヘーゲルの足を地につけさせた」と表現している

(13) Richard Cross, *Duns Scotus* (New York and Oxford: Oxford University Press, 1999), pp. 3-6. スコトゥスの哲学については, Allan B. Wolter, *The Philosophical Theology of John Duns Scotus* (Ithaca and London: Cornell University Press, 1990) も参照。W. T. Jones は *The Medieval Mind*, Vol. 2: *A History of Western Philosophy*, 2d ed. (New York: Harcourt, Brace & World, 1969), pp. 299-316 に, ドゥンス・スコトゥスの思想の優れた要約を書いている。

(14) Josef Pieper, *Scholasticism: Personalities and Problems of Medieval Philosophy*, Richard and Clara Winston, trans. (New York and Toronto: McGraw-Hill, 1964), p. 139. また, pp. 139-46 に記された鄭重だが批判的な(親トミスト的な)Pieper の註解も参照。

(15) 人間はいかにして対象を理解するのかという問題をめぐる論争について, Robert Pasnau, *Theories of Cognition in the Later Middle Ages* (Cambridge: Cambridge University Press, 1997) は詳細に考察している。

(16) トマス・アクィナスの存在論の詳細については, Philipp W. Rosemann, *Understanding Scholastic Thought with Foucault* (New York: St. Martin's Press, 1999), pp. 133-81 を参照。

(17) 確実な結論に到達する人間の能力についてのドゥンス・スコトゥスの考察に関しては, Jones, 前掲書, pp. 305-9 を参照。Pieper は前掲書, p. 145 で, ドゥンス・スコトゥスは「人間の能力を超えるような絶対的に確実な論証」を要求する一方で,「それらの「論拠」を明らかにする段になると, そうした目論見を放棄するよう強い口調で」説いている, と批判している。

(18) オッカムの生涯についてはほとんど知られていない。年齢から考えると,

（55）Grant，前掲書，p. 214.

（56）この問題は学者のあいだで論争の的となってきた。Wippel はトマスがくだんの禁令の標的であったと——私見では説得力をもって——論証している（"Thomas Aquinas and the Condemnations of 1277," in *The Modern Schoolman* 72［1995］.)。また，Henry F. Nardone, *St. Thomas Aquinas and the Condemnations of 1277*, doctoral dissertation（Washington, D.C.: The Catholic University of America Philosophical Studies No. 209, 1963）も参照。一方，Thijssen らはこの見解に異議を唱えている（Thijssen, 前掲書，pp. 52–56)。

（57）キルウォードビーが断罪したトミズムの命題には，実体的形相の単一性，霊魂と質料の直接的な結合，第一質料における「種子的理性」の不在などが含まれている。いずれの学説も，トマスが霊魂の本性についてボナヴェントゥラやペッカムと論争していたときに発展させたものである。Haren，前掲書，p. 206.

（58）Thijssen，前掲書，pp. 55–56 に引用。

（59）たとえば，Fernand van Steenberghen, *La Philosophie au XIIIe siècle*（Paris: Louvain，1966), p. 304 を参照。

（60）「軽い一撃」という的を射た表現は，Haren，前掲書，p. 208 から借用した。

（61）Heer，前掲書，p. 284 を参照。

（62）同上，p. 239.

（63）Gilson, *History of Christian Philosophy*, p. 405.

（64）Van Steenberghen, *Maître Siger de Brabant*, p. 405.

第7章

（1）Friedrich Heer, *The Medieval World: Europe, 1100–1350,* Janet Sondheimer, trans.（Cleveland and New York: The World Publishing Company, 1961), p. 274.

（2）Karl Marx, *The Eighteenth Brumaire of Louis Bonaparte*（New York: International Publishers, 1963), p. 15.〔マルクス『ルイ・ボナパルトのブリュメール十八日』伊藤新一・北条元一訳，岩波文庫〕

（3）Norman F. Cantor, *The Civilization of the Middle Ages,* rev. ed.（New York: HarperCollins, 1993), p. 495.

（4）Malcolm Lambert, *Medieval Heresy: Popular Movements from the Gregorian Reform to the Reformation,* 2d ed.（Oxford, U.K., and Cambridge, Mass.: Blackwell, 1992), p. 180.

（5）Heer，前掲書，p. 196 に引用。

もに超越したあるものという意味での「永遠」とは区別していた。

(40) トマスの『世界の永遠性について』と題する論文について，Dales, *Medieval Discussions*, pp. 134-40が考察している。トマスの主要な論点は，永遠においては「前」も「後」もないので，神はそう望みさえすれば，世界を神とともに永続するものにできたであろう，ということである。

(41) Haren，前掲書，p. 180.

(42)「彼の哲学の革新性のより深い意味を理解できない人々からみれば，トマス・アクィナスはアヴェロエス主義者そのものではなくても，少なくともそのシンパとみなされることを運命づけられていた」。Étienne Gilsonはこの文章を1955年に書いている。彼の*History of Christian Philosophy in the Middle Ages*(New York and London: Charles Scribner's Sons, 1955), p. 409を参照。

(43) その総じて穏和な性質から，トマス・アクィナスはしばしば，リベラルないしホイッグ党員に比せられる〔ホイッグ党は1680年頃に形成されたイギリスの政党で，議会の権利や民権の尊重を主張し，都市の商工業者や非国教徒に支持された〕。だが，いくつかの点で，彼はレオン・トロツキー〔1879～1940〕のような過激な急進主義者に似ている。トロツキーは，スターリン主義の誤りは完璧なマルクス主義たる能力に欠けていることだと主張していた（もちろん，トロツキーは穏和な性質ではなかったが)。

(44) たとえば，van Steenberghen，前掲書，pp. 80-88を参照。

(45) Rashdall，前掲書，pp. 328-30.〔前掲『大学の起源』〕

(46) Haren，前掲書，p. 204.

(47) たとえば，van Steenberghen，前掲書，p. 144 et seq. を参照。

(48) この結論はRene　Gauthierによる最近の研究の結果であり，J. M. M. H. Thijssen, *Censure and Heresy at the University of Paris, 1200-1400* (Philadelphia: University of Pennsylvania Press, 1998), pp. 47-48に要約されている。

(49) Pieper，前掲書，pp. 123-24.

(50) 教皇ヨハネス21世の書簡については，新旧の説を考察したThijssen, *Censure and Heresy*, pp. 43-47を参照。

(51) 同上，p. 49. この書簡については，pp. 49-52でも言及されている。

(52) Haren, 前掲書，p. 194に引用。

(53) Grant，前掲書，pp.　215-17に翻訳が記載され，考察されている。また，John F. Wippel, "The Condemnations of 1270 and 1277 at Paris," in *Journal of Medieval and Renaissance Studies* 7 (1977), pp. 169-201も参照。

(54) Dales, *Medieval Discussions*, p. 176.

Leaman，前掲書，pp. 93–94 を参照。

（31）Thomas Aquinas, *On There Being Only One Intellect*, I.〔前掲『知性の単一性について』〕McInerny，前掲書，p. 19 に引用。また，同書 p. 103 に引用されたIV と，p. 205 et seq. の考察も参照。トマスは概して，アリストテレスの「能動的知性」という概念は，アヴェロエスがそこから引き出した意味を有していないと論証していた。

（32）Arthur Koestler, *The Ghost in the Machine* (New York: Random House, 1982) を参照。〔ケストラー『機械の中の幽霊』日高敏隆訳，筑摩書房〕

（33）Étienne Gilson, *The Spirit of Medieval Philosophy*, A. H. C. Downes, trans. (Notre Dame and London: University of Notre Dame Press, 1991; orig. ed., 1936), pp. 180–88.〔前掲『中世哲学の精神』〕

（34）Van Steenberghen，前掲書，pp. 377–83; Ralph McInerny，前掲書，p. 12; および Haren，前掲書，pp. 201–2 を参照。

（35）Josef Pieper, *Scholasticism: Personalities and Problems of Medieval Philosophy*, Richard and Clara Winston, trans. (New York and Toronto: McGraw-Hill, 1964), p. 121

（36）G. K. Chesterton (*St. Thomas Aquinas* [New York: Sheed & Ward, 1954], p. 140) は，トマスの「物質主義」を受肉の教義と関連づけている。「受肉がわれわれの文明の中心的な理念になったあとで，肉体の構成要素と構造に重大な価値があるという意味で，物質主義への復帰が生ずるのは不可避的なことであった。キリストがひとたび復活したあとで，アリストテレスが復活するのも不可避のことだった」〔前掲『聖トマス・アクィナス』〕

（37）Siger de Brabant, *On the Eternity of the World*, Dales, *Medieval Discussions*, p. 141 に引用。〔ブラバンのシゲルス『世界の永遠性について』（八木雄二・矢玉俊彦訳，平凡社『中世思想原典集成 13』所収）〕

（38）同上，p. 143.

（39）たとえば，ボナヴェントゥラは，出来事が無限に続くと仮定するのは非論理的であると主張した。なぜなら，出来事が無限に続くと仮定すると，すでに無限とみなされている出来事の連鎖に新たな出来事が加わることになり，これは当時は数学的に不可能であるとみなされていたからだ。同上，pp. 91–93. また，Edward Grant, *God & Reason in the Middle Ages* (Cambridge : Cambridge University Press, 2001), pp. 237–52 も参照。この箇所は，「絶対的な無限」という問題に対するリミニのグレゴリウス（1358 没）の回答も考察している。ボナヴェントゥラは時間の無限の連続を意味する「永遠」という概念を，時間と空間をと

〔『パリ司教エティエンヌ・タンピエによる1270年の非難宣言』と『パリ司教エティエンヌ・タンピエによる1277年の禁令』の邦訳（八木雄二・矢玉俊彦訳）が『中世思想原典集成13』（平凡社）に収められている〕

(19)「外面的な富は徳のために必要である。なぜなら，私たちはそれによって肉体を支え，他者を助けるからだ……富の所有は，それを徳のために用いる人々にとっては善である。一方，そうでない者にとっては悪である。というのは，彼らは富によって徳から引き離されるからだ」。Thomas Aquinas, *Summa Contra Gentiles, Book Three: Providence*，前掲書，pp. cxxxiii and cxxxv.

(20) Aristotle, *Nicomachean Ethics*, W. D. Ross, trans., in *Works*, Vol. 2 (Chicago: Encyclopedia Britannica, Inc., 1952), 10. 7, 1177a11 et seq.〔前掲『ニコマコス倫理学』〕

(21) Aquinas，前掲書，pp. xxxvii-xxxviii and lxi-lxii.

(22) トマスの合理主義的・主意主義的な倫理学は，彼が予定説〔人間は救われるか滅びるかにあらかじめ定められているとする説〕と恩寵というキリスト教教義を支持していることと矛盾する，とみなす評論家もいる。たとえば，W. T. Jones, *The Medieval Mind*, Vol. 2: *A History of Western Philosophy*, 2d ed. (New York: Harcourt, Brace & World, 1969), pp. 278-85 を参照。

(23) Aristotle, *Politics*, Benjamin Jowett, trans., in *Works*, Vol. 2 (Chicago: Encyclopedia Britannica, Inc., 1952), 1. 2, 1253a2-3.〔前掲『政治学』〕

(24) McInerny，前掲書，p. 175, アリストテレスの『霊魂論』を要約している。

(25) トマス・アクィナスとボナヴェントゥラの相違はすでに1250年代に，「見解の二極化」を生み出していた（Richard C. Dales, *The Problem of the Rational Soul in the Thirteenth Century* [Leiden and New York: E. J. Brill, 1995], pp. 99-112）。

(26) この論文の原文と翻訳および優れた註解が，McInerny, 前掲書に記されている。

(27) Aristotle, *On the Soul*, J. A. Smith, trans., in *Works*, Vol. 1 (Chicago: Encyclopedia Britannica, Inc., 1952), 1. 4, 408b 18-19.〔前掲『霊魂論』〕

(28) 同上，1. 4, 408b13-14.〔前掲『霊魂論』〕

(29) シゲルスの知性単一説のもう一つの含意は，肉体にふたたび生命を吹きこむ個々の霊魂が存在しないために肉体は復活できない，ということである。アヴェロエスの創見による知性単一説については，Oliver Leaman, *Averroes and His Philosophy* (Oxford: Clarendon Press, 1988), pp. 90-96 の優れた考察を参照。

(30) アヴェロエスはこの問題に取り組んだが，明快な結論を導けなかった。

（6）同上，pp. 145–46.

（7）van Steenberghen, *Aristotle in the West*, p. 231. この著者は，シゲルスの「一党」は「たぶん教師と学生を含めて，学芸学部のメンバーの四分の一に満たなかったろう」と推定している。

（8）Ralph McInerny, *Aquinas Against the Averroists: On There Being Only One Intellect* (West Lafayette, Ind.: Purdue University Press, 1993), p. 11 に引用。

（9）Michael Haren, *Medieval Thought: The Western Intellectual Tradition from Antiquity to the Thirteenth Century*, 2d ed. (Toronto and Buffalo: University of Toronto Press, 1992), p. 203 に引用。

（10）第 8 章を参照。

（11）Friedrich Heer, *The Medieval World: Europe, 1100–1350*, Janet Sondheimer, trans. (Cleveland and New York: The World Publishing Company, 1961), p. 216. シゲルスを合理主義者の先駆けととらえる見方に先鞭をつけたのは，Pierre Mondonnet, *Siger de Brabant et l'averroisme latin au XIIIe siècle*, Vols. 1 and 2, 2d ed. (Louvain: Institut supérieur de philosophie de l'Université, 1911) である。

（12）Étienne Gilson, *Reason and Revelation in the Middle Ages* (New York and London: Charles Scribner's Sons, 1950), p. 58.〔前掲『中世における理性と啓示』〕

（13）McInerny，前掲書，p. 143 に翻訳されている。pp. 212–13 の考察も参照。〔トマス・アクィナス『知性の単一性について――アヴェロエス主義者たちに対する論駁』の邦訳（水田英実訳）が『中世思想原典集成 14』（平凡社）に収められている〕

（14）David Caute, *The Great Fear: The Anti-Communist Purge under Truman and Eisenhower* (London: Secker and Warburg, 1979) を参照。

（15）この翻訳は Haren，前掲書，p. 198 からの引用。

（16）これ以後の翻訳は McInerny, 前掲書，p. 9 からの引用。文意を明瞭にするために，著者が角カッコを付して言葉を加えた。

（17）同上。知性単一説に関連するもう一つの命題は，「人間であるかぎりの人間の形相としての霊魂は，肉体の消滅にともなって消滅する」である。

（18）同上。必然性に関連する三つの命題は，「人間の意志は必然的に意図し，あるいは選択する」，「この地上に存在するものすべては，天体の定める必然性に服している」，そして，「自由意志は受動的能力であって能動的能力ではない。自由意志は欲求されうるものによって必然的に動かされる」というものである。

(41) トマスは，神の存在を自明とするボナヴェントゥラらの見解を否定した。とくに，Thomas Aquinas, *Summa Contra Gentiles, Book One: God*, Anton C. Pegis, trans. (Notre Dame and London: University of Notre Dame Press, 1975), pp. 79-123 を参照。〔トマス・アクィナス『異教徒に与ふる大要――神存す』酒井瞭吉訳，中央出版社〕

(42) Thomas Aquinas, *Summa Contra Gentiles, Book Three: Providence*, Part I, Vernon J. Bourke, trans. (Notre Dame and London: University of Notre Dame Press, 1975), p. 97.

(43) Van Steenberghen，前掲書，p. 166.

(44) Robert Fossier, ed., *The Cambridge Illustrated History of the Middle Ages*, Vol. 2: *950-1250*, (Cambridge: Cambridge University Press, 1997), pp. 326-29.

(45) この俗謡の起源については，たがいに相容れない諸説がある。しかし，Chesterton は自著のトマス・アクィナス伝の中で，この俗謡は彼が考察している時代につくられたとしている（前掲書，p. 41）〔前掲『聖トマス・アクィナス』〕。「Jags」はぼろぼろの衣服を意味し，おそらくフランシスコ会士の僧衣を指しているのだろう。「velvet gown」（一説に「silken gown」）はおそらく，ドミニコ会所属教師の正装を指しているのだろう。

(46) テモテへの手紙二：第3章1-5節。

第6章

(1) Fernand van Steenberghen, *Aristotle in the West: The Origins of Latin Aristotelianism*, Leonard Johnston, trans. (New York: Humanities Press, 1970), pp. 220-21. また，van Steenberghen, *Maitre Siger de Brabant* (Louvain: Publications Universitaires, 1966; and Paris VIe: Vander-Oyez, S. A., 1977) も参照。

(2) Dante Alighieri, *The Divine Comedy, Paradise*, Canto 10, lines 133-38. Italian version, http://www.divinecomedy.org/divine_comedy.html（翻訳は著者による）.〔前掲『神曲』（天国篇）〕

(3) Richard C. Dales によれば，シゲルスも彼の僚友のダキアのボエティウスも「敬虔なキリスト教徒であり，きわめて明敏で独立心旺盛な哲学者」だった。(*Medieval Discussions of the Eternity of the World* [Leiden and New York: E. J. Brill, 1990], pp. 140-53).

(4) Dales, *Medieval Discussions*, p. 144 に引用。

(5) 同上。

French and Cunninghamはベーコンおよびフランシスコ会の科学全般における業績について啓発的な解説をしているが,「ベーコンはいうまでもなく「科学者」たりえなかった。なぜなら,彼は科学者にふさわしくない時代に生きていたからだ」という見解をとっている(前掲書, p. 238)。つまり,彼らは,ベーコンのような思想家を宗教的神秘主義者と近代的(ないし原〈プロト〉-近代的)な科学者が奇怪な形で結合した人物とみなすのは時代錯誤である,と考えているのだ。なぜなら「13世紀には,自然を考察する(「科学」という言葉の近代的な意味での)科学的伝統が皆無であり,自然を考察するためには宗教的—政治的手法によるしかなかったからだ」(p. 273)。中世科学史にしばしば見られる時代錯誤的傾向を避けるために,彼らがこうした見解をとっていることに共感を覚えつつも,French and Cunninghamは中世科学と近代科学をそれぞれ「本質主義的」に定義することによって,両者の連続性を否定するという対極に走っている,と感じざるをえない。

(35) French and Cunningham, 前掲書, p. 230. また, Lindberg, 前掲書, p. 313も参照。「ベーコンは,宇宙は諸々の力能の巨大なネットワークであり,このネットワークの中で,あらゆる物体は——ときに形象と呼ばれ,ときに類似性と呼ばれる——力能を放射・増殖することをつうじて近傍にある物体に作用する〔作用の近接伝播〕という新プラトン主義的な宇宙観を受け入れた」

(36) Heer, 前掲書, p. 247.

(37) G. K. Chesterton, *St. Thomas Aquinas* (New York: Sheed & Ward, 1954), p. 31.〔前掲『聖トマス・アクィナス』〕

(38) Chesterton, 前掲書, p. 74.〔前掲『聖トマス・アクィナス』〕

(39) ボナヴェントゥラの業績に関しては,その秩序だった神学理論と独創性を強調する議論が近年かなり活発に行われている。Harenの要約(前掲書, pp. 161-71)はとりわけ有用である。さらに,世界の永遠性についてのボナヴェントゥラの見解を論じた, Dales, 前掲書, pp. 86-97の含蓄に富む考察も参照されたい。

(40) *Summa Theologica*, I. 1. 8, in *Basic Writings of Saint Thomas Aquinas*, Anton C. Pegis, ed. (New York: Random House, 1945), p. 62.〔トマス・アクィナス『神学大全』(第1冊)高田三郎訳・創文社〕聖トマスの著作の優れた要約として, Jones, 前掲書, pp. 208-86と, Haren, 前掲書, pp. 176-206も参照。私はさらに,トミズムについてのÉtienne Gilsonの考察(*The Spirit of Medieval Philosophy*, A. H. C. Downes, trans. [Notre Dame and London: University of Notre Dame Press, 1991; orig. ed., 1936])〔ジルソン『中世哲学の精神』服部英次郎訳,筑摩書房〕と,以下に記した諸々の著作にも依拠している。

（21）Pieper，前掲書，p. 116. これは，アルベルトゥスの『植物論』からの引用である。

（22）同上。アルベルトゥスのアリストテレス『自然学』註解からの引用。事物を「ありのままに」理解すべきことについての Pieper の考察は，簡潔にして啓発的である。

（23）Grant，前掲書，p. 192.

（24）同上，p. 197.

（25）同上，pp. 193-94.

（26）John Hedley Brooke, *Science and Religion: Some Historical Perspectives* (Cambridge: Cambridge University Press, 1991), pp. 275-317 の啓発的な考察を参照。〔ブルック『科学と宗教——合理的自然観のパラドクス』田中靖夫訳，工作舎〕

（27）この結論は，少なくとも Marcia L. Colish が *Medieval Foundations of the Western Intellectual Tradition, 400-1400* (New Haven and London: Yale University Press, 1997), p. 321 で述べている。

（28）Pieper，前掲書，p. 109.

（29）Heer，前掲書，p. 247.

（30）S. C. Easton, *Roger Bacon and His Search for a Universal Science: A Reconsideration of the Life and Work of Roger Bacon in the Light of His Own Stated Purposes* (Oxford: Oxford University Press, 1952), p. 126 et seq. Heer（前掲書，p. 244）によれば，「ベーコンはフランシスコ会聖霊派の歴史観の完全な影響下にあり，この歴史観に依拠していることを明言していた」。

（31）フランチェスコの幻視と聖痕については，Michael Robson, *St. Francis of Assisi: The Legend and the Life* (London: Geoffrey Chapman, 1997), pp. 262-64 を参照。

（32）French and Cunningham，前掲書，p. 241 に引用。

（33）ベーコンはその「流入」説による視覚理論をアラブの科学者アルハゼン〔イブン・アルハイサム，965〜1040 頃〕の著作に依拠していた。David C. Lindberg, *The Beginnings of Western Science* (Chicago and London: University of Chicago Press, 1992), pp. 309-13 を参照。〔流入説とは，目から出た視線（光）が対象を走査し，それによって目の中に像ができるという旧来の視覚論に対して，太陽その他の光源から出た光が対象に反射し，それが目に入って像を結ぶという理論〕

（34）同上，pp. 226-27; ベーコンの光学理論については，pp. 312-15 を参照。

(9) オーヴェルニュのギヨームの著作についての著者の解釈は French and Cunningham, 前掲書, pp. 160–68 に従っているが, W. T. Jones がトマス・アクィナスの分析と関連づけて, あるシステム内部で生じた出来事とそのシステム全体とのあいだに設けた区別によっても影響されている (*The Medieval Mind*, Vol. 2: *A History of Western Philosophy*, 2d ed. [New York: Harcourt, Brace & World, 1969], pp. 220–21 and 238–39)。

(10) 「このことから, 悪は事物を離れては存在しないことが明らかである。なぜならば, 悪はその本性上, 可能態よりも後なるものだからである。それゆえ, 本源的なるものや永遠的なるものの内には, いかなる悪も, いかなる欠陥も, いかなる壊敗せるものもあることはない (けだし, 壊敗もまた, 悪に属するものである)」。Aristotle, *Metaphysics*, W. D. Ross, trans., in *Works*, Vol. 1 (Chicago: Encyclopedia Britannica, 1952), 9. 9, 1051a17–21. 〔前掲『形而上学』〕

(11) この学説については, Richard C. Dales が *Medieval Discussions of the Eternity of the World* (Leiden and New York: E. J. Brill, 1990) で最も包括的に考察している。

(12) Aristotle, *Physics*, R. P. Hardie and R. K. Gaye, trans., in *Works*, Vol. 1 (Chicago: Encyclopedia Britannica, 1952), 8. 1, 250b10 et seq. 〔アリストテレス『自然学』(出隆・岩崎允胤訳, 岩波書店『アリストテレス全集 3』所収)〕

(13) Edward Grant, *God & Reason in the Middle Ages* (Cambridge: Cambridge University Press, 2001), p. 237.

(14) French and Cunningham, 前掲書, p. 167 は, ギヨームの言葉を言い換えている。

(15) 同上, p. 165.

(16) Michael Haren, *Medieval Thought: The Western Intellectual Tradition from Antiquity to the Thirteenth Century*, 2d ed. (Toronto and Buffalo: University of Toronto Press, 1992), p. 172.

(17) Josef Pieper, *Scholasticism: Personalities and Problems of Medieval Philosophy*, Richard and Clara Winston, trans. (New York and Toronto: McGraw-Hill, 1964), p. 109.

(18) 同上, p. 114. Pieper は, 無知な批評家たちに対するアルベルトゥスの「口汚く大仰な」攻撃に言及している (p. 109)。

(19) French and Cunningham (前掲書, pp. 172–77) は, ヴァンサンの『学識の鏡』と『歴史の鏡』にも言及している。

(20) 同上, p. 115.

(48) French and Cunningham，前掲書，pp. 99–100.

(49) Heer，前掲書，p. 214によれば，アマルリック派は聖霊を *intellectua agens*, すなわちアリストテレスが『霊魂論』で述べている能動知性と同一視していた。

(50)「第一の時代が恐怖と隷属の時代，第二は信仰と孝養の時代であったとすれば，第三は神の知識がすべての人間の心に直接啓示される，愛と歓喜と自由の時代となるであろう」。Norman Cohn, *The Pursuit of the Millennium: Revolutionary Millenarians and Mystical Anarchists of the Middle Ages*, 3d ed. (New York: Oxford University Press, 1970), p. 108.〔コーン『千年王国の追求』江河徹訳，紀伊國屋書店〕

(51) Heer, 前掲書，p. 214およびMundy，前掲書，p. 307は，「アマルリック派」を原（プロト）ヨアキム派とみなしている。

(52) たとえば，Lambert，前掲書，pp. 182–86の「自由心霊派」についての考察を参照。

第5章

(1) Hastings Rashdall, *The Universities of Europe in the Middle Ages*, Vol. 1: *Salerno–Bologna–Paris*, new ed., F. M. Powicke and A. B. Emden, eds. (Oxford: Oxford University Press, 1936), p. 334.〔前掲『大学の起源』〕この暴動と1229年から1231年のストライキについての記述は，以下を含むいくつかの資料に拠っている。Rashdall, pp. 334–43; Fernand van Steenberghen, *Aristotle in the West: The Origins of Latin Aristotelianism*, Leonard Johnston, trans. (New York: Humanities Press, 1970), pp. 78–82; Friedrich Heer, *The Medieval World: Europe, 1100–1350*, Janet Sondheimer, trans. (Cleveland and New York: The World Publishing Company, 1961), p. 202.

(2) Rashdall，前掲書，p. 335.〔前掲『大学の起源』〕

(3) 同上。〔前掲『大学の起源』〕

(4) van Steenberghen，前掲書，p. 82. 著者の翻訳による。

(5) 同上，p. 78.

(6) 同上，p. 84.

(7) これは，van Steenberghen, 前掲書，p. 116に引用されたM. De Wulfの言葉である。

(8) Roger French and Andrew Cunningham, *Before Science: The Invention of the Friars' Natural Philosophy* (Aldershot, U.K.: Scolar Press, 1996), p. 161.

たとえば，ワルド派の運動はカトリック教会の枠組みの外にとどまり続け，プロテスタントの宗教改革を受け入れて終息した。Lambert, 前掲書，pp. 73-74, 92-93 および 360-67 を参照。

（38）文学熱の爆発的な高まりと教会の「文化的独占」の喪失については，Fossier，前掲書，pp. 401-11 を参照。

（39）中世の大学教育を論じた文献は多数に及ぶ。たとえば，Hastings Rashdall, *The Universities of Europe in the Middle Ages,* Vol. 1: *Salerno-Bologna-Paris,* new ed., F. M. Powicke and A. B. Emden, eds.（Oxford: Oxford University Press, 1936）〔ラシュドール『大学の起源——ヨーロッパ中世大学史』横尾壮英訳，東洋館出版社〕; Friedrich Heer, *The Medieval World: Europe, 1100-1350,* Janet Sondheimer, trans.（Cleveland and New York: The World Publishing Company, 1961）, pp. 190-212; Michael Haren, *Medieval Thought: The Western Intellectual Tradition from Antiquity to the Thirteenth Century,* 2d ed.（Toronto and Buffalo: University of Toronto Press, 1992）, pp. 137-43; および Edward Grant, *God & Reason in the Middle Ages*（Cambridge: Cambridge University Press, 2001）, pp. 98-114, passim. を参照。

（40）Marcia L. Colish, *Medieval Foundations of the Western Intellectual Tradition, 400-1400*（New Haven and London: Yale University Press, 1997）, p. 267.

（41）「1362 年には，［パリ大学の］学芸学部の教師は，神学教師が 25 人，医学教師が 25 人，教会法の教師が 11 人であるのに対して，441 人に達していた」。Heer，前掲書，p. 200.

（42）同上。

（43）Fernand van Steenberghen, *Aristotle in the West: The Origins of Latin Aristotelianism,* Leonard Johnston, trans.（New York: Humanities Press, 1970）, p. 67（翻訳は著者による）.

（44）同上，p. 68.

（45）Fernand van Steenberghen, *La Philosophie au XIIIe siècle*（Louvain: Publications Universitaires, 1966; and Paris VIe : Vander-Oyez, S. A., 1977）, pp. 88-91.

（46）Rashdall，前掲書，p. 356.〔前掲『大学の起源』〕

（47）同上，p. 354 は，アマルリックは異端的な教説の撤回を強いられたのちに，「無念のうちに死んだ」と述べている。Heer，前掲書，p. 214 は，10 人のアマルリック派が火刑に処されたとしており，ほかの歴史家たちは終身刑の判決を受けたとしている。

の偽名だろう。Moore，前掲書，pp. 68 and 69–71 を参照。

(19) E. Vacandard, "Arnold of Brescia," 前掲。

(20) Moore，前掲書，p. 75.

(21) 同上，pp. 76–77.

(22) Lambert，前掲書，pp. 120–24.

(23) 同上，pp. 139–140.

(24) Zoe Oldenbourg, *Massacre at Montsegur: A History of the Albigensian Crusade*, Peter Green, trans. (New York: Pantheon Books, 1961), pp. 62–70.

(25) 同上，pp. 90–91.

(26) 同上，p. 377.

(27) 同上，pp. 61–64. さらに，p. 55 の考察を参照。

(28) W. T. Jones, *The Medieval Mind*, Vol. 2: *A History of Western Philosophy*, 2d ed. (New York : Harcourt, Brace & World, 1969), pp. 94–101 の優れた考察を参照。

(29) カタリ派の「東方性」については，G. K. Chesterton, *St. Thomas Aquinas* (New York: Sheed & Ward, 1954), pp. 110–41 の怒りに満ちた表現を参照。〔チェスタトン『聖トマス・アクィナス』(生地竹郎訳, 春秋社『久遠の聖者』所収)〕

(30) ヨブ記第1章1節

(31) Roger French and Andrew Cunningham, *Before Science: The Invention of the Friars' Natural Philosophy* (Aldershot, U.K.: Scolar Press, 1996), p. 134. さらに，pp. 132–35 の『二原理の書』に関する優れた考察も参照。〔なお，フェルナン・ニール『異端カタリ派』(渡邊昌美訳，白水社)，渡邊昌美『異端カタリ派の研究』(岩波書店)，原田武『異端カタリ派と転生』(人文書院) も参照されたい〕

(32) 原因が事物を可能態から現実態に「転化させる」と述べていることは，この註解者がアリストテレスのいう事物の「始動」因だけでなく「形相」因と「目的」因も念頭に置いていたことを示唆している。

(33) Oldenbourg，前掲書，p. 2 に引用。

(34) 同上，p. 5.

(35) 同上，pp. 116–17.

(36) Robert Fossier, ed., *The Cambridge Illustrated History of the Middle Ages*, Vol. 2: *950–1250*, (Cambridge: Cambridge University Press, 1997), p. 396 et seq.

(37) インノケンティウス3世はすべての福音伝道集団と和睦したわけではない。

第4章

（1）「アベラールはベルナールとの公開討論を要求した。ベルナールが理路整然と論敵の誤謬を立証したので，アベラールは一言も答弁できなかった。そして，有罪を宣告されたあげく，隠棲に追いこまれた」。M. Gildas, "St. Bernard of Clairvaux," in *The New Advent Catholic Encyclopedia*, (2003), http://www.newadvent.org/cathen/02498d.htm (Vol. 2 of 1907 *Catholic Encyclopedia*).

（2）Norman F. Cantor, *The Civilization of the Middle Ages*, rev. ed. (New York: HarperCollins, 1993), p. 359.

（3）たとえば，John H. Mundy, *Europe in the High Middle Ages, 1150–1300*, 3d ed. (Harlow, U.K.: Longman, 2000), p. 177 を参照。

（4）Cantor, 前掲書，p. 251.

（5）Malcolm Lambert, *Medieval Heresy: Popular Movements from the Gregorian Reform to the Reformation*, 2d ed. (Oxford, U.K., and Cambridge, Mass.: Blackwell, 1992), p. 44.

（6）同上，p. 45.

（7）アベラールは司祭に告解する必要性は認めていたが，司祭が「ある行いの罪深さやそれを償うに足る贖罪の程度を何らかの確実性をもって評価できる」という見方は否定した。J. G. Sikes, *Peter Abailard* (New York: Russell & Russell, 1965, reprint), p. 197 および，より一般的には pp. 193–204.

（8）同上。Bernard of Clairvaux, "Letter 189," p. 227.

（9）E. Vacandard, "Arnold of Brescia," in *The New Advent Catholic Encyclopedia*, (2003), http://www.newadvent.org/cathen/01747b.htm (From Vol. 1 of 1907 *Catholic Encyclopedia*).

（10）同上。

（11）R. I. Moore, *The Birth of Popular Heresy* (Toronto, Buffalo, and London: University of Toronto Press, 1995), p. 69 に引用。

（12）同上，p. 67.

（13）同上。

（14）E. Vacandard, "Arnold of Brescia," 前掲。

（15）Moore, 前掲書，p. 68.

（16）Lambert, 前掲書，p. 53.

（17）E. Vacandard, "Arnold of Brescia," 前掲。

（18）この書簡には「Wezel」という署名があるが，これはおそらくアルノルド

（36）現代の宗教思想家の一部は，今日でも同様のことを行っている。たとえば，彼らは天文学者のビックバン理論は創造の教義と一致すると主張している。Kenneth W. Kemp の深い思索に基づくエッセー，"The Possibility of Conflict Between Science and Christian Theology," in Jitse M. van der Meer, ed., *Facets of Faith and Science*, Vol. 1: *Historiography and Modes of Interaction*（Lanham, Md.; New York; and London: University Press of America, 1996），pp. 247-65 を参照。

（37）Grant，前掲書，p. 52 に引用。

（38）Aristotle, *Metaphysics*, W. D. Ross, trans., in *Works*, Vol. 1（Chicago: Encyclopedia Britannica, Inc., 1952）．とくに，7. 13，1038b1-14 を参照。〔前掲『形而上学』〕

（39）Philippe Aries, *The Hour of Our Death*, Helen Weaver, trans.（New York: Oxford University Press, 1991）.

（40）G. R. Evans, *Philosophy and Theology in the Middle Ages*（London and New York: Routledge, 1993），pp. 55-60 の考察を参照。

（41）Dronke, 前掲書，p. 293: Luscombe, "Peter Abelard."

（42）この論文の正統性に関しては，今日でも甚だしい意見の相違がある。Sikes（前掲書，pp. 145-69）は，アベラールの論文にはサベリウス主義と解釈できる箇所がいくつかあることは認めつつも，のちにアベラールが告発された罪状のほとんどについて，彼を無罪としている。Colish（前掲書，pp. 278-79）はサベリウス主義とは正反対の誤謬に対して――三つのペルソナの独自性と相違を過度に強調しているとして――アベラールを厳しく難じている。

（43）"History of My Calamities," in *The Letters of Abelard and Heloise*, 前掲書，pp. 88-89.〔前掲『アベラールとエロイーズ』（第一書簡）〕

（44）Josef Pieper, *Scholasticism: Personalities and Problems of Medieval Philosophy*, Richard and Clara Winston, trans.（New York and Toronto: McGraw-Hill, 1964），p. 80.

（45）Grant，前掲書，p. 64 に引用。

（46）Pieper，前掲書，pp. 82-83 に引用。

（47）Carroll，前掲書，p. 296 に引用。

（48）Sikes，前掲書，pp. 226-27.

（49）同上，p. 229.

（50）*The Letters of Abelard and Heloise*，前掲書，p. 40, n. 1.

（51）同上，p. 270.〔前掲『アベラールとエロイーズ』（第十二書簡）〕

(20) Friedrich Heer, *The Medieval World: Europe, 1100–1350*, Janet Sondheimer, trans. (Cleveland and New York: The World Publishing Company, 1961), pp. 261–66.

(21) Jaroslav Pelikan, *Jesus Through the Centuries: His Place in the History of Culture* (New Haven: Yale University Press, 1985), pp. 122–32.〔ペリカン『イエス像の二千年』小田垣雅也訳，講談社学術文庫〕

(22) Norman F. Cantor, *The Civilization of the Middle Ages*, rev. ed. (New York: HarperCollins, 1993), p. 332.

(23) Robert Fossier, ed., *The Cambridge Illustrated History of the Middle Ages*, Vol. 2: *950–1250*, Stuart Airlie and Robyn Marsack, trans. (Cambridge: Cambridge University Press, 1997), pp. 1–12 and 243–55.

(24) 同上，p. 2.

(25) Bernard of Clairvaux, "Letter 239," Carroll，前掲書，p. 296 に引用。

(26) Anselm of Canterbury, *Monologion and Proslogion, with the Replies of Gaunilo and Anselm*, Thomas Williams, trans. (Indianapolis and Cambridge: Hackett Publishing Company, 1995), p. 93.〔アンセルムス『モノロギオン』，『プロスロギオン』(古田暁訳，聖文舎『アンセルムス全集』所収)〕

(27) 同上，p. 10.〔前掲『モノロギオン』〕

(28) 同上，p. 125.〔前掲『プロスロギオン』〕

(29) 同上，p. 131.〔前掲『プロスロギオン』〕

(30) 同上，p. 90.〔前掲『プロスロギオン』〕

(31) マタイによる福音書：第 19 章 21 節

(32) David A. Luscombe, "Peter Abelard," in Peter Dronke, ed., *A History of Twelfth-Century Western Philosophy* (Cambridge: Cambridge University Press, 1992), p. 293.

(33) Marcia L. Colish, *Medieval Foundations of the Western Intellectual Tradition, 400–1400* (New Haven and London: Yale University Press, 1997), p. 275.

(34) Sikes, 前掲書，p. 48 に引用。

(35) Aristotle, *Categories*, E. M. Edghill, trans., in *Works*, Vol. 1 (Chicago: Encyclopaedia Britannica, Inc., 1952), 4, 2a11–2b7.〔アリストテレス『カテゴリー論』(山本光雄訳，岩波書店『アリストテレス全集 1』所収)〕また，Aristotle, *Topics*, W. A. Pickard-Cambridge, trans., in *Works*, Vol. 1 (Chicago: Encyclopedia Britannica, Inc., 1952), 1. 9, 103b20 et seq. も参照。〔アリストテレス『トピカ』(村治能就訳，岩波書店『アリストテレス全集 2』所収)〕

（9）道義的責任と意図の関係についてのアベラールの学説は，幅広く議論されてきた。Sikes，前掲書，pp. 179–90.

（10）同上，pp. 179–90 および 200–208. これらの質問と回答はアベラールの *Scito Teipsum*（*Know Thyself*）で論じられ，Sikes によって分析されている。教会によらない救済をアベラールがどのように考えていたかについては，Jaroslav Pelikan, *The Christian Tradition: A History of the Development of Doctrine*, Vol. 3: *The Growth of Medieval Theology*（*600–1300*）(Chicago and London: University of Chicago Press, 1978)，p. 255〔ペリカン『キリスト教の伝統——教理発展の歴史：第3巻 中世神学の発展（600–1300）』鈴木浩訳，教文館〕と，Carroll，前掲書，pp. 290–300 を参照。

（11）アベラールの見解は変わったようだと，Copleston（前掲書，p. 52）は述べている。アベラールは *Scito Teipsum* では，非キリスト教徒は信仰の欠如ゆえに断罪されると暗に述べている。だが，*Theologica Christiana* では，本書で述べているような立場をとっている。〔前掲『中世の哲学』〕

（12）ソールズベリーのヨハネスはアベラールを「ル・パレ（アベラールの生地）の逍遥学徒」と称している。*The "Metalogicon" of John of Salisbury: A Twelfth-Century Defense of the Verbal and Logical Arts of the Trivium*, Daniel D. McGarry, trans. (Berkeley and Los Angeles: University of California Press, 1955)，p. 95 を参照。〔ソールズベリーのヨハネス『メタロギコン』（甚野尚志・他訳，平凡社『中世思想原典集成 8』所収)〕

（13）"History of My Calamities," in *The Letters of Abelard and Heloise*, 前掲書，p. 66.〔前掲『アベラールとエロイーズ』(第一書簡)〕

（14）"Letter 4. Abelard to Heloise," in *The Letters of Abelard and Heloise*, 前掲書，p. 147.〔前掲『アベラールとエロイーズ』（第五書簡)〕

（15）同上，"History of My Calamities," pp. 67–68.〔前掲『アベラールとエロイーズ』(第一書簡)〕

（16）同上，p. 75.〔前掲『アベラールとエロイーズ』(第一書簡)〕

（17）同上，"Letter 3. Heloise to Abelard," p. 133:「人々は私を貞節だと誉めてくれます。それは，私が表面だけをとりつくろっているのを知らないからです」〔前掲『アベラールとエロイーズ』(第四書簡)〕

（18）同上，"Letter 4. Abelard to Heloise," p. 143.〔前掲『アベラールとエロイーズ』(第五書簡)〕

（19）同上，"History of My Calamities," p. 58.〔『アベラールとエロイーズ』（第一書簡)〕

（2）同上，p. 58.「私はあらゆる哲学の教えの中で弁証法を最も好んだので，本物の武器の代わりに弁証法という武器を取り，実戦で戦利品を得る代わりに議論上の争いを選んだのである」〔前掲『アベラールとエロイーズ』（第一書簡）〕

（3）アベラールはこの問題を，*Scito Teipsum*（*Know Thyself*）〔アベラール『倫理学——汝自身を知れ』大道敏子訳，平凡社（『中世思想原典集成 7』に一部所収）〕および *Christian Theology* の中で論じている。J. G. Sikes, *Peter Abailard*（New York: Russell & Russell, 1965 reprint），p. 187 および Frederick C. Copleston, *Medieval Philosophy*（New York and Evanston: Harper & Row, 1961），pp. 51–52 を参照〔コプルストン『中世の哲学』箕輪秀二・柏木英彦訳，慶應通信〕。私は独断で，アベラールは講義でもこの問題に言及したものと推測した。

（4）「人血の供物をするという中傷」に起因する最初のポグロムは，イングランドのノリッジで発生した。James Carroll, *Constantine's Sword: The Church and the Jews*（Boston: Houghton Mifflin, 2001），pp. 272–73 を参照。

（5）Blanche Boyer and Richard McKeon, eds., *Peter Abailard Sic et Non, A Critical Edition*（Chicago: University of Chicago Press, 1976).〔アベラール『然りと否』（大谷啓治訳，平凡社『中世思想原典集成 7』に序文が収録されている）〕

（6）一部の著述家は疑うこと（doubting）を意味する *dubitando* という言葉を，「異議を唱える（calling into question)」とか「疑問を提起する（raising questions)」などと訳している。たとえば，Michael Haren, *Medieval Thought: The Western Intellectual Tradition from Antiquity to the Thirteenth Century*, 2d ed.（Toronto and Buffalo: University of Toronto Press, 1992），p. 108 や，Edward Grant, *God & Reason in the Middle Ages*（Cambridge: Cambridge University Press, 2001），pp. 60–61 に引用されている訳を参照。このように訳すことは，アベラールが学生たちに信仰の根本教義を疑うよう助言していたのではないことを示すうえで価値があるが，アベラールの言葉の挑発的なニュアンスを弱めてしまう。Sikes の（*Peter Abailard*, p. 82 における）字義どおりの訳の方が望ましいと，私には思われる（Sikes はイギリス式に「enquiry」と綴っているが，私はアメリカ式に「inquiry」と綴った）。

（7）その一方で，アウグスティヌスはユダヤ教徒を殺さぬよう，キリスト教徒に警告している。なぜなら，ユダヤ教徒は万人の救済のドラマで歴史的役割を演ずる存在であるからだ，と。Carroll，前掲書，p. 215.

（8）同上，p. 271.「Letter to the People of England」に記されたクレルヴォーのベルナールの言葉を引用。

(56) 擬人化された言葉で神を表現することに対するマイモニデスの批判については，Oliver Leaman, *Moses Maimonides* (Richmond, Surrey: Curzon Press, 1997), pp. 24-36 を参照。

(57) アヴェロエスは，不滅の霊魂は個々人に属するものではなく，人間全体に属する「能動知性」であると主張した。詳細な考察は，Leaman, *Averroes and His Philosophy*, pp. 82-103 を参照。

(58) これはアシュアリー学派の見解であり，Syyed Hossein Nasr はこれをデイヴィッド・ヒューム〔1711～76〕のそれと類比させている。Syyed Hossein Nasr, *Islamic Life and Thought* (Albany, N.Y.: State University of New York Press, 1981), p. 62.〔ヒュームは経験論の立場に立ち，従来の形而上学に破壊的な批判を加え，実体・因果律などの観念は習慣による主観的な確信に過ぎないと主張した〕

(59) 同上，p. 72. アル・ガザーリーの著作の詳細な分析については，Fakhry, 前掲書，pp. 217-33 を参照。また，Pervez Amir Ali Hoodbhoy, "How Islam Lost Its Way," *The Washington Post Outlook*, December 30, 2001, B4 も参照。

(60) Fakhry, 前掲書，p. 315. 専門家の中には，こうした見方は公正でなく，イスラーム哲学はファルサファの衰退後に（スーフィズムなどの）創造的な新しい方向に発展したとみなす者たちもいる。たとえば，Nasr，前掲書，pp. 63-64 を参照。

(61) Leaman, *Moses Maimonides*, pp. 6-7, および Cantor, 前掲書，pp. 369-70 を参照。

(62) Cantor, 前掲書，p. 370. これは，異端派と同一視されることを防ぐためにユダヤ共同体がとった防御行動だったのだろう，と Cantor は示唆している。だが，どちらにしても結果は同じである。この文脈ではユダヤ教徒をムスリムよりリベラルに描こうとする著者の試みは（p. 363 参照），ユダヤ教徒がムスリムと歩調を合わせて律法尊重主義や神秘主義に転向したという著者自身の説明によって弱められている（pp. 366-73 参照）。

第3章

(1) "History of My Calamities," in *The Letters of Abelard and Heloise*, Betty Radice, trans. (London and New York: Penguin, 1974), p. 62.〔アベラール『わたしの不幸の物語——アベラール自伝』（田中巌訳，角川書店『世界の人間像 24』所収），『アベラールとエロイーズ——愛と修道の手紙』（第一書簡：アベラールより一友人へ）畠中尚志訳，岩波文庫〕

lin, 2001), p. 213 を参照。

(41) 同上。

(42) ヒュパティアの生涯と殺害については諸説がある。古代の歴史家たちの説から三つが選ばれて，雑誌 *Alexandria*, Vol. 2 (Phanes Press, 1993) に翻刻されている。

(43) Chadwick, 前掲書, p. 198.

(44) Pelikan, 前掲書, p. 227.〔前掲『キリスト教の伝統 第1巻』〕

(45) Chadwick, 前掲書, p. 199.

(46) Pelikan, 前掲書, pp. 263-64.〔前掲『キリスト教の伝統 第1巻』〕

(47) Ferdinand B. Artz, *The Mind of the Middle Ages: An Historical Survey, A.D. 200-1500*, 3d ed. rev. (Chicago and London: University of Chicago Press, 1980), p. 111. これには例外もある。たとえば，キリスト教徒としては初めてプラトン派の学園の学頭になったアレクサンドリアの新プラトン主義者ヨアンネス・フィロポノス〔490頃～575以後〕は，アリストテレスの運動理論を論駁する意義深い論文を書いている。David C. Lindberg, *The Beginnings of Western Science* (Chicago and London: University of Chicago Press, 1992) pp. 302-5 を参照。

(48) Brown, 前掲書, pp. 174 and 180.〔前掲『古代末期の世界』〕

(49) ネストリウス派の東方への移動とその影響については，Samuel Hugh Moffett, *A History of Christianity in Asia* Vol. 1: *Beginnings to 1500* (San Francisco: HarperSanFrancisco, 1992), pp. 185-215 を参照。

(50) ネストリウス派と単性論派の翻訳者については，Majid Fakhry, *A History of Islamic Philosophy*, 2d ed. (New York and London: Columbia University Press and Longmans, 1993), pp. 4-19 を参照。

(51) ボエティウスの翻訳を論じた Pieper, 前掲書, p. 28 を参照。「厳密にいえば，翻訳者のなすべき仕事は新しい言葉をつくることではなく，同一の概念を表す言葉を特定することである」

(52) Fakhry, 前掲書, pp. 155-57.

(53) Roger French and Andrew Cunningham, *Before Science: The Invention of the Friars' Natural Philosophy* (Aldershot, U.K.: Scolar Press, 1996), p. 86. より全般的には，pp. 81-88 を参照。

(54) 同上，p. 87.

(55) Fakhry, 前掲書, pp. 272-92 の考察と，より全般的には Oliver Leaman, *Averroes and His Philosophy* (Oxford: Clarendon Press, 1988) の考察を参照。

であって三なる神でないか——三位一体論』（坂口ふみ訳，平凡社『中世思想原典集成 5』所収）〕and "*Utrum Pater et Filius,*" in *The Theological Tractates*, pp. 3-37.

（32）この筋書きは，Cantor，前掲書，pp. 109-10 による。

（33）これらの出来事は Boethius が *The Consolation of Philosophy*, pp. 149-57 で述べている〔前掲『哲学の慰め』〕。ボエティウスが一連の出来事を筋道立てて「弁解」しているのではなく，一人の善良な人間が邪悪な人々の餌食になったと主張するにとどまっているという点で，その言葉はよけいに説得力があるように思われる。

（34）Pieper，前掲書，pp. 41-42.

（35）アリウス派をめぐる論争については，Richard E. Rubenstein, *When Jesus Became God: The Epic Fight over Christ's Divinity in the Last Days of Rome*（New York, Harcourt, Brace, 1999）で詳細に論じられている。

（36）ゴート族およびローマ帝国に服属しない「蛮族」の多くはアリウス派のキリスト教に改宗し，カトリックに改宗するまでの数世紀間にわたって，この信仰を保持し続けた。Henry Chadwick, *The Early Church*, rev. ed.（London: Penguin Books, 1993），pp. 247-52 を参照。

（37）Brown，前掲書，p. 174.〔前掲『古代末期の世界』〕また，Heinrich Graetz, *History of the Jews*, Vol. 2（Philadelphia: Jewish Publication Society, 1949），pp. 617-18 も参照。

（38）Chadwick，前掲書，p. 167.

（39）Graetz，前掲書，p. 618.

（40）このユダヤ人虐殺は，ユダヤ教徒が正当な理由なくキリスト教徒を「虐殺」したために生じた，と公式に記録されている。John Chapman, "Saint Cyril of Alexandria," in *The New Advent Catholic Encyclopedia,*（2003），http://www.newadvent.org/cathen/04592b.htm（From Vol. 4 of 1908 *Catholic Encyclopedia*）を参照。この記述は著しく説得力に欠ける。たしかにキリスト教徒とユダヤ教徒のあいだには，宗教的なライバル意識があっただろう。というのは，この時期には多くのキリスト教徒がユダヤ教の思想と実践に惹かれていたからだ。387 年，アンティオキア司祭のヨアンネス・クリュソストモス〔のちにコンスタンチノープル司教に叙せられるが追放される〕がおそらくこの種の競争意識に刺激されて，一連の反ユダヤ的な説教を開始した。この説教が引き金となって，ついにはアンティオキアのシナゴーグが破壊されるという事態に至った。James Carroll, *Constantine's Sword: The Church and the Jews*（Boston: Houghton Miff-

(19) Peter Brown は，いわゆる「蛮族の侵入の実態は，恒常的でもなければ破壊的なものでもなく，ましてや征服を目指した組織的な行動などではなかった。いわば，貧しい北方の人間が豊かな地中海地方を目指した『ゴールドラッシュ』とでも呼べるものに過ぎなかった」と指摘している。前掲書，p. 122.〔前掲『古代末期の世界』〕

(20) たとえば，Norman F. Cantor, *The Civilization of the Middle Ages*, rev. ed. (New York: HarperCollins, 1993)，p. 110 を参照。Cantor は，東ゴート族が東ローマ帝国の領土を脅かすのを阻止するために，東ローマ皇帝（アナスタシウス）がテオドリックをそそのかしてオドアケルを打倒させた，と主張している (p. 106)。

(21) Brown, 前掲書，p. 123.〔前掲『古代末期の世界』〕Josef Pieper は，*Scholasticism: Personalities and Problems of Medieval Philosophy*, Richard and Clara Winston, trans. (New York and Toronto: McGraw-Hill, 1964)，p. 27 で，「悪しきゴート人はローマ人になりたがり，悪しきローマ人はゴート人になりたがる」という，より親ゴート的なヴァージョンを引用している。

(22) Cantor，前掲書，pp. 107-8.

(23) Pieper，前掲書，p. 30.

(24) Boethius, *The Consolation of Philosophy*, S. J. Tester, trans. (Cambridge, Mass. and London: Harvard University Press, Loeb Classical Library, 1973).〔ボエティウス『哲学の慰め』渡辺義雄訳，筑摩書房〕

(25) H. F. Stewart and E. K. Rand, "Life of Boethius," in Boethius, *The Theological Tractates*, H. F. Stewart, E. K. Rand, and S. J. Tester, trans. (Cambridge, Mass. and London: Harvard University Press, Loeb Classical Library, 1973)，p. xii.

(26) 同上，p. 55.

(27) 同上，p. 5.

(28) 同上，p. 37. 強調は著者による。

(29) Mark Twain, *Following the Equator: A Journey Around the World* (Mineola, NY: Dover Publications)，p. 232.〔トウェイン『赤道に沿って』飯塚英一訳，彩流社〕

(30)「しっかりした論拠に基づく証明は，前兆からでも外から借りてきた論法からでもなく，一貫した必然的な理由からなされなければならないことは明らかです」。Boethius, *The Consolation of Philosophy*, p. 407.〔前掲『哲学の慰め』〕

(31) Boethius, "*De Trinitae*"〔ボエティウス『いかにして三位一体は一なる神

(10) 新プラトン主義は3世紀の異教の哲学者集団が創始したもので，その指導者は神秘主義的な傾向があったとはいえ頭脳明晰なプロティノスと，その弟子のポリフュリオスだった。W. T. Jones, *The Medieval Mind*, Vol. 2: *A History of Western Philosophy*, 2d ed.（New York: Harcourt, Brace & World, 1969），pp. 8-20を参照。

(11) ギリシア教父の殉教者ユスティノス〔165頃没〕は，キリストは「部分的にはソクラテスにさえも知られていた」と述べている。Jaroslav Pelikan, *The Christian Tradition: A History of the Development of Doctrine*, Vol. 1: *The Emergence of the Catholic Tradition (100-600)*（Chicago and London: University of Chicago Press, 1971），p. 31に引用。〔ペリカン『キリスト教の伝統——教理発展の歴史 第1巻 公同的伝統の出現（100-600年）』鈴木浩訳，教文館〕

(12) Augustine of Hippo, *The Confessions of Saint Augustine*, p. 147.〔前掲『告白』〕また，Richard Tarnas, *The Passion of the Western Mind: Understanding the Ideas That Have Shaped Our World View*（New York: Ballantine Books, 1991），p. 101も参照。「霊的な色彩の濃いプラトン哲学は，新約聖書の啓示に由来するキリスト教の諸概念と調和しただけでなく，それらを洗練させ，知的に強化した」。しかしながら，Pelikanはこうした表面的な「調和」には限界があることを強調している（前掲書，pp. 35-36）．〔前掲『キリスト教の伝統 第1巻』〕

(13) 新プラトン主義者たちは「目に見える事物のあらわな美をつうじて知覚されてきた万物の精髄を，思惟によって「感得」できる」と説いた。Peter Brown, *The World of Late Antiquity: AD 150-750*（New York and London: W. W. Norton, 1971），p. 74.〔ブラウン『古代末期の世界——ローマ帝国はなぜキリスト教化したか？』宮島直機訳，刀水書房〕

(14) 学者たちはこのディオニュシオスを「偽ディオニュシオス」と称している。というのは，彼の著述は誤って，聖パウロがアテナイで説教したときに回心したとされているディオニュシオス・ホ・アレオパギテースの手になるものとみなされていたからだ。Pelikan，前掲書，pp. 344-49.〔前掲『キリスト教の伝統 第1巻』〕〔近年は「擬ディオニシオス」と表記する傾向にある〕

(15) アウグスティヌスは *The Confessions of Saint Augustine*, pp. 182-83で，彼が庭園にいたときに「取りて読め」という子どもの声を聞いた話を詳細に述べている。〔前掲『告白』〕

(16) 同上，pp. 150-52.〔前掲『告白』〕

(17) Jones，前掲書，p. 131.

(18) Augustine of Hippo, *The City of God*, pp. 45-46.〔前掲『神の国』〕

コロンブスはこの一節とこれらの計算結果を知っていた；311 以降の考察も参照。

（40）「現実態にある知識はその対象たる事物と同一である」。Aristotle, *On the Soul*, 3. 5, 430a20-26.〔前掲『霊魂論』〕

（41）Aristotle, *Metaphysics*, 1. 1, 981b10-35 and 982a1-2.〔前掲『形而上学』〕

（42）同上，5. 2, 1013a24-38 and 1013b1-3.〔前掲『形而上学』〕

（43）アリストテレスは，天体はエーテルと呼ばれる地球には存在しない元素で構成され，意識を有しているとみなしていた。

（44）Aristotle, *Metaphysics*, 7. 3, 1029a7-31 et seq.〔前掲『形而上学』〕

（45）同上，12. 7, 1072a23-27.〔前掲『形而上学』〕

第2章

（1）Augustine of Hippo, *The City of God*, Marcus Dods, trans.（New York: Modern Library, 1950），p. 478.〔アウグスティヌス『神の国』服部英次郎訳，岩波文庫〕

（2）Tertullian, *De praescriptione haereticorum, vii*, in Henry Bettenson, ed., *Documents of the Christian Church*, 2d ed.（Oxford and London: Oxford University Press, 1963），p. 6.〔テルトゥリアヌス『異端者への抗弁について』（ベッテンソン『キリスト教文書資料集』（聖書図書刊行会編集部訳，聖書図書刊行会）所収〕

（3）同上。

（4）Clement of Alexandria, *Stromateis*, in Bettenson, op. cit., p. 6.〔アレクサンドリアのクレメンス『ストロマテイス』（前掲『キリスト教文書資料集』所収）〕

（5）Augustine of Hippo, *The Confessions of Saint Augustine*, Rex Warner, trans.（New York: Penguin Books, 1963），p. 149.〔アウグスティヌス『告白』（今泉三良・村治能就訳，河出書房新社『世界の大思想 3』所収）〕

（6）Augustine of Hippo, *Confessions*, pp. 135-59.〔前掲『告白』〕

（7）同上，p. 87.〔前掲『告白』〕

（8）マニ教徒はキリストを，神に仕える大天使あるいは「使者」とみなしていた。Steven Runciman, *The Medieval Manichee: A Study of the Christian Dualist Heresy*（Cambridge: Cambridge University Press, 1947, reissued 1982），p. 14 et seq. を参照。

（9）Peter Brown, *Augustine of Hippo: A Biography*（New York: Dorset Press, 1967），p. 93.〔ブラウン『アウグスティヌス伝』出村和彦訳，教文館〕

哲学者たちは今日でも，宇宙の数学的叙述は数ある表現方法の一つであるに過ぎないのか，あるいは，何らかの意味で優越した表現方法であるのかについて議論している。

(29) Barnes, 前掲書, pp. 10-15 の考察を参照し，Ross (*Aristotle*, pp. 7-19) による従来のアプローチと比較されたい。このアプローチはアリストテレスの著作の執筆年代を史実と論理に基づいて決定しようとしているが，Barnes はその妥当性を疑問視している。

(30) ディオゲネス・ラエルティオスが編集した約 150 編の論文からなるアリストテレスの著作リストが，Barnes, 前掲書, pp. 7-9 に引用されている。

(31) Salo Wittmayer Baron, *A Social and Religious History of the Jews*, Vol. 8: *Philosophy and Science*, 2d ed. (New York: Columbia University Press; and Philadelphia: Jewish Publication Society of America, 1958), p. 64.

(32) Dante Alighieri, *The Divine Comedy, Inferno*, Canto 4, line 131, H. W. Longfellow, trans. (New York: Modern Library), p. 22.〔ダンテ『神曲』地獄篇第 4 歌，平川祐弘訳，河出書房新社〕

(33) Barnes, 前掲書, p. 6. (Aelian, *Varia Historia III* を引用)〔アイリアノス『ギリシア奇談集』松平千秋・中務哲郎訳，岩波文庫〕

(34) 同上。

(35) この説は最初にストラボンによって語られ，のちにプルタルコスによって語り継がれた。William Turner, "Aristotle," in *New Advent Catholic Encyclopedia*, 前掲を参照。

(36) Barnes, 前掲書, p. 12.

(37) Aristotle, *Politics*, Benjamin Jowett, trans., in *Works*, Vol. 2 (Chicago: Encyclopedia Britannica, 1952), 1. 5, 1254b15-26.〔アリストテレス『政治学』(山本光雄訳，岩波書店『アリストテレス全集 15』所収)〕

(38) Aristotle, *Nicomachean Ethics*, W. D. Ross, trans., in *Works*, Vol. 2 (Chicago: Encyclopedia Britannica, 1952), 10. 7, 1177a12-18〔アリストテレス『ニコマコス倫理学』(加藤信朗訳，岩波書店『アリストテレス全集 13』所収)〕; and Aristotle, *On the Soul*, J. A. Smith, trans., in *Works*, Vol. 1 (Chicago: Encyclopedia Britannica, 1952), 3. 4, 429a10-28.〔アリストテレス『霊魂論』(山本光雄訳，岩波書店『アリストテレス全集 6』所収)〕

(39) Aristotle, *On the Heavens*, J. L. Stocks, trans., in *Works*, Vol. 1 (Chicago: Encyclopedia Britannica, 1952), 2. 14, 297b24-298a20.〔アリストテレス『天体論』(村治能就訳，岩波書店『アリストテレス全集 4』所収)〕クリストファー・

日常会話では，「知性」より「頭脳」という方が普通だろう。
(18) William Turner, “Aristotle,” in *New Advent Catholic Encyclopedia* (2003), http://www.newadvent.org/cathen/01713a.htm (From 1907 *Catholic Encyclopedia*, Vol. 1).
(19) Lindberg, 前掲書, p. 113.
(20) 同上, pp. 115–16.
(21) アリストテレスは両親に連れられてマケドニア王の宮廷に行ったと広く考えられているが，その証拠とされるものは（彼の生涯の出来事のほとんどと同じように）おもに伝聞に基づいている。アリストテレスの生涯に関する主たる権威は，紀元3世紀の著述家ディオゲネス・ラエルティオスである。Ross, *Aristotle*, pp. 1–2を参照。
(22) プロクセノスがアリストテレスと血のつながったおじなのか，あるいは家族の親密な友人であっただけなのか，確かなことは誰にもわかっていないようだ。この少年のためにプロクセノスが多大な努力を払ったことを考えて，私は血縁のおじという説を採用した。
(23) アリストテレスの生涯に関する信頼できる情報はないが，Werner Jaegerらがさまざまな説を唱えている。Jaegerは著名な *Aristotle: Fundamentals of His Development* (New York: AMS Books, 1999, reprint of 1923 ed.) において，アリストテレスは純然たるプラトン主義から出発して彼独自の経験主義に至った，と推測している。学者たちの一部は，アリストテレスの著作の執筆年代の特定が困難であることを重視して，この説を疑問視している。その例として，Jonathan Barnes, ed., *The Cambridge Companion to Aristotle* (Cambridge: Cambridge University Press, 1995), pp. 16–22を参照。
(24) George Gershwin and Ira Gershwin, “I Got Rhythm” from “Girl Crazy” (1930).
(25) Corinthians I 13: 12. 〔コリントの信徒への手紙一：第13章12節〕
(26) W. D. Ross, “Biographical Note,” in *The Works of Aristotle*, Vol. 1 (Chicago: Encyclopedia Britannica, Inc., 1952), p. v. に引用。
(27) プラトンに対するアリストテレスのスタンスが，師のヘーゲルに対するカール・マルクスのそれに似ていることを，想起せずにはいられない。フリードリヒ・エンゲルスはその関係を，マルクスは「逆立ちしたヘーゲルの足を地につけさせた」と要約している。
(28) Aristotle, *Metaphysics*, W. D. Ross, trans., in *Works*, Vol. 1 (Chicago: Encyclopedia Britannica, 1952), 1. 9, 991b9–14 and 992a32–34〔前掲『形而上学』〕.

（5）Friedrich Heer はグンディサルヴォをキリスト教に改宗したユダヤ教徒とみなしている。*The Medieval World: Europe 1100–1350*, Janet Sondheimer, trans. (Cleveland and New York: The World Publishing Company, 1961), p. 194 を参照。

（6）John Marenbon, "Medieval Christian and Jewish Europe," in Seyyed Hossein Nasr and Oliver Leaman, eds., *History of Islamic Philosophy, Part II* (London and New York: Routledge, 1996), p. 1001.

（7）Amable Jourdain, *Recherches: Critiques sur l'Âge et l'Origine des Traductions Latines d'Aristote*, rev. and enl. by Charles Jourdain (Paris, 1843; New York: Burt Franklin, 1960), p. 111. また，Josef Pieper, *Scholasticism: Personalities and Problems of Medieval Philosophy*, Richard and Clara Winston, trans. (New York and Toronto: McGraw-Hill, 1964), p. 106 も参照。通常はこうした翻訳手法をとらなかったと，Michael Haren は指摘している（*Medieval Thought: The Western Intellectual Tradition from Antiquity to the Thirteenth Century*, 2d ed. [Toronto and Buffalo: University of Toronto Press, 1992], p. 135）。

（8）Cantor，前掲書，p. 358.

（9）Lindberg，前掲書，p. 205.

（10）Herr，前掲書，p. 194.

（11）Colin McEvedy, *The New Penguin Atlas of Medieval History* (London: Penguin Books, 1992), p. 66.

（12）Charles Homer Haskins, *The Renaissance of the Twelfth Century* (New York: The World Publishing Company, 1957), pp. 292–93.〔ハスキンズ『十二世紀のルネサンス』別宮貞徳・朝倉文市訳，講談社学術文庫〕

（13）Lindberg，前掲書，pp. 325–26 et seq.

（14）Roger French and Andrew Cunningham, *Before Science: The Invention of the Friars' Natural Philosophy* (Aldershot, U.K.: Scolar Press, 1966), p. 61.

（15）Jourdain, *Recherches*, pp. 125–26.

（16）プラトンと彼の年来の弟子で貴族のディオン〔前 408〜前 354〕，およびシラクーザの僭主ディオニュシオス一世とディオニュシオス二世とのかかわりについて，プルタルコス〔プルターク〕がディオンの伝記で述べている。*Plutarch's Lives*, Arthur H. Clough, ed. (Princeton: Princeton Review, 2001). プルタルコスの著述の例に洩れず，この伝記は多少疑って読む必要がある。〔プルターク『プルターク英雄伝 11』河野与一訳，岩波文庫〕

（17）W. D. Ross, *Aristotle*, 5th ed. (London: Methuen & Company, 1949), p. 2.

「13世紀末における信仰と理性の闘争は，知識に対する中世的アプローチ全般をやがて崩壊させる諸々の思想を生み出した」と述べている。

（4）David C. Lindberg, *The Beginnings of Western Science* (Chicago and London: University of Chicago Press, 1992), pp. 161-82は，アラビア科学はギリシア科学の模倣に過ぎず，「何ら独創性を有していない」という，今日では謬説として退けられているピエール・デュエムの主張についても考察している。

（5）ガリレイがアリストテレスを尊敬する一方で、17世紀のアリストテレス信奉者たちを軽蔑していたことについては，Edward Grant, *God & Reason in the Middle Ages* (Cambridge: Cambridge University Press, 2001), pp. 301-11を参照。ガリレイの先達となったスコラ学者については，pp. 170-78を参照。

（6）同上，p. 355. Grantは歴史家のÉtienne Gilsonの言葉を引用している。「近代哲学は中世に対抗して理性の諸権利を確立すべく苦闘する必要がなかった。それどころか，近代哲学のために理性の諸権利を確立したのは，まさに中世だったのだ。さらに，17世紀の人々が過去数世紀の業績を抹殺するためにとった行動は，彼らの意に反して，それらを継承するという役割しか果たさなかった」

（7）Erasmus, *Praise of Folly*, rev. ed., Betty Radice, trans. (London: Penguin Books, 1993), p. 87.〔エラスムス『痴愚神礼讃』渡辺一夫訳，岩波文庫〕

（8）Galileo Galilei, *Dialogue Concerning the Two Chief World Systems－Ptolemaic & Copernican*, Stillman Drake, trans. (Los Angeles: University of California Press, 1962), p. 110. さらに，p. 303以下の考察を参照。〔ガリレイ『天文対話』青木靖三訳，岩波文庫〕

第1章

（1）Robert Fossier, ed., *The Cambridge Illustrated History of the Middle Ages*, Vol. 2: *950-1250* (Cambridge: Cambridge University Press, 1997), p. 258.

（2）たとえば，Olivia Remie Constable, ed., *Medieval Iberia: Readings from Christian, Muslim, and Jewish Sources* (Philadelphia: University of Pennsylvania Press, 1997）に収録された文献を参照。

（3）David C. Lindberg, *The Beginnings of Western Science* (Chicago and London: University of Chicago Press, 1992), p. 176. 古代の科学の概要と，イスラーム世界が古代の科学を採用し，さらに発展させた経緯については，pp. 86-182を参照。

（4）Norman F. Cantor, *The Civilization of the Middle Ages*, rev. ed. (New York: HarperCollins, 1993), p. 358.

註

※邦訳が複数あるものは原則としてそのうち一つだけを掲載した。

序章

（1）「知恵とは，何らかの原理や原因についての知識である」。Aristotle, *Metaphysics*, W. D. Ross, trans., in *The Works of Aristotle*, Vol. 1 (Chicago: Encyclopaedia Britannica Inc., 1952), 1. 1, 982a36-37.〔アリストテレス『形而上学』（出隆訳，岩波書店『アリストテレス全集 12』所収）〕

（2）中世哲学史の泰斗 Étienne Gilson が述べているように，「近代合理主義の起源は通常，ガリレオのような人々がその最初の科学上の発見を行った頃に，早くもイタリアで生じた知的革命にまでさかのぼるとされている。こうした主張には真実のかけらもないなどというつもりは，私には毛頭ない……しかしながら，ルネサンスのそれよりもずっと古く，いかなる科学上の発見ともまったく関連のない別の種類の合理主義が存在していたという事実は，依然として残っている」。*Reason and Revelation in the Middle Ages* (New York and London: Charles Scribner's Sons, 1950), p. 37.〔ジルソン『中世における理性と啓示』峠尚武訳，行路社〕

（3）たとえば，Fernand van Steenberghen, *Aristotle in the West: The Origins of Latin Aristotelianism*, Leonard Johnston, trans. (New York: Humanities Press, 1970), pp. 58-59 を参照。「13 世紀は，中世キリスト教社会の知的分野の発展に由々しき危機をもたらした。キリスト教の思想家たちは史上はじめて，アリストテレスとの対決を余儀なくされた。アリストテレスの自然主義的な宇宙観が，人々が久しく慣れ親しんできたキリスト教的宇宙観の前に立ちはだかったのだ」。「中世の人文主義」研究の第一人者 R. W. Southern は，*Medieval Humanism and Other Essays* (New York and Evanston: Harper & Row, 1970), p. 47 で，「きわめて単純な言い方をするなら，中世の理想はアリストテレスと聖書の対話に変貌した」と，ほぼ同じ趣旨のことを述べている。Richard Tarnas は *The Passion of the Western Mind* (New York: Ballantine Books, 1991), p. 47 で，「新しい［アリストテレス的な］ものの見方は，ヨーロッパ思想の性質と傾向を劇的に変えた」と述べている。Tarnas はさらに，アリストテレス主義者たちは「中世後期の各地の大学で，後世の「科学革命」によって西ヨーロッパの世界観が根底から変わる下地をつくった」と説明している (p. 48)。Anthony Gottlieb は *The Dream of Reason* (New York and London: W. W. Norton, 2000), p. 399 で，

Brace Jovanovich, 1965.
Tuchman, Barbara. *A Distant Mirror: The Calamitous Fourteenth Century*. New York: Ballantine Books, 1987.
Tugwell, Simon, editor. *Albert & Thomas: Selected Writings*. New York: Paulist Press, 1988.
van der Meer, Jitse M., editor. *Facets of Faith and Science*. Vol. 1: *Historiography and Modes of Interaction*. Lanham, New York, and London: University Press of America, 1996.
van Steenberghen, Fernand. *Aristotle in the West: The Origins of Latin Aristotelianism*. Translated by Leonard Johnston. New York: Humanities Press, 1970.
——. *Maitre Siger de Brabant*. Louvain: Publications Universitaires, 1966; and Paris VIe: Vander-Oyez, S.A., 1977.
——. *La Philosophie au XIIIe siècle*. Paris and Louvain: Publications Universitaires, 1966.
——. *Thomas Aquinas and Radical Aristotelianism*. Washington, D.C.: Catholic University of America Press, 1980.
Wahba, Mourad, and Mona Abousenna, editors. *Averroës and the Enlightenment*. Amherst, N.Y.: Prometheus Books, 1996.
Watt, W. Montgomery. *Islamic Philosophy and Theology: An Extended Survey*. Edinburgh: Edinburgh University Press, 1987.〔ワット『イスラムの神学と哲学』福島保夫訳，紀伊國屋書店〕
Wippel, John F. "The Condemnations of 1270 and 1277 at Paris," in *Journal of Medieval and Renaissance Studies* 7 (1977).
——. *Medieval Reactions to the Encounter Between Faith and Reason*. Milwaukee: Pontifical Institute for Theological Studies, 1995.
——. "Thomas Aquinas and the Condemnations of 1277," in *The Modern Schoolman* 72 (1995).
Wolter, Allan B. *The Philosophical Theology of John Duns Scotus*. Ithaca and London: Cornell University Press, 1990.
Wood, Charles T. *The Quest for Eternity: Manners and Morals in the Age of Chivalry*. Hanover, N.H., and London: University Press of New England, 1983.

Rubenstein, Richard E. *When Jesus Became God: The Epic Fight over Christ's Divinity in the Last Days of Rome*. New York: Harcourt Brace, 1999.

Runciman, Steven. *The Medieval Manichee: A Study of the Christian Dualist Heresy*. Cambridge: Cambridge University Press, 1947 (reissued 1982).

Russell, Jeffrey Burton. *Dissent and Order in the Middle Ages: The Search for Legitimate Authority*. New York: Twayne Publishers, 1992.

——. *Inventing the Flat Earth: Columbus and Modern Historians*. New York: Praeger, 1991.

——. *Lucifer: The Devil in the Middle Ages*. Ithaca, N.Y., and London: Cornell University Press, 1984.〔ラッセル『ルシファー——中世の悪魔』野村美紀子訳、教文館〕

Schurmann, Reiner. *Meister Eckhart: Mystic and Philosopher*. Bloomington, Ind., and London: University of Indiana Press, 1978.

Secondo, Louis J. *The Relation of Human Reason to God's Nature and Existence in the Philosophy of St. Bonaventure*. Ph.D. dissertation. Rome: Pontificium Athenaeum Internationale "Angelicum," 1961.

Sikes, J. G. *Peter Abailard*. New York: Russell & Russell, 1965 (original edition, 1932).

Smith, Charles Edward. *Innocent III: Church Defender*. Baton Rouge: Louisiana State University Press, 1951.

Southern, R. W. *The Making of the Middle Ages*. New Haven and London: Yale University Press, 1953.〔サザーン『中世の形成』森岡敬一郎・池上忠弘訳, みすず書房〕

——. *Medieval Humanism and Other Essays*. New York and Evanston: Harper & Row, 1970.

Stiefel, Tina. *The Intellectual Revolution in Twelfth-Century Europe*. New York: St. Martin's Press, 1985.

Tarnas, Richard. *The Passion of the Western Mind: Understanding the Ideas That Have Shaped Our World View*. New York: Ballantine Books, 1991.

Thijssen, J. M. M. H. *Censure and Heresy at the University of Paris, 1200–1400*. Philadelphia: University of Pennsylvania Press, 1998.

Tobin, Frank. *Meister Eckhart: Thought and Language*. Philadelphia: University of Pennsylvania Press, 1986.

Trevor-Roper, Hugh. *The Rise of Christian Europe*. San Diego, Cal.: Harcourt

The Growth of Medieval Theology (*600–1300*). Chicago and London: University of Chicago Press, 1978.〔ペリカン『キリスト教の伝統——教理発展の歴史　第3巻：中世神学の発展（600–1300年）』鈴木浩訳，教文館〕
——. *Jesus Through the Centuries: His Place in the History of Culture*. New Haven: Yale University Press, 1985.〔ペリカン『イエス像の二千年』小田垣雅也訳，講談社学術文庫〕
Peters, F. E. *Aristotle and the Arabs: The Aristotelian Tradition in Islam*. New York: New York University Press; and London: University of London Press, 1968.
Pieper, Josef. *Scholasticism: Personalities and Problems of Medieval Philosophy*. Translated by Richard and Clara Winston. New York and Toronto: McGraw-Hill, 1964.
Pirenne, Henri. *Mohammed and Charlemagne*. Translated by B. Miall. Garden City, NY: Dover Publications, 2001.〔ピレンヌ『ヨーロッパ世界の誕生——マホメットとシャルルマーニュ』中村宏・佐々木克己訳，創文社〕
Quinn, John Francis. *The Historical Constitution of St. Bonaventure's Philosophy*. Toronto: Pontifical Institute of Medieval Studies, 1973.
Rashdall, Hastings. *The Universities of Europe in the Middle Ages*. Vol. 1: *Salerno-Bologna-Paris* (1895). New edition edited by F. M. Powicke and A. B. Emden. Oxford: Oxford University Press, 1936.〔ラシュドール『大学の起源——ヨーロッパ中世大学史（上・中・下）』横尾壮英訳，東洋館出版社〕
Robson, Michael. *St. Francis of Assisi: The Legend and the Life*. London: Geoffrey Chapman, 1997.
Rosemann, Philipp W. *Understanding Scholastic Thought with Foucault*. New York: St. Martin's Press, 1999.
Ross, W. D. *Aristotle*, 5th ed. London: Methuen & Company, 1949.
——. *The Works of Aristotle*, Vols. 1 and 2. Chicago: Encyclopaedia Britannica, Inc., 1952.
Roth, Norman. *Jews, Visigoths, and Muslims in Medieval Spain: Cooperation and Conflict*. Leiden, New York, and Koln: E. J. Brill, 1994.
——. *Maimonides: Essays and Texts*. Madison: Hispanic Seminary of Medieval Studies, 1985.
Rougement, Denis de. *Love in the Western World*. Rev. ed. Translated by Montgomery Belgion. New York: Pantheon, 1956.

McInerny, Ralph. *Aquinas Against the Averroists: On There Being Only One Intellect.* West Lafayette, Ind.: Purdue University Press, 1993.

McNeill, William H., and Schuyler Houser, editors. *Medieval Europe.* New York: Oxford University Press, 1971.

Moffett, Samuel Hugh. *A History of Christianity in Asia,* Vol. 1: *Beginnings to 1500.* San Francisco: HarperSanFrancisco, 1992.

Moore, R. I. *The Birth of Popular Heresy.* Toronto, Buffalo, and London: University of Toronto Press, 1995.

Mundy, John H. *Europe in the High Middle Ages, 1150–1300,* 3d ed. Harlow, U.K.: Longman, 2000.

Nardone, Henry F. *St. Thomas Aquinas and the Condemnations of 1277.* Doctoral dissertation. Washington, D.C.: The Catholic University of America Philosophical Studies no. 209, 1963.

Nasr, Syyed Hossein. *Islamic Life and Thought.* Albany, N.Y.: State University of New York Press, 1981.

Nebelsick, Harold P. *The Renaissance, the Reformation, and the Rise of Science.* Edinburgh: T & T Clark, 1992.

New Advent Catholic Encyclopedia. http://www.newadvent.org/cathen (2003).

O'Brien, John A. *The Inquisition.* New York and London: Macmillan and Collier Macmillan, 1973.

Oldenbourg, Zoe. *Massacre at Montsegur: A History of the Albigensian Crusade.* Translated by Peter Green. New York: Pantheon Books, 1961.

Ormsby, Eric L., editor. *Moses Maimonides and His Time.* Washington, D.C.: Catholic University of America Press, 1989.

Pasnau, Robert. *Theories of Cognition in the Later Middle Ages.* Cambridge: Cambridge University Press, 1997.

Pegis, Anton, editor. *Basic Writings of Saint Thomas Aquinas.* New York: Random House, 1945.

Pelikan, Jaroslav. *The Christian Tradition: A History of the Development of Doctrine.* Vol. 1: *The Emergence of the Catholic Tradition (100–600).* Chicago and London: University of Chicago Press, 1971.〔ペリカン『キリスト教の伝統——教理発展の歴史　第1巻：公同的伝統の出現（100-600年）』鈴木浩訳，教文館〕

——. *The Christian Tradition: A History of the Development of Doctrine.* Vol. 3:

Leff, Gordon. *William of Ockham: The Metamorphosis of Scholastic Discourse.* Manchester: Manchester University Press; and Totawa, N.J.: Rowman and Littlefield, 1975.

Letters of Abelard and Heloise, Translated by Betty Radice. London: Penguin Books, 1974.〔『アベラールとエロイーズ――愛と修道の手紙』畠中尚志訳，岩波文庫〕

Lewis, Archibald R. *Nomads and Crusaders, A.D. 1000–1368.* Bloomington and Indianapolis: University of Indiana Press, 1988.

Lewis, Archibald R., editor. *The Islamic World and the West, A.D. 622–1492.* New York and London: John Wiley & Sons, 1970.

Lindberg, David C. *The Beginnings of Western Science: The European Scientific Tradition in Philosophical, Religious, and Institutional Context, 600 B.C. to A.D. 1450.* Chicago and London: University of Chicago Press, 1992.

Luscombe, David A. *Medieval Thought.* Oxford: Oxford University Press, 1997.

——. "Peter Abelard." in Peter Dronke, editor, *A History of Twelfth-Century Western Philosophy.* Cambridge: Cambridge University Press, 1992.

Luther, Martin. *Luther's Works*, Vol. 31: *Career of the Reformer: I.* Edited by Horold J. Grimm. Philadelphia: Muhlenberg Press, 1957.

Malloy, Michael P. *Civil Authority in Medieval Philosophy: Lombard, Aquinas and Bonaventure.* Lanham, N.Y. and London: University Press of America, 1985.

Manent, Pierre. *The City of Man.* Translated by Marc A. LePain. Princeton: Princeton University Press, 1998.

Marcolongo, Francis Jeremiah. *Aristotle–Aquinas–Ockham: A Comparative Study of Three Approaches in Metaphysics and Their Philosophical Significance for Understanding the Medieval Contribution to the Scientific Revolution.* Ph.D. dissertation in philosophy, University of California, San Diego. Ann Arbor, Mich.: University Microfilms, 1971.

Marcus, Jacob R. *The Jew in the Medieval World: A Source Book: 315–1791.* New York: Atheneum, 1969.

Marenbon, John. *Early Medieval Philosophy (480–1150): An Introduction.* London: Routledge & Kegan Paul, 1983.

McEvedy, Colin. *The New Penguin Atlas of Medieval History.* London: Penguin Books, 1992.

D. McGarry. Berkeley and Los Angeles: University of California Press, 1955.〔ソールズベリーのヨハネス『メタロギコン』（甚野尚志・他訳，平凡社『中世思想原典集成 8』所収）〕

Johnson, Paul. *A History of Christianity*. New York: Atheneum, 1976.〔ジョンソン『キリスト教の二〇〇〇年』別宮貞徳訳，共同通信社〕

Jones, W. T. *The Medieval Mind*. Vol. 2: *A History of Western Philosophy*. 2d ed. New York: Harcourt, Brace & World, 1969.

Jourdain, Amable. *Recherches: Critiques sur l'Age et l'Origine des Traductions Latines d'Aristote*. Revised and enlarged by Charles Jourdain. New York: Burt Franklin, 1960.

Kaiser, Christopher B. *Creation and the History of Science*. Grand Rapids, Mich.: William B. Eerdmans, 1991.

Keen, Maurice. *The Penguin History of Medieval Europe*. London: Penguin Books, 1968.〔キーン『ヨーロッパ中世史』橋本八男訳，芸立出版〕

Koestler, Arthur. *The Ghost in the Machine*. New York: Random House, 1982.〔ケストラー『機械の中の幽霊』日高敏隆訳，筑摩書房〕

Kretzman, Norman and Eleonore Stump, editors. *The Cambridge Companion to Aquinas*. Cambridge: Cambridge University Press, 1993.

Kuhn, Thomas S. *The Structure of Scientific Revolutions*. Chicago: University of Chicago Press, 1962.〔クーン『科学革命の構造』中山茂訳，みすず書房〕

Ladurie, Emmanuel Le Roy. *Montaillou: The Promised Land of Error*. Translated by Barbara Bray. New York: Vintage Books, 1979.〔ル・ロワ・ラデュリ『モンタイユー――ピレネーの村 1294〜1324』井上幸治・他訳，刀水書房〕

Lambert, Malcolm. *The Cathars*. Oxford and Malden, Mass.: Blackwell Publishers, 1998.

——. *Medieval Heresy: Popular Movements from the Gregorian Reform to the Reformation*. 2d ed. Oxford and Cambridge, Mass.: Blackwell, 1992.

Landes, Richard. *Relics, Apocalypse, and the Deceits of History: Ademar of Chabannes, 989–1034*. Cambridge, Mass., and London: Harvard University Press, 1995.

Leaman, Oliver. *Averroes and His Philosophy*. Oxford: Clarendon Press, 1988.

——. *Moses Maimonides*. Richmond, Surrey: Curzon Press, 1997.

Lee, Richard A. Jr. *Science, the Singular, and the Question of Theology*. New York: Palgrave, 2002.

Notre Dame and London: University of Notre Dame Press, 1991.〔ジルソン『中世哲学の精神』服部英次郎訳，筑摩書房〕
Given, James. *State and Society in Medieval Europe: Gwynedd and Languedoc under Outside Rule*. Ithaca and London: Cornell University Press, 1990.
Gottlieb, Anthony. *The Dream of Reason: A History of Philosophy from the Greeks to the Renaissance*. New York and London: W. W. Norton, 2000.
Grant, Edward. *God & Reason in the Middle Ages*. Cambridge: Cambridge University Press, 2001.
Grant, Michael. *Dawn of the Middle Ages*. New York: Bonanza Books, 1981.
——. *From Rome to Byzantium: The Fifth Century A.D.* London and New York: Routledge, 1998.
Hanson, R. P. C. *The Search for the Christian Doctrine of God: The Arian Controversy, 318–381*. Edinburgh: T & T Clark, 1988.
Haren, Michael. *Medieval Thought: The Western Intellectual Tradition from Antiquity to the Thirteenth Century*. 2d ed. Toronto and Buffalo: University of Toronto Press, 1992.
Haskins, Charles Homer. *The Renaissance of the Twelfth Century*. New York: The World Publishing Company, 1957.〔ハスキンズ『十二世紀のルネサンス——ヨーロッパの目覚め』別宮貞徳・朝倉文市訳，講談社学術文庫〕
Havinghurst, Alfred F., editor. *The Pirenne Thesis*. Boston: Little, Brown, 1958.
Heer, Friedrich. *The Medieval World: Europe, 1100–1350*. Translated by Janet Sondheimer. Cleveland and New York: The World Publishing Company, 1961.
Hobbes, Thomas. *Leviathan*. Edited by J. C. A. Gaskin. New York: Oxford University Press, 1998.〔ホッブズ『リヴァイアサン〈国家論〉』(水田洋・田中浩訳，河出書房新社『世界の大思想 13』所収)〕
Hunter, James Davison. *Culture Wars: The Struggle to Define America*. New York: Basic Books, 1992.
Illich, Ivan. *In the Vineyard of the Text: A Commentary to Hugh's Didascalion*. Chicago and London: University of Chicago Press, 1993.〔イリイチ『テクストのぶどう畑で』岡部佳世訳，法政大学出版局〕
James, Bruno Scott. *Saint Bernard of Clairvaux: An Essay in Biography*. New York: Harper & Brothers, 1957.
John of Salisbury. *The "Metalogicon" of John of Salisbury: A Twelfth-Century Defense of the Verbal and Logical Arts of the Trivium*. Translated by Daniel

ラの名前』の歴史的・思想的背景』谷口伊兵衛訳，而立書房〕
——. *The Name of the Rose*. Translated by William Weaver. New York: Warner Books. 1983.〔エーコ『薔薇の名前』河島英昭訳，東京創元社〕
Einstein, Albert. *Ideas and Opinions*. Translated by Sonja Bargmann. New York: Dell, 1954.
Emhardt, W. C., and G. M. Lamsa. *The Oldest Christian People: A Brief Account of the History and Traditions of the Assyrian People and the Fateful History of the Nestorian Church*. New York: AMS Press, 1926.
Erasmus. *Praise of Folly*. Translated by Betty Radice. Rev. ed. London: Penguin Books, 1993.〔エラスムス『痴愚神礼讃』渡辺一夫訳，岩波文庫〕
Evans, G. R. *Philosophy and Theology in the Middle Ages*. London and New York: Routledge, 1993.
Fakhry, Majid. *A History of Islamic Philosophy*. 2d ed. New York and London: Columbia University Press and Longmans, 1993.
Fichtenau, Heinrich. *Heretics and Scholars in the High Middle Ages, 1000–1200*. Translated by Kenise A. Kaiser. University Park, Penn.: Pennsylvania State University Press, 1998.
Fossier, Robert, editor. *The Cambridge Illustrated History of the Middle Ages*. Vol. 2: *950–1250*. Translated by Stuart Airlie and Robyn Marsack. Cambridge: Cambridge University Press, 1997.
French, Roger, and Andrew Cunningham. *Before Science: The Invention of the Friars' Natural Philosophy*. Aldershot, U.K.: Scolar Press, 1996.
Frend, W. H. C. *The Rise of Christianity*. Philadelphia: Fortress Press, 1984.
Galilei, Galileo. *Dialogue Concerning the Two Chief World Systems – Ptolemaic & Copernican*. Translated by Stillman Drake. Los Angeles: University of California Press, 1962.〔ガリレイ『天文対話』青木靖三訳，岩波文庫〕
Geremek, Bronislaw. *The Margins of Society in Late Medieval Paris*. Translated by Jean Birrell. Cambridge: Cambridge University Press, 1987.
Gilson, Étienne. *History of Christian Philosophy in the Middle Ages*. New York and London: Charles Scribner's Sons, 1955.
——. *Reason and Revelation in the Middle Ages*. New York and London: Charles Scribner's Sons, 1950.〔ジルソン『中世における理性と啓示』峠尚武訳，行路社〕
——. *The Spirit of Medieval Philosophy*. Translated by A. H. C. Downes (1936).

Mystical Anarchists of the Middle Ages. 3d. ed. New York: Oxford University Press, 1970.〔コーン『千年王国の追求』江河徹訳, 紀伊國屋書店〕
Colish, Marcia L. *Medieval Foundations of the Western Intellectual Tradition, 400–1400*. New Haven and London: Yale University Press, 1997.
Copleston, Frederick C. *Medieval Philosophy*. New York and Evanston: Harper & Row, 1961.〔コプルストン『中世の哲学』箕輪秀二・柏木英彦訳, 慶應通信〕
Courtenay, William. *Schools and Scholars in Fourteenth-Century England*. Princeton, N.J.: Princeton University Press, 1987.
Cross, Richard. *Duns Scotus*. New York and Oxford: Oxford University Press, 1999.
Dales, Richard C. *Medieval Discussions of the Eternity of the World*. Leiden and New York: E. J. Brill, 1990.
——. *The Problem of the Rational Soul in the Thirteenth Century*. Leiden and New York: E. J. Brill, 1995.
Davidson, Herbert A. *Alfarabi, Avicenna, and Averroës on Intellect*. New York and Oxford: Oxford University Press, 1992.
Devey, Joseph, editor. *The Physical and Metaphysical Works of Lord Bacon, Including "The Advancement of Learning" and "Novum Organum."* London: George Bell and Sons, 1904.〔前掲『学問の進歩』,『ノヴム・オルガヌム』〕
Dodd, Tony. *The Life and Thought of Siger of Brabant, Thirteenth-Century Parisian Philosopher: An Examination of His Views on the Relationship of Philosophy and Theology*. Lewiston, N.Y.: Edwin Mellen Press, 1998.
Douie, Decima L. *The Conflict Between the Seculars and the Mendicants at the University of Paris in the Thirteenth Century*. New York: AMS Press, 1954.
Dronke, Peter, editor. *A History of Twelfth-Century Philosophy*. Cambridge: Cambridge University Press, 1992.
Duhem, Pierre. *To Save the Phenomena: An Essay on the Idea of Physical Theory from Plato to Galileo*. Translated by Edmund Doland and Chaninah Maschler. Chicago: University of Chicago Press, 1969.
Easton, S. C. *Roger Bacon and His Search for a Universal Science: A Reconsideration of the Life and Work of Roger Bacon in the Light of His Own Stated Purposes*. Oxford: Oxford University Press, 1952.
Eco, Umberto. *Art and Beauty in the Middle Ages*. Translated by Hugh Bredin. New Haven, Conn.: Yale University Press, 1986.〔エコ『中世美学史——『バ

——. *Power and Persuasion in Late Antiquity: Towards a Christian Empire.* Madison, Wis.: University of Wisconsin Press, 1992.

——. *The World of Late Antiquity: AD 150–750.* New York and London: W. W. Norton, 1971.〔ブラウン『古代末期の世界——ローマ帝国はなぜキリスト教化したか？』宮島直機訳，刀水書房〕

Burr, David. "The Persecution of Peter Olivi," in *Transactions of the American Philosophical Society*, 66, 1976, 3–98.

Butterworth, Charles E. and Black Andree Kessel, editors. *The Introduction of Arabic Philosophy into Europe.* Leiden, New York, Koln: E. J. Brill, 1994.

Campbell, Joseph. *The Masks of God: Creative Mythology.* New York: Viking Press, 1968.〔キャンベル『神の仮面——西洋神話の構造』山室静訳，青土社〕

Cantor, Norman F. *The Civilization of the Middle Ages.* Rev. ed. New York: HarperCollins, 1993.

——. *Inventing the Middle Ages: The Lives, Works, and Ideas of the Great Medievalists of the Twentieth Century.* New York: William Morrow, 1991.〔キャンター『中世の発見——偉大な歴史家たちの伝記』朝倉文市・他訳，法政大学出版局〕

Cantor, Norman F., editor. *The Medieval World, 300–1300.* 2d ed. New York and London: Macmillan and Collier Macmillan, 1968.

Caputo, John D. *Heidegger and Aquinas: An Essay on Overcoming Metaphysics.* New York: Fordham University Press, 1982.

Carroll, James. *Constantine's Sword: The Church and the Jews.* Boston: Houghton Mifflin, 2001.

Chadwick, Henry. *The Early Church.* Rev. ed. London: Penguin Books, 1993.

Chenu, M. D. *Nature, Man, and Society in the Twelfth Century: Essays on New Theological Perspectives in the Latin West.* Translated by Jerome Taylor and Lester K. Little. Chicago and London: University of Chicago Press, 1968.

Chesterton, G. K. *St. Thomas Aquinas.* New York: Sheed & Ward, 1954.〔チェスタトン『聖トマス・アクィナス』（生地竹郎訳，春秋社『久遠の聖者』所収）〕

Clark, Mary T., editor. *An Aquinas Reader.* Garden City, New York: Image Books, 1972.

Cohen, Mark R. *Under Crescent and Cross: The Jews in the Middle Ages.* Princeton, N.J.: Princeton University Press, 1994.

Cohn, Norman. *The Pursuit of the Millennium: Revolutionary Millenarians and*

Barnes, Michael Horace. *Stages of Thought: The Co-Evolution of Religious Thought and Science*. Oxford and New York: Oxford University Press, 2000.

Baron, Salo Wittmayer. *A Social and Religious History of the Jews, High Middle Ages, 500–1200*. Vol. 8: *Philosophy and Science*, 2d ed. New York: Columbia University Press; Philadelphia: Jewish Publication Society of America, 1958.

Berman, Harold J. *Law and Revolution*. Cambridge, Mass.: Harvard University Press, 1985.

Bettenson, Henry, editor. *Documents of the Christian Church*. 2d ed. Oxford and London: Oxford University Press, 1963.〔ベッテンソン『キリスト教文書資料集』聖書図書刊行会編集部訳，聖書図書刊行会〕

Biller, Peter, and Anne Hudson, editors. *Heresy and Literacy, 1000–1530*. Cambridge: Cambridge University Press, 1994.

Boethius. *The Consolation of Philosophy*. Translated by S. J. Tester. Cambridge, Mass., and London: Harvard University Press (Loeb Classical Library), 1973.〔ボエティウス『哲学の慰め』渡辺義雄訳，筑摩書房〕

——. *The Theological Tractates*. Translated by H. F. Stewart, E. K. Rand, and S. J. Tester. Cambridge, Mass., and London: Harvard University Press (Loeb Classical Library), 1973.

Boyer, Blanche and Richard Mckeon, editors. *Peter Abailard Sic et Non, A Critical Edition*. Chicago: University of Chicago Press, 1976.

Braudel, Fernand. *A History of Civilizations*. Translated by Richard Mayne. New York and London: Allen Lane, The Penguin Press, 1994.

Bredero, Adriaan H. *Bernard of Clairvaux: Between Cult and History*. Grand Rapids, Mich.: William B. Eerdmans, 1993.

Brentano, Franz. *Aristotle and His World View*. Edited and translated by Rolf George and Roderick M. Chisholm. Berkeley and Los Angeles: University of California Press, 1978.

Brooke, John and Geoffrey Cantor. *Reconstructing Nature: The Engagement of Science and Religion*. Edinburgh: T & T Clark, 1998.

Brooke, John Hedley. *Science and Religion: Some Historical Perspectives*. Cambridge: Cambridge University Press, 1991.〔ブルック『科学と宗教——合理的自然観のパラドクス』田中靖夫訳，工作舎〕

Brown, Peter. *Augustine of Hippo: A Biography*. New York: Dorset Press, 1967.〔ブラウン『アウグスティヌス伝』出村和彦訳，教文館〕

Dame Press, 1975.
Archer-Hind, R. D. *The Timaeus of Plato*. London and New York: Macmillan and Co., 1888.
Aristotle, *Works, Vols. 1 and 2*. Chicago: Encyclopaedia Britannica, 1952.
Armstrong, Karen. *A History of God: The 4000-Year Quest of Judaism, Christianity, and Islam*. New York: Ballantine Books, 1993.〔アームストロング『神の歴史――ユダヤ・キリスト・イスラーム教全史』高尾利数訳，柏書房〕
——. *Islam: A Short History*. New York: Modern Library, 2000.
Artz, Ferdinand B. *The Mind of the Middle Ages: An Historical Survey, A.D. 200–1500*. 3d ed. rev. Chicago and London: University of Chicago Press, 1980.
d'Aubigné, J. H. Merle. *The Life and Times of Martin Luther*. Translated by H. White. Chicago: Moody Press, 1953.
Augustine of Hippo. *The City of God*. Translated by Marcus Dods. New York: Modern Library, 1950.〔アウグスティヌス『神の国』服部英次郎訳，岩波文庫〕
——. *The Confessions of Saint Augustine*. Translated by Rex Warner. New York: Penguin Books, 1963.〔アウグスティヌス『告白』（今泉三良・村治能就訳，河出書房新社『世界の大思想 3』所収）〕
Bacon, Francis. *The Advancement of Learning*. Edited by B. W. Kitchin. London: Dent, 1965.〔ベーコン『学問の進歩』（服部英次郎・多田英次訳，河出書房新社『世界の大思想 6』所収）〕
——. *The Physical and Metaphysical Works of Lord Bacon, Including "The Advancement of Learning" and "Novum Organum."* Edited by Joseph Devey. London: George Bell and Sons, 1904.〔前掲『学問の進歩』，ベーコン『ノヴム・オルガヌム』（服部英次郎訳，前掲『世界の大思想 6』所収）〕
Barber, Malcolm. *The Two Cities: Medieval Europe, 1050–1320*. London and New York: Routledge, 1992.
Barnes, J., M. Schofield, and R. Sorabji, editors. *Articles on Aristotle*. Vol. 2: *Ethics and Politics*. New York: St. Martin's Press, 1977.
——. *Articles on Aristotle*. Vol. 3: *Metaphysics*. New York: St. Martin's Press, 1979.
Barnes, Jonathan. *Aristotle: A Very Short Introduction*. Oxford and New York: Oxford University Press, 2000.
Barnes, Jonathan, editor. *The Cambridge Companion to Aristotle*. Cambridge: Cambridge University Press, 1995.

参考文献

※邦訳が複数あるものは原則としてそのうち一つだけを掲載した。

Abelard, Peter. *A Dialogue of a Philosopher with a Jew and a Christian*. Translated by Pierre J. Payer. Toronto: The Pontifical Institute of Mediaeval Studies, 1979.

——. *The Story of Abelard's Adversities: A Translation with Notes of the "Historia Calamitatum."* Translated by J. T. Muckle. Toronto: The Pontifical Institute of Mediaeval Studies, 1964.〔アベラール『わたしの不幸の物語——アベラール自伝』(田村厳訳, 角川書店『世界の人間像 24』所収)〕

Abrahams, Israel. *Jewish Life in the Middle Ages*. New York: Atheneum, 1975.

Abulafia, David. *Frederick II: A Medieval Emperor*. London: Allen Lane, The Penguin Press, 1988.

Abulafia, D., M. Franklin, and M. Rubin, editors. *Church and City, 1000–1500: Essays in Honour of Christopher Brooke*. Cambridge: Cambridge University Press, 1992.

Afnan, Soheil M. *Avicenna: His Life and Works*. London: George Allen & Unwin, 1958.

Agius, Dionisius A. and Richard Hitchcock, editors. *The Arab Influence in Medieval Europe*. Reading, U.K.: Ithaca Press, 1994.

Ancelet-Hustache, Jeanne. *Master Eckhart and the Rhineland Mystics*. Translated by Hilda Graef. New York and London: Harper Torchbooks and Longmans, 1957.

Anselm of Canterbury. *Monologion and Proslogion, with the Replies of Gaunilo and Anselm*. translated by Thomas Williams. Indianapolis and Cambridge: Hackett Publishing Company, 1995.〔カンタベリーのアンセルムス『モノロギオン』,『プロスロギオン』(古田暁訳, 聖文舎『アンセルムス全集』所収)〕

Aquinas, Thomas. *Summa Contra Gentiles, Book One: God*. Translated by Anton C. Pegis. Notre Dame, Indiana, and London: University of Notre Dame Press, 1975.〔トマス・アクィナス『異教徒に与ふる大要——神存す』酒井瞭吉訳, 中央出版社〕

——. *Summa Contra Gentiles, Book Three: Providence, Part I*. Translated by Vernon J. Bourke. Notre Dame, Indiana, and London: University of Notre

ヤ行

ラ行

ワ行

マ行

ナ行

ハ行

サ行

タ行

カ行

人名索引

ア行

本書は、二〇〇八年三月三十一日、紀伊國屋書店より刊行された。

考える力をつける哲学問題集
スティーブン・ロー
中山元 訳

宇宙はどうなっているのか？ 心とは何か？ 遺伝子操作は許されるのか？ 多彩な問いを通し、「哲学する」技術と魅力を堪能できる対話集。

プラグマティズムの帰結
リチャード・ローティ
室井尚ほか訳

真理への到達という認識論的欲求と、その呪縛からの脱却を模索したプラグマティズムの系譜。その戦いを経て、哲学に何ができるのか？ 鋭く迫る！

知性の正しい導き方
ジョン・ロック
下川潔 訳

自分の頭で考えることはなぜ難しく、どうすればその困難を克服できるのか。近代を代表する思想家が、誰にでも実践可能な道筋を具体的に伝授する。

ニーチェを知る事典
渡邊二郎
西尾幹二 編

50人以上の錚々たる執筆者による「読むニーチェ事典」。彼の思想の深淵と多面的世界を様々な角度から描き出す。巻末に読書案内（清水真木）を増補。

概念と歴史がわかる 西洋哲学小事典
生松敬三／木田元／伊東俊太郎／岩田靖夫編

各分野を代表する大物が解説する、ホンモノかつコンパクトな哲学事典。教養を身につけたい人、議論したい人、レポート執筆時に必携の便利な一冊！

命題コレクション 社会学
作田啓一
井上俊 編

社会学の生命がかよう具体的な内容を、各分野の第一人者が簡潔かつ読んで面白い48の命題の形で提示した、定評ある社会学辞典。（近森高明）

論証のレトリック
浅野楢英

議論に説得力を持たせる術は古代ギリシアの賢人に学べ！ アリストテレスらのレトリック理論をもとに、論証の基本的な型を紹介する。（納富信留）

貨幣論
岩井克人

貨幣とは何か？ おびただしい解答があるこの命題に、『資本論』を批判的に解読することにより最終解答を与えようとするスリリングな論考。

二十一世紀の資本主義論
岩井克人

市場経済にとっての真の危機、それは「ハイパー・インフレーション」である。21世紀の資本主義のゆくえ、市民社会のありかたを問う先鋭的論考。

増補 ソクラテス　岩田靖夫

ソクラテス哲学の核心には「無知の自覚」と倫理的信念に基づく「反駁的対話」がある。その意味と構造を読み解き、西洋哲学の起源に迫る最良の入門書。

英米哲学史講義　一ノ瀬正樹

ロックやヒュームらの経験論は、いかにして功利主義、プラグマティズム、そして現代の正義論や分析哲学へと連なるのか。その歴史的展開を一望する。

規則と意味のパラドックス　飯田隆

言葉が意味をもつとはどういうことか？　言語哲学の難題に第一人者が挑み、切れ味抜群の議論で哲学的に思考することの楽しみへと誘う。

スピノザ『神学政治論』を読む　上野修

聖書の信仰と理性の自由は果たして両立できるか。スピノザはこの難問を、大いなる逆説をもって考え抜いた。『神学政治論』の謎をあざやかに読み解く。

倫理学入門　宇都宮芳明

倫理学こそ哲学の中核をなす学問だ。カント研究の大家が、古代ギリシアから始まるその歩みを三つの潮流に大別し、簡明に解説する。（三重野清顕）

知の構築とその呪縛　大森荘蔵

西欧近代の科学革命を精査することによって、二元論による世界の死物化という近代科学の陥穽を克服する方途を探る。（野家啓一）

物と心　大森荘蔵

対象と表象、物と心との二元論を拒否し、全体としての立ち現われが直にあるとの「立ち現われ一元論」を提起した、大森哲学の神髄たる名著。（青山拓央）

思考と論理　大森荘蔵

人間にとって「考える」とはどういうことか？　日本を代表する哲学者が論理学の基礎と、自分の頭で考える力を完全伝授する珠玉の入門書。（野家啓一）

他者といる技法　奥村隆

マナーや陰口等、他者といる際に用いる様々な技法。そのすばらしさと苦しみの両面を描く。「生きる道具」としての社会学への誘い。（三木那由他）

カント入門講義　冨田恭彦

人間には予めものの見方の枠組がセットされている——平明な筆致でも知られる著者が、カント哲学の本質を一から説き、哲学史的な影響を一望する。

ロック入門講義　冨田恭彦

近代社会・政治の根本概念を打ちたてつつ、主著『人間知性論』で人間の知的営為について形而上学的提言も行ったロック。その思想の真像に迫る。

デカルト入門講義　冨田恭彦

人間にとって疑いえない知識をもとめ、新たな形而上学を確立したデカルト。その思想と影響を知らずに西洋精神史は語れない。全像を語りきる一冊。

不在の哲学　中島義道

言語を習得した人間は、自身の〈いま・ここ〉の体験よりも、客観的に捉えた世界の優位性を信じがちだ。しかしそれは本当なのか？　渾身の書き下ろし。

思考の用語辞典　中山元

今日を生きる思考を鍛えるための用語集。時代の変遷とともに永い眠りから覚め、新しい意味をになって冒険の旅に出る哲学概念一〇〇の物語。

翔太と猫のインサイトの夏休み　永井均

「私」が存在することの奇跡性など哲学の諸問題を、自分の頭で考え抜くよう誘う。予備知識不要の「子ども」のための哲学入門。　（中島義道）

倫理とは何か　永井均

「道徳的に善く生きる」ことを無条件には勧めず、道徳的な善悪そのものを哲学の問いとして考究する、不道徳な倫理学の教科書。　（大澤真幸）

増補 ハーバーマス　中岡成文

非理性的な力を脱する一方、人間疎外も強まった近代社会。その中で人間のコミュニケーションへの信頼を保とうとしたハーバーマスの思想に迫る。

夜の鼓動にふれる　西谷修

20世紀以降、戦争は世界と人間をどう変えたのか。思想の枠組みから現代の戦争の本質を剔抉する。文庫化に当たり「テロとの戦争」についての補講を増補。

ゴダール革命〔増補決定版〕　蓮實重彦

「失敗の成功」を反復する映画作家が置かれ続けた孤独。それは何を意味するのか。ゴダールへのインタヴューなどを再録増補した決定版。（堀潤之）

美術で読み解く　新約聖書の真実　秦剛平

西洋名画からキリスト教を読む楽しい3冊シリーズ。新約聖書篇は、受胎告知や最後の晩餐などのエピソードが満載。カラー口絵付オリジナル。

美術で読み解く　聖母マリアとキリスト教伝説　秦剛平

キリスト教美術の多くは捏造された物語に基づいていた！　マリア信仰の成立、反ユダヤ主義の台頭など、西洋名画に隠された衝撃の歴史を読む。

美術で読み解く　聖人伝説　秦剛平

聖人100人以上の逸話を収録する『黄金伝説』は、中世以降のキリスト教美術の典拠になった。絵画・彫刻と対照させつつ聖人伝説を読み解く。

イコノロジー研究（上）　エルヴィン・パノフスキー　浅野徹ほか訳

芸術作品を読み解き、その背後の意味と歴史的意識を探求する図像解釈学。人文諸学に汎用されるこの方法論の出発点となった記念碑的名著。

イコノロジー研究（下）　エルヴィン・パノフスキー　浅野徹ほか訳

上巻の、図像解釈学の基礎論的「序論」と「盲目のクピド」等各論に続き、下巻は新プラトン主義と芸術作品の相関に係る論考に詳細な索引を収録。

〈象徴《シンボル》形式〉としての遠近法　エルヴィン・パノフスキー　木田元監訳　川戸れい子／上村清雄訳

透視図法は視覚とは必ずしも一致しない。それはいわばシンボル的な形式なのだ――。世界表象のシステムから解き明かされる、人間の精神史。

見るということ　ジョン・バージャー　飯沢耕太郎監修　笠原美智子訳

写真の登場で、人間は膨大なイメージに取り囲まれ、歴史や経験との対峙を余儀なくされた。見るという行為そのものに肉迫した革新的美術論集。

イメージ　ジョン・バージャー　伊藤俊治訳

イメージが氾濫する現代、「ものを見る」とはどういう意味をもつか。美術史上の名画と広告とを等価に扱い、見ること自体の再検討を迫る名著。

専制国家史論　足立啓二

封建的な共同団体性を欠いた専制国家・中国。歴史的にこの国はいかなる展開を遂げてきたのか。中国の特質と世界の行方を縦横に考察した比類なき論考。

暗殺者教国　岩村忍

政治外交手段として暗殺をくり返したニザリ・イスマイリ教国。広大な領土を支配したこの国の奇怪な活動を支えた教義とは？　（鈴木規夫）

増補　魔女と聖女　池上俊一

魔女狩りの嵐が吹き荒れた中近世、美徳と超自然的力により崇められる聖女も急増する。女性嫌悪と礼賛の熱狂へ人々を駆りたてたものの正体に迫る。

ムッソリーニ　ロマノ・ヴルピッタ

統一国家となって以来、イタリア人が経験した激動の歴史。その象徴ともいうべき指導者の実像とは。既成のイメージを刷新する画期的ムッソリーニ伝。

資本主義と奴隷制　エリック・ウィリアムズ　中山毅訳

産業革命は勤勉と禁欲と合理主義の精神などではなく、黒人奴隷の血と汗がもたらしたことを告発した歴史的名著。待望の文庫化。　（川北稔）

文天祥　梅原郁

モンゴル軍の入寇に対し敢然と挙兵した文天祥。宋王朝に忠義を捧げ、刑場に果てた生涯を、宋代史研究の泰斗が厚い実証とともに活写する。　（小島毅）

歴史学の擁護　リチャード・J・エヴァンズ　今関恒夫／林以知郎／與田純訳

ポストモダニズムにより歴史学はその基盤を揺るがされた。学問を擁護すべく著者は問題を再考し、論議を投げかける。原著新版の長いあとがきも訳出。

増補　中国「反日」の源流　岡本隆司

「愛国」が「反日」と結びつく中国。この心情は何に由来するのか。近代史の大家が20世紀の日中関係を解き、中国の論理を描き切る。　（五百旗頭薫）

中国の城郭都市　愛宕元

邯鄲古城、長安城、洛陽城、大都城など、中国の城郭都市の構造とその機能の変遷を、史料・考古資料をもとに紹介する類のない入門書。　（角道亮介）

王の二つの身体（上）　E・H・カントーロヴィチ　小林公訳

王の可死の身体は、いかにして不可死の身体へと変容するのか。異貌の亡命歴史家による最もラディカルな「王権の解剖学」。

王の二つの身体（下）　E・H・カントーロヴィチ　小林公訳

王朝、王冠、王の威厳。権力の自己荘厳のメカニズムを冷徹に分析する中世政治神学研究の金字塔。必読の問題作。全2巻。

世界システム論講義　川北稔

近代の世界史を有機的な展開過程として捉える見方、それが〈世界システム論〉にほかならない。第一人者が豊富なトピックとともにこの理論を解説する。

インド文化入門　辛島昇

異なる宗教・言語・文化が多様なまま統一された稀有な国インド。なぜ多様性は排除されなかったのか。共存の思想をインドの歴史に学ぶ。（竹中千春）

ブルゴーニュ公国の大公たち　ジョゼフ・カルメット　田辺保訳

中世末期、ヨーロッパにおいて燦然たる文化的達成を遂げたブルゴーニュ公国。大公四人の生涯と事績を史料の博捜とともに描出した名著。（池上俊一）

中国の歴史　岸本美緒

中国とは何か。独特の道筋をたどった中国社会の変遷を、東アジアとの関係に留意して解説。初期王朝から現代に至る通史を簡明かつダイナミックに描く。

大都会の誕生　喜安朗　川北稔

都市型の生活様式は、歴史的にどのように形成されてきたのか。この魅力的な問いに、碩学がふたつの都市の豊富な事例をふまえて重層的に描写する。

兵士の革命　木村靖二

キール軍港の水兵蜂起から、全土に広がったドイツ革命。軍内部の詳細分析を軸に、民衆も巻き込みながら帝政ドイツを崩壊させたダイナミズムに迫る。

女王陛下の影法師　君塚直隆

ジョージ三世からエリザベス二世、チャールズ三世まで、王室を陰で支えつづける君主秘書官たち。その歴史から、英国政治の実像に迫る。（伊藤之雄）

増補 普通の人びと

クリストファー・R・ブラウニング
谷喬夫訳

ごく平凡な市民が無抵抗なユダヤ人を並べ立たせ、ひたすら銃殺する——なぜ彼らは八万人もの大虐殺に荷担したのか。その実態と心理に迫る戦慄の書。

叙任権闘争

オーギュスタン・フリシュ
野口洋二訳

十一世紀から十二世紀にかけ、西欧では聖職者の任命をめぐり教俗両権の間に巨大な争いが起きた。この出来事を広い視野から捉えた中世史の基本文献。

ナチズムの美学

ソール・フリードレンダー
田中正人訳

ナチズムが民衆を魅惑した、意外なものの正体は何か。ホロコースト史研究の権威が第二次世界大戦後の映画・小説等を分析しつつ迫る。（竹峰義和）

大航海時代

ボイス・ペンローズ
荒尾克己訳

人類がはじめて世界の全体像を識っていく大航海時代。その二百年の膨大な史料を、一般読者むけに俯瞰図としてまとめ上げた決定版通史。（伊高浩昭）

衣服のアルケオロジー

フィリップ・ペロー
大矢タカヤス訳

下着から外套、帽子から靴まで。19世紀ブルジョワジーを中心に、あらゆる衣類が記号として機能してきた実態を、体系的に描くモードの歴史社会学。

20世紀の歴史（上）

エリック・ホブズボーム
大井由紀訳

第一次世界大戦の勃発が20世紀の始まりとなった。この「短い世紀」の諸相を英国を代表する歴史家が渾身の力で描く。全二巻、文庫オリジナル新訳。

20世紀の歴史（下）

エリック・ホブズボーム
大井由紀訳

一九七〇年代を過ぎ、世界に再び危機が訪れる。不確実性がいやますなか、ソ連崩壊が20世紀の終焉を印した。歴史家の考察は我々に何を伝えるのか。

アラブが見た十字軍

アミン・マアルーフ
牟田口義郎／新川雅子訳

十字軍とはアラブにとって何だったのか？ 豊富な史料を渉猟し、激動の12、13世紀をあざやかに、しかも手際よくまとめた反十字軍史。

バクトリア王国の興亡

前田耕作

ゾロアスター教が生まれ、のちにヘレニズムが開花したバクトリア。様々な民族・宗教が交わるこの地に栄えた王国の歴史を描く唯一無二の概説書。

ちくま学芸文庫

中世《ちゅうせい》の覚醒《かくせい》

アリストテレス再発見《さいはっけん》から知《ち》の革命《かくめい》へ

二〇一八年十月十日　第一刷発行
二〇二四年六月五日　第五刷発行

著　者　リチャード・E・ルーベンスタイン
訳　者　小沢千重子（おざわ・ちえこ）

発行者　喜入冬子
発行所　株式会社 筑摩書房
東京都台東区蔵前二―五―三　〒一一一―八七五五
電話番号　〇三―五六八七―二六〇一（代表）
装幀者　安野光雅
印刷所　三松堂印刷株式会社
製本所　三松堂印刷株式会社

ISBN978-4-480-09884-9　C0110